Fleur Cowles · *Salvador Dali*

Fleur Cowles

Salvador
Dali
Biographie

Langen Müller

Bildnachweis
Archiv für Kunst und Geschichte, Berlin: 2, 5, 14, 21, 30; Associated Press: 9, 10, 15, 19, 27, 31, 33, 34; Keystone: 6, 12, 16, 17, 20, 23, 25, 26, 28, 29; dpa: 24, 32, 35, 36; Ullstein-Bilderdienst, Berlin: 1, 3, 4, 7, 8, 11, 13, 18, 22, 37

Titel der Originalausgabe:
»The Case of Salvador Dali«
William Heinemann Ltd., London

Deutsch von Jutta und Theodor Knust

Umschlaggestaltung: Renate Weber-Rapp, München,
unter Verwendung eines dpa-Fotos
Herstellung und Layout: Franz Nellissen, München
Foto auf der Schutzumschlag-Rückseite: Ullstein
Gesamtherstellung: May & Co., Darmstadt
Printed in Germany 1981
ISBN: 3-7844-1847-3

INHALT

Dritter Teil: *Der Paranoiker*

FÜR

TOM MONTAGUE MEYER

VORWORT

Kein Mensch hat sein Privatleben so sehr ins Licht der Öffentlichkeit gerückt wie Salvador Dali, und trotzdem ist dieses Leben undurchsichtig geblieben wie kaum ein anderes. Kein Mensch hat so viel erzählt und so wenig überzeugt. Deshalb bedarf es bei keinem eines unkonventionelleren Versuchs, ihm gerecht zu werden.

Über einen lebenden Menschen zu schreiben, bringt immer große Schwierigkeiten mit sich; man muß ohne die Hilfe von Zeit und Geschichte auskommen, um mit seinem Stoff fertig zu werden; es fehlt der Abstand, der alles schärfer in den Blick rückt. Statt auf Salvador Dali zurückschauen zu können, muß man dem lebenden Mann in die Augen sehen; auf diese Weise gelangt man schwer zu sicheren Urteilen.

Doch dieses Bestreben hat das Buch gar nicht. Ich habe in dieser ersten ernsthaften Würdigung Dalis nur versucht, vorurteilslos Ordnung in die umfangreiche Handbibliothek von Sensationsberichten, Anekdoten, Geständnissen, Skandalen, handgreiflichen Scherzen, Gemälden und anderen Talentäußerungen zu bringen und die ungeheure Zahl von Legenden neu zu gruppieren, in denen die Presse, die Kunsthistoriker und Dalis Freunde ihn darzustellen bestrebt waren – und hoffentlich ist ein lesbares Buch dabei entstanden. Immer wieder habe ich die Äußerungen gesichtet, mit denen Dali selber in Abständen den Schleier des Geheimnisses über seinem Leben lüftet.

In einen solchen Irrgarten einzudringen, bedurfte eines gewissen Mutes. Und schließlich habe ich statt einer landläufigen Biographie eine Art Krankengeschichte geschrieben. Dali selber hat 1942 seine unheimlichen Memoiren *The Secret Life of Salvador Dali* veröffentlicht und darin die Ungeheuerlichkeiten so lebhaft dargestellt, daß Clifton Fadiman in der Besprechung des Buches für die Zeitschrift *The New Yorker* sagte, daß »kein Mensch unserer Zeit, nicht einmal Hitler... seine Paranoia wirksamer ausgebeutet« habe.

Dalis eigenen und zahlreichen andern Informationen habe ich meine eigenen Aufzeichnungen und Erlebnisse hinzugefügt; das Ergebnis ist ein Lebensbild, das nicht chronologisch, sondern nach Kategorien aufgebaut ist. Tatsachen, Wahngebilde und Phantasie vermischen sich ebenso unmittelbar miteinander wie in seinem Leben und Werk. Oft sind sie unterhaltsam, häufig klinisch – und bisweilen beides. Gewöhnlich grenzen sie ans Unglaubliche, genau wie Dali selbst. Über manche Teile muß man lachen, bei vielen wird man erschrecken, gelegentlich ist man sogar gerührt. Doch all das entspricht nur der letzten Verpflichtung einer jeden sondierenden Untersuchung: genügend tief in Dalis Welt einzudringen, um sein Werk verstehen und schätzen zu können. Selbst Trivialitäten werden dann wichtig.

Ich habe also alle nur denkbaren Unterlagen benutzt; sie fügen sich auf eigene Weise zu dem immer noch im höchsten Grade surrealistischen Bild von diesem ungewöhnlichen Mann zusammen. Obwohl ich es nicht unbedingt empfehle, kann man dieses Buch wie ein Spiel lesen – ein Zusammensetzspiel. Man kann die Teile aufnehmen, die einem zuerst besonders ins Auge fallen, und dann Stückchen für Stückchen zufügen, bis alles den gehörigen Platz gefunden hat. Ein solches Vorgehen stände in Übereinstimmung mit Dalis Charakter und Persönlichkeit. Und ich möchte fast annehmen, daß es ihm schmeicheln würde – weil man damit seine Kompliziertheit, seine Vielseitigkeit und die marternde Schwierigkeit zugeben würde, auf eingleisige Art ein wirkliches Bild von ihm zu erhalten. Außerdem wäre es eine »dali-eske« Art, so zu lesen.

Dali als Maler gerecht zu werden, maßt sich das Buch nicht an; es ist vielmehr zum Teil klinischer Bericht, zum Teil journalistische Zusammenfassung, zum Teil Anekdoten – und Zitatensammlung eines Kunstfreundes, zum Teil Anthologie und zum Teil mein persönliches Bild von einem Freund, den ich seit Jahren kenne – eines Mannes, der mich abwechselnd beunruhigt, amüsiert, geärgert und gelegentlich sogar entzückt hat, genau wie er es bei jedem andern, den er kennt, in seiner unvermeidlichen Art tut.

Ich meine, er verdiene es, plastisch dargestellt zu werden als eines der seltsamsten Beispiele eines Exzentrikers unseres Jahrhunderts mit vielen Talenten, nicht nur als der Maler-Schausteller und *clown extraordinaire*. Daß er außer dem Malen viele Berufungen hat, offenbarte er selber – mit einer köstlichen Fehlleistung Freudscher Art –, als ich ihn für dieses Buch um eine Darstellung über sich selber bat. Man findet dieses von orthographischen Fehlern wimmelnde Original mit dem Titel »Der polyfacettige Dali«, genau wie er es aufgezeichnet hat, als Anfang des zweiten Teils: Das Genie. Als Dali es für mich zusammenstellte, *vergaß er, das Malen zu erwähnen.* Als ich ihn darauf aufmerksam machte, fügte er der langen Liste lächelnd eine Zeile zu – und zwar ganz unten auf der Seite: »*et aussi, peintre*«.

Als Ausgleich für seine vernichtend aufrichtigen Ansichten über sich selber habe ich immer wieder Urteile von andern über ihn aufgenommen, manchmal sind es lange Zitate. Sowohl seine Ansichten wie die der Außenstehenden sind nötig, wenn man den Mann kennenlernen will, der so vielseitig ist: von hartnäckigem Größenwahn, ein amüsanter Freund, ein zügelloser Student, ein böses Kind, ein wilder Dandy, ein leidenschaftlicher Leonardo, ein Freudscher Analytiker, gesellschaftlich ein lästiger Störenfried, ein eleganter Zeichner, ein superrealistischer Surrealist, ein geschickter Cellini und ebenso ein wiederverkörperter Vermeer, ein begabter Autor, ein behender Midas, ein eindringlicher Dichter und monarchistischer Denker, ein schöpferischer Drehbuchschreiber-Konstrukteur-Librettist-Couturier-Bildhauer-Juwelier, ein extrovertierter Schausteller, ausgelassener Humorist, gebildeter Gelehrter, widersprüchlicher Maler, komplizierter Katholik und *ergebener Verehrer seiner Frau.*

Sein erstes Ölbild, das er mit sechs Jahren gemalt hat, ist hier zum erstenmal reproduziert worden – ebenso sein erstes Porträt von Gala (nachdem er sich ihrer, ehe sie heirateten, mit fast hysterischer Plötzlichkeit bewußt geworden war). Das Nachwort enthält eine lange und freimütige Beurteilung seines Wertes durch A. Reynolds Morse, den Besitzer der größten Dalisammlung, eine herzliche Erklärung seines hervorragendsten neuen Gönners Chester Dale über die Art seiner Förderung und ein von mir zusammengestelltes Verzeichnis von Dalis Sprache und Ausdrucksweise.

Ich hoffe, daß all diese Bestandteile ihren Zweck erfüllen: den Leser zu unterhalten und zu belustigen; doch dann auch ein wenig ernsthafter den von Dali selbst gesponnenen Vorhang der Paranoia zu lüften, um hinter den Reklamenebel zu gelangen, der sich zwischen ihm und der Welt niedergesenkt hat – und Dali als den farbenreichen Angehörigen der Kunstgeschichte zu zeigen, für den ich ihn halte. Trotz all seiner Eigenarten ist ihm in der Geschichte der Malerei eine bemerkenswerte und unanfechtbare Stellung sicher.

Fleur Cowles

ICH HABE ZU DANKEN: insbesondere A. Reynolds Morse, dem Besitzer der größten Dali-Sammlung, für Material, Anekdoten und für die kritische Prüfung gewisser Fakten; Dalis Freund, dem Maler Georges Mathieu, für wertvolle Mitarbeit und dafür, daß er mir die Tür zu Frankreichs literarischem Priester, Père Bruno, öffnete; im Vorwort nicht erwähnten Freunden, die Anregungen und Material beisteuerten, unter vielen andern: Helena Rubinstein, Walt Disney, Alfred Frankfurter, Caresse Crosby, Peter Brook, Alexander Eliot, Julien Levy; Louis Allen von der Durham University in England dafür, daß er mir wertvolle Daten beschaffte und vieles übersetzte; Richard Friedenthal für das mühevolle Aufsuchen von Briefen in Stefan Zweigs Papieren, die von Dalis Einführung bei Sigmund Freud berichten (und von dem bislang unbewiesenen Urteil dieses verehrungswürdigen Mannes über Dali); und Joan St. George Saunders in London für ihre Hilfe bei der Forschung, Gertrude Chase in New York und Simone Gauthier in Paris; und denen, die mir erlaubt haben, bereits andernorts veröffentlichtes Material zu zitieren, insbesondere der *Dial Press* für die Erlaubnis, Auszüge aus folgenden Büchern von Salvador Dali zu bringen: *Hidden Faces*, *The Secret Life of Salvador Dali* und *Fifty Secrets of Magic Craftsmanship*.

ERSTER TEIL

DER MENSCH

GEOLOGISCHE EINFÜHRUNG

Die geologische Umgebung Dalis

Schweigen, Einsamkeit. Seelische Tiefe. Unaussprechlich weiße Häuser... – *Beschreibung des Fischerdorfes Cadaques in der Provinz Katalonien, wo Dalis Familie sich im Sommer aufhielt. Aus einem Reiseprospekt.*

Im nördlichen Spanien, wo die Gebirgskette der Pyrenäen sich auflöst und mit rotem Felsgestein ins Meer hineinstößt, liegt die Costa Brava, die Salvador Dali legendär gemacht hat. Sie besteht aus uralten kambrischen Formationen, die diesem Abschnitt der Küste eine trotzige, kriegerische Schönheit verleihen. Der Name Costa Brava bedeutet Kühne Küste.

Es ist der Teil von Dalis Katalonien, der zwar nicht völlig unbekannt, doch zu wild, zu unverdorben und zu unverwüstlich ist, als daß ihm ein Massenzustrom von Touristen drohen könnte. Selbst die Eisenbahnschienen haben sich gegen ihn verschworen und verlassen die Küste in Blanes, eine gute Autostunde südlich von Dalis Dorf, um jäh landeinwärts über Gerona und Figueras in Port Bou der Nordgrenze zuzustreben. Auch die Straßen mit ihren verstaubten Korkdecken oder den spitzsteinigen Fahrbahnen werden von allen außer einigen besonders Unerschrockenen gemieden.

Und dennoch hat dieser Teil der Küste verlockende Reize: sandigen Badestrand, strahlende Sonne, bescheidene, aber saubere Gasthäuser, landesübliche Küche, verschlafene Dorfplätze, Fische, die man in dem kristallklaren Wasser zehn Meter tief sehen kann, milde Nächte und den heimlichen Klang leiser, schwermütiger Musik. Das alles winkt, doch die Umherschweifenden verschmähen trotzdem die wilden Gestade.

Obwohl es weder alte Schlösser noch religiöse Massenfeste mit Eiskrem und Kuchen, weder Stierkämpfe, Klöster noch historische Attraktionen gibt, hat die Landschaft eine unbeschreiblich sinnenhafte Atmosphäre: das indigofarbene Meer strudelt um gespenstische Felsformen, tiefe Höhlen harren der Erforschung, das nächtliche Schweigen paßt zu der geheimnisvollen Färbung. Die Landschaft – friedlich, weit und einsam – hat Straßen mit bedrohlichen Haarnadelkurven über dem winzigen Hafen, Straßen, die sich wie Schlangen durch dichtverwachsenes Föhrengestrüpp zum Meer hinschlängeln.

Von dem Lavendel in den Felsritzen steigen betäubende Düfte auf, und hornförmige Disteln heben sich scharf gegen den Himmel ab, wie rasch hingepinselte östliche Gemälde. Das ist Dalis Katalonien.
Im übrigen ist das alte Fürstentum in vier Provinzen geteilt: Barcelona, Gerona, Tarragona und Lerida, und eine unterscheidet sich von der andern ebenso wie von dem übrigen Spanien, von dem sie durch die Gebirge südlich des Ebro und durch die kahlen Ebenen West-Aragoniens getrennt sind. Katalanen wie Dali hängen mit fanatischem Stolz an ihrer Mittelmeerküste.
Zwei Worte sind es, die Katalonien das Gepräge geben: Wetter und Geologie. Beim Wetter hängt alles von zwei verschiedenen Winden ab, der *Tramontana* und dem *Garbi.* Jeder der beiden schafft besondere Sorgen, eine besondere Mythologie und eine besondere Atmosphäre. Jeder verleiht dem Land eine eigene Schönheit. Beide werden von den Fischern beobachtet, bewertet, und über beide sinnen sie nach.
Der eine bringt eine unbeschreibliche Helligkeit, der andere einen alles verhüllenden Schleier. Was man irgendwann und irgendwo sieht, hängt ganz von dem Wind ab, der die Beschaffenheit der Luft bestimmt. Mögen die Blumen auch gelb, die Granitfelsen mennigrot sein, die Luft entscheidet darüber, wie man sie sieht.
Wenn die *Tramontana* bläst, fegt sie alles weg, was Farbe oder Gestalt beeinträchtigen könnte; nichts bleibt, was die Sicht zu verändern oder zu verschlechtern vermöchte. Es ist, als könne man alles, was man sieht, berühren, so dicht steht es einem in seinem Glanz vor den Augen. Doch wenn der andere Wind, der *Garbi,* weht, senkt sich ein feiner Vorhang zwischen den Dingen und der Netzhaut herab. Was wirklich ist, wird unbestimmt; das Auge sieht nur ein verhangenes, geheimnisvolles Bild.
Die Winde sind anhaltend; Dali erinnert sich, daß die *Tramontana* bis zu drei Wochen lang bläst. Der Himmel mag noch so heiter wirken, die Luft von kristallener Klarheit sein, das wütende Pfeifen des Windes mag das geschützte Land gar nicht erreichen, und doch würde nie ein Fischer aufs Meer hinausfahren.
Zwischen Dali und Katalonien scheint niemals Luft zu sein. Er sieht das Land, als ob immer nur die *Tramontana* wehe, als ob der Wind jeden Fleck wegbliese und ihm erlaube, alles zu sehen, was sich vor ihm befindet (einschließlich der Tricks der Perspektive, die er so interpretiert, daß er den Raum zu unbeschreiblicher Unendlichkeit erweitert). Es ist, als wäre die *Tramontana* ständig da, als offenbare sie ihm die sichtbare Welt und zöge alles nahe, nahe, nahe heran.

In Dalis Augen ist die Costa Brava erheblich anders, als sie sich dem Reisenden, der zufällig auf die Exzentrizität und Schönheit der Küste stößt, gewöhnlich darbietet. Sein ganzes Leben lang hat er jede Meile, jede verzerrte Form und all das Geheimnisvolle dieses Landes wie ein Narr geliebt. Wenn er nicht dort ist, entbehrt er es – selbst heute noch. In Kalifornien äußerte er einmal einem Freund, dem Fürsten Ghyka, gegenüber, daß ihn der brüchige Kalkstein, die Schichtungen orangefarbenen Tons und die Blätterteiggeologie Kaliforniens langweilten. Er vermisse den schwarzen Granit und die harten Linien der katalanischen Küste.

Er kennt jeden Felsen und jedes Aufblitzen des Lichts, das sich vor seinen Augen verwandelt. Schon als kleiner Junge hat er die Bewegung der Sonne beobachtet – fasziniert und bisweilen voller Furcht spürte er dem Weg der Schatten nach, die aus dem Schoß der Felsen krochen. Hier, in dieser Landschaft, nahm er, als er alt genug war, um überhaupt denken zu können, »seine Ästhetikkurse«. Sein Geist fischte in dunklen Pfuhlen und fand erschreckende Symbole, die bald unwiderruflich in seinem Unterbewußtsein eingeschlossen lagen.

Seine jungen Augen sahen wunderbare Schönheiten in den steinernen Strukturen, hatten jedoch keine Geduld für die Vegetation. Für ihn existierten nur Olivenbäume mit ihrem silbergeränderten Haar. Als Kind sah er nur »unheilvoll versteinerte Kumuli«, niemals ruhig dahinziehende Wolken. Wohin er auch blickte, er wurde erschreckt – besonders von den Felsen, deren vielfältige Unregelmäßigkeiten niemals beständig waren, die sich dauernd veränderten, je nach dem Weg, den er einschlug, oder nach der Tageszeit und dem Stand der Sonne – aber auch von den Gepflogenheiten seiner Umgebung: die Halsketten aus Leuchtkäfern, die auf einen seidenen Faden gereiht wurden, waren keine Erfindung von Dali, sondern ein beliebter Zeitvertreib der Bauernkinder des Ortes.

Den unheildrohendsten aller Felsen, die höchste Spitze eines gigantischen roten Granitblocks, nannte er Adler; stets beugte sich der Fels mit ausgebreiteten Flügeln vor, bereit, sich auf ihn zu stürzen. Und wenn die Winde bliesen, erschien er ihm noch gewalttätiger und grausamer. Dali und alle Fischer der Gegend seit unvordenklichen Zeiten tauften jedes monströse Steingebilde. Ein Fels war das Kamel, ein anderer der Mönch, die tote Frau, der Amboß, das Löwenhaupt. Jeder einzelne drang in die geheime Welt des jungen Dali ein und erfüllte ihn mit Schaudern, die nachweisbar paranoide Folgen gehabt haben und die immer wieder ganz offen von ihm selber psychoanalysiert worden sind, wenn er sie in Farben nachschuf.

Ja, Kataloniens Geologie trägt wirklich zum Verständnis Dalis bei. Nicht nur die Felsen, sondern auch der Boden, den er am Kap Creus fand (jeden Fußbreit hat er erforscht), spielte dabei eine Rolle. Diese Halbinsel enthüllte ihm die beiden Gesteinsarten – Basalt und Lava –, die eine ganze Periode seines Denkens beeinflußten und in seinen Gemälden der »Weichen Periode« zum Ausdruck kamen. Basalt und Lava brachten ihn dazu, alle Möglichkeiten zu überdenken, die im Harten und im Weichen lagen. Beide sind, wie die Psychologen sagen, bei der Erklärung seines Werkes und seines Geistes entscheidend.

In seinen eigenen Schriften beschreibt Dali an einem Einzelbeispiel die »planetarische Melancholie«, die sein Geburtsort ihm einflößte. Dieser Ort erscheint in einem kaum getarnten Bild der Gegend um Port Lligat als hypothetischer Schauplatz in seinem Roman *Hidden Faces*. Er spricht von der melancholischen Heiterkeit, die die Planeten besäßen, wenn der Mensch sie aus größerer Nähe sehen könnte, von der »Projektion langer schwarzer Schatten auf das unermeßliche metaphysische Mineral«. Das besagt einiges über den Eindruck des Landes auf seinen Geist, wie es vielleicht auch dazu beigetragen hat, alles, was er bis zum heutigen Tag geschaffen hat, zu formen oder zu deformieren.

Von diesen psychischen Ursprüngen ausgehend, entdeckt man die ganze tragische Intensität des Spirituellen, mit der er geboren wurde und die er aus der spanischen Geschichte erbte. Man beginnt seine eigentümliche Fantasia zu begreifen: den makabren Geist, den Fetischisten, den selbstgefälligen Exhibitionisten, den Trapezkünstler, der von einem abgelegten Gedanken zum nächsten springt, den höhnischen Humoristen, den dreisten Sensationspresse-Agenten, den Fanatiker, den Wechselbalg-Mystiker mit seiner bösen Jagd nach Gold. Das alles hat seinen Ursprung in diesen zerklüfteten Hügeln und einsamen Küstenstrichen, und alles ist auf seltsame Art spanisch. Mehr noch, es ist katalanisch.

Ein Erlaß von Franco

Heute existiert dieser winzige Fleck in Katalonien namens Port Lligat nur für Dali, so behauptet er wenigstens, und zwar mit Francos Hilfe. Mit ganz eigenartiger Verbissenheit hat er ihn sich zu eigen gemacht,

und in diesem Triumph erfüllt er das ungeheure Bedürfnis in seinem Innern nach einer Welt, die allein ihm gehört.
Als Dali Anfang der dreißiger Jahre als verlorener Sohn in seine Heimatstadt Cadaques zurückkehrte, wurde er weder mit Willkommensrufen noch mit Küssen belohnt. Alle Verwandten wiesen ihn verächtlich zurück und zeigten ihm ungnädig die kalte Schulter; von seinem Vater wurde er wegen seiner peinlichen Mätzchen in Paris verleugnet. Er besaß nur noch einen einzigen befreundeten Menschen, ein verstört blickendes, verrücktes Geschöpf namens Lydia.
Dali verehrte die gütige fünfzigjährige Frau weniger ihrer Freundschaft als ihrer paranoiden Mentalität wegen, »der wunderbarsten, von meiner eigenen abgesehen, die ich je kennengelernt habe«. Lydia hatte ihm ihre unheimlichen Dokumente nach Paris geschickt; an diese Schreiben dachte er besonders, als es ihn nach Spanien zurückverlangte und er nicht wußte, wohin er sich wenden sollte.
Lydias beide Söhne besaßen eine erbärmliche, verfallene Hütte am Ende der Bucht von Port Lligat; dort pflegten sie ihr Fischergerät aufzubewahren. Vom Haus seines Vaters bis dorthin war es nur eine Viertelstunde »über den Hügel«, aber es hätte auf einem andern Planeten sein können – so fern lag es den Bewohnern von Cadaques, und so unbekannt war es ihnen. Dali schrieb an Lydia und bot ihr an, das verfallene Haus zu kaufen. Der Handel wurde abgeschlossen. Lydia und ihre beiden Söhne bildeten das Empfangskomitee, das Gala und Dali zu diesem Bau führte; er sollte ihr ständiges Heim werden. Mit dem Geld für einen Auftrag von einem Pariser Gönner verwandelten sie das Gemäuer allmählich in ein Haus. »Keiner der Paläste Ludwigs II. von Bayern hat halb soviel Verlangen in seinem Herzen erregt, wie diese kleine Bude in den unsern entzündete...«
Bepackt wie Flüchtlinge kamen sie mit dem Zug in Cadaques an. Zehn Koffer mit Büchern, Fotos von Insekten und Bauwerken, zahllose Notizen, sogar kleine Möbelstücke, eine ungeheure Schmetterlingssammlung und Blattinsekten unter Glas (zur etwaigen Verwendung als Schmuck) und eine ganze Ausstattung von Petroleumlampen und -öfen für die Hütte, die keinen elektrischen Anschluß besaß. Die Malgeräte bildeten einen weiteren riesigen Gepäckstapel. Alles mußte mit Packeseln über die zerklüftete Straße befördert werden.
Die beiden stellten fest, daß das kleine Haus feucht und kalt war; zwei Tage lang hatten sie Fieber, bis die Mauern von den Petroleum-

öfen durchwärmt waren. Die *Tramontana*, diesmal wütender als der schlimmste Mistral der Riviera, tobte draußen.
Gala und Dali blieben drei Monate und verwandelten die Höhle in eine Wohnung. Bitterkeit und Wut quälten sie: um sie her waren graue, drohende Felsen, Dürre, Wind, ein Dutzend verschmachtende Fischer (»exaltierte Irre in Lumpen«). Und fünfzehn Minuten von der Hütte entfernt loderte die Feindseligkeit von Dalis Vater. Dali spürte diese Leidenschaft über die Entfernung hin, fühlte, wie sie in der Falle des Gebirges quirlte, das zwischen ihnen stand. Das Heim, aus dem man ihn vertrieben hatte, war immer da; er vermochte es auf seinen endlosen Wanderungen sogar zu sehen. Er hatte den Eindruck, ein Stück mit Galle getränkter Zucker zu sein.
Die kleine Steinbude bedeutete ihnen jedoch bald mehr. Dali fing an, die Enge zu lieben. Der einzige Raum – Eß-, Schlaf-, Arbeitszimmer und Foyer in einem – war kleiner als alles, was er bisher gekannt hatte, doch ihm machte es diese Enge nur mehr »intra-uterin«. Bald bekam die Bude Schick; an den Wänden hingen mehrere Emaille-Wappen und Gemälde, Bücher standen da und Nickel- und Messinggeräte aus der Pariser Wohnung. Später wurde die erste Hütte mit der benachbarten verbunden – und schließlich mit einer dritten. Heute herrscht (in fünf miteinander verbundenen Fischerhütten, die verschieden hoch liegen) Glanz statt Armut, und Dali ist tatsächlich der König dieses hübschen Hafens.
Das ist fast ebenso Tatsache wie Phantasie – und zwar durch einen Regierungserlaß. Dieses amtliche Dokument macht Dali zu einer Art Souverän: der prächtige kleine Hafen mit seiner Handvoll Fischern, einer Pension und den fünf zu einem Heim verbundenen Häusern gehört *beinahe* Dali. Und wenn er heute wie ein feudaler Eigentümer darüber hinwandern, sich alles ansehen und tun kann, als ob die Handvoll Menschen, die dort wohnen, sich aus freien Stücken entschlossen hätten, ihm zu gehören, dann deshalb, weil Franco es ihm in seiner Gönnerschaft »geschenkt« hat, wie er häufig erklärt.
Diese von Dali mit glühenden Augen aufgestellte Behauptung widerspricht nicht einmal wie sonst so häufig den Tatsachen; es gibt wahrhaftig eine von Franco unterzeichnete Urkunde.
Der rechtliche Inhalt des vom Generalissimo am 9. Oktober 1953 ausgefertigten Dokuments besagt, daß Franco Port Lligat offiziell zu einem »nationalen Naturschutzgebiet« erklärt. Das bedeutet, daß der Hafen unter dem Schutz der Regierung steht und daß keine neuen Bauten genehmigt werden. Es wird darin festgestellt, daß der »abge-

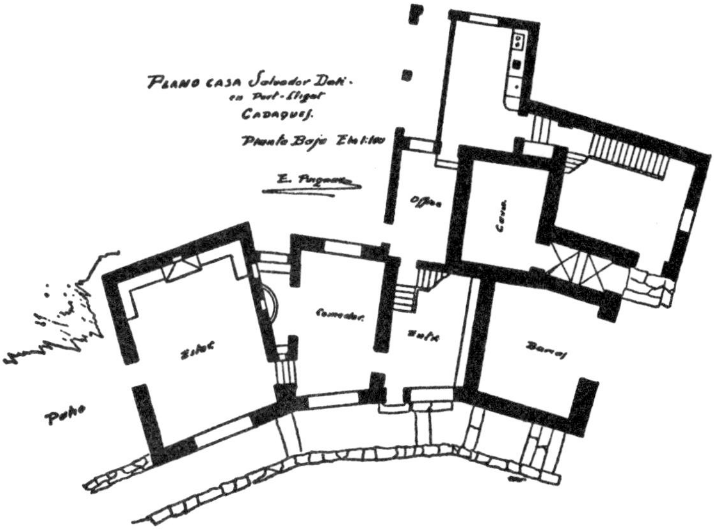

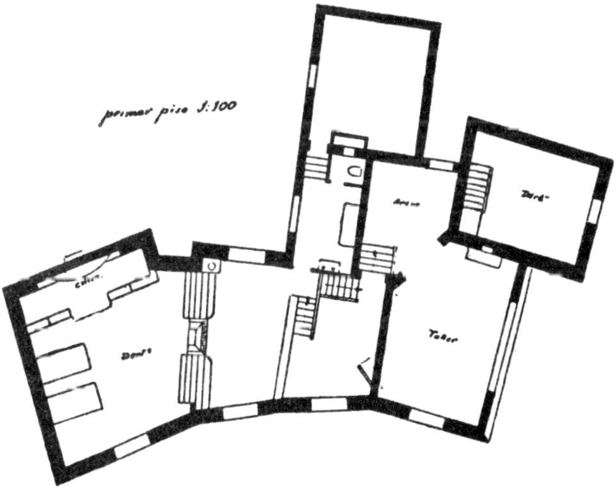

Die Grundrisse der beiden Stockwerke zeigen den räumlichen Überfluß, der an die Stelle von Dalis einstiger Fischerhütte mit einem einzigen Zimmer in Port Lligat getreten ist.

legene Ort Port Llobregat (Port Lligat) täglich mehr in Gefahr« sei; und Francos Eingreifen sollte dazu dienen, den Ort vor »jeder bedauerlichen Entstellung zu schützen, die zweifellos den herben Charakter beeinträchtigen würde, den zu erhalten ratsam ist...«[1].
Der Hafen bildet geradezu Dalis Haustür, da die Mole kaum fünf Meter entfernt liegt; sein Land wäre ein Touristenparadies, wenn eine Straße gebaut würde und der Verkehr jemals den Hafen erreichte. So ist ihm durch Erlaß die Ungestörtheit einigermaßen gesichert – und ebenso der Einfluß seines dali-esken Geschmacks auf diesen Ort strenger Schönheit.
Dalis Bemühungen, diesen idyllischen kleinen Hafen zu »besitzen« – ihn in seinem jetzigen Zustand zu bewahren –, haben sich ausgezahlt. Nun ist der Ort sicher vor Veränderungen durch den Touristenverkehr – ebenso vor dem Einbruch reicher und beschaulicher Katalanen, die, ein, zwei Kilometer entfernt, in Cadaques ihren Urlaub verbringen.
Obwohl in Wirklichkeit keine Mauer existiert, die einen Wanderer zurückhalten könnte, sich Dalis felsengeschützter Behausung zu nähern, so gibt es doch eine unsichtbare Schranke für Späher und Lauscher, die in sein Gebiet einbrechen wollen. Sie werden von dem jähen Unterschied zwischen »Dalis Gebiet« und dem ganzen übrigen Hafen plötzlich aufgehalten.
Da ist das blendende Weiß seines Hauses, mit rotem Ziegeldach und von großartigem Aussehen, die Büste eines römischen Patriziers auf der Terrasse, das aus dem Fels gehauene Amphitheater, überall weißgewaschene Tierskelette, abgestorbene Bäume, die in dieser Umgebung wie absichtlich hingestellt wirken, der neun Meter hohe Taubenschlag hinter dem Haus – aus der Nachbarschaft und von der Veranda der nahen Pension jedoch gut zu sehen –, und nichts von allem spricht für ein öffentliches Gebäude. Weißgekalkte Mistgabeln sind als Ruheplätze für Tauben in einen Turm eingelassen, der wie eine Surrealistenpagode aussieht, was er auch ist. Auf dem Bergrücken ist alles unheimlich. Unten, in Dalis Bucht, liegt unbeschreiblich still das Meer, von vorgelagerten Inseln geschützt, wie ein Binnensee. Das Wasser sieht aus, als wäre ihm von Dali befohlen worden, unbeweglich stillzustehen. Und auf der Vorderterrasse des dalischen Hauses ist ein riesiger Spiegel in den Felsen eingelassen, der die ganze seltsame Szenerie widerspiegelt.

[1] Boletín Oficial del Estado, 28 de noviembre de 1953.

Im Innern ist das Haus alles andere als nüchtern und streng. An der Tür steht ein mächtiger ausgestopfter Grislybär, in der erhobenen Tatze eine große Lampe, mit der er die geschwungene Treppe beleuchtet: er ist mit Schmuck, Regenschirmen und Münzen behängt. Alte spanische Bauernmöbel – von Gala entdeckt, die ein wahres Adlerauge dafür hat – mischen sich mit lebhaft bunten Satins, Dekorationen aus Fischfossilien, Gaudi-haften Lampen von Dali und üppig drapierten Betten. In einem filmartigen Ankleidezimmer steht Galas ungeheurer Toilettentisch mit ganzen Batterien von Parfumflaschen und Lippenstiften. Die Wände sind wunderbar weiß, alles ist elegant und tadellos, und alles schmeckt nach Dali.
Seine Legende von der transformierten Wirklichkeit ist so lebendig, und der Besucher wartet geradezu darauf, daß sich in den Körpern der Dienerschaft Schubladen öffnen, aus Galas Rücken Brüste wachsen, daß die Telefone Hummern sind und daß sich Krücken unter Nasen schieben und Ameisen überall dahinkriechen.
Nachdem Professor Louis Allen eines Abends im Jahre 1951 die Dalis dort verlassen hatte, war seine erste Reaktion Erleichterung darüber, daß der Raum nicht plötzlich wie ein Spiel Karten zusammengefallen oder daß seine Uhr in der Tasche nicht teigig geworden war. Als er das Dorf verließ, sah er als letztes einen Ziegelstein in der Mauer der fernsten Fischerhütte: »*Ja en tinc prou* – Mir reicht's.«

Gaudis Einfluß auf Dali

Am Kap Creus, wo die Pyrenäen sich mit einem Fanfarenstoß ins Meer stürzen, nährte Dali seine jugendliche Phantasie am liebsten. Und ebenso hatte es vor ihm ein Architekt aus Barcelona getan – Antonio Gaudi y Cornet, der wirkliche Vater des *art nouveau*. Gaudi war der erste, der einen Bewußtseinsstrom in Stein interpretierte – fast fünfundsiebzig Jahre bevor Dali geboren wurde. Obwohl Gaudi seine größten Werke in den achtziger Jahren geschaffen hatte, wurde er außerhalb von Spanien erst in den turbulenten zwanziger Jahren, in den Tagen des surrealistischen Paris, berühmt und bekannt gemacht – von Dali. Heute verleihen Gaudis Gebäude, Kirchen, Denkmäler und Parke mit ihrem verzerrten steinernen Dekor Barcelona, wo das Auge rasch auf diese exzentrische Architektur aufmerksam wird, etwas von einer *fantasia*. Das größte seiner Werke ist der halbvollendete Sühnetempel der Heiligen Familie. Die Türme ragen grüßend über die Silhouette der Stadt, wenn man von Süden nach Barcelona kommt.

Heute gibt es dort einen Gaudi-Kult; seine Mitglieder schütteln den Kopf und murren über die unerklärliche Unbekanntheit des Tempels – für sie gehört Gaudis Gebäude zu den sieben Weltwundern.
Die Kirche ist riesenhaft; mindestens zwei San Marcos aus Venedig, wenn nicht gar mehr, fänden innerhalb der unvollendeten Mauern Platz. Vielleicht wird sie trotzdem einmal zu den großen Gebäuden der Welt gezählt; heute herrscht unter den berühmten Architekten, von denen ursprünglich viele vor Lachen geschrien hatten, eine unerwartete Begeisterung für den erstaunlichen Baumeister, und sie unternehmen regelmäßig Wallfahrten nach Barcelona. Zwei geschätzte Kunstkenner haben Biographien über Gaudi geschrieben.
Alles an ihm – angefangen bei seiner Abkehr vom Eklektizismus bis zu seinem Ruf (er wurde abwechselnd verspottet und gerühmt) – verbindet ihn mit Dali. Wie viele von Dalis Gemälden ist auch Gaudis Sühnetempel durch und durch Hirngespinst. Das Modell des Entwurfs hätte aus gesponnenem Zucker sein können. Im Innern des Gebäudes sind Tonnen und aber Tonnen von gemeißelten Steinbildwerken, die dem Ganzen eine launische Verspieltheit verleihen, so als sei ebenfalls alles aus Zucker. Zuerst denkt man an Wellen, die den Stein in verkrampft zuckende Formen hämmern, doch wenn man dann die Ausmaße sieht, scheint das alles dem Stein so unangemessen, daß einem das Bild von dem gesponnenen Zucker nicht aus dem Sinn geht.
Das eigentliche Wunder daran ist die Entstehungszeit. Gaudi erhielt im Jahr 1884 den Auftrag, diese Kirche zu bauen. Er war gerade als Favorit eines nicht konventionellen Mäzens, des Grafen Eusebio Güell, berühmt geworden – Gaudis verspieltestes Werk erhielt später den Namen dieses Gönners: der Güell-Park in Barcelona. Der junge Architekt hatte kleinere Bauten mit geringerem Schmuck entworfen, ehe er von Güell unter die Fittiche genommen und modern gemacht wurde. Danach kamen dann die Plazas, öffentliche Gebäude und zahllose umfangreiche Aufträge. Der Name eines Baues, *la Pedrera*, der Steinbruch, definiert angemessen einen verblüffenden Block von Mietwohnungen. In allem, was er schuf, finden sich Steinbildwerke – Meer, Wellen, Geschöpfe, Höhlen. Vieles war von der Mondlandschaft des Kap Creus inspiriert, obwohl die steinernen Gipfel des Montserrat westlich von Barcelona ebenfalls Vorbilder für Gaudis Türme und Umrisse sein mögen.
Doch ganz gleich, womit er sonst noch beschäftigt war, jahrein, jahraus arbeitete Gaudi an dem Tempel. Er brachte sein ganzes Leben mit

den Bemühungen zu, ihn zu beenden, doch dieser Bau wartet jetzt, lange nach Gaudis Tod, immer noch auf Fonds, die es erlauben, die hinterlassenen Pläne und vergilbenden Skizzen auszuführen.
Gaudi starb mit vierundsiebzig Jahren, nachdem er in die Steinmetzhütte auf dem Grundstück seines geliebten Tempels gezogen war. Trotz der Schwierigkeiten des Lebens in diesem Wald aus Stein und verkrümmtem Stahl trieb er sich selber und alle Mitarbeiter dauernd und unerbittlich an – doch vergebens. Eines Tages ging er, ein gebeugter und gedankenverlorener Mann mit schütterem Haar, zu einem Spaziergang aus und wurde von einer Straßenbahn überfahren. Seine sterblichen Überreste liegen in der Krypta seines Tempels[1].
Man fragt sich, wie er es vermochte, seine Phantasie in Einklang mit den Forderungen zu bringen, die man 1884 an eine Kathedrale stellte, doch gerade in dem Glaubensbekenntnis der Kirche fand er die freie Hand, deren er bedurfte. Im Gegensatz zu der transzendierenden Idee der gotischen Kirchen glaubte man, daß das Übernatürliche auf Erden Gestalt annehme.
Diesem Glaubensbekenntnis verlieh Gaudi kunstvoll komplizierten Ausdruck. Dutzende von Türmen sehen aus wie gewickelte türkische Turbane, die zu langen Nadeln ausgezogen sind. Allenthalben gedrehte Säulen wie Sahnekaramellen in heißem Salzwasser. Kleinere Türme, jeder von anderer Zeichnung, weisen prunkvolle Einzelheiten auf. Selbst die Wasserspeier sind unkonventionell; statt der üblichen Gnome finden sich Schlangen, Eidechsen, Vögel, Schnecken, Muscheln aller Art, die über Mauern und Gesimse kriechen. Steinerne Tierkreiszeichen, seltsame Vegetation und riesige Granitinitialen winden sich in dreidimensionalen Bändern über Türen; Engel hängen im Leeren, große Steinrosen und allerlei alberner architektonischer Zuckerguß bekränzen das Äußere.
Im Innern gibt es steinerne Hähne, Puter, Tauben und Hühner in bäuerlichem Frieden, und man hört sie in all diesem Bauernhofrealismus geradezu gackern. Lampen, Leuchter und Kanzeln sind ebenso phantastisch und bisweilen prophetisch im Entwurf. Ein Stuhl aus den siebziger Jahren des vorigen Jahrhunderts paßt sich wie ganz moderne Sitzmöbel genau der Anatomie des Gesäßes an.
Man erkennt sofort, wie Dali von Gaudi beeinflußt wurde. Er selber gibt es auch bereitwillig zu. Gaudis Gleichgültigkeit kirchlicher Orthodoxie gegenüber, das Sich-Hinwegsetzen über die üblichen

[1] Wie Dali mitteilt, wurde seine Leiche bei dem Aufstand 1935 ausgegraben und durch die Straßen der Stadt gezerrt.

Schwierigkeiten, die das grobe Material mit sich bringt, die hemmungslose Wildheit des Details – eben die Gesamtwirkung seiner zügellosen Ideen – hinterließen in dem jungen Salvador, wenn er mit seiner Familie Barcelona besuchte, einen bleibenden Eindruck. Der Güell-Park war einer seiner Lieblingsplätze; als kleiner Junge pflegte er schon dort zu sitzen und alle Einzelheiten liebevoll zu studieren.

In Cadaques gibt es eine Stelle mit zerklüfteten Felsen, die mit Gaudis Steinen und Schmiedeeisen völlig identisch erscheinen. Bei den Felsen am Kap Creus, denen es an jeglicher Vegetation mangelt, begegnet man immer wieder diesem geologischen Delirium. Dort ist nichts als Fels, wie von Marsbewohnern in einem Augenblick planetarischer Gewaltsamkeit geschaffen. Dali hat dies oft mit der mittelmeerischen Gotik von Gaudis Werk verglichen, genau wie er zugibt, daß jeder Fels ihn selber beeinflußt habe[1].

Jedem Menschen schmeichelt es, sich in einem andern wiederzufinden; vielleicht läßt sich Dalis Verehrung für Gaudi damit erklären. Beide Männer besitzen die gleiche grenzenlose Fähigkeit des traumähnlichen Realismus, von einer Art, in der sie einzig dastehen. Beide zeigen in ihrem Werk eher Grausamkeit als lyrisches Gefühl; beide wurden zu Vorkämpfern des Phantastischen.

Dali und Gaudi haben noch anderes gemein. Gaudis Gebäude erinnern daran, daß Spanien Afrika auf dem Seeweg ebenso nahe liegt wie dem übrigen Europa auf dem Landweg. Dali hat das in seinen Gemälden niemals vergessen. Und in seiner Autobiographie betont er sowohl die maurische Geschichte Spaniens wie seine eigene Verbindung mit den Arabern: »In meinem Familien-Stammbaum ist jene arabische Abstammung, die auf die Zeit des Cervantes zurückgeht, fast mit Sicherheit zu belegen.« Gaudi gelang es nie, das Auge vor dem Meer zu verschließen; stets zeigen seine Fassaden die Wellen des Ozeans und die Gischt des Meeres. Die gleichen allegorischen Schwellungen und Wellenbewegungen finden sich in Dalis Werk, und auch Dalis Seele scheint im Meer zu wohnen.

Dali verlieh seiner tiefen Liebe für Gaudis verkrampfte Linien dadurch Ausdruck, daß er gegen die moderne Architektur und die abstrakte Kunst rebellierte, die Paris kurz nach seiner Ankunft Anfang der dreißiger Jahre im Sturm eroberten. Er bevorzugte den *art nouveau* mit Gaudis Schnörkeln und Oberflächengestaltung. Die

[1] Anm. d. Ü. Deutsche Kunsthistoriker erkennen in dem durch Gaudi geschaffenen *neukatalanischen Baustile eine Parallele* zum mitteleuropäischen Jugendstil.

wenigen von Dali in dieser Epoche geschaffenen Plastiken scheinen ebenfalls vom *art nouveau* inspiriert zu sein.
Dali gefielen die reich geschmückten Eingänge zur Pariser Untergrundbahn besonders gut. Er hatte gar nichts für den »Hypermaterialismus« von Architekten wie Le Corbusier, Mies van der Rohe, Gropius und ihren Schülern übrig. Seine Abneigung wurde von andern Surrealisten und Neuromantikern unter den Malern der frühern dreißiger Jahre geteilt. Die älteren Riesen der Kunstbewegung, Männer wie Picasso und Matisse, ignorierten den Gegensatz. Dali war sein glühendster Verfechter.
Die *Cahiers d'Art*, die Pariser Zeitschrift für Menschen mit modernem Kunstgeschmack, suchte sich gerade die Zeit von Dalis Ankunft im Jahr 1929 aus, um über Gaudi die Nase zu rümpfen. Für sie war Gaudi der Mann, der Barcelona völlig ruiniert hatte.
Dieses Urteil jagte Dali geradezu einen Schauder ein; natürlich spielte sein Spaniertum dabei eine Rolle, daß jeder Angriff auf Gaudi ihn auf den Plan rief. Für ihn war Gaudi – und ist es noch – der »Spitzenmann in der Architektur«, ein Mann, der wie er selber Spanien auf einem weiteren Gebiet der Kunst auf den ersten Platz in der Welt stellte.

DER JUNGE SALVADOR

Der wiedergeborene Sohn

Obwohl er behauptet, sich *lebhaft* des Augenblicks seiner »wirklichen Geburt« innerhalb des Schoßes seiner Mutter zu erinnern, wurde Salvador Dali für uns am elften Mai 1904, morgens acht Uhr fünfundvierzig in der katalanischen Provinzstadt Figueras geboren, durch die die Hauptstraße nach Frankreich führt.
Der Tag war wolkenlos und still; das nahe Mittelmeer lag bewegungslos, unberührt von der üblichen *Tramontana*. Dali beschreibt ihn als einen Morgen gleich jenem, an dem Griechen und Phönizier in der Bucht von Rosas und Ampurias an Land gingen, um das »Bett der Zivilisation« und »die sauberen weißen und theatralischen Laken« für seine Geburt vorzubereiten.
Genaugenommen war Salvador ein wiedergeborener Salvador. Ursprünglich hatte sein Bruder, der mit sieben Jahren, drei Jahre vor Dalis Geburt, an Meningitis starb, diesen Namen erhalten. Die Ankunft des neuen Sohnes, seine große Ähnlichkeit mit dem ersten Salvador und seine liebenswürdige Frühreife entschädigten die Eltern

für ihren Kummer und ihre Verzweiflung. Beide waren ungewöhnliche Kinder, wenn auch nicht aus dem gleichen Grund: der erste Salvador besaß eine für sein Alter melancholische, übergroße Intelligenz; Dali dagegen war nach seiner eigenen Ansicht weit weniger intelligent, *reflektierte* jedoch alles.

Er war der Inbegriff eines boshaften Kobolds, der mit solch grenzenloser, selbstsüchtiger Begierde auf seine eigenen Genüsse bedacht war, daß er beim leisesten Anlaß zum Ärger gefährlich werden konnte. Trotzdem überschütteten die Eltern den widerwärtigen kleinen Jungen mit all ihrer aufgespeicherten Liebe, da er bis zur Geburt seiner Schwester Ana Maria vier Jahre lang das einzige Kind war. Ihre Ankunft bedeutete, daß der Kreis, der Jahre damit zugebracht hatte, Dali zu verwöhnen, um ein weiteres Mitglied wuchs.

Salvador nahm den Platz seines Bruders im Leben eines der geachtetsten Männer der Stadt ein: Don Salvador Dali y Cusi, einundvierzigjähriger Notar und Freidenker, der aus dem leicht erregbaren Barcelona stammte. Die unleugbare Sentimentalität und Weichheit seiner Natur stammte von seiner Liebe zum Gesang, die er aus der Stadt der berühmten Clavé-Chöre mitgebracht hatte. Seine gedankliche Unabhängigkeit, die Dali von ihm erbte, war zweifellos von den Anarchisten beeinflußt, die ihr Hauptquartier in Barcelona hatten, und ganz besonders von dem wütend ausgefochtenen anti-anarchistischen Prozeß gegen Ferrer bestärkt worden.

Er besaß kein Vermögen, obwohl Dali stets verschwenderisch lebte und tat, als wäre er der Sohn eines reichen Mannes. Im Gegenteil, Señor Dali besaß ausschließlich seine Einkünfte als Notar, gab allerdings für den angebeteten Salvador mehr aus, als er sich leisten konnte. Er war der typische Provinzanwalt im nördlichen Spanien, eine allbekannte Gestalt, wenn er in seinem dunklen schmierigen Anzug mit gestärkten Manschetten Abend für Abend in den Jagdklub schlenderte, um mit seinen Freunden zu philosophieren.

Auf einer sehr frühen Fotografie zeigt er viel Ähnlichkeit mit Mussolini, als dieser sein Haar noch nicht verloren hatte; später, auf einer Zeichnung von seinem Sohn – nachdem Dali zum zweitenmal und endgültig von der Akademie der Schönen Künste in Madrid verwiesen worden war –, sah er aus wie ein geschlagener Mann, die Schultern gebeugt, der Mund bekümmert. Es war eine sehr gute Darstellung, die all die Veränderungen auf dem Gesicht eines Mannes wiedergab, der achtzehn Jahre lang Vater eines der kompliziertesten jungen Männer dieses Jahrhunderts war.

Seine Mutter, Dona Felipa Dome Domenech, starb, als er zwanzig war, voller Sorgen über das Verhalten ihres Sohnes; es wäre eine Qual für sie gewesen, wenn sie erlebt hätte, daß er bald darauf aus dem Haus gewiesen wurde. Der Tod dieser dunkelhaarigen, aufrechten Frau, der er physisch mehr zu ähneln scheint als dem Vater, war ein furchtbarer Schlag für ihn. Er verehrte ihre Heiligkeit und ihre moralischen Werte, die er für geradezu übermenschlich hielt. Er setzte ein solches Vertrauen in ihre Vollkommenheit, daß er glaubte, eine so große und stolze Liebe wie die ihre könne sich unmöglich irren, und daraus zog er den tröstlichen Schluß, daß seine Verderbtheit in Wirklichkeit etwas Wunderbares sein müsse! An ihrem Totenbett schwor er weinend und mit zusammengebissenen Zähnen, Vergeltung am Schicksal zu üben.

Er und seine Schwester verbrachten die Kindheit in herzlicher Kameradschaft, doch als junger Mann sah er in Ana Maria nur noch die erzieherische Kraft neben den Eltern. Seine selbstsüchtige Beschäftigung mit ausschließlich eigenen Gedanken vergiftete allmählich die Zuneigung zu seiner Schwester, und als er selbst die lockersten Fesseln herkömmlichen Benehmens abstreifte, wandte sie sich völlig von ihm ab. Aus der innigen Verehrung für den kleinen Abgott der Familie wurde schwelender Haß. An Stelle des Götzendienstes trat Verzweiflung.

Freud behauptet, daß Brüder und Schwestern sich nicht unbedingt lieben müßten, daß man allenthalben Beispielen von Feindschaften zwischen erwachsenen Geschwistern begegne und daß diese Zwietracht ihren Ursprung in der Kindheit habe. Auf kaum jemand trifft diese Feststellung mehr zu als auf dieses Mädchen und ihren verrückten Bruder, die ihrer Natur, ihrem Verhalten und ihren Gaben nach völlige Gegensätze waren.

Ana Marias Buch über Dali, das, lange nachdem er das Haus verlassen hatte, geschrieben wurde, scheint ihr Ausgleich für manche Enttäuschungen gewesen zu sein, wie wir noch sehen werden. Doch was mit diesem Buch auch beabsichtigt gewesen sein mag, in jedem Fall wirft es ein sehr freundliches Licht auf die Familie Dali; zwischen den Zeilen spürt man ein zärtliches Heimweh nach der einst so konventionellen Vergangenheit, und rührende Empfindsamkeit mischt sich immer wieder in die Verbitterung.

Vorgeburtliche Angelegenheiten

Wenn Dali mit Schauermärchen aufwarten will, holt er häufig sein Lieblingsthema hervor: daß er sich all dessen erinnere, was im Schoß seiner Mutter vor seiner Geburt vorgegangen sei. »Ich erinnere mich dieses Zeitabschnitts, als ob es gestern gewesen wäre«, hat er oft gesagt.

Seine Autobiographie beginnt mit der genauen Darlegung der Erinnerungen, die er vom intra-uterinen Leben bewahrt hat. Er tut es mit so ernstem Gesicht, daß ein Kritiker einmal sagte, das Buch hätte »Mein Mutterleib« genannt werden sollen.

Untersucht man diese vorgeburtlichen Erinnerungen genauer, so erscheinen sie recht bekannt, denn sie sind nichts anderes als freie Übertragungen aus der psychoanalytischen Literatur; und die studiert Dali gewissenhaft und mit Gewinn. Erinnert sich Dali wirklich dieser pränatalen Erlebnisse? Oder erinnert er sich der Bücher, die er gelesen hat? Oder düpiert er uns? Oder tut er alle drei Dinge zugleich?

Ob er uns nun düpiert, auf den Arm nimmt oder ob er es wirklich glaubt, jedenfalls ist Dali von dieser Materie immer ganz erfüllt. Wie seine andern Phobien muß auch diese genau betrachtet werden, so schwindelerregend die Vorstellung auch sein mag.

Ursprünglich brüstete er sich damit, daß seine pränatalen Erinnerungen die ersten der Welt seit Beginn der Literaturgeschichte seien, doch später korrigierte er diese Behauptung in Übereinstimmung mit Otto Ranks *Die Traumatik des Schmerzes*, der gewisse Ansichten Dalis seinerseits bestätigt. Als Dali das Buch gelesen hatte, entschloß er sich, Dr. Rank in zwei Punkten zuzustimmen: erstens in der Gleichsetzung der intra-uterinen Periode mit dem Paradies; zweitens, daß man die Geburt und ihre Traumatik mit dem Mythos vom verlorenen Paradies in Verbindung bringen könne. In der Geburt werden wir aus einer schützenden und abgeschlossenen Umgebung vertrieben.

Allein auf diese beiden Punkte gestützt, gelingt es Dali, alle Angst und Betäubung und jeden Verdruß zu erklären: in der Welt außerhalb des Mutterschoßes sind Angst, betäubende Lähmung und Verdruß nur Rückfälle in die Augenblicke der Geburt mit ihrem Gepreßtwerden, den Erstickungsgefühlen, der Einwirkung des blendenden Außenlichts und der brutalen Härte der Wirklichkeit, die alle Menschen aus ihrer Erinnerung an den Augenblick der Geburt zu rekonstruieren geneigt sind.

Wie war es *dort drinnen?* wird Dali gefragt. »Es war göttlich, es war das Paradies«, erwidert er.

Wenn er es bis ins einzelne beschreibt, sieht er es wie »die Farbe der Hölle«. Was er dort drinnen *erblickt* habe? Die häufigste Vision sind ein Paar Spiegeleier – jedoch ohne die Pfanne. Dieses Bild kann er nach Belieben reproduzieren. Es erscheint auf zahllosen Gemälden.

Er erinnert sich noch der Spiele seiner Kindheit, die er spielte, wenn es draußen donnerte. Das Verlangen nach vorgeburtlichem Schutz veranlaßte ihn und seine kleinen Freunde, auf Tische zuzurasen und sich unter den Tischdecken zu verbergen; in diesem dunklen Zufluchtsort rollten sie sich wie kleine Föten zusammen. Selbst ohne den Antrieb von Donner und Blitz bauten sie sich kleine Hütten aus Stühlen und Decken und rollten sich darin zusammen.

Ein Spiel hieß »Padre Patufet spielen«. Der Held einer Kinderfabel, Padre Patufet, war von einem Ochsen verschluckt worden, doch es gefiel ihm gut im Bauch des fetten Ochsen, wo es weder regnete noch schneite. Das erinnert an George Orwells Besprechung von Henry Millers *Wendekreis des Krebses* in Orwells Buch *Im Innern des Wals.* Miller erwähnt El Grecos »Der Traum Philipps II.« und weist darauf hin, daß die Menschen auf El Grecos Bildern immer aussehen, als befänden sie sich im Bauch von Walfischen; die Vorstellung von einem Walbauch als einem Uterus, groß genug für einen Erwachsenen, war für Miller »ein sehr tröstlicher, gemütlicher, anheimelnder Gedanke«.

Als Dali älter wurde, ersetzte er seine Kindheitsfabeln durch Erwachsenenzeugnisse. Das von seinem Jugendidol Ingres gemalte »Türkische Bad« veranschaulicht seine Einstellung. Für ihn handelt es sich bei dem berühmten engen Kreis nackter, üppiger Gestalten in einem Harem viel mehr um eine pränatale als um eine sinnliche Angelegenheit. Daß es sich wirklich zuallererst um eine bewußte Darstellung des »intra-uterinen Paradieses« handelt, wird durch das Vorherrschen göttlich gerundeter Formen in der Haremsszene deutlich – Dali vermag sie nur als intra-uterine und paradiesische Elemente zu sehen.

Er malte dauernd Grotten, die vorgeburtliche Beziehungen aufweisen. Im Jahr 1942 stellte er auf seinem Bild »Familie von Marsupialier-Zentauren« kleine engelhafte Knaben dar, die aus ihrem »mütterlichen intra-uterinen Paradies« herauskamen oder wieder hineinschlüpften (zu diesem Zweck hatte er mitten auf den Bäuchen aller Zentaurinnen Löcher angebracht). Viel später, in New York, ließ er sich nackt in seiner, wie er zugibt, üblichen zusammengerollten Schlafstellung fotografieren, um seine nächtliche Rückkehr zum vorgeburtlichen Zustand zu illustrieren. Das Foto wurde eiförmig ausgeschnitten, auf einen Hintergrund gelegt und so kopiert, damit es aussah, als ob Dali im Innern eines Eis aufgenommen wäre.

Hinsichtlich seiner Schlafgewohnheiten ist Dali recht redselig. Bewegungen vor dem Schlaf sind für ihn wie ein heimliches Ballett, das nötig ist, um Körper und Seele einem zeitweiligen Nirwana des Schlafes hinzugeben. Er behauptet, wenn er sich zur embryonalen Stellung zusammenrolle, habe er Zugang zu seinem pränatalen Paradies und vermöge leicht und mit Lust die Erinnerung an seine intrauterine Persönlichkeit wachzurufen. Der »Fall«, den man gelegentlich beim Einschlafen empfindet, ist seiner Ansicht nach eine Rekonstruktion des Augenblicks der Geburt. Ja, er könne, wie er zugibt, auch durch Müdigkeit oder ein krampfhaftes Bedürfnis, den Sorgen des Tages zu entrinnen, verursacht werden, doch am häufigsten beweise er den verzweifelten Versuch, sich selber wieder »nach draußen« zu werfen, den Mutterschoß zu verlassen und um jeden Preis in eine bessere Welt wiedergeboren zu werden.

Während der ersten Luftangriffe des zweiten Weltkriegs in Paris zeichnete Dali oft Menschen, die er in den Luftschutzräumen fand. Im Gegensatz zu dem englischen Bildhauer Henry Moore, der den ungeheuerlichen Nachtmahr der Bombardierung darstellte, suchte Dali insbesondere nach Menschen, die sich in fötalen Stellungen zusammenkrümmten. »Dort wurde«, so erklärte er, »die äußere Gefahr noch durch die intra-uterinen Gefühlserinnerungen gesteigert, die sich mit der Dunkelheit und den Maßen von Kellerräumen verbanden.«

Sogar in seinem Roman *Hidden Faces* beschreibt er in der Darstellung der Vorkriegszeit, ehe Hitler zuschlug, ein Paris, in dem die Menschen den Tod in einer quälenden Vorausschau des vor ihnen liegenden Unheils simulierten; dabei spricht er von der Sicherheit des Mutterleibes als von einer Möglichkeit zu überleben, falls die Menschen die Hölle der Wirklichkeit flohen und sich in einem paradiesischen Kokon einspannen.

Für Dali besteht sogar zwischen all diesem und dem Todeswunsch ein Zusammenhang. Anders als der »Fall« vor dem Einschlafen ist der Todeswunsch ein ständiger Zwang, dorthin zurückzukehren, woher man kam. Er behauptet, Selbstmorde würden durch die Unfähigkeit, das Trauma der Geburt zu überwinden, hervorgerufen. Und ein

1 1925 schuf Dali das Gemälde »Junges Mädchen am Fenster«. Sein Modell war mit größter Wahrscheinlichkeit seine Schwester Ana Maria.

2 »*Don Quichote*«, *aquarellierte Federzeichnung. Hier kommt Dalis starke Beeinflussung durch seine Umgebung, in diesem Falle der Landschaft, zum Ausdruck.*

3 Dieses Gemälde aus dem Jahre 1930 entstand unter dem Einfluß der Werke Picassos.
4 Dali auf dem Weg zum Surrealismus: Collage aus »La Révolution Surréaliste« vom 15. Dezember 1929; Dali selbst linke Reihe, zweiter von oben

Mann, der auf dem Schlachtfeld mit dem Schrei »Mutter« auf den Lippen sterbe, spreche damit voller Grausamkeit den Wunsch aus, den Vorgang der Geburt umzukehren und in den Schoß zurückzugelangen, aus dem er hervorging. Außerdem erinnert er uns an jene primitiven Stämme, die ihren Toten die Knochen herauslösen und sie in genau fötaler Stellung zusammenlegen und beerdigen.
Dalis Interesse am Pränatalen mag vielleicht seltsam erscheinen; und doch könnte man es, wenn man sein Leben studiert hat, als sein Verlangen erklären, »ins Innere« einer Welt zurückzukehren, wo jeder seiner Wünsche erfüllt wurde. Sucht er immer noch die rosige Traumwelt seines vorgeburtlichen Zustands, aus dem er offenbar ohne seine Zustimmung herausgeschleudert wurde?

Durch die Augen Ana Marias

Eine ganz eigenartige Darstellung von Dalis Jugend gibt seine Schwester in ihrem Buch *Salvador Dali, visto per su hermana*, das 1949[1] erschien. Seine Zuverlässigkeit wird durch das Vorwort bestätigt, das im Faksimile nach der Handschrift von Dalis Vater abgedruckt wurde. Man spürt fast seine Sehnsucht, als dieser schloß:
»Wenn ich dieses Buch, das die Geschichte unseres Hauses mit unbedingter Treue wiedergibt, früher hätte lesen können, wären manche Irrtümer vermieden worden.
Bisweilen frage ich mich, ob meine Frau unserer Tochter die Hand geführt hat, als sie diese Seiten schrieb. Es muß so sein, da sie mir so viel Trost schenken.

Salvador Dali y Cusi«

Das Buch ist eine merkwürdige Mischung von Heimweh und Rachsucht. Offensichtlich wünscht Ana Maria die Verbindung mit ihrem berühmten Bruder aufrechtzuerhalten, wünscht ihre frühere enge Kameradschaft bekanntzumachen – eine Seite, die sie in ihrem Bericht von der gemeinsamen Kindheit stark ausschmückt und die in Dalis Buch auffallend kurz abgetan wird – und die bürgerliche Orthodoxie ihres Familienlebens zu betonen. Gleichzeitig scheint sie die Ursache des Familienkrachs und ihre eigene Ablehnung Dalis Verhalten gegenüber verkünden zu wollen[2].

[1] Editorial Juventud SA, Madrid.

[2] Dali setzt eine veränderte Erwiderung auf, die er auf eine vornehme weiße Karte gravieren ließ; der spanische Text war »Memorandum« betitelt und »New York, *Enero* (Januar) *de* 1950« datiert und unterzeichnet.

Es ist ein betrübliches Buch, das eine sentimentale Geschichte mit Vergeltung beendet. Doch wie man es auch auffaßt, es ist deshalb von großer Bedeutung, weil es beträchtliche Beiträge zu der Legende liefert, die sonst durchweg von Dali selbst ausgemalt wird.

Als ich Dali fragte: »Weshalb glaubte Ihre Schwester, ein Buch schreiben zu müssen, in dem sie Sie anprangert?«, verriet Dalis halb lächelnde, halb herablassende Antwort keinerlei Gereiztheit, wenn er sie vielleicht auch empfand. »Sie hat mir meinen Erfolg nie verziehen – besonders da sie eine Katastrophe vorausgesagt hatte«, erwiderte er.

Trotz der Erbitterung, mit der Dali von seinem Vater aus dem Haus gewiesen wurde, band ihn sein unzerstörbares Spaniertum an seine Familie und veranlaßte ihn, zu Anfang des letzten Krieges durch ganz Spanien zu jagen, um diese Bindung zu beweisen. Deutsche Truppen waren ihm bereits auf den Fersen, als er sich an der internationalen Brücke in Hendaye von Gala trennte, um Vater und Schwester Lebewohl zu sagen. Gala fuhr allein nach Lissabon, wo sie sich in dem kniffligen Spiel versuchte, die Visa für die Vereinigten Staaten zu erhalten.

Diese Episode wird in Ana Marias Buch nicht erwähnt, wohl dagegen in dem von Dali; er macht dabei eine vernichtende Bemerkung über den angeblichen Geisteszustand seiner Schwester. Er kam morgens um zwei in Figueras an und begrüßte die beiden Angehörigen, die er seit elf Jahren nicht gesehen hatte. Die Begegnung hat ihn völlig erschüttert. »Ich glaubte, im Wachen zu träumen«, erinnert er sich. Die einzige Erwähnung in dieser Beschreibung einer starken emotionalen Bewegung ist kurz und bündig:

»Es ist wahr, daß meine Schwester vom CIM[1] gefoltert und zum Wahnsinn getrieben worden ist; doch sie war bereits wiederhergestellt.«

Sonst ist nicht viel mehr über sie gesagt, obwohl der Hauptantrieb zu diesem Buch, in dem er sein gesamtes Privatleben vor der Öffentlichkeit ausbreitet, von einem übermäßig starken Zwang, alles zu erzählen, ausgeht. Diese Zurückhaltung Ana Maria gegenüber ist bei Dali einmalig.

Louis Allen von der Durham University, der Dali kennt und wahrscheinlich die beste kurze Darstellung[2] von ihm gegeben hat, die

[1] Ein militärischer Abwehrausschuß, der während der Terrorherrschaft in Barcelona in Tätigkeit war.

[2] Salvador Dali, *The Month*, November 1951.

vorhanden ist, erwähnt Ana Maria bei der Erörterung von Picassos Einfluß auf Dali:
»Dali behauptet, er sei niemals von Picasso beeinflußt worden. Er habe die kubistische Technik selber, ohne jede Anregung oder Mitteilung aus Paris, entdeckt, als er noch ein junger Maler in Figueras und Cadaques gewesen sei. Links von seinem Kamin hängt noch ein großes kubistisches Gemälde aus jenen Tagen, das er nicht besonders mag, das jedoch als Fossil (und als Warnung) dient, um seinen Entwicklungsweg zu zeigen. Er sagt, hier sei ein weiterer Punkt, in dem sich seine Schwester Ana Maria Dali in ihrer Biographie über ihn irre, und mit einem resignierten Seufzer: ›Es ist nicht das erste Mal, daß eine gekränkte Schwester voller Bosheit oder Mißverständnis über einen berühmten Bruder geschrieben hat; bei Nietzsche geschah es auch.‹ Ana Maria behauptet, Dali sei, als er von Spanien nach Paris reiste, von seinen kubistischen und surrealistischen Freunden ›vom Wege der Rechtschaffenheit‹ abgelenkt worden... ›Sie war eifersüchtig‹, erklärte Dali einfach.«

Die spanische Regierung, die früher Dalis Autobiographie verboten hatte, hat ihren Verkauf in Spanien jetzt erlaubt. Das Buch seiner Schwester ist noch in vielen der kleinen Gemischtwarenläden von Cadaques in nächster Nähe von Port Lligat erhältlich. Dali hofft, daß das Publikum beide Darstellungen vergleichen und, wie er es ausdrückt, Irrtümer im Buch seiner Schwester »berichtigen« werde.

Die Schuld an den Schwierigkeiten schreibt Ana Maria ausschließlich Dalis sonderbarem Benehmen zu, das der Familie unerträglich wurde, als er das erste Mal aus Paris nach Cadaques zurückkehrte. Doch große Teile des Buches sind frei von Schmähungen. Da herrscht vielmehr die melancholische, ein wenig rührende Beschreibung ihrer Kindheit vor. Sie berichtet, wie sie beide Wasser verschüttet, Papierschnitzel in der Wohnung verstreut, Felsen in der Nähe des Hauses erklettert, kleine Ausflüge unternommen und alle Leute ihrer Umgebung nachgemacht hätten. Und auf dem winzigen roten Tisch, an dem sie beide aßen, habe Salvador zum erstenmal gezeichnet. Mit einem Löffel oder einer Gabel habe er vollendete kleine Abbilder ihrer Zelluloidschwäne und -enten in die rote Farbe gekratzt (bald sollte er die Spieltiere mit einem Hammer zerschmettern).
Solche Zerstörungen regten die Eltern nie auf. Man sieht die Mutter vor sich, wie sie zu diesen Vögeln hinläuft und glücklich über sein

Talent gackert: »Wenn er sagt, er will einen Schwan zeichnen, wird es ein Schwan, und sagt er, es wird eine Ente, dann wird es auch eine Ente.« Ihren Vater stellt Ana Maria im Schaukelstuhl dar, vor einem Grammophon mit riesigem Schalltrichter hingegeben Gounods »Ave Maria« oder den Chören aus dem »Lohengrin« lauschend; außerdem ist noch eine kindische Großmutter da, die schweigend, voll ruhiger Heiterkeit nähte.

Lieder und Spiele füllten ihre Tage aus. Die Eltern verbrachten viele Stunden mit den Kindern und luden befreundete Nachbarn und Bekannte ein, um ihnen in kleinen Gruppen Filme zu zeigen. Selbst Charlie Chaplin und Max Linder gehörten zum Programm, und seither hat Dali nicht einen einzigen Chaplinfilm verpaßt.

Nach dem Bericht seiner Schwester war Dalis Kindergesicht stets lebhaft bewegt und drückte Scharfsinn aus. Seine Augen hatten immer einen durchbohrenden Blick, und »sein Lächeln ähnelte, wie auch jetzt noch, dem eines alten Mannes, obwohl sein Mund in geschlossenem Zustand von kindlicher Aufgeschlossenheit sprach, die er nie verlor«.

Das Familienbild, das sie beschreibt, ist von bürgerlicher Gemütlichkeit. Sie sangen katalanische Weisen, wenn sich mehrere Familien in der *galena* versammelten, von der man auf die Gärten der Marquesa de la Torre blickte; ehrfurchtsvoll lauschten Salvador und Ana Maria dann der schönen Stimme ihrer Mutter, die alle andern übertönte. Abends schmiegten sie sich an sie und ihre Tante Tieta und ließen sich vor dem Zu-Bett-Gehen den »Engel des Schlafs« vorsingen. Irgendwie lernte Ana Maria trotz des Geschreis ihres Bruders einzuschlafen; die Mutter mußte ihn immer wieder hochnehmen, sonst weigerte er sich zu schlafen.

»Ja«, fährt sie fort, »halsstarrig und dickköpfig wie ein Maulesel, aber auch herzlich und gefühlvoll wie – und hier ist es mir nie gelungen, den rechten Ausdruck zu finden, weil er gut und gefühlvoll und liebenswert war trotz seiner furchtbaren Stimmungen, denn die letzteren waren zufällig, die guten Eigenschaften dagegen beständig.«

Seitenweise beschreibt sie seine Wutanfälle, jedoch nicht mit halb soviel Einzelheiten wie Dali voller Stolz in seiner Autobiographie. Nie ließ ihr Respekt vor ihm nach: »Mein Vater hatte gerade eine Rechnung kassiert – in lauter Fünfundzwanzig-Peseten-Noten. Darunter war eine falsche; er forderte den kleinen Salvador auf, sie herauszusuchen. Ohne einen Augenblick zu zögern, sah mein Bruder einen Schein nach dem andern an und hielt sofort inne, als er an den gefälschten kam. Dann sagte er auf die natürlichste Weise der Welt: ›Der hier ist es.‹ Wir waren alle sehr erstaunt, da es fast unmöglich war, ihn von den andern zu unterscheiden; erst später, als wir seine Zeichenbegabung kannten, konnten wir verstehen, daß ihm diese Note sofort anders erschienen war.«

Anfälle hohen Fiebers und kurze, heftige Krankheiten traten in ihrer Kindheit häufig auf. Es hieß, das komme vom Wachsen, und so war es auch: »Jedesmal, wenn wir nach zwei, drei Tagen Bettruhe wieder aufstanden, waren wir größer.«

Salvadors Krankheiten pflegten den ganzen Haushalt in Bewegung zu bringen. Das gesamte Leben konzentrierte sich auf sein Zimmer, das hell und geräumig und von Sonnenlicht überflutet war. Dieses Sonnenlicht herrscht seither in all seinen Gemälden vor. Er wurde offenkundig verwöhnt; jeder tat sein Bestes, um ihm den Aufenthalt im Bett nicht langweilig werden zu lassen.

Llucia, die Kinderfrau, erzählte ihm endlose Geschichten, doch die größte Freude machte ihm die Großmutter. Sie schnitt mehrfach gefaltetes Papier zu phantasievollen Borten aus, auf denen die kompliziertesten Bilder auftauchten. Das Lieblingsbild war ein Haus, eine Palme daneben, eine Waschwanne mit einer waschenden Frau und eine mit Wäsche behängte Leine. Bruder und Schwester probierten immer wieder, es nachzumachen, doch so oft sie sich auch versuchten, es gelang ihnen nicht, solche Wunderwerke aus kleinen Papierstückchen zu zaubern, wie ihre Großmutter es vermochte.

Seine Mutter vertrieb ihm die Zeit damit, daß sie köstliche Wachsfigürchen aus Kerzen schnitzte; seine Schwester behauptet, Dali habe deren lebendigen Reiz nie vergessen können.

Ein Gemälde, das Dali während einer langen Rekonvaleszenz mühsam kopierte, machte seiner Mutter so viel Freude, daß sie es rahmen ließ und im Eßzimmer aufhängte[1]. »Sie wollte dieses Bild nie entbehren, da seine intime Atmosphäre sie so sehr anzog.«

Kindheit und Jugend wurden abwechselnd in Figueras und Cadaques verbracht. Teile von Cadaques erscheinen – genau wie auch heute noch – bereits in seinen frühesten Gemälden und beweisen, wie stark er von ihnen beeindruckt worden ist. Ana Marias Urteile über das Werk ihres Bruders sind wegen ihrer herzlichen Ungezwungenheit interessant, wenn es ihr auch offenbar schwerfiel, objektiv zu bleiben. Sie fügt dem Bericht hinzu, daß »Dalis impressionistische Gemälde

[1] Seine letzte Kopie: Vermeers »Spitzenklöpplerin« für Bankier Robert Lehman, USA, im Jahre 1957. Vergl. Kapitel »Dali après Vermeer« S. 242

fast alle in seine Jugend gehören. Die Farben, zunächst ein wenig dunkel, werden heller und präziser, bis sie die unvergleichlichen Töne zeigen, die sie später erhalten sollten...«
Sie beschreibt, wie und wo er arbeitete, jedoch ohne die Selbstanalyse und die minutiösen Einzelheiten der dabei üblichen perversen Gewohnheiten in Dalis eigenen schriftlichen Darstellungen. In ihren Ausführungen wirkt sein Tageslauf normal und konventionell wie der jedes andern jungen Burschen mit einer Begabung für Malerei.
Wegen des starken Terpentingeruchs wußte man sofort, wo Salvadors Arbeitszimmer lag: ein grauer quadratischer Raum mit zwei großen Liegen über Eck und einem Regal mit Töpfen, Flaschen, Tuben und Pinseln, hinter einem Rupfenvorhang verborgen. Die Wände waren mit Dalis Gemälden fast tapeziert, bis auf das Fenster, von dem aus man weit über Cadaques und das Meer blickte.
»In diesem Arbeitsraum malte mein Bruder unermüdlich. Das Licht von ganz Cadaques kam auf seinen Bildern zur Ruhe, genau wie fallender Schnee auf der Landschaft liegenbliebe. Hier bewirkte das hereinflutende Licht, daß man nur Farbflecke sah; dicht, reich und voller Leben hob einer den andern hervor. Viele von ihnen standen, mit dem Palettenmesser aufgetragen, reliefartig erhaben auf der Leinwand, und dieses lodernde Leben hinderte zunächst daran, zu erkennen, was sie darstellten, doch jeder einzelne war mit solcher Realität und Genauigkeit, so sehr im Einklang mit den andern gesetzt, daß es genügte, ein paar Meter von dem Bild zurückzutreten, um zu sehen, daß es die schönsten Gegenden von Cadaques waren. Wie immer summte mein Bruder mit zusammengepreßten Lippen. Während er arbeitet, bringt er ein unverkennbares Geräusch hervor. Jahre später sagt García Lorca: ›Es klingt wie von einer goldenen Drohne.‹ Das stimmt genau. Wenn er summt, weiß man, daß er malt.«
Salvador arbeitete morgens und pflegte, während der Tisch zum Mittagessen gedeckt wurde, im Meer herumzuplätschern und dann, noch naß, zum Essen zu kommen. An manchen Tagen ging er bei Tagesanbruch aus und malte bis zur Abenddämmerung, an andern blieb er im Atelier. Nach einem schweren Arbeitstag an der Staffelei pflegte er mit der Familie einen Spaziergang unter den Ölbäumen zu machen. Stets beobachtete er eifrig alles um sich her.
Als erste Anzeichen des Ego erklärt Ana Maria den im zweiten Lebensjahrzehnt auftretenden anomalen Wunsch Dalis, die Aufmerksamkeit auf sich zu lenken; offenbar war das nicht vorsätzlich, da er ihrer Ansicht nach zu intelligent und zu schüchtern dazu war. Wenn er sich

lächerlich machte oder einen Fehler beging, gab er das unter keinen Umständen zu, sondern behauptete mit der Dickköpfigkeit eines Kindes seine Meinung – »und nahm seine Zuflucht zu tausend Spitzfindigkeiten, zu tausend gewundenen Erklärungen« –, um mit allem, was er tat, seine glänzende Intelligenz und sein einzigartiges Temperament zu beweisen.

»Doch kein Mensch ist weniger von der Großartigkeit dieses Verhaltens überzeugt als er selbst... Und dann wird seine Beweisführung herausfordernd und macht jede weitere Diskussion unmöglich; denn sobald er nicht mehr weiß, wie er sich aus der Affäre ziehen soll, wird er zynisch, unaufrichtig und übertreibt.«

Aber Ana Maria betont nachdrücklich die lebendige und wundervolle Kameradschaft, die in jenen Tagen zwischen Dali und seinem Vater trotz Dalis zunehmender Idiosynkrasien bestand. Die übrigen Familienmitglieder pflegten den beiden Männern bei den Mahlzeiten schweigend zuzuhören, während beide erregt über alles mögliche diskutierten. Oft wurden die Gespräche so feurig, daß der Vater vergaß, ins »Jagdkasino« zu gehen, wo seine Freunde jeden Abend zusammenkamen; »Vater begann in seinem Sohn seinen besten Kameraden zu finden«. Da beide hitzköpfig und anmaßend waren, wurden ihre Auseinandersetzungen lebhaft und scharf.

Etwa um diese Zeit befreundete sich Salvador mit einigen Zigeunern, die bald die Familie Dali nahezu als ihr Eigentum betrachteten, besonders Salvador, den sie Señor Patillas, Herrn Backenbart, nannten. Sie standen ihm Modell und sind seither seine Modelle und Freunde geblieben.

In seiner Jugend trug Salvador das Haar sehr lang, dazu Koteletten, die sein schmales, blasses Gesicht umrahmten. Als diese olivfarbene Blässe auffallend wurde, machte sich die Familie Sorgen. Die Leute begannen über ihn zu reden; er wollte nie etwas so Selbstverständliches wie ein Jackett anziehen; dagegen liebte er es, in bauschigen Hosen mit Gamaschen, die bis zu den Knien reichten, herumzulaufen. Seine Art, sich anzuziehen, wurde so beunruhigend extravagant, daß er Ana Maria und den Vater damit in große Verlegenheit brachte. Einmal rief seine Anwesenheit im Kino einen Tumult hervor; sein Vater sah schließlich ein, daß es unmöglich war, »mit einem derart vermummten Jungen irgendwohin zu gehen, da wir sonst gesteinigt worden wären«.

Als Salvador in die Madrider Akademie eintrat, verursachte seine verrückte Aufmachung das übliche Unbehagen bei Ana Maria und ihrem Vater, doch glücklicherweise änderte er sich in dieser Beziehung bald. Der Einfluß der Freunde in Madrid wirkte sich günstig aus, besonders der von Federico García Lorca, der ein ebenso guter Freund der Familie wie Dalis selbst wurde. Bald sah Salvador ruhig und angenehm aus, sein Haar war dem Brauch entsprechend geschnitten und gekämmt. Er rasierte sich die Koteletten ab, seine seltsam bohrenden Augen erhielten einen ruhigeren Ausdruck. Eine Zeitlang war sein Anzug ausgezeichnet geschnitten und gebügelt.

Seine Leistungen an der Akademie der Schönen Künste waren großartig, aber die bedauerliche Episode seiner Verweisung von der Anstalt erschütterte Ana Maria tief. »Wie konnte so etwas geschehen, wenn er der beste Schüler war?« Sie und ihr Vater fragten sich das immer wieder.

Da in Madrid alle von Salvadors Größe als Maler überzeugt waren – sein Vater hatte die strenge Tante Tieta nach Madrid geschickt, um die Angelegenheit in Ordnung zu bringen –, wurde beschlossen, die Verweisung zu ignorieren und Salvador dabei behilflich zu sein, daß er desungeachtet seiner Berufung folgen konnte. Der nächste Schritt in seiner Ausbildung sollte, so kam man überein, eine breitere Begegnung mit der Kunst der Vergangenheit sein; er wurde nach Paris und Belgien geschickt.

Die beiden ersten Ausstellungen Dalis fanden in Barcelona kurz vor und während dieser Reisezeit statt. Die zweite Ausstellung im Jahre 1926 war, wie Ana Maria betont, nicht nur im Hinblick auf Kritik und Verkäufe ein Erfolg, sondern weil sie auch im Ausland Aufmerksamkeit erregte. »Vom Carnegie Institute in Pittsburgh kamen Käufer, und er erhielt zahlreiche Aufträge von privater Seite.«

Von nun an wandelte sich Ana Marias Urteil über den Bruder erheblich; ihre Zuneigung und Begeisterung verkehrten sich in Verachtung und Zorn über Dalis moralischen Abstieg. Der Surrealismus verwirrte und bestürzte die Familie sowie den größten Teil der Umwelt, in der sie lebte.

Ana Maria behauptet, schon früh, nämlich während eines Gewitters im Jahr 1921, eine Vorahnung von Dalis endgültigem Bruch mit seiner Familie gehabt zu haben. Ihr Haus in Cadaques geriet bei der Überschwemmung unter Wasser, sie mußten bei Nachbarn Zuflucht suchen. Salvador hüllte seine Großmutter in eine Decke, trug sie durch die Flut und brachte sie in Sicherheit.

Das war für Ana Maria ein böses Vorzeichen. »Die zerstörerischen Ideen des Surrealismus kamen mit der gleichen Gewalt nach Cadaques wie das Gewitter und vernichteten, als sie voller Haß und Verderbtheit ausbrachen, den Frieden unseres Hauses und machten uns zu Opfern dieser unheilvollen Bewegung, der sich Salvador unglücklicherweise anschloß.«

Tiefer noch wurde die Kluft im Jahr 1928, als Dali zwei Beiträge zur Herbstausstellung der Galerie Maragall in Barcelona schickte. Das eine war nur ein Stück Kork, das andere beschreibt Ana Maria als »einen seltsamen Organismus, sehr sorgfältig gemalt«.

»Die Bilder verließen das Haus in Figueras gut verpackt, um den Kork nicht zu beschädigen; sie sollten einen großen Tumult hervorrufen und unsern guten Freunden Maragall und Dalmau viele Nächte lang den Schlaf rauben und Anlaß zu den ergötzlichsten Kommentaren zu Haus geben. Maragall war sehr beunruhigt. Der Organismus, den Salvador so sorgfältig gemalt hatte und der in Wirklichkeit überhaupt nichts darstellte, veranlaßte Maragall zu der Besorgnis, es könnte, wenn er ihn in seiner Galerie ausstellte, zu einem Skandal kommen.«

Maragall schrieb Dali mehrere herzliche Briefe und bat ihn, er möchte ihm einen Gefallen erweisen und es ihm erlassen, dieses Bild auszustellen; doch Dali lehnte ab.

Der allmähliche Zerfall des Familienlebens während dieser Zeit ging Hand in Hand mit der immer stärker hervortretenden Absonderlichkeit in Dalis Kunst. Mit einer »Hartnäckigkeit, die einer besseren Sache würdig wäre«, gab Dali auch nicht ein Jota nach. »Wenn auf dem Bild nichts zu sehen ist«, sagte Salvador, »warum kann es dann nicht gezeigt werden? Und wenn es, ohne irgend etwas zu bedeuten, den Ruf einer Kunstgalerie vernichten kann... dann bin ich ein Genie.«

»Der Sommer 1929 reichte aus, um in Salvador die Veränderung hervorzurufen, die ihn seinen spanischen Freunden – seiner Familie – und sogar sich selbst entfremdete. Der so gut geleitete Fluß seines Lebens verließ unter dem Druck jener Menschen, die nichts von der klassischen Szenerie von Cadaques verstanden, seinen Lauf.«

Ana Maria schien es unmöglich, daß ihr Bruder von Menschen angezogen werden könne, die die klassische Schönheit um sich her negierten; doch »mit jener Leidenschaft, die seine Impulse und Vorstellungen stets kennzeichnet, hängt er sich an sie, als ob sie ihn von seiner Unrast befreien könnten... Mein Bruder hat immer einen heftigen Charakter gehabt, und er hielt diese Freunde für sehr intelligent. Vielleicht waren sie es auch, doch jeder weniger Leidenschaftliche hätte zu erkennen vermocht, daß ihre Intelligenz böse und zerstörerisch war. Wir sahen, wie Salvador von diesen amoralischen Geschöpfen hypnotisiert wurde, und wußten, daß es kein gutes Ende nehmen könne.«

Sie und ihr Vater waren ernstlich besorgt, als Salvador mit überstei-gertem Haß aus Paris zurückkehrte. Er hatte die Erlaubnis erhalten, mit Luis Bunuel nach Cadaques zu kommen, weil man hoffte, daß Entspannung und Abgeschlossenheit dazu beitragen würden, sich selbst wiederzufinden, »ihn dazu bringen, die Dinge, die er einst liebte, wieder zu lieben«. Seine Briefe waren herzlich gewesen, und die Angehörigen hatten gehofft, daß er bis Weihnachten wieder der alte sein werde. Sie konnten sich – da es alle Grenzen überstieg – nicht einmal vorstellen, was er während seines letzten Aufenthalts in Paris getan hatte.

Salvador hatte bereits sein Bild »Blut ist süßer als Honig« gemalt, auf dem ein verwester Esel dargestellt ist. Ana Maria jammerte. »Nach Salvadors Ansicht war dieser verfaulte Esel wie ein Strauß Rosen.« Im Jahr 1929 glaubte er unter dem unmittelbaren und persönlichen Einfluß der surrealistischen Gruppe in einem verfaulten Esel einen Strauß Rosen sehen zu können.

»Er gewann nichts durch diese Veränderung. Er gab das Moment in der Kunst auf, in dem Dünger zu Blumen verwandelt wird, und wandte sich dem zu, in dem Blumen, welk und mit herabgefallenem Laub, zu Dünger werden...«

Die Familie erfuhr von dem Eselgemälde aus Artikeln, die in Madrid und Barcelona veröffentlicht wurden. Für Schwester und Vater hatte Dali den Urgrund seines Lebens öffentlich widerrufen.

»Als mein Vater das erfuhr, wollte er Salvadors Anwesenheit im Haus nicht mehr gestatten. Er forderte ihn auf, unsere Wohnung unverzüglich zu verlassen, da er einen solchen Haß gegen alles empfand, was mit uns in Verbindung stand.«

Eine exzentrische Kindheit

Die ersten fünfundzwanzig Jahre in Dalis Leben sind eine so wilde Zeit, wie sie kaum ein Maler je erlebt hat. Er schlägt den Rekord in Gewalttätigkeit, Wut, Hysterie, Größenwahn, Anarchie und bizarren Taten. Wenn auch der größte Teil seines weiteren Lebens in ähnlicher Weise verlaufen ist, so fallen doch die widerwärtigsten Episoden in Dalis frühe Kindheit.

Wie viele Künstler unseres Jahrhunderts hat sich Dali eine tiefe Liebe zu seinen Jugenderinnerungen bewahrt. Traum, Mythos und tatsächliches Erleben gerieten in seinem Jungenkopf so vollständig durcheinander, daß es ihm später unmöglich war, auseinanderzuhalten, wo die Wirklichkeit begann und das Imaginäre aufhörte; und alles, was er als Erwachsener gesagt und getan hat, spiegelt diese Tatsache wider.

Vermutlich setzte seine »Seltsamkeit« ein, als er mit drei Jahren die erste Halluzination hatte. Sein Vater erzählte diese Geschichte jahrelang immer wieder. Der kleine Salvador war wie üblich auf den Boden der riesigen Terrasse vor dem Haus gesetzt worden, um in der hellen Sonne zu spielen. Emsig in seinen Schmutzhaufen vertieft, den er zu kleinen Dämmen auseinanderschob und festklopfte, fuhr er plötzlich in panischem Entsetzen vor dem Griff einer imaginären Person zurück. Obwohl niemand da war, wurde er von so heftiger Angst gepackt, daß er sich geradezu hysterisch gebärdete. Wenn die Familie ihn beim Spielen auch sich selbst überließ, beobachtete sie ihn doch stets aus dem Innern des Hauses; alle Augen waren auf ihn gerichtet, als offensichtlich wurde, daß er von einer Erscheinung in Furcht versetzt worden war. Danach weinte er viele Stunden lang.

Das Erlebnis wurde von der Familie nicht bezweifelt; der Vater bekräftigte die Geschichte sogar noch dadurch, daß er von einem ähnlichen eigenen Erlebnis berichtete. Seine Angehörigen wollten zu einer Kahnfahrt aufbrechen; im letzten Augenblick ging Señor Dali noch einmal ins Haus zurück, weil er sein Taschentuch vergessen hatte. Kurz darauf kam er blaß und fassungslos wieder. Auch er hatte einen Geist gesehen; wie er erklärte, seine tote Mutter, die leise und vorsichtig die Treppe herunterkam.

Der kleine Dali fand an den Berichten über seine erste Erscheinung so viel Gefallen, daß er bald eine neue erlebte. Eines Morgens früh kam er nach dem Waschen in sein Zimmer zurück und sah, daß »eine ziemlich große Frau in einer Art Nachthemd« vor seinem Fenster saß. Er wußte, daß es eine Halluzination war; als er für einen flüchtigen Moment die Augen abwandte, um sich hinzusetzen, verschwand sie im Nu.

Doch als seine psychische Anomalität zunahm, hörte er auf, andere Erscheinungen zu simulieren – er wollte nur die lebendig bewahren, die er bereits gehabt hatte. Halluzinatorische Bilder (wie Papageien, Köpfe, die Freundin »*Dulitschka*« seiner »unechten Erinnerungen«, bunte Sonnenschirme und Heupferde) begannen in seinem Kopf eine brodelnde Masse zu bilden – »wie ein Nest von munteren Würmern und Ameisen, die in meinem Gehirn picken«, beschreibt er sie.

Mit zehn Jahren hatte er eine Vorliebe für Nacktheit und Vermummungen, ein Verlangen nach Einsamkeit und den Wunsch nach Exhibitionismus. In den folgenden Jahren kam eine Anzahl weiterer Phantastereien, ein abnormer Lesehunger, eine absonderliche Art, sich zu kleiden, und ein unwiderstehlicher Drang, von hohen Plätzen herunterzuspringen.

Schon als ganz kleiner Junge zog er sich in sein Zimmer zurück, wo er allein für sich umhergehen konnte. Er pflegte nackt in der Waschküche zu malen, bis er alt genug war, ein eigenes Atelier zu bekommen. Seine Leidenschaft, sich zu verkleiden, unterstützte eine seiner fixen Ideen – die Vision seiner selbst als König. Bereits mit neun Jahren pflegte er sich völlig zu entkleiden, sich in den königlichen Hermelin zu hüllen, den ihm ein Onkel geschenkt hatte, und dann mit Perücke und Krone, ein goldenes Szepter in der Hand, durchs Zimmer zu schreiten.

Die Sucht nach Einsamkeit packte ihn so heftig, daß er sie nicht zu beherrschen vermochte. Bisweilen lief er, bevor eine Mahlzeit beendet war, hinaus (er gab Leibschmerzen vor) und schloß sich im Badezimmer ein, nur um für sich zu sein und die Qual der pathologischen Ausbrüche zu lindern, die ihn überfielen. War die Mahlzeit vorüber und keine Ausrede mehr nötig, verließ er das Bad und rannte in seinen geliebten Zufluchtsort, die Waschküche, um dort stundenlang in glücklicher Einsamkeit zu malen.

Selbst während der ersten Schuljahre verlangte sein Geisteszustand nach Einsamkeit; er war wütend auf jeden kleinen Jungen, der es wagte, sich ihm zu nähern; er schenkte ihnen nur einen vernichtenden Blick; die Sicherheit, die er durch das Eintauchen in die eigene unberührte Welt gewann, behielt er für sich allein.

Die gefährlichste seiner vielen grotesken Handlungen war der wahnwitzige Zwang, von hohen Plätzen herunterzuspringen, was er seltsamerweise ohne gebrochene Knochen oder andere bekanntgewordene Verletzungen fertigbrachte. Diese Neigung stand im Zusammenhang mit dem abnormen Bedürfnis, dauernd gesehen zu werden, ob er dabei auf Liebe oder auf Haß stieß. Und dabei war er sich genau der Gefahr bewußt, in die er sich begab. Wenn ihn dieser Zwang in der Waschküche überkam, warf er sich sofort flach auf den Bauch, um sich selbst davor zurückzuhalten, vom benachbarten Dach in den leeren Raum hinauszuspringen.

Sehr, sehr oft überfiel ihn dieser unwiderstehliche Zwang, wenn er sich auf einem friedlichen Spaziergang an einem hochgelegenen Platz befand; in einem solchen Augenblick war jede Mauer, jeder hohe Fels eine Gefahr. Als ein Bauer einmal aufgeregt berichtete, er habe Dali von einer hohen Mauer springen sehen, schenkte ihm niemand Glauben. Wenn das stimmte, müßte Salvador längst tot sein, sagte man.

Und trotzdem tat Dali es immer wieder. Er schloß die Augen und sprang. Dann lag er still da, betäubt und mit klopfendem Herzen, bis er und sein Puls sich beruhigten und er sich zu überzeugen vermochte, daß die Gefahr für diesen Tag vorüber sei.

Mit sechzehn Jahren, auf der Schule der Maristen-Brüder, hatte er diesen Zwang noch immer nicht überwunden, aber nun beschränkte er sich darauf, Treppen hinunterzuspringen. Mit großer Beherrschung hielt er sich so lange zurück, bis die Vorstellung ihn derart quälte, daß er schließlich nachgab. Dann gelang ihm immer ein phantastischer Sprung.

Als er einmal die Außentreppe vom Klassenzimmer zum Schulhof hinunterging und plötzlich lossprang, schlug er mehrmals auf den Steinstufen auf und kam mit Beulen und Wunden bedeckt unten an. Trotzdem empfand er eine unerklärliche Freude, die die Schmerzen unwesentlich machte. Die Schülerschar betrachtete ihn mit so sprachloser Aufmerksamkeit, daß er rot wurde, davonrannte und die Einsamkeit suchte. Vier Tage später wiederholte er unerschrocken den Sprung und stieß dabei einen schrillen Schrei aus, um sicherzugehen, daß er die Aufmerksamkeit aller Anwesenden auf sich zog.

Wieder war der Schmerz unbedeutend im Vergleich zur Lust; dadurch ermutigt, führte er den Sprung von Zeit zu Zeit vor[1]. Immerhin so häufig, daß jedesmal eine gespannte Erwartung eintrat, sobald er oben auf der Treppe erschien. Das Ergebnis war großartig: die Schüler ließen ihn nie aus dem Auge. Er war rasend glücklich.

Doch selbst jetzt vermochte er dem Reiz der Schaustellerei höheren Grades, dem Reiz der *grande surprise* nicht zu widerstehen, den er bereits in sehr frühen Jahren gekostet hatte. Eines Tages stand er oben auf der Treppe, und wie üblich beobachteten ihn alle Jungen. Aber

[1] Diese bemerkenswerten Sprünge führten dazu, daß er beim Turnunterricht in Figueras Meister im Hoch- und Weitsprung wurde. Im Jahr 1949 (sechsunddreißig Jahre, nachdem er als Neunjähriger mit diesen hysterischen Sprüngen begann) behauptete er, immer noch »ein ziemlich bemerkenswerter Springer« zu sein.

diesmal ging er hinunter, Stufe für Stufe, ruhig, mit langsamer, dramatischer Behutsamkeit wie eine Ballerina vor dem ersten Auftritt. Schweigen empfing ihn, wo es früher jedesmal einen Tumult gegeben hatte. Bei so viel Aufmerksamkeit verspürte er nicht mehr den Zwang zu springen – und er hatte es auch nicht nötig! »In diesem Augenblick hätte ich nicht mit Gott tauschen wollen«, erklärte er.

Ein anderer Zug, den er sich sein Leben lang bewahrt hat, ist die Dickköpfigkeit: sie zeigte sich bereits in den ersten Jahren. In seiner Familie wurde sein Ausruf »Vull cebes, vull cebes!« (Ich will die Zwiebel, ich will die Zwiebel!) zum charakterisierenden Schlagwort für einen Menschen, der Unmögliches verlangt. Als kleines Kind hatte Dali einen Wutanfall bekommen, weil er einen im Schaufenster hängenden Knoblauchzopf nicht haben konnte, da der Laden bereits geschlossen war. Bei solchen Wutanfällen beruhigte er sich nicht eher, als bis die ganze Familie sich etwas für ihn so Faszinierendes ausgedacht hatte, daß er das ursprüngliche Thema vergaß. Der Ausdruck »dickköpfig wie ein Maulesel« wurde zum geflügelten Wort; dauernd nannte man den kleinen Jungen »Banjo de marra«.

Zu Beginn der Pubertät las Dali jedes Buch aus der umfangreichen Bibliothek seines Vaters. Er las wahllos alles, was ihm in die Hände fiel.

Voltaires *dictionnaire philosophique* übte die größte Wirkung auf ihn aus. Nietzsches *Also sprach Zarathustra* vermittelte ihm anderseits den Eindruck, daß er sich selber an etwas Ähnlichem versuchen könne und solle (»Ich selber könnte es besser«). Sein Liebling war Kant, den er, wie er ehrlicherweise zugab, nicht verstand, doch das erfüllte ihn, so behauptete er, mit Stolz und Befriedigung. Er liebte es, sich in Kants Labyrinthen zu verirren; es führte ihn dazu, auch andere Bücher zu lesen, die er nicht verstand, »zur geistigen Ernährung meiner Seele«. Er ging zu Spinoza über und hatte eine Schwäche für dessen Art zu denken. Später folgte Descartes. Er hatte damit begonnen, die Philosophen zum Spaß zu lesen, doch er endete damit, »über ihnen zu weinen«, eine Reaktion, die noch heute anhält.

Das ausgesprochene Dandytum, das später einen sehr narzißtischen Zug Dalis offenbarte, zeigte sich schon bald nach dem zehnten Lebensjahr. Er war noch nicht fünfzehn, als seine Koteletten bereits über die Hälfte der Backen wuchsen, als er seines Vaters Meerschaumpfeife – zweifellos ohne dessen Erlaubnis – rauchte und seinen Schlips mit einer ungeheuren griechischen Silbermünze mit einem Frauenprofil feststeckte. Er trug bereits damals einen Spazierstock; unter

zahlreichen verschiedenen war sein Lieblingsstock einer mit einem goldenen zweiköpfigen Adler als Griff – ein Zeichen seiner lebenslangen Vorliebe für königliche Symbole.
Je älter er wurde, desto phantastischer wurde seine Erscheinung; auf der Akademie in Madrid ließ er sich das Haar lang wachsen, stülpte einen schwarzen Schlapphut darauf, fing an, Kniehosen mit langen Strümpfen (und bisweilen Gamaschen!) zu tragen, und hängte bei Regen über das alles ein wasserdichtes Cape, das fast bis zum Boden reichte.
Seine bizarre und seltsame Kindheit beweist, daß seine Exzentrizität als Erwachsener nichts Plötzliches und Vorsätzliches war, sondern die Fortsetzung einer schon immer bestehenden Verhaltensweise.

Der unmögliche Student

Den Unzähmbaren zähmen, so könnte man die jahrelangen Versuche zur Erziehung Dalis beschreiben. Er wurde in die erste Klasse hineingezwungen und aus der letzten hinausgeworfen – ein Akt, der durch die Unterschrift des Königs von Spanien unter dem Ausschlußzeugnis besiegelt wurde. In vierzehn kümmerlichen Schuljahren benutzte er die Zeit auf seine Weise, für eigene Ziele und so, wie es ihm paßte. Von seinen Lehrern nahm er nur das an, was ihm selbst wichtig erschien; sonst ignorierte er sie. Von Lehrern, Direktoren und Schulkameraden mußte sich die Schule einen ständigen Trommelwirbel von Klagen, mitfühlend verdrehten Augen und höflich verlegenem Zungenschnalzen gefallen lassen. Nur sehr gelegentlich einmal sah ein Professor besondere Gaben in dem unverbesserlichen Schüler.
Der Kampf um Salvadors Erziehung begann in seinem siebten Lebensjahr; sein Vater meinte, jeder Junge in diesem Alter solle mehr können als das Alphabet und seinen Namen schreiben. Der kleine Anarchist kämpfte nicht nur gegen diese Ansicht, sondern auch gegen seinen Vater, der ihn buchstäblich an den Handgelenken durch die Straßen seiner Heimatstadt zur Schule des Señor Traite schleppte. Auf dem ganzen Weg heulend und schreiend, rief er jenes peinliche Aufsehen hervor, das er bereits zu genießen gelernt hatte.
Nach einem Jahr hatte er nicht das geringste gelernt und es sogar fertiggebracht, das ganze Alphabet zu vergessen. Der Mann, dem er im eindrucksfähigsten Alter anvertraut worden war, schien seine Schule als Schlafstätte zu benutzen; die Wahl hätte nicht törichter

sein können (falls Dalis Kindheitserinnerungen zutreffen). Señor Traite war mehr als merkwürdig: ein Tabakschnupfer mit langem weißem Bart, der in zwei lange Zöpfe geteilt war und ihm beim Sitzen zwischen den Knien baumelte, tabakfleckigen Händen, einem schmutzigen Taschentuch, das ihm ständig aus der Tasche hing, und einem zylinderbedeckten Tolstojhaupt. In seinem Zimmer hatte er einen vertrockneten Frosch an einem Faden hängen, und außerdem besaß er viele merkwürdige Gewohnheiten. Doch trotz allem hatte er einen phantasievollen Geist, der ihm dabei half, sich hinter einer selbstgeschaffenen Aura von Superintelligenz zu verstecken.

Nach Dalis Ansicht war die Schule für einen Señor Nebensache. Sehr viel stärker war er daran interessiert, sich eine Sammlung gotischer Kunstgegenstände zuzulegen, die er in Kirchen und bei den Nachbarn stahl – eine erstaunliche Gewohnheit, die ihm das Bürgertum wegen seines Rufes als Kunstliebhaber jedoch nicht übelzunehmen schien. Er raubte nahezu die ganze Gegend aus, um in seiner fremdartigen Villa eine schwindelerregende Galerie aufzubauen.

Señor Dali hatte die Schule mit dem seltsamen Lehrer eher aus prinzipiellen Gründen als nach ihren Bildungsmöglichkeiten ausgesucht. Die christlichen Schulen und die der Maristen wären sicher für die Stellung der Familie angemessener gewesen, doch dem freidenkerischen Vater sagten beide nicht zu; er wollte seinen Sohn in eine Landschule schicken. Und keiner der Familienfreunde vermochte zu beweisen, daß es eine verkehrte Entscheidung sei.

So war der Sohn der geachtetsten Familie der Stadt gezwungen, den ersten Unterricht neben den ärmsten Kindern aus Figueras zu erhalten, und so entstand schon früh sein Snobismus. Er sprach und spielte nie mit diesen erbärmlichen, halb verhungerten kleinen Jungen. In dieser Schule gelangte er immer stärker zu der Überzeugung, ein kleiner König zu sein. Er war ein reicher Junge zwischen armen Kindern – edel und zart zwischen den rohen und zähen.

Nur er besaß eine Thermosflasche mit heißer Milch oder Kakao zum Frühstück, nur er eine Serviette mit gestickten Initialen, als ob er aus fürstlichem Geschlecht wäre, nur er bekam beim geringsten Kratzer eine schneeweiße Binde, die andern liefen mit ihren Beulen und Wunden ohne Pflege herum. Auf seinem Schneideranzug blinkte Gold, an seiner Mütze Sterne. Sein Haar roch so sehr nach Parfüm, daß andere Jungen sich hinter ihn stellten, um an seinem bevorzugten Haupt zu schnuppern. An den Schuhen hatte er Silberknöpfe. Die andern Kinder waren barfuß oder trugen höchstens zerrissene Bastschuhe, selbst im Winter. Wenn er einen Knopf von den Schuhen verlor, prügelten sich alle darum.

Das Spitzentaschentuch in seiner Tasche tat seine Isoliertheit kund: er lebte in steinernem Schweigen, fern all den zerlumpten Schulkameraden, das ganze unglückliche Jahr hindurch. Die Erziehungsversuche waren völlig umsonst.

Später stellte er fest, daß das Leben mit diesen armen Kindern dazu beigetragen habe, seine »natürliche Neigung zum Größenwahnsinn« zu verstärken. Er brüstete sich damit, daß er jeden Tag »weniger gewußt habe, wie man etwas richtig tun müsse«!

Nachdem Señor Dali so seinen Anarchismus bewiesen hatte, erlaubte er seinem Sohn, in die Schule der Christlichen Brüder in Figueras einzutreten. Statt eines Lehrers, der dauernd schlief, gab es dort Mönchslehrer, deren Eifer so groß war, daß es ungeheurer geistiger Anstrengungen bedurfte, ihrer lästigen Aufmerksamkeit zu entgehen. An die Stelle des Zeit-Totschlagens in Señor Traites Schule traten Gebete und Gottesdienste. Die in der ersten Schule geborenen Träumereien und egozentrischen Gedanken gerieten in Gefahr – und damit wurden sie dem jungen Salvador plötzlich lieb und teuer.

Das erste Schulzeugnis, das laut am Familientisch vorgelesen wurde, erfüllte alle mit Besorgnis. Die Mönche bestätigten Salvadors gutes Benehmen, solange er in Träumereien versunken sei; doch dann erklärten sie, seine geistige Trägheit sei so groß, daß Fortschritte in den Studien fast ausgeschlossen wären. Seine Mutter weinte.

Nach einem Jahr hatte er noch nicht den zwanzigsten Teil der Lektionen gelernt, die seine Klassenkameraden bewältigten; er konnte nicht versetzt werden. Für seine ihm so teure Isolierung hatte er einen neuen Weg gefunden: systematisch und vorsätzlich tat er, als könne er nicht einmal das, was er wußte. Er begann sogar, unleserlich zu schreiben, bis er ein Heft mit so seidigem Papier geschenkt bekam, daß er die Freude am Schönschreiben wiederentdeckte. Er führte die verrücktesten Pantomimen auf, um seine Aufgaben nicht hersagen zu müssen, heuchelte Krankheit, Furcht, Klaustrophobie und tat alles, um nicht aufstehen und zeigen zu müssen, wie wenig er sich bemüht hatte, etwas zu lernen. »Endlich«, schreibt er in seinen Erinnerungen, »gaben die Oberen alle Versuche auf, mir etwas beizubringen.«

Zu der Zeit pflegte er »Angina« zu haben – er bekam sie jedesmal, gleichzeitig mit Nasenbluten, wenn er die Treppen zu schnell hinauf- oder hinabrannte. In einer köstlichen Atmosphäre von Geschichten, Klatsch und heiterem Geplauder genoß er, im Bett liegend, die

Aufmerksamkeiten, die ihm seine Kinderfrau Llucia, seine Großmutter und seine Mutter (und oft ihre Freundinnen dazu) erwiesen. Besonders liebte er seine große, stämmige, rundgesichtige Kinderfrau mit ihren Runzeln, dem weißen Haar und dem mächtigen Umfang (»sie sah aus wie ein Papst«). Er lag im Bett und glaubte im Paradies zu sein, wenn sie und seine winzige, adrette alte Großmutter bei ihm waren.

In jener Zeit wollte er nur eins: alt werden wie sie, aber sofort! »Ich wurde, war und bin noch immer die lebende Verkörperung des Anti-Faust... Ich verehre den vornehmen Nimbus alter Menschen.« Und wie bei einem sehr alten Mann nahm seine manische Vorliebe für die Einsamkeit immer mehr zu.

Während des zweiten Schuljahrs bei den Christlichen Brüdern entschlossen sich die Dalis, den Jungen in das Haus von Ramon Pitchot und seiner Familie zu geben, die zwei Stunden von Figueras entfernt in der Ebene wohnten. Alle Mitglieder dieser zahlreichen Familie waren Künstler mit großen Gaben und unanfechtbarem Geschmack: Ramon war reich, stattlich und trug einen schwarzen Bart; er war ein geachteter Kunstkenner und ein guter Maler. Ricardo war Cellist, Luis Geiger, Maria Opernsängerin, Pepito verstand viel von Gartenanlagen, eine Schwester, Mercedes, war mit einem spanischen Dichter verheiratet. Das Zusammensein mit ihnen würde sich günstig auf Salvador auswirken.

Die Pitchots wohnten in *El Muli de la Torre* (Turmmühle), einem zauberhaften Haus, auf das Dali sofort reagierte. Die technische Seite der Mühle interessierte ihn überhaupt nicht, aber schon der bloße Anblick des Turms beschwor eine ganze Reihe von Phantasien herauf. Die Träume blühten weiter, wenn er hier auch von der Melancholie geheilt wurde, die seine Eltern veranlaßt hatte, ihn herzuschicken.

Er frühstückte jeden Tag allein in einem Zimmer, in dem zahlreiche Gemälde und Radierungen aus Pitchots Pariser Zeit hingen. Hier entdeckte Dali zum erstenmal jene dicken und formlosen Kleckser von Farbe, die man Impressionismus nannte; in diesem ungeheuren Eßzimmer fand tatsächlich sein erster Kunstunterricht statt.

Ramon Pitchots erste Arbeiten waren im Stil von Toulouse-Lautrec und stammten auch aus der gleichen Periode; Dali nahm alles begierig auf. In diesen Überbleibseln aus der Zeit um 1900 begegnete er einem Sensualismus, der ihm im Hals brannte »wie ein Tropfen Armagnac, der einem in die falsche Kehle gekommen ist«, sagt er.

Dann wanderte sein Auge voll Bewunderung und Erregung weiter zu Pitchots neueren *pointillistischen* Bildern. Er hatte das Gefühl, Gegenstände durch ein Prisma zu betrachten, und bald kam er auf den Gedanken, sich den Kristallstöpsel von einer Weinkaraffe zu leihen, damit er alles durch einen Regenbogen von Farben auf impressionistische Weise betrachten konnte.

In der Zeit dieser Kunsterziehung gab sich Dali den bizarrsten Gewohnheiten hin; pervertierte und sonderbare Experimente, oft erotischer, oft masochistischer Natur, nahmen ihn in Anspruch. Er probierte neue Möglichkeiten des Exhibitionismus aus, verbrannte sich mit heißem Kaffee, sammelte seltsame Tiere. Die Nachmittage verbrachte er in einem großen Hühnerschlag, wo er heimlich Igel, Eidechsen, zahllose Spinnenarten, seltsame Vögel, eine Maus und eine Eidechse mit zwei Schwänzen hielt, die, wie er sagt, ein Gefühl gelähmten Schwebens in ihm hervorrief.

Der Turm mit der unwiderstehlichen Anziehung seiner schwindelerregenden Höhe war sein Lieblingsversteck während der Dämmerung; dort pflegte er schweigend zu sitzen und sich nach Herzenslust seinen Träumereien hinzugeben.

»Erwachsenwerden ist das Entstehen der Körperhaare«, so beschreibt Dali seine Jünglingszeit. Keiner hätte ihm auf so einfache Weise die Pubertät zu erklären vermocht. Bis sein Vater ihn mit vierzehn Jahren in den Kunstunterricht zu Señor Nuñez schickte, vermochte er nie das richtige Schulmilieu für ihn zu finden. Doch dort hatte Dali endlich das Gefühl, seinem eigenen Element nahe zu sein unter einem Mann, der ihn sofort auszeichnete, ihn regelmäßig in sein Haus einlud, ihn die Geheimnisse des Chiaroscuro lehrte und ihn in allem als einen besonderen Menschen behandelte.

Die Achtung war gegenseitig. Dali fand in Señor Nuñez einen Mann, der von einer aufrichtigen Leidenschaft für die Schönen Künste besessen war. Er hatte für seine Kupferstiche den Prix de Rome erhalten, und das imponierte dem jungen Schüler. Er konnte Dali auch beibringen, wie man die wilden Kaltnadelstriche machte, an denen man die Originalradierungen Rembrandts erkennt, den Lehrer wie Schüler verehrten. Von Nuñez' Methoden wurde Dali stets angeregt und inspiriert.

Die höhere Schule besuchte Dali bei den Maristen-Brüdern, abermals in einer religiösen Atmosphäre. Er selbst berichtet sehr wenig über diese Zeit, sondern weist nur darauf hin, daß sie durch eine bewußte Ver-

stärkung all jener Züge ausgezeichnet sei, die in seiner Kindheit schon aufgetreten waren. Die meisten Anekdoten aus dieser Zeit beschäftigen sich mit seiner Brutalität andern Schulkameraden gegenüber und mit der Entstehung der noch immer akuten Frage: Ist Dali verrückt?
Die meisten seiner Lehrer waren der Ansicht, daß er Anlagen für eine ungewöhnliche, aber abnorme Persönlichkeit aufweise. Sein Mathematikprofessor dagegen hielt seine Intelligenz für weit unterdurchschnittlich, und das ist nicht verwunderlich. Damals machte Dali eine sensationelle mathematische Entdeckung, die ihn in die Lage versetzte, »Geld zu verdienen«: er kaufte von den Mitschülern Fünf-Céntimo-Münzen und zahlte für jede dieser Münzen zehn Céntimo; an diesem völlig unverständlichen Spiel fand er rasendes Entzücken! Er behauptete, über jede dieser Transaktionen Buch zu führen, und klammerte das Rechnungsbuch sorgfältig in seiner Tasche an, um ihm die nötige Bedeutung zu verleihen. Er rieb sich die Hände vor Erregung über seine »Profite« und begegnete jedem mit Verachtung, der fassungslos und mit offenem Mund dabeistand. Nachdem er Dutzende von Fünf-Céntimo-Stücken, jedes für zehn Céntimo, gekauft hatte, riefen alle: »Er ist wirklich verrückt!« Seither genießt er diesen Satz von Herzen.
Alles Sonderbare oder Phänomenale, was je in dieser Schule geschah, wurde ganz automatisch ihm zugeschrieben. Bald wurde er dort ein ebensolcher Einzelgänger, wie er es in allen andern Schulen gewesen war. Später lernte er es, seine Einsamkeit wie eine Mätresse zur Schau zu stellen. In seinen Memoiren zeichnet er sich als einen Abiturienten, der von der Angst vor Grashüpfern gefoltert wurde, vor Mädchen weglief, Schamhaar besaß, Anarchist und Monarchist und »Anti-Katalane« war, »der *Es* noch nicht getan hatte«.
Als er im Studentenalter endlich nach Madrid auf die Akademie der Schönen Künste geschickt wurde, begann er eine wilde Zeit, wie sie die ersten Semester in allen Ländern durchmachen. Mit Genuß nahm er jede nur denkbare Möglichkeit zur Provokation wahr, die ihn als einen tollen Studenten erscheinen lassen konnte. Er wurde zweimal von der Akademie verwiesen, das erste Mal bedingt, das zweite Mal endgültig.
Die erste Suspendierung traf ihn, als er sich ziemlich unfreiwillig zum Parteigänger eines Malers namens Vasques Diaz machte, der als Lehrer an die Akademie berufen zu werden hoffte. Alle Bewerber für diesen Posten hatten über ein gegebenes Thema ein Bild nach eigener Wahl zu malen. Dali hielt Diaz zwar für einen zweitklassigen Maler,

doch immerhin den andern für überlegen. Als die Jury den in der Aula versammelten Studenten den Ausgang der Wahl verkündete, war es nicht Diaz, der den Posten erhalten hatte. Dali erhob sich protestierend und ging geräuschvoll ostentativ aus der Aula, als der Vorsitzende der Jury gerade sprach.

Am nächsten Tag wurde Dali mitgeteilt, er sei für ein Jahr von der Anstalt verwiesen. Er war sehr erstaunt: wie konnte man einen Studenten von der Akademie verweisen, nur weil er bei einer Ansprache hinausgegangen war? (»Schließlich war mein Verfahren strikt in den Grenzen der Höflichkeit geblieben, da ich den Vorsitzenden weder unterbrochen noch beim Hinausgehen die Tür hinter mir zugeschlagen hatte.«) In Wirklichkeit hatte sein Hinausgehen aber einen Aufstand zur Folge gehabt. Die Jury wurde durch drohend lärmende Studenten zur Flucht gezwungen; die Professoren stürzten vom Podium herunter, schlossen sich in einem Klassenzimmer ein und riefen um Hilfe. Berittene Polizei befreite die zitternden Männer.

Als Rädelsführer wurde Dali nicht nur von der Akademie verwiesen, sondern bald darauf in Figueras verhaftet und nach Gerona gebracht, wo er für zwei Monate ins Gefängnis gesperrt wurde. Man ließ ihn frei, als man keine Anklagegründe gegen ihn fand. Kürzlich erzählte er mir, er sei für seinen Vater ins Gefängnis gekommen; in dem Gebiet fanden revolutionäre Tumulte statt, und sein Vater als Anwalt auf dem Lande »mußte gewisse Mißbräuche bezeugen«.

Die Haft verlieh seinem ungeheuren Vorrat an intellektuellen Erfahrungen Farbe und fügte ihm neues Material hinzu. In seinen *Fifty Secrets of Magic Craftsmanship* spricht er davon, daß er das Phänomen der sogenannten fliegenden Gitter, das Gefangene häufig sehen, auf seinen Wahrheitsgehalt geprüft habe. Diese Gitter erscheinen vor den Augen der Gefangenen häufig in einer Bewegung, als ob sie flögen, bisweilen auch als negatives Bild. Solche Erscheinungen hatte Dali noch drei Monate nach seiner Entlassung aus dem Gefängnis; sie boten ihm viel Stoff, über die Beharrlichkeit von Netzhauteindrücken nachzudenken.

Als die einjährige Suspendierung vorüber war, kehrte Dali nach Madrid zurück. Da er den Eindruck hatte, die Verweisung nicht verdient zu haben, zeigte er keine Reue. Sofort gab er sich wieder der Woge der vielfältigsten Genüsse hin; die Horde, mit der er früher verkehrt hatte, war bereit und wartete ungeduldig auf seine Rückkehr. Man jubelte ihm zu, kümmerte sich um ihn und verhätschelte ihn. Mit seinen Worten: »Ich wurde ihre Gottheit.«

Sie hofierten ihn auf überschwengliche Weise und opferten ihm Zeit und Geld. »Sie kauften mir Schuhe, ließen besondere Krawatten anfertigen, bestellten mir Logenplätze im Theater, packten mir die Koffer, wachten über meine Gesundheit, meine Stimmungen, unterwarfen sich all meinen Launen und stürmten wie Kavallerieschwadronen gegen die Drachen der Wirklichkeit an, die sich der Ausführung meiner unmöglichsten Phantasien in den Weg stellten.«

Nach der Erfahrung, daß Dali das Geld mit vollen Händen ausgab, überwies ihm sein Vater nur einen sehr bescheidenen Betrag. Da es Salvador vollkommen unmöglich war, davon in dem Stil zu leben, an den er sich gewöhnt hatte, ließ er viele Dinge einfach seinem Vater in Rechnung stellen, der sie bezahlte, ohne zu fragen. Außerdem wurde er anscheinend weitgehend von seinen Freunden ausgehalten. Einer mußte, wie Dali behauptet, einen Familienring mit einem prachtvollen Diamanten versetzen; ein anderer nahm eine Hypothek auf ein großes Grundstück auf, das er noch gar nicht geerbt hatte; ein nächster verkaufte seinen Wagen...

Als Söhne reicher Männer liehen sie sich an den unmöglichsten Stellen Geld. Oft brachen sie zu diesem Zweck morgens in zwei Taxen auf und trafen sich am Abend, um ihre Geschichten auszutauschen und das erhaltene Geld zu zählen. Zu jener Zeit war es Dalis Lieblingsspiel, Banknoten in Whisky zu tauchen und zuzusehen, wie sie sich auflösten.

Mit zweiundzwanzig Jahren gab Dali sich unglaubliche Mühe, so auszusehen, wie er es für passend hielt. Eines Morgens erschien er beim Unterricht in dem teuersten Anzug, den es in Madrids teuerstem Geschäft zu kaufen gab, und schwenkte einen Bambusstock. Sein Hemd war himmelblau, seine Manschettenknöpfe Saphire. Das Haar (nachdem er es drei Stunden lang mit klebriger Brillantine behandelt und unter einem besonderen Netz in Form gebracht hatte) war mit richtigem Malerfirnis überzogen. Es war kein Haar mehr, sondern eine glatte harte Paste, die seinen Kopf wie ein hölzernes Gehäuse umgab. Um den Firnis später zu entfernen, mußte er den Kopf in Terpentin tauchen – ein entsetzliches Drama, da Terpentin gefährlich für die Augen ist. Nach diesem Erlebnis lernte er, den gleichen Pasten-Effekt auf dem Kopf dadurch zu erreichen, daß er der Brillantine Eiweiß zusetzte.

Ein andermal, als er abends ausging, das Haar auf die eben beschriebene Weise festgeklebt, machte er sich so zurecht, daß sein Aussehen nur eine einzige Deutung zuließ. Rund um die Augen hatte er Graphit aufgetragen, um den Eindruck eines argentinischen Tangojünglings zu erwecken (Rudolf Valentino erschien ihm als Prototyp männlicher Schönheit – wenn seine Frau auch einige Jahre später erklärte, sie verachte diese Art der Aufmachung). Außerdem zog er kremfarbene Hosen zu einer oxfordgrauen Jacke an und darunter ein sorgfältig zerdrücktes Ekrüseidenhemd mit makellos weißem, steifem Kragen. Eine Gardenie im Knopfloch rundete die Ausrüstung ab, die er für einen Abend eigenartiger Erlebnisse entworfen hatte.

Sein Anzug stand in einem lächerlichen Gegensatz zur Kleidung der avantgardistischen Gruppe an der Akademie. Diese jungen Leute trugen das Haar korrekt geschnitten, während das seine, wenn es nicht gefirnißt war, lang und wirr herumhing. Ihre Anzüge waren im englischen Stil, die seinen stutzerhaft. Sie brachten ihm schließlich bei, den Unterricht zu schwänzen, sich die Haare schneiden zu lassen, zu trinken, Zeit und Geld in Nachtklubs zu vergeuden, Jazz zu hören und über das Leben, die Frauen und das Geschlechtsleben zu diskutieren – wie es Studenten immer getan haben. Dali nahm das alles entsetzlich ernst. Während er die Akademie besuchte, brauchte er drei Tage, um sich für einen »Bummel« vorzubereiten: zwei Tage für den Barbier, einen Vormittag für den Schneider, einen Nachmittag, um Geld zusammenzupumpen, eine Viertelstunde, um sich zu betrinken; und in diesem Zustand blieb er bis zum nächsten Morgen um sechs.

Als er zweiundzwanzig war, fand dieses Leben des Malens und Spielens ein plötzliches Ende. Im Oktober 1926 sollte er das Examen in Kunstgeschichte ablegen, und dabei wollte er glänzen. Er bereitete sich sorgfältig vor und begab sich voller Zuversicht in den Vorlesungssaal. Als er an der Reihe war, ging er die Stufen zum Podium hinauf, wo die Prüfungskommission die Fragen für jeden Kandidaten losste.

Dali zog ein Thema, das ihm zusagte. Er war gut darauf vorbereitet. Alles war in bester Ordnung – doch plötzlich, wie in allen Geschichten vom Dalischen Exhibitionismus, hakte etwas aus. Zur Verblüffung der dreiköpfigen Prüfungskommission und so, daß alle im Saal Sitzenden es hören konnten, erklärte er laut, daß er es ablehne, sich von diesen Professoren prüfen zu lassen!

»Es tut mir leid, aber ich bin unendlich viel klüger als diese drei Professoren.«

Er wurde vor den Disziplinarrat gestellt und unwiderruflich von der Akademie verwiesen. Diese Verfügung wurde vom König von Spanien unterzeichnet.

Der böse Knirps

Wenn man Dalis Prahlereien ernst nehmen will, dann war er ein Ungeheuer von einem Kind. Seine Memoiren strotzen von peinlichen Einzelheiten über Mordversuche, vorsätzliche Zerstörungen, Gewalttätigkeit, Grausamkeit und sadistische Züge. Sogar die masochistische Neigung, sich selbst Entsetzen einzuflößen, findet sich darin.
Bei einer Beurteilung dieser brutalen Prahlereien und rohen Taten wird man sich stets Dalis Erbschaft erinnern müssen. Julian Levy sieht ihn in seinem Buch *Surrealism* (New York, 1936) als »einen Mann, der das Stigma der spanischen Inquisition, der sexuellen Ekstasen der spanischen Mystiker trägt, die Tränen wie Perlen, Wunden wie Landschaften malten...«.
Er hat recht. Die ganze hochgespannte spanische Emotion, das ganze Erbe von Grausamkeit und Qual aus der Inquisition und die überwältigende Liebe zum Phantastischen, die das angestammte Recht des Spaniers sind, zeigen sich in Dalis Leben und Werk. Zwischen seinen ererbten Eigenschaften und seinen Bildern besteht unleugbar ein Zusammenhang. Bei diesen Wurzeln muß man auch nach einer Erklärung für den unerklärlichen Stolz Dalis über die lästerliche Brutalität seiner Kindertaten suchen.
Die folgende Aufzählung, so chronologisch geordnet, wie Anekdoten es eben erlauben, bildet eine einzigartige Liste verschiedenartiger Verderbtheiten:
Mit fünf: Beim Überqueren einer Hängebrücke in der Nähe des elterlichen Hauses in Figueras empfand der junge Salvador einen unüberwindlichen Zwang und warf einen kleinen Jungen über das Geländer auf die Felsen fünf Meter tiefer. Das Kind wurde dabei fast getötet.
Mit fünf: Er fand eine verletzte Fledermaus und setzte sie in einen Blecheimer auf dem Hof. Am nächsten Morgen war sie von einem dichten Klumpen Ameisen fast aufgefressen worden. Von einem Impuls getrieben, steckte der Junge die Fledermaus mitsamt den krabbelnden Ameisen in den Mund und zerbiß sie. Ein Hausmädchen, die das aus der Nähe beobachtete, schrie vor Entsetzen schrill auf, was ihm Spaß machte.
Mit sechs: In dem Augenblick, als der Arzt die Ohrläppchen von Dalis Schwester durchstach, zerbrach Salvador ihm die Brille.
Mit sechs: Im Hause Dali herrschte große Aufregung: man erwartete das Erscheinen des Halleyschen Kometen am Himmel; beim ersten

Anzeichen stürzten alle Erwachsenen auf die Terrasse und ließen Dali und seine kleine Schwester einen Augenblick allein. Er erblickte die Dreijährige, die still über eine Schwelle krabbelte; er blieb stehen, zögerte einen Augenblick und versetzte ihr einen heftigen Tritt gegen den Kopf (»als wäre es ein Ball«) und lief, von verzückter Freude getrieben, weiter.

Mit sieben: Er sah seiner kleinen Großmutter zu, wie sie sich die rührend dünnen Haarsträhnen kämmte, die sie dem Brauch entsprechend als Knoten im Nacken trug; diese Haartracht war ein Zeichen des Standes und der Achtbarkeit. Das Frisieren war stets eine so schwierige Operation, daß der gebrechlichen alten Dame oft die Tränen in die Augen traten. Hinter ihrem Rücken, so daß sie ihn nicht sehen konnte, schnitt der kleine Junge mit der Nagelschere den dünnen Zopf grauen Haares ab, auf den sie so stolz war. Danach weinte und jammerte sie volle vierundzwanzig Stunden lang.

Mit acht: Oben in seinem Waschküchenatelier trug er oft heimlich die Königskrone, die ihm sein Onkel geschenkt hatte; er spielte, »grausam« zu sich selber zu sein, und drückte sich die Krone mit aller Kraft so tief in die Stirn, daß er ein Band blutunterlaufener Abdrücke auf der Haut zurückbehielt. Schläfen und Stirn schmerzten unbarmherzig. In solchen Augenblicken pflegte er, vom Schmerz gereizt, laut und dramatisch großsprecherische Reden zu halten. Danach ging er zum Abendbrot hinunter, ohne Appetit und todmüde.

Seit jener Zeit bestand für ihn stets eine Verbindung zwischen Beredsamkeit und Schmerz. Wenn er Vorträge hielt, verdrehte er die Füße so, daß sie weh taten. Als er 1956 im Fernsehen gefragt wurde, ob es zutreffe, daß er bei Vorträgen absichtlich die Füße verdrehe, um sich Schmerz zuzufügen, bejahte er das, »weil ich sehr wenig zu produzieren vermag, ohne entsetzliche Schmerzen rund um den Kopf zu verspüren. Weil mein Leben zu Anfang nur sehr langsam und sehr schmerzlich Früchte trug...«.

Mit zwölf: Seine Cousine Carolineta starb an Schwindsucht. Die Familie Dali saß beim Abendessen, als die Nachricht von ihrem Tod eintraf; obwohl man darauf vorbereitet war, überfiel die ganze Familie tiefe Trauer. Alle schluchzten und hörten auf zu essen – außer Dali. Mit vollem Mund kaute er ungerührt weiter, bis er das Unpassende seines Benehmens merkte und das Essen herunterzuschlucken versuchte. Doch in einem Anfall von Scham blieb ihm der Bissen im Munde stecken, »wie ein Fahrstuhl, zwischen Blumen zusammengebrochen«.

Mit dreizehn: Die Beispiele von Brutalität mehrten sich. Einmal sah er einen kleineren Jungen seines Alters allein auf der Straße, der abwechselnd in ein Stück Brot und ein Stück Schokolade biß. Der Junge war häßlich, und was er aß, war schlecht und billig; beides erregte Dalis Abscheu. Er tat, als läse er Fürst Kropotkins *Der Kampf um das Brot*, und ging dabei auf den Jungen zu (er las gar nicht in dem Buch, er wollte nur angeben). Als er dem andern nahe war, schoß seine Hand plötzlich vor, und er schlug dem Jungen so fest ins Gesicht, daß Brot und Schokolade in die Luft flogen; dann raste er in toller Flucht davon. Bald danach, als der Erfolg dieser Episode noch in ihm brannte, entschloß er sich zu ähnlichen Angriffen. Auf seine Weise empfand er Lust daran – mehr an der eigenen Angst bei der Ausführung der Überfälle als an der Reaktion seiner Opfer. Einen für ihn besonders großartigen Angriff verübte er auf einen zerbrechlich aussehenden Geigenschüler aus seiner Klasse. Obwohl der Junge größer war, erschien er ihm mit seiner krankhaften Blässe und Magerkeit als ausgezeichnetes Ziel für seinen verächtlichen Snobismus.

Die Gelegenheit ergab sich, als eines Tages das Schuhband dieses Klassenkameraden aufging. Der Junge legte behutsam seine Violine auf die Erde, dann bückte er sich, um den Schuh zuzubinden; diesen Augenblick benutzte Dali zu einem brutalen Tritt in sein Hinterteil. Dann sprang er mit einem riesigen Satz auf die Geige des armen Burschen, trampelte wütend mit beiden Füßen darauf herum und verwandelte sie in einen Haufen von Splittern. Doch diesmal waren die Beine des Opfers länger, und Dali wurde, als er in seinem gewohnten rasenden Entzücken ausriß, eingeholt.

Der wütende Geiger verabreichte Dali eine unbarmherzige Tracht Prügel. Dalis Heulen und Schreien war so durchdringend, und um die beiden sammelte sich eine solche Menge, daß das strafende Opfer und nicht der Angreifer in hilfloser Verlegenheit floh.

Ein Lehrer kam herausgerannt; Dali gab eine seiner erstaunlichen Erklärungen ab: er habe eben die Geige zertrümmert, um einen unwiderleglichen Beweis dafür abzulegen, daß die Malerei der Musik überlegen sei.

»Wie?« fragte der Lehrer.

»Mit dem Schuh«, erwiderte Dali.

Alles brüllte vor Lachen. Das gebe keinen Sinn, erwiderte der Lehrer. Dali beendete die Meinungsverschiedenheit und den Vorfall damit, daß er erklärte, seine Schuhe hätten eine völlig andere Meinung von dieser Angelegenheit!

Mit etwa fünfzehn: Dali begann seinen »Fünfjahresplan« mit einem Mädchen aus Figueras. Sie kann kaum älter als siebzehn gewesen sein, war jedoch eine willfährige Sklavin seiner sonderbaren Wünsche. Sie lernten sich kennen, als er höherer Schüler war. Während er mit Freunden spazierenging, entdeckte er sie. Die beiden liefen allein aus der Stadt hinaus, küßten sich stürmisch und verabredeten sich für den nächsten Abend.

»Und das fünf Jahre lang, aber keinen Tag länger!« kommandierte er. Sein Fünfjahresplan war erstaunlich: sie sollte seine Geliebte werden; sie mußte ihm treu bleiben (ohne Freund oder Freundin), und das unter Bedingungen, die die Perversität auf den Gipfel trieben. Sie willigte in alles ein.

Er machte sie sich systematisch hörig, indem er ihr methodisch alle andern Bekannten entfremdete. Fünf Jahre lang ließ er seiner morbiden Phantasie nach jeder Richtung freien Lauf. Ihr Liebesspiel bestand darin, daß sie sich auf den Mund küßten, sich in die Augen starrten und schweigend und bewegungslos nebeneinander saßen; dabei mußte sie stundenlang ihre Brüste entblößen – er erregte ihre Leidenschaft, ohne ihr je einen Ausweg zu verschaffen –, er berührte sie niemals. Er gab ihr absolut nichts (nicht einmal ein Versprechen für die Zukunft) und zwang sie zu der Erkenntnis, daß er sie niemals lieben werde. Trotzdem klammerte sie sich an ihn wie eine Ertrinkende: ihr ganzes Leben konzentrierte sich auf die kurze Stunde, die er ihr hin und wieder bewilligte. Sie verbrachte ihre ganze freie Zeit damit, sich für diese Gelegenheiten schön zu machen. Er sprach mit ihr in Ausdrücken, die sie nicht verstand, und imponierte ihr damit ebenso, wie er sie deprimierte. Wenn er überhaupt mit ihr redete, tat er es absichtlich im verächtlichsten Ton, um möglichst unglückliche Reaktionen an ihr zu erleben.

Diese unvollzogene Liebe machte ihn glücklich, wie er behauptete, wegen des beiderseitigen Wissens, daß er sie nicht liebe. »Am liebsten hätte ich gesehen, wenn sie gestorben wäre!... Tu, als ob du tot wärest!« befahl er ihr einmal[1]. Doch als er ihr nach der *amour-voyeuse* ihrer letzten Begegnung verkündete: »Du weißt, wenn ich nach Madrid gehe, werde ich dir niemals schreiben«, brach sie weinend zusammen. Doch er war im tiefsten Innern seines Gehirns vollkommen glücklich.

[1] »Unvollzogene Liebe ist seit diesem Erlebnis eine meiner stärksten Waffen gewesen.« *The Secret Life of Salvador Dali.*

Auf der Kunstakademie in Madrid – noch nicht zwanzig: Ein junger Mitstudent, der Dali bewunderte, kam zu ihm und bat ihn um Hilfe. Ohne Zurückhaltung sprach der bemitleidenswerte junge Mann mit seinem Idol über seine Armut und Verzweiflung. Als er mit seinen Erklärungen fertig war, wandte er sich mit feuchten Augen Dali zu.
Dalis Antwort war so schroff, daß der junge Mann zu weinen anfing; das wiederum machte ihn physisch abstoßend für Dali: »Warum hängen Sie sich nicht auf... oder stürzen sich von einem Turm herunter?« lautete seine endgültige Entgegnung.
Mit neunundzwanzig: In der Nähe seines Hauses in Cadaques saß er mit Freunden am Strand und dachte an Gala, die er damals bereits liebte. Eine Bewunderin saß neben ihm und legte den Kopf auf sein Knie. Als sie eine fast unmerkliche Liebkosung wagte und mit einer Fingerspitze an seinem Fuß auf und ab strich, empfand er ein seltsames Gefühl von Eifersucht auf sich selber: ihm war, als ob er Gala und nicht Galas Liebhaber wäre! Er stieß das Mädchen heftig von sich, warf sie in rasender Wut zu Boden und trat sie mit aller Kraft. Er griff sie so gewalttätig an, daß man sie mit zerrissenen Kleidern und blutend von ihm wegreißen mußte.

»Als Kind war ich verderbt, ich wuchs unter dem Schatten des Bösen auf und rufe noch immer Leid hervor.« Nachwort zu *The Secret Life of Salvador Dali.*

Der junge Maler

Dalis Vater wußte, daß sein Sohn einen Platz in der Geschichte einnehmen würde, wenn es sich dabei auch höchstens um die spanische Geschichte, wenn nicht gar die Heimatgeschichte von Figueras, handelte. Dalis Großmutter soll ihn in ihrer Todesstunde ebenfalls als eine außergewöhnliche Erscheinung bezeichnet haben: »Ich habe einen Enkel, der eines Tages ein großer *katalanischer* Maler sein wird.« (Eine bedeutsame Auszeichnung; denn für sie existierte kein anderes Land und kein anderer Kontinent.) Salvador war erst einundzwanzig, als Dali senior seinem Sohn den allgegenwärtigen Begleiter der Berühmten gab – ein Buch für Zeitungsausschnitte.
Presseerwähnungen hatte es bereits gegeben; Ausschnitte wurden gesammelt und mußten gelesen und gehegt werden. Doch es handelte sich nicht nur um die Anerkennung seiner Arbeiten, sondern auch um Geschichten über seine Eskapaden, seine Fehler, seine Ver-

weisungen von der Akademie, seine »Zwischenfälle«. Ob es gut oder schlecht war, der Vater sammelte alles und bewahrte es auf. »Möge der, der die Geduld besitzt, alles zu lesen, ihn unparteiisch beurteilen«, schrieb er vernarrt auf das Vorsatzblatt des Ausschnittbuches.
Bei dem Verlangen, seinen Sohn als Mann beurteilt zu sehen, schonte Señor Dali sich selbst in keiner Weise: in großer Ausführlichkeit beschreibt er alle Pläne und Illusionen, die er für seinen Sohn gehegt, doch bald von Kompromissen und Konzessionen hinweggefegt gesehen hatte. Seine Hoffnungen, daß der Sohn einmal Akademieprofessor mit gesichertem Einkommen würde, ignorierte der junge Dali, der sich nicht an einem so kurzen Tau festbinden lassen wollte.
Sein Vorwort zu dem Ausschnittbuch ist ein langer, bekümmerter Monolog über das Schicksal, der Vater eines solchen Malers zu sein, über seine eigene Beharrlichkeit, über seine Schwierigkeiten, Dalis Extravaganzen auf der Akademie aus einem bescheidenen Einkommen zu decken (man spürt, wie die ganze Familie dafür zahlte), über seinen Stolz, als der Sohn zwei Preise und schmeichelhafte Pressestimmen erhielt, über sein Bedauern, daß Dalis Malleidenschaft ihn von den andern Studien ablenkte.
Was nun Dalis Gemälde aus der Knabenzeit angeht, so ist wahrscheinlich das Bild »Landschaft« das früheste noch erhaltene (gegenüber S. 64 wiedergegeben); sein Besitzer ist Albert Field in New York, der Dalis Werk katalogisiert. Es ist 1910 auf einem Stück Pappe gemalt, als Dali sechs Jahre alt war. Ein bemerkenswertes Zeugnis für Dalis kindlichen Romantizismus und die Stärke seiner Sehfähigkeit. James Thrall Soby erwähnt in seinem Buch *Salvador Dali* zwei weitere Ölbilder, die Dali vor seinem zehnten Jahr malte: »Joseph begrüßt seine Brüder« und »Porträt der Helena von Troja«. Beide stellten ehrgeizige Themen für ein Kind dar. Beide waren im Stil des neunzehnten Jahrhunderts gemalt. Offenbar neigte Dali schon in sehr jungen Jahren dazu, Künstlern nachzustreben, die eine präzise Technik für berichtende Tendenzen anwandten (eine Vorliebe, die ihn in der Generation Picassos zum Außenseiter machte, weil Picasso die Literatur und Geschichte aus dem Inhalt des malerischen Werks verbannte).
Ehe Dali alt genug war, ein eigenes Atelier zu bekommen, pflegte er sich in einem Waschzuber einzurichten, um zu malen! Er stürmte auf den Boden des elterlichen Hauses, verschloß die Tür der Waschküche hinter sich und gab sich einer Arbeitsweise hin, für die keinerlei Gegenstück bekannt ist. Er stellte seinen Stuhl in die Betonwanne; schräg

vor ihm, an einem Wannenende, lehnte ein Brett als Arbeitstisch. An heißen Tagen zog er alle Kleider aus, öffnete den Wasserhahn und ließ lauwarmes Wasser in die Wanne fließen, bis seine Hüften bedeckt waren. So vom Wasser gekühlt, saß er da und malte; hier lernte er auch die an der Wand hängenden Reproduktionen auswendig. Diese Illustrationen aus einer Kunstgeschichte hatte der Vater ihm etwas vorzeitig geschenkt. Am meisten zogen ihn die Akte an und ganz besonders Ingres' »Das Goldene Zeitalter«. Er verliebte sich in das nackte Mädchen, das eine Quelle versinnbildlichte.

Der nicht nur durch das Atelier, sondern noch mehr durch seine Wanne beschränkte Raum behagte ihm sehr, weil diese Beengung durchaus seiner Vorstellung von der intra-uterinen Lage entsprach. In seiner Wanne war er glücklich.

Die Waschküche war an sich schon ein seltsamer Ort. Jedes bißchen Platz wurde von einer ungeheuren Sammlung aller möglichen Gegenstände eingenommen, die Dali wie ein Eichhörnchen zusammentrug und in seinem geheimen Lager versteckte. Er stahl die Sperrholzdeckel der Hutschachteln, in denen seine Tante, eine Putzmacherin, in ihrem Geschäft die Hüte aufbewahrte; bald waren die Wände seines Ateliers mit Bildern bedeckt, die er auf diese Sperrholzdeckel gemalt hatte. Seine erste Skulptur, eine Kopie der »Venus von Milo«, machte er aus Ton und empfand dabei ein »unverkennbares und köstliches erotisches Vergnügen«; diese Kopie und andere seltsame Gegenstände – Vorläufer der surrealistischen Objekte, die er erfand, als er 1929 der Gruppe der Surrealisten beitrat – waren über den ganzen Fußboden ausgebreitet. Seiner Wanne gegenüber befand sich das Fenster, einer der höchsten Punkte von Figueras, durch das er auf die prächtige Landschaft sehen konnte.

Dalis natürliche Begabung wurde bereits gefördert, wenn er als Kind bei seiner Großmutter saß und ihr mit großen Augen zusah, wie sie Figuren aus Papier schnitt. Er bewunderte sie ehrfürchtig, weil sie wie durch Zauberei selbst die kleinsten landschaftlichen Details darstellen konnte. Er gibt zu, von ihr das Talent für die unendliche Präzision zu haben, die man auf jeder seiner Arbeiten findet.

Mit neun Jahren malte er ein großes und erstaunliches Bild, zu dem er eine breite ausgehängte Tür als Tafel benutzte. Er fand sie in der Kornkammer des Muli de la Torre, wo das Bild auch entstand: das Ergebnis muß für einen noch nicht Zehnjährigen von verblüffender Virtuosität gewesen sein. Er malte in einer seltsamen Raserei, in die er sich dadurch hineinsteigerte, daß er vor seinem geistigen Auge ein

Phantasiebild reproduzierte, das ihn seit Tagen verfolgte: einen ungeheuren Berg von Kirschen auf einem Teller.
Als er schließlich in der Kornkammer wahrhaftig einen Haufen Kirschen fand, war er fast besessen. Er war zu erregt, um orthodox malen zu können; so drückte er einfach die Farben aus den Tuben unmittelbar auf die alte Tür; dabei benutzte er ein helles und ein dunkles Rot und Weiß. Den Rhythmus seiner Arbeit ließ er vom Klang der sich drehenden Windmühlenflügel bestimmen.
Als er fertig war, fing er an, die Stiele der wirklichen Kirschen auf seine gemalten zu kleben. Wurmlöcher in den Kirschen (unter der Farbe zeichneten sich die Löcher des Holzwurms ab) wurden ausgekratzt und mit lebendigen Würmern gefüllt, die er mühsam aus dem Holz grub.
Einige Jahre später machte der junge Dali seine sogenannte Steinperiode durch. Er legte Steine von passender Größe auf die Leinwand, bedeckte sie mit Farbe und ließ sie trocknen. Ein Bild, bei dem zahlreiche Steine verwendet worden waren, stellte einen Sonnenuntergangshimmel mit Scharlachwolken dar; Dutzende kleiner erhabener Formen verliehen dem Himmel ungemeinen Raumwert. Doch die Steine waren zu schwer, die Farbe zu dünn; ein Stein nach dem andern brach heraus und fiel auf den Fliesenboden im Dalischen Haus.
Besorgt sagte Dalis Vater: »Die Ideen sind schon gut, aber wer würde ein Bild kaufen, das allmählich verschwindet, während sich der Fußboden des Besitzers mit Steinen bedeckt?«
Doch das hielt den Musikverein, der eine Kunstausstellung veranstaltete, nicht davon ab, Dali aufzufordern, sich mit dreißig Malern aus der Stadt und Umgebung an der Ausstellung zu beteiligen. Dali behauptet, seine Gemälde seien am stärksten beachtet worden, insbesondere von den beiden Intellektuellen von Figueras, Puig Pujades und Carlos Costa, die ihm eine glänzende Zukunft prophezeiten.
Im Jahr 1921 begleiteten Vater und Schwester den siebzehnjährigen Salvador nach Madrid zur Aufnahmeprüfung in die Akademie der Schönen Künste. Als Prüfungsaufgabe hatte jeder Kandidat eine Zeichnung nach einer alten Plastik anzufertigen. Dali mußte in einem Zeitraum von sechs Tagen eine Kopie von Jacopo Sansovinos »Bacchus« abzeichnen.
Wie üblich kümmerte er sich nicht im geringsten um die wichtige Vorschrift, daß die Zeichnung die Maße eines »Ingres-Bogens« haben sollte. Der Pedell der Akademie pflegte Dali über die Schulter zu gucken und dem besorgten Vater Bericht zu erstatten. Drei von den

sechs Tagen waren vergangen, als der Späher dem Vater meldete, Dali habe seine Figur zu klein gemacht. Auf die ernsten Vorhaltungen des Vaters begann Dali eine neue Zeichnung, nachdem er die erste, sehr schöne wegradiert hatte und dann vor Furcht gelähmt war, weil er es getan hatte. Am nächsten Tag vermochte der von panischer Angst befallene Junge nichts anderes zu tun als zu messen, wegzuradieren, zu messen und wegzuradieren. Nun hatte er nur noch zwei Tage. Weder Vater noch Sohn konnten essen, und der aufgeregte Dali senior konnte nicht einmal schlafen.

Am fünften Tag hatte sich der Bacchus so in Dalis Geist eingeprägt, daß er sich auf die Arbeit stürzte wie ein verhungerndes Tier. Diesmal machte er den Bacchus so groß, daß er die Füße nicht mehr auf dem Blatt unterbrachte. Dem Vater stiegen die Tränen in die Augen.

Am letzten Tag machte sich Dali nach einer verzweifelten Sitzung, bei der sein Vater von schlaganfallähnlicher Bestürzung in unendliche Verzweiflung versank und seine Schwester weinte, abermals an die Arbeit und beendete in genau einer Stunde eine hervorragende Zeichnung, genauer und schöner als fast alles, was er je gemacht hatte. Doch plötzlich überfiel ihn Entsetzen – diese Figur war sogar noch kleiner als die erste! Auf seinen armen Vater wirkte es wie eine Bombe.

Er hatte keine andere Wahl, er mußte die Zeichnung abgeben. Es geschah eins der typischen Wunder: er wurde trotzdem in die Akademie aufgenommen; die offizielle Erklärung lautete: obwohl die Zeichnung nicht die vorgeschriebenen Maße habe, sei sie so vollendet, daß sie gutgeheißen werde.

Vater und Schwester fuhren nach Haus, und Dali richtete sich auf das neue Leben als Kunststudent in Madrid ein. Wie ein Einsiedler pendelte er zwischen Klassenraum und Schlafzimmer hin und her, wich allen andern Studenten aus, verschloß die Tür seines Zimmers hinter sich, studierte und skizzierte unaufhörlich. Sonntags gestattete er sich, vormittags am Prado zu zeichnen. Er verzichtete auf Erholung und Freundschaften und lehnte alle Einladungen ab.

Und er begann mit seinem ersten kubistischen Gemälde. Anders als in seinen früheren impressionistischen Perioden verzichtete er auf alle leuchtenden Farben und beschränkte sich auf Weiß, Schwarz, Siena und Olivgrün. Juan Gris war sein Idol und sein Vorbild.

Seine Lehrer enttäuschten ihn, da er den Eindruck hatte, mehr zu können als sie; während er des Kubismus bereits müde wurde, vermochten sie ihn noch nicht einmal zu erfassen. Seine Fragen schienen sie so sehr in Bestürzung zu versetzen, daß sie in philosophierende Predigten auswichen, statt ihm klare Antworten zu geben. Die meisten der Studierenden waren genauso reaktionär (obwohl *er* für sie der Feind des Fortschritts war, weil er und sie sich über den Begriff des Fortschritts nicht zu einigen vermochten). »Mein Gott, wie dumm Menschen sein können!« rief er einmal angewidert aus.

Zu dieser Zeit hatte Dali gerade angefangen, Freuds Werk *Die Traumdeutung*, eine der größten Entdeckungen seines Lebens, zu lesen; alles, was er tat, richtete sich auf die Interpretierung seines eigenen Ich, bis diese Gewohnheit zum Laster wurde. Ganz gleich, wie nebensächlich oder zufällig ein Ereignis war, er analysierte es bis ins letzte. Seine Träume, besonders jene, die während des »zufälligen« Einschlafens am Tag auftraten, gaben ihm dazu überreichlich Gelegenheit.

Nach vier Monaten wurde er schließlich von einer avantgardistischen Studentengruppe, die genau wie er in dem luxuriösen Internat der Akademie wohnte, gewaltsam aus seiner Einsiedelei herausgeholt. Sie amüsierten sich über Dalis verdrehte Kleidung und seinen wilden Blick und machten ihn zum Ziel ihrer beißenden Scherze; sein ernstes, fleißiges Wesen, dem es völlig an Humor mangelte, rief ihren heftigen Sarkasmus hervor. Die kubistischen Gemälde, die er während dieser Monate gemacht hatte, faszinierten sie jedoch.

Die beiden bedeutendsten »verschwanden«: die Farbe, die er selbst zubereitet hatte, war so dick und mit so viel Leim gemischt, daß sie auf der Leinwand rissig wurde und abblätterte. Dali war über diesen Verlust unglücklich, weil die beiden Bilder für ihn ebenso bedeutsam waren, so sagt er, wie ein Autodafé (wörtlich: Akt des Glaubens – der Name, den die spanische Inquisition der Zeremonie der Ketzerverbrennungen gab).

Die Bewunderung der Avantgardisten für den sonderbaren »Neuen« kannte bald keine Grenzen mehr. Ihre snobistische Verachtung für Dali verwandelte sich in zynische, bedingungslose Freundschaft; die Gruppe sog seine Ideen buchstäblich ein. Zwei Mitglieder dieser Gruppe sollten Dalis nächste Jahre stark beeinflussen: Luis Bunuel, mit dem er bei zwei Filmen zusammenarbeitete, und García Lorca, der Dichter und Dramatiker, der sein bester Freund wurde (trotz Dalis verquälter Eifersucht, weil Lorca wie ein feuriger Diamant in der Gruppe glänzte). Den künstlerischen und literarischen Ideen des Augenblicks standen alle mit kämpferischer Feindseligkeit gegenüber. In ihrem Denken und Tun fühlten sie sich mehr oder weniger mit den Dadaisten verbunden, die sich gerade einen Platz unter den Kunstrichtungen von Paris eroberten.

Sie bevölkerten die Cafés von Madrid und setzten ihre anti-intellektualistische Glut neben die literarischen, künstlerischen und politischen Feuer, die in den Gesprächen um sie her auflod erten. Sie bummelten herum und brachten Dali das Trinken bei, feierten die Nächte durch, verachteten alle Konventionen, bis es zu Dalis erster Verweisung von der Akademie kam.

Nach seiner endgültigen Verweisung drängte er seinen Vater, ihn sein Studium in Paris fortsetzen zu lassen. Er kehrte für ein halbes Jahr nach Figueras zurück und arbeitete so unerbittlich, daß in dieser ernsten Periode die Nachricht über seine Bilder bis in das künstlerisch führende Paris drang.

Er hatte zahlreiche Experimente hinter sich, einschließlich des Impressionismus und Pointillismus; doch obwohl er einen Preis für ein pointillistisches Gemälde erhielt, spottete er eigentlich bereits über diese Technik. Seine Verachtung soll er dadurch ausgedrückt haben, daß er auf die Leinwand, mit der er dann den Preis gewann, aus einer Entfernung von einem reichlichen Meter die Farbe mit einem Pinsel aufspritzte! Doch wie seine Einstellung letztlich auch gewesen sein mag, er bewies eine erstaunliche Geschicklichkeit darin, behende von einer Technik zur andern zu springen. Er malte hartnäckig, was er sah, und nicht die genau bestimmten Gegenstände, die andere Leute sahen (so wurde zum Beispiel aus einer gotischen Jungfrau eine Waage)[1]. Daß er schließlich von den Surrealisten in Paris entdeckt wurde, hatte seine Ursache vor allem darin, daß er sich in nichts den landläufigen Auffassungen unterwarf.

Sein Leben wurde ganz zufällig durch Picasso verändert, der 1928 eins von Dalis Bildern in einer Ausstellung in Barcelona gesehen hatte. Dali hatte der Galerie von Dalmau (dem Patriarchen des Avantgardismus in Spanien, den Dali als einen Mann beschreibt, der eben aus einem Gemälde von El Greco gestiegen sei) eine Reihe mythologischer Bilder geschickt. Picasso fiel besonders Dalis »Mädchenrücken«[2] auf, ein Werk, das er, nach Paris zurückgekehrt, sehr lobte.

Von Picassos Bericht war der berühmte Galerieleiter Paul Rosenberg so beeindruckt, daß er an Dali schrieb und um Fotos bat. Dali vergaß,

[1] Damals hatte er keine Bezeichnung für diese Malweise »gegen das äußere Erscheinungsbild«, in der nicht das Sichtbare wiedergegeben wurde; heute nennt er es »seinen paranoischen Denkprozeß«.

[2] Dieses Bild erschien in den vierziger Jahren in New York in einer Verkaufsausstellung; da es in Amerika nicht verkauft wurde, ging es zurück nach Europa und scheint in einer französischen Sammlung untergetaucht zu sein.

ihm welche zu schicken. Trotzdem verbreitete sich die Nachricht. Kurz darauf telegrafierte Joan Miró an Dali, er komme mit seinem Händler Pierre Loeb nach Figueras. Dalis Beachtung in Paris ließ seinen Vater den Kummer über Salvadors Versagen auf der Akademie verwinden; doch das Glück, das er vor sich sah, währte nicht lange.

Miró und Loeb reisten tatsächlich nach Spanien, doch während Miró überaus begeistert war, blieb Loeb skeptisch und kehrte ohne jede feste Abmachung nach Paris zurück; von dort schrieb er nur, er werde mit Dali »in Verbindung bleiben«. Er fand Dalis Werk zu verworren und ohne Individualität.

Miró war völlig anderer Meinung. Er schrieb am gleichen Tag an Dalis Vater und brachte das zum Ausdruck. So hatte der alte Herr in der einen Hand einen Brief von einem pessimistischen Händler, in der andern dagegen einen von Miró, der ihm riet, den Sohn sofort nach Paris zu schicken, und der schloß: »Ich bin fest davon überzeugt, daß die Zukunft Ihres Sohnes glänzend sein wird.«

Der junge Maler war bereit und erwartungsvoll. Endlich hatte er das Gefühl, wie ein Mann behandelt zu werden.

Wie die Kritiker den jungen Maler betrachteten

Als Dali mit zwanzig Jahren in Barcelona ausstellte, hatte er eine freundliche Presse. Das Ausschnittbuch des Vaters schwoll an; der junge Katalane wurde mit Aufmerksamkeit überschüttet. Vielleicht ist er seither nie wieder so sehr gerühmt worden. Im November 1925, nach seiner Ausstellung von Zeichnungen in den Galerias Dalmau, lobte *La Publicidad* seine Entwicklung. Schmeichelhaft war auch der Bericht in der *Gaceta de los Artes*, die seine Arbeiten erstaunlich für einen Einundzwanzigjährigen fand. Die Zeitungen waren überzeugt, daß sein Suchen ihn schließlich zu sich selber zurückführen werde; denn daran waren sie bei der ganzen Ausstellung am stärksten interessiert: »Er selbst, und damit meinen wir die überaus zarte, menschliche, poetische und romantische Seele, die in seine Bilder umgesetzt ist...«

In den beiden folgenden Jahren fuhr Dali fort zu experimentieren. Er versuchte sogar im Stil Vermeers zu malen. Der Bericht in der *Gaceta de los Artes* über seine nächste Ausstellung in der Maragall-Galerie war ebenso überschwenglich und schloß geradezu enthusiastisch: »Ich liebe das Werk von Salvador Dali.«

Die Kritiker fingen an, Zeichen für Dalis Bindung an die Malerei der Vergangenheit zu sehen. Der eine erkannte in seiner Kunst die Sprache eines Sienesen aus dem vierzehnten, ein anderer die eines Holländers aus dem siebzehnten Jahrhundert, ein dritter verglich sein Talent mit dem Manets und führte den Nebel als Erklärung der Umwelteinflüsse an.

Bei seiner nächsten Ausstellung – wieder bei Dalmau – ging die Zeitschrift *d'aci, d'alla* sogar noch weiter: »...Wenn Dali seinen Standpunkt in Frankreich befestigte, dann deshalb, weil er dazu in der Lage war und weil die Gabe des Malens, die Gott ihm schenkte, reifen mußte. Es kommt nicht darauf an, ob Dali, um das Feuer heller leuchten zu lassen, die feine Schwärze von Ingres' Stift oder den dicken Strich von Picassos kubistischen Werken benutzt... wir sind unbedingt überzeugt, daß der junge Künstler, wenn er nicht von seinem Weg abirrt, einer der Männer sein wird, die der katalanischen Malerei unseres Jahrhunderts den höchsten Glanz verleihen...«

Man kann Dalis Frechheit und Arroganz beinah verstehen. Obwohl er von der Akademie verwiesen worden war und sich weiter recht schlecht benahm, arbeitete er doch ohne Unterlaß und, wie die Kritiken zeigen, mit sehr realem Erfolg.

Picassos augenblickliche Stilleben-Abstraktionen erregten ihn ebenso wie der Neoklassizismus, mit dem Picasso in den frühen zwanziger Jahren experimentiert hatte. Diese vielseitige Virtuosität wurde bei seiner Ausstellung Ende 1926 zu einer bezeichnenden Zutat; in einer der beiden letzten Kritiken, die *La Publicidad* am 9. Januar 1927 veröffentlichte, erhielt er eine besondere Akkolade: »Im Augenblick könnten wir unter unsern jungen Malern keine faszinierendere Gestalt als die des jungen Mannes aus Figueras finden... Sein Geist schwebt, von diesen mächtigen äußeren Qualitäten getragen, und wartet auf die Zeit, da er sich mit dem Gewicht der Überzeugung festigt, der Überzeugung, die diesen Geist endgültig in der stürmischen See verankern soll, auf der er jetzt hin und her geworfen wird.«

Die *Gaceta de los Artes*, ein klein wenig unsicher geworden, ließ einen ganz leisen Ton der Warnung anklingen, als sie in der folgenden Februarausgabe die erste Andeutung aussprach, daß das Füllen vielleicht allzu ausgelassen sei: »Ein großes Ideal, nur das Streben nach einem großen Ideal, vermag seine Energien zu leiten. Den Wagen an einen Stern binden – das müssen diese geistigen Füllen mit allzuviel Blut in den Adern tun...«

DIE GALAMANIE

Die Liebesgeschichte

»*Es gibt eine Vernunft des Herzens, von der die Vernunft nichts weiß.*«

PASCAL

Zwei legendenumwobene Frauen haben dem Surrealismus treu gedient. Die eine war Peggy Guggenheim, die, aus der berühmten amerikanischen Kupfer- und Hüttenwerkfamilie stammend, aus den USA auswanderte und kürzlich von der Zeitschrift *Time* »Die letzte Herzogin von Venedig« genannt wurde. Ihr erstaunlicher Weitblick und die unerschöpfliche Geldbörse trugen zum Aufbau der größten Privatsammlung surrealistischer Kunst der Welt bei, doch erst nachdem Peggy Guggenheim viele der Künstler entdeckt, gespeist, verwöhnt und finanziert hatte.

Die andere war eine faszinierende Russin, Elena Diaranoff, schließlich Gala genannt, Vertraute vieler Surrealisten und Königin der Bewegung während ihrer Pariser Blütezeit[1]. Zur »surrealistischen Muse« ernannt, machte sie diesem Titel Ehre und trug viel zur Entwicklung der Bewegung bei: zuerst als Gattin des poeta laureatus dieser Richtung, Paul Eluard, dann als treue und energische Förderin des Werkes von Max Ernst und schließlich, in der Vollblüte ihrer Phantasie, als sie ihre beharrliche Aufmerksamkeit dem aufstrebenden surrealistischen Hauptvertreter Salvador Dali zuwandte, den sie später heiratete.

Bei dem Versuch, ihr gemeinsames Leben nachzuzeichnen, bedürfte man einer Kristallkugel und eines allwissenden Auges, das ebensogut zurück wie voraus zu sehen vermag. Abgesehen von Dalis eigenen, erstaunlich offenherzigen Geständnissen gibt es von den ersten Tagen ihres Bundes an nur Bruchstücke der Wahrheit. Viele dieser Fragmente lassen sich nicht kontrollieren. Obwohl Dali in seinem Bedürfnis nach öffentlicher Aufmerksamkeit die unergründliche Russin mit sich ins Licht der Scheinwerfer gezogen hat[2], bleibt sie eine

[1] »Die meisten Surrealisten hatten Gala vor deren Ehe mit Eluard geliebt; und Galas Wirkung auf sie war so bemerkenswert, daß es eine anerkannte Form der Kritik unter Surrealisten wurde, von dem Bild, Buch oder der Plastik eines Kollegen, wenn sie gut waren, zu sagen: ›Ach ja, damals liebte er Gala.‹« Margaret Case Harriman in *The New Yorker*, 1. Juli 1939.

[2] Als ich mit diesem Buch begann, bat Dali meine Sekretärin, »Mrs. Cowles doch bestimmt zu sagen, daß sie Gala so oft wie möglich erwähnen möchte«.

geheimnisvolle Frau. Mag er auch dauernd und bis in mikroskopische Einzelheiten gehend über sie sprechen; sie selbst spricht nie. Sie hält es für richtig, in einem prachtvoll inszenierten Schatten zu stehen.

Dali widmet ihr sein Werk, verflicht ihren Namen mit dem seinen, wenn er seine Bilder signiert, erwähnt sie in seinen Gedichten, schreibt es ihr zu, daß er dem Irrsinn entging, und erklärt deutlich, daß er nicht mehr ohne sie leben könne. Und trotzdem läßt sich die wirkliche Frau nicht fassen. Sogar ihr Alter bleibt geheim; vermutlich ist sie aber um fünfzig.

Dali beschreibt sie mit so viel Intimität, so vielen Einzelheiten, so viel Erotik, daß man zu der Frage gedrängt wird: ist dies alles wirklich geschehen, oder glaubt Dali nur, daß es geschehen sei? Ist der Bericht über ihre Liebe Ausgeburt der Phantasie? Stellt er vielleicht das dar, was Dali wünschte erlebt zu haben? Ist es nur ein weiterer Schlüssel zu seiner Paranoia?

Kein Mensch hat je so über seine Frau geschrieben, wie Dali es tut; wahrscheinlich wird es auch nie wieder ein Mann tun. In seinen Memoiren lüftet Dali jedes Geheimnis um Gala, zieht ihr alle Kleider aus ,erweitert jedes Schlüsselloch, posaunt jede erotische Zärtlichkeit aus[1], entblößt Schritt für Schritt jedes leidenschaftliche Gefühl. Er scheint den Leser anzuflehen, ihr Liebesleben ohne die geringste Zurückhaltung zu belauschen und zu beobachten. Wenn er die Liebe mit »gewissen gastrischen Empfindungen beim Beginn der Seekrankheit« vergleicht, gibt er damit eine erschreckende Definition ihrer rasenden Leidenschaft.

Doch selbst nach all dem kennen wir Gala nicht. Sie zerfließt wie die dunstige Manifestierung im Salon eines Spiritisten, wenn die Séance vorüber ist. Glaubt man, sie im Blick zu haben, tritt sie einen Zoll zurück und ist plötzlich völlig verschwommen.

Doch eins ist gewiß: ihre Liebe ist einzigartig, sie ist lächerlich und zärtlich, manchmal rührend, bisweilen erschreckend. Beide haben sich anscheinend das Leben so aufgebaut, daß keiner ohne den andern existieren könnte; vielleicht ist es sogar eine der großen Liebesgeschichten der Welt. Die beiden leben ausschließlich nach eigenem Plan zusammen, und dafür scheinen sie mit Freuden jede Buße zu zahlen.

Dali verspricht, in einem Buch, das allein von Gala handelt, sogar noch mehr zu enthüllen; darin soll sie »eine jener mythologischen Beatricen« werden, »die die Geschichte auf ihrem Rücken zu tragen ge-

[1] »Meine ganze *Erotik* war von spirituellem Inhalt erfüllt.« (Dalis Erklärung in einem Brief Ende 1958, F.C.)

zwungen ist ... «. Anscheinend ist er entschlossen, die ganze Welt zu veranlassen, vor ihr niederzuknien, wie er selber es tut.
Einstweilen erwähnt er sie dauernd in seiner Autobiographie und offenbart viele Dinge: zum Beispiel, daß er kein normales Geschlechtsleben kannte, ehe Gala erschien; anscheinend war er bis ins fünfundzwanzigste Lebensjahr in dieser Hinsicht impotent. Von dem ersten Erlebnis mit Gala war er so bezaubert, daß er noch sieben Jahre später mit ungeheurer Erleichterung daran dachte, als er darüber schrieb. Dabei bleibt der Phantasie sehr wenig überlassen. Nach ihrer ersten gemeinsamen Reise fort aus dem betriebsamen Paris begann er die Stadt zu hassen und sehnte sich danach, wieder mit Gala fortzufahren. Er wünschte sich, bei der Arbeit daran denken zu können, daß in seinem Zimmer eine Frau sei – »eine Frau, die sich bewegte, mit Sinnen, Körperhaar und Zahnfleisch«.
Diese schwindelerregenden Gedanken beschäftigten ihn so sehr, daß er Paris verließ, während das bedeutendste Ereignis seines Lebens stattfand – seine erste Pariser Ausstellung in der Goemans-Galerie, 1929. Weder sah er die Ausstellung, noch beteiligte er sich beim Hängen der Bilder. Er fuhr mit Gala im Zug nach Barcelona, ohne sich um seine Anerkennung in der Kunsthauptstadt der Welt zu kümmern. Nichts war mehr wichtig: »Gala und ich waren mit unsern Körpern so sehr beschäftigt, daß wir kaum einen Augenblick an meine Ausstellung dachten, die wir bereits als ›unsere Ausstellung‹ ansahen.«
Jahre später bekräftigte er seine Liebe im Nachwort zu seinem Buch noch auf andere Weise: er war siebenunddreißig Jahre alt, es war der 30. Juli 1941: »Ich bin völlig nackt und allein in meinem Zimmer im Hampton Manor[1]. Ich trete an den Schrankspiegel und betrachte mich ... Ich wünsche mir nur zwei Dinge: erstens Gala, meine Frau, zu lieben und zweitens ... alt zu werden ... Seit einem Jahr weiß ich, daß ich begonnen habe, das Wesen zu lieben, das seit sieben Jahren mit mir verheiratet ist: so zu lieben, wie es die katholische, apostolische und römische Kirche der Idee der Liebe entsprechend fordert. Katholische Liebe, das bedeutet, wie Unamuno sagt: ›Wenn deine Frau Schmerzen im linken Bein hat, sollst du die gleichen Schmerzen in deinem linken Bein fühlen.‹«
Als Dali fünfzehn Jahre später, im Jahr 1956, gefragt wurde, welches das erregendste Ereignis seines Lebens sei, zögerte er nicht. »Die Begegnung mit Gala. Wir liebten uns sofort.«

[1] Caresse Crosbys Haus in Virginia.

»In einer Zeit, in der es geradezu eine Manie ist, sich scheiden zu lassen, und ein Skandal, zu heiraten, wie Gott es haben will, liebe ich Gala weiter, wie sie es verdient«, schrieb er nach seiner kirchlichen Trauung im Jahr 1958.

Die ersten gemeinsamen Tage

Obwohl sie erst 1929 ihre erste gemeinsame Zeit in dem weißgekalkten Cadaques von Dalis Kindheit miteinander verbrachten, behauptet er, er habe Gala bereits als Siebenjähriger in Señor Traites Schule in einer Erscheinung »gesehen«. Während er dem Lehrer zuhörte – wie immer den vertrockneten Frosch, eine große Statue von Mephistopheles und einen riesigen Rosenkranz vor Augen –, war das geliebteste Bild seiner Vorstellung ein kleines Russenmädchen, in Pelze gehüllt, in einem Schlitten sitzend, von wilden Wölfen mit phosphoreszierenden Augen verfolgt. Das Mädchen schaute Dali dauernd inständig an, und ihr Gesicht erinnerte ihn an eine Madonna von Raffael. Er behauptet, sie habe das Gesicht von Gala gehabt.

Unter greifbaren Umständen begegneten sich die wirkliche Gala und Dali, als ihn eine Gruppe von Surrealisten Ende der zwanziger Jahre in Cadaques besuchte. Unter ihnen Camille Goemans, der die erste Pariser Ausstellung für ihn veranstaltete, Maler René Magritte und Schriftsteller Luis Bunuel. »Diese Surrealisten zog die ungewöhnliche Persönlichkeit an, die sie in mir entdeckten.« Als letzte erschienen Paul Eluard und seine Frau Gala, die im Wagen aus der Schweiz kamen. Gala schien schlechter Laune und verärgert über den Aufenthalt in Cadaques. Im Lauf des Abends erfuhr er bei einem Spaziergang den Grund.

Gala erklärte, sie halte ihn für ein unerträgliches, widerwärtiges Geschöpf; sein pomadisiertes Haar und seine Geckenhaftigkeit nannte sie »argentinische Tangoglätte«. Er trug weiße Hosen mit scharfer Bügelfalte, Seidenhemd, Phantasiesandalen, eine Halskette aus imitierten Perlen und Bänder aus Metallgewebe um das Handgelenk. Nachts pflegte er selbstentworfene, tief ausgeschnittene seidene Nachthemden mit weiten Ärmeln anzuziehen, die sehr feminin wirkten. Galas Reaktion entmutigte ihn nicht; sie schien ihn sogar in freudige Stimmung zu versetzen.

Am nächsten Tag kleidete er sich für seine Verabredung mit ihr am Strand an und wieder um – erregt, nervös und voller Vorahnungen.

a notre epoque de divorce sans
interruption, continue à
AIME ~~SA~~ GALA COME
IL MERITE, ET DEVENU UNE
VERITABLE MANIE ET SE MARIE
COME DIEU LE VEUT, ~~E~~SCANDALE.

. . .

CERTAINS CRITIQUES ~~SO~~ CE
PRÉOCUPENT DE L'AÑEE ~~quil~~
~~AURAIT ETE LE MIEUX~~ QUE
JAURAIS DÛ MURIR; (Explication: CES
ÊTRES, MALGRES QUE PARFOIS
PRENENT UN TAXI OU UN
AVION, ~~IL~~ NON (pu) JAMAIS ENCORE
CO-MENCE A EXISTAI

Auszug aus einem Brief von Dali an Fleur Cowles.

Er probierte alles mögliche aus: Auf die Ohrringe seiner Schwester verzichtete er, sie paßten nicht zum Schwimmen. Schließlich wählte er eine Bekleidung, die als eine der perversesten und scheußlichsten in die Geschichte eingehen muß: er schnitt sein bestes Hemd so kurz ab, daß es über dem Nabel endete, und zackte es aus. Als er es angezogen hatte, riß er systematisch Löcher hinein, so daß die linke Schulter entblößt war, ein anderes Loch zeigte seine schwarz behaarte Brust und das dritte eine schwarze Brustwarze. Er knöpfte den obersten Knopf zu und schnitt danach den Kragen ab. Die Badehose zog er verkehrt an (so daß die Rostflecke auf dem weißen Baumwollfutter sichtbar wurden), rasierte sich die Achselhöhlen, färbte sie mit Wäscheblau – und dann unterzog er sich einer Prüfung.
Doch es genügte ihm nicht. Er nahm den Rasierapparat und rasierte die Achselhöhlen zum zweitenmal, so scharf, daß sie bluteten; das gleiche tat er mit den Knien, weil ihm das Blut dort ebenso gut gefiel. Schließlich schob er sich eine riesige rote Geranienblüte hinter ein Ohr. Das alles fand er so überaus begehrenswert, daß er sich in sein neues Erscheinungsbild verliebte.
Plötzlich fiel ihm Parfüm ein, und er kam zu der Entscheidung, daß einer der üblichen Düfte nicht ausreichte. Statt dessen kochte er Fischleim mit Wasser, setzte Ziegenmist zu, und als er eine homogene Paste erhalten hatte, »würzte« er sie mit Aspiköl. Nachdem sie abgekühlt und geliert war, verrieb er sie über den Körper. Dann war er bereit, Gala zu sehen. »Was konnte die Bedeutung dieses unvorstellbaren Aufputzes, mit dem ich mich eben behängt hatte, anders sein als ein wahres Hochzeitskostüm?« fragte er sich selbst.
Als er Gala dann durch das Fenster sah und ihm klar wurde, daß er sich ihretwegen mit Ziegenmist und Aspiköl beschmiert, sein bestes Hemd zerfetzt und sich Achselhöhlen und Knie blutig gekratzt hatte, fand er die ganze Geschichte jämmerlich – und zog sich rasch aus. Er wusch sich gründlich, zog ein konventionelleres Badekostüm an (doch nicht ohne eine Perlenkette und die Hälfte der riesigen Geranie) und lief hinaus zu Gala.
Er vermochte nicht mit ihr zu sprechen; das hysterische Gelächter, das ihn in den letzten Monaten so oft überfallen hatte, schüttelte ihn plötzlich wieder und beunruhigte die Gäste. Seine ganze Aufmerksamkeit galt Gala; obwohl sie ihn für halb verrückt hielt, hatte sie doch den Eindruck, er sei ein Genie, das großen moralischen Mut aufzubringen vermöge. Dali weist darauf hin, daß auch sie das Verlangen nach etwas hatte, was dazu beitragen konnte, ihren eigenen Mythos

zu erfüllen, und daß sie bereits zu glauben begann, vielleicht vermöge nur er ihr das zu geben.
Alle Freunde waren wegen eines neuen Gemäldes von Dali bedrückt: »Le jeu lugubre«, eine Auftragsarbeit für den Vicomte de Noailles. Auf dem Bild war in peinlichstem Realismus über die offenstehenden Schubladen einer Kommode Kot verteilt. »Ist Dali etwa Koprophage?« fragten sich alle seine Freunde. Gala entschloß sich, es bei der ersten richtigen Unterhaltung mit ihm festzustellen.
»...solche Dinge erscheinen mir ekelerregend, meiner Art zu leben feindlich... Sie laufen Gefahr, Ihr Werk zu einem bloßen psychopathologischen Dokument zu machen«, erklärte sie.
»Ich schwöre Ihnen, daß ich kein Koprophage bin«, erwiderte Dali. »Ich hasse bewußt diese Art von Verirrung... aber ich betrachte die Skatologie als ein erschreckendes Element.«
In der Qual, die sich vom einen auf den andern übertrug, wollte Dali sie eben berühren, als Gala schon nach seiner Hand faßte. Er bekam wieder einen Lachanfall, doch Gala wurde nicht ärgerlich darüber. Mit mediumhafter Intuition begriff sie die Bedeutung seiner Hysterie, die allen andern so unerklärlich war. Sie wußte, daß es sich weder um Heiterkeit noch um Skepsis handelte, sondern um Fanatismus, um einen Kataklysmus, um Abgrund und Entsetzen. Sie warf sich ihm zu Füßen. »Mein kleiner Junge! Wir werden einander niemals verlassen!« rief sie.
Als die Gruppe nach Paris zurückkehrte, blieb sie zurück. Das Verhältnis wurde enger. Dali gab ihr den ersten Kuß, den er beschrieb wie jeder Parsifal, der von der Erschütterung des Fleisches geweckt wird.
Seine Leidenschaft grenzte an Wahnsinn; eines Tages war er versucht, Gala von der Klippe zu stoßen, auf der sie standen. Er spürte, daß sie irgend etwas von ihm wollte, riß sie am Haar und zog ihren Kopf zurück. In elender Hysterie befahl er ihr zitternd, ihm zu sagen, was sie von ihm gewollt habe. »Aber sprich langsam, sieh mir dabei in die Augen, und sag es mit den rohesten, den schärfsten erotischen Worten, die uns beide dazu veranlassen können, die größte Scham zu empfinden!«
»Ich wollte, daß du mich tötest«, erwiderte sie ruhig.
Die Wirkung ihrer Worte war wie ein elektrischer Schlag. Dali wurde sofort ruhig. Durch die unmittelbare Aufforderung, Dali solle seinem geheimen Verlangen folgen, nahm sie ihm plötzlich jeden Wunsch, es zu tun.

Ihm ging auf, daß auch sie eine innere Welt von Wünschen und Enttäuschungen besaß und »sich in ihrem eigenen Rhythmus zwischen den Polen der Klarheit und des Irrsinns bewegte«. Schon als Kind empfand Gala ein so unaussprechliches Entsetzen vor der Todesstunde, daß sie sich wünschte, das Ende käme ohne furchteinflößende Verzögerung. Und Dali hatte den verborgenen Wunsch gehabt, Gala zu ermorden. Doch als ihm die Möglichkeit dazu erst einmal als Geschenk angeboten wurde, erschlaffte sein Enthusiasmus. Auf diese Weise entwöhnte Gala ihn von seinen Gedanken an Verbrechen. Eines nach dem andern verschwanden die hysterischen Symptome; er wurde Herr seines Lächelns, seiner Bewegungen, seines Lachens. Gala war unentbehrlich geworden.

Gemeinsames Leben in Port Lligat

Das slawisch Geheimnisvolle Galas paßt sich wie eine Spukgestalt in die angespannte Atmosphäre von Port Lligat ein; in unserer Vorstellung erscheint sie stets automatisch auf jedem von Dalis Gemälden – eine winzige Gestalt, die über diese grenzenlosen Landschaften wandert, über die er all die andern Symbole seiner paranoiden fixen Ideen verstreut.

Der Hafen mit ihrem Haus ist eine Stätte, von unendlichen Erinnerungen und Bedeutungen erfüllt; für die beiden ist er immer noch das ferne Symbol, der Ort für eine neue Liebesgeschichte, worüber sie in Paris so ernsthaft zu sprechen pflegten. Es war gleichgültig, wie oft sie schon dort gewesen waren. Hier wurde ihre gemeinsame Liebe zur Einsamkeit befriedigt, an der sie noch heute großes Gefallen finden. In Port Lligat leben sie asketisch, isoliert und arbeiten schwer, nur selten von Dalis geliebter internationaler Café-Gesellschaft unterbrochen. Die trockene, mineralische und planetarische Atmosphäre bekommt Dalis Selbstzucht und Galas schwermütiger Veranlagung gut. Er liebt die wilden, bitteren Morgendämmerungen und das frühe Bad im Meer. Er zieht sich gern den Tag über in sein Atelier zurück, das vorsorglich auf die Hügel blickt, damit er sich nicht von der herrlichen Aussicht aufs Meer ablenken läßt. Abends kommt die Melancholie der Nacht ihrem morbiden Temperament entgegen; unerklärliche Stille, bewegungslose Bäume, die amorphen Felsungeheuer um sie her werden bleigrau. Das lieben sie beide.

Es gefällt Gala. Obwohl viel Zeit, Überlegung und Mühe dazu gehören, für Dalis Behagen und seinen beruflichen Erfolg zu sorgen,

bleiben ihr während der Monate des Jahres, in denen er malt, viele Stunden, die sie sich vertreiben muß. Dann verschwindet Gala und rudert allein in einem Fischerboot hinaus, die kräftigen schlanken Arme und festen Schultern eins mit den Rudern. Bald verliert sie sich hinter einem Vorsprung der Küste. Meilenweit, bis zu den wilden Gestaden des Kap Creus hin, sind zahllose Höhlen zu erforschen – in einigen verbirgt sie sich, um allein zu sein und zu meditieren. Oft fängt sie Fische für das Abendessen.
Zu andern Zeiten wandert sie weite Strecken, die Augen immer gesenkt, eine winzige Gestalt auf der Suche nach den eigenartigen, schimmernden Glimmersteinchen, die sie liebt, und nach alten, ausgebleichten Seefossilien, die Dali so gern hat. Schwimmen, rudern, fischen, wandern – immer allein. Das trägt zu ihrem ungewöhnlichen Bild bei.
Dalis Namen für sie bereichern die Legende, die sich um sie spinnt; auf reizende Weise berichten sie von ihren Eigenschaften. Er hat fünf Lieblingsnamen für Gala:
Biene – weil sie »alle wesentlichen Dinge für den betriebsamen Stock meines Gehirns« entdeckt und herbeiträgt.
Lionelle – weil sie manchmal schlechte Laune hat und »brüllt wie der legendäre Löwe von Metro-Goldwyn-Mayer«.
Noisette Poilue – weil er findet, ihr Gesicht sei mit feinem Flaum bedeckt – »wie eine Haselnuß«.
Eichhörnchen – oder *Tapir* oder *Kleiner Negus*, weil sie seiner Ansicht nach viel Ähnlichkeit mit lebhaften kleinen Waldtieren hat.
Fellglocke – weil sie beim Vorlesen, während er angestrengt an der Staffelei arbeitet, wie eine fellgefütterte Glocke murmelt – »von der ich all die Dinge lerne, die ich ohne sie gar nicht wüßte«.
Sie liest übrigens viel Russisch »mit der Süße einer Äolsharfe«; manchmal vertieft sie sich in Puschkin, manchmal in Physik. Dali, der nicht Russisch kann, hört ihr mit Entzücken zu. Wenn er es verstände, erklärte er, würde sein Gehirn bald gelangweilt werden. »Da ich kein Wort verstehe, schläfert mich die musikalische Monotonie fast in ihren Armen ein.«
Dalis Einstellung den Frauen gegenüber (»Sie können nicht malen. Sie können nicht komponieren. Sie können nicht schreiben. Sie können nicht einmal Klavier spielen«) gilt nicht für Gala, vor der er mit gutem Grund Respekt hat wie vor einem Idol. Zwei aufeinanderfolgende Ehen mit Surrealisten haben sie vor allem Toleranz und Geduld gelehrt; beides steht ihm auf seinen Wunsch stets zur Ver-

fügung. Und für seine Bedürfnisse enthalten diese Eigenschaften alles Wesentliche.

Gala bringt anscheinend das Beste in ihm zum Vorschein. Sie entdeckte im Sommer 1929, etwa vier Jahre, ehe sie überhaupt heirateten[1], sein schlummerndes schriftstellerisches Talent. Sie sammelte die Menge zusammenhangloser, unleserlich hingekritzelter Notizen, die Dali nach einem plötzlichen wahnwitzigen Ausbruch des Schreibens in Cadaques zur Seite gelegt hatte, ordnete sie, gab ihnen »eine syntaktische Form«, wie er es nennt – und sein erstes faszinierendes Buch *Die sichtbare Frau* war geboren. Sie überzeugte die surrealistische Gruppe, daß er Dokumente schreiben könne, deren philosophischer Horizont viel weiter sei als der der ganzen Gruppe.

Nach ihrer ersten Reise nach Malaga, vor etwa fünfundzwanzig Jahren, wurde Dali, wie er gesteht, ihr »Schüler«; er zählt einmal auf, welche Grundregeln für sein Leben er von ihr gelernt habe: die Grundsätze der Wirklichkeit, der Freude und des Maßes; wie man sich anzieht; wie man eine Treppe hinuntergeht, »ohne sechsmal zu fallen«; wie man ißt, »ohne Hühnerknochen an die Zimmerdecke zu werfen«; wie man Feinde erkennt und wie man sein Geld nicht dauernd verliert... Sie veranlaßte ihn, seine früheren Kunstvorstellungen aufzugeben: sie bereitete seinen klassizistischen Stil vor und half ihm, die Bindung an die Renaissance zu finden, die seit seiner Jugend in ihm schlummerte. Klug versorgte Gala ihn mit allen Unterlagen, die ihn in diese Richtung zu drängen vermochten. »Ich wurde die lästige, sterile und verstaubte Tyrannei der vielen Ismen los«, betont er.

In welcher Stimmung er auch sein mag, es wird ihre Stimmung. Sie denkt und handelt in völligem Einklang mit ihm. Obwohl sie zu einem Leben dauernder Explosionen neigt, bringt sie es fertig, durchaus normal zu funktionieren. Dali sagte einmal, ihr Essen schmecke wie sein Taschentuch (worauf sie seufzend erwiderte: »Er hat recht«); trotzdem erfüllt sie alle hausfraulichen Aufgaben zu seiner Befriedigung. Sie zahlt die Rechnungen[2], chauffiert seinen Wagen, kümmert

[1] Das genaue Datum und der Ort ihrer – zunächst standesamtlichen – Trauung sind noch immer ein Geheimnis (vermutlich im Jahr 1935; Dali schrieb an einen Freund in Spanien, er habe nur geheiratet, um die Einwanderungsbehörde der Vereinigten Staaten zufriedenzustellen und Gala mitnehmen zu können).

[2] Schon als Kind mußte ihm seine Schwester Ana Maria in Geldangelegenheiten helfen; sie kaufte die Karten für das Kino und die Eisenbahn. Geld flößte Dali Entsetzen ein, da er seinen Wert nicht begriff und sich einfach entschloß, sich nicht damit abzugeben.

sich um sein Geld, wählt seine Anzüge aus, »immer einfach, korrekt und in dunklen Farben«, beantwortet den größten Teil seiner Briefe (der Rest wird nicht beantwortet – bisweilen nicht einmal geöffnet), pflegt ihn, verschwindet, wenn er der Einsamkeit bedarf, spielt ihm bei der Arbeit Platten vor und »trägt« seine »Ideen« (einmal einen Hummer, ein andermal einen umgekehrten Schuh auf dem Kopf), ist seine Dolmetscherin (ursprünglich konnte er überhaupt nicht Englisch; jetzt spricht er ein absichtlich »gebrochenes Englisch«), tadelt nie, »schafft« die Atmosphäre – und er arbeitet darin.

Wer ist der »Chef«? Gala, wie Dali zugibt. Sie ist die absolute Herrscherin in Port Lligat[1]. Daß sie der Chef ist, gibt ihr die Möglichkeit, mit unverhohlenem Fatalismus als kugelsicherer Puffer zwischen ihm und der Welt zu stehen, ihn zu beschützen, wenn es notwendig ist, sogar vor der Wirklichkeit selber.

Als Dali 1951 in London gefragt wurde, ob seine Abkehr vom Surrealismus zugunsten von Religion und Mystik bedeute, daß sie nun normal leben würden, rief Gala sofort aus: »Wir sind nie normal gewesen. Dalis surrealistische Bewegungen gehören zu seiner Laufbahn. Er kann sie genausowenig abschneiden, wie er sich einen Arm oder einen Fuß abschneiden kann!« Woraufhin Dali heiter hinzusetzte: »Jetzt lebe ich klassisch.«

In seinem Buch für Maler, *Fifty Secrets of Magic Craftsmanship*, vergißt er selten das Thema Sex oder Gala, wenn er seinen Rat erteilt. Seine vier Grundsätze für das geschlechtliche Verhalten eines Malers geben einem wieder den Eindruck, als winke Dali einen an das Schlüsselloch zu seinem Schlafzimmer: er rät Keuschheit und geschlechtliche Enthaltsamkeit während der Inspiration und der Konzeptionsperiode eines Gemäldes an – und dann empfiehlt er dem Künstler, sich nicht um Ceninis Furcht, daß ihm davon die Hand zittern werde, zu kümmern und sich die Gewohnheit des mindestens einmaligen Geschlechtsverkehrs am Tag zu eigen zu machen. Dabei ist er sehr bestimmt: niemals morgens, sondern erst nach dem »Mittagsschläfchen« (und je nach Veranlagung noch einmal vor dem Schlafengehen). Er schließt: »Vergessen Sie also nicht die absolute Abstinenz während der Konzeptionszeit und die Liebe während der Ausführungsperioden.«

In einem andern Teil des Buches empfiehlt er züchtig einen komplizierten *ménage à trois* oder das Zusammenleben mit zwei Frauen: Die

[1] Ein Bild, das er 1957 plante, das jedoch noch nicht gemalt ist, soll »Die Königin von Port Lligat« heißen. Natürlich Gala.

eine, die legitime Frau im Alter von dreizehn Jahren, Malerei genannt – die nie altert und immer mit dem Künstler ins Bett geht. Die andere, die Frau, die er später tatsächlich heiratet, die seine wahre Geliebte sein wird »mit all der dauernden Romantik, die dazugehört«. Und in seiner Zusammenfassung am Schluß spendet er Gala das höchste Lob:
»Jeder gute Maler, der danach strebt, wirkliche Meisterwerke zu schaffen, muß vor allem andern meine Frau heiraten. Eine Frau kann jeder Mann haben – aber es gibt nur eine Gala, die den Geist heilt, die ständig wie eine Geliebte lebt, die Bilder mehr liebt als den Maler, einen an die Kandare nimmt, wenn die Situation es erfordert, einen daran hindert, etwas zu tun, was das Malen beeinträchtigen könnte, einem die perverse Gier stillt – die jedoch wiederum nichts tut und die Möglichkeiten und Affinitäten ihren Lauf nehmen läßt, Modell sitzt, den Raum zur Architektur macht, die Angst vertreibt... alles tut, während sie nichts tut.«
Die Verflechtung von Galas Namen mit seinem eigenen auf jedem Gemälde hat Dali-Anhänger verärgert. Mich erinnert es immer an ein Gegenstück in Künstlerkreisen: der sensible und verquälte junge Bildhauer Gaudier fügte Anfang dieses Jahrhunderts seinem Namen den seiner ältlichen Geliebten Brzeska zu und wurde, seit sie zusammenlebten, als Gaudier-Brzeska bekannt; Dali hat fast das gleiche getan.

Ihr Blick

Ehe Paul Eluard starb, hinterließ er eine verletzende Grabschrift auf seine geschiedene Frau Gala: »Sie hatte den Blick, der Wände durchdringt.«[1]
Nur wenige entgehen dem Einfluß ihrer bald blauen, bald braunen Augen. Der Herzog de Verdura, Juwelier in New York, für den Dali Anfang der vierziger Jahre seine ersten Schmuckentwürfe machte, bemerkte einmal, Gala habe Augen wie ein Luchs. (»Ja, Fulco hat recht. Sie erkennt auf den ersten Blick jeden noch so haarfeinen Unterschied in der Fassung eines Schmuckstückes«, bestätigte Dali.)
Niemand braucht darüber nachzusinnen, wie Dali die dunkle Schönheit und die bemerkenswerte Struktur des Gesichtes seiner Frau sieht; er stellt es unablässig und regelmäßig in Farben fest und überliefert

[1] Aus dem Buch *Au défaut du silence*, Paris, 1922. (Eluard starb 1952. A. d. Ü.)

es so der Nachwelt. Doch Dalis Geschmack widerspricht sich: aus dem Glossar der Ausdrücke und Begriffe Dalis am Schluß dieses Buches geht hervor, welche eigenwilligen Vorstellungen er von der Schönheit hat.

Seiner Ansicht nach sahen die Frauen nie schöner oder vornehmer aus als zur Zeit der Renaissance, die großes Gewicht auf das Mystische und das Spirituelle legte. Damals hatte man sehr viel für Kleider übrig und besaß große Würde; die schönste Kleidung war die liturgische, der Schmuck war reich an Detailarbeiten und auch kostbar.

Die Gala, die in der Öffentlichkeit erscheint, ist von dem Ideal ihres Mannes weit entfernt. Obwohl ihre zahlreichen Samtkleider eine Verbeugung vor der Renaissance darstellen, sind sie doch oft so einfach, daß sie geradezu unelegant wirken. Und obwohl Dali in seinen Meisterwerken der Juwelierkunst jetzt durchaus ein Cellini ist, hat man Gala doch noch nie mit einem Schmuck gesehen, der etwas von der anempfohlenen »liturgischen« Pracht und Üppigkeit aufwies. Gelegentlich hängt sie sich eins von Dalis bescheidensten Medaillons an einer Halskette oder einem Armband um.

Ihre strenge Selbstzucht mag den Schlüssel zu diesem Verhalten bieten. Wie jede Frau ist sie eifrig darauf bedacht, das Familienvermögen zu erhalten. Sie besitzt die übliche Leidenschaft, billig zu kaufen, doch anders als selbst die bescheidensten Frauen scheint sie nur wenig Vergnügen daran zu haben, sich einmal selber eine Freude zu machen, die Geld kostet.

Wenn es nach Dali ginge, müßte Galas Gestalt ebenso bewundert und beneidet werden wie die der Venus von Milo. Nackt, halbnackt oder – auf seinen religiösen Bildern – in Samt gehüllt, ist Galas Gestalt auf jede nur vorstellbare Art zur Schau gestellt worden... mit einem Exhibitionismus, der Bände für seinen Stolz auf ihre Anatomie spricht. Fast ebenso häufig wie ihr Gesicht erscheinen ihre Brüste auf seinen Bildern – dabei fällt mir eine Episode aus Dalis Autobiographie ein. Die Gewohnheit, die Brüste zu entblößen, ist nicht neu; lange bevor sie auf Leinwand dargestellt wurden, waren Galas Brüste dem Fischerdorf in der Nähe von Malaga bekannt, wo Gala und Dali einen Urlaub verbrachten. »Gala, sonnengebräunt und von knabenhafter Gestalt, pflegte mit nackten Brüsten durch das Dorf zu gehen...«, schrieb er.

Als ich Gala kürzlich fragte, ob sie es liebe, auf seinen Gemälden dargestellt zu werden, zum Beispiel als Madonna, zuckte sie die Achseln. »Wenn es Dali hilft, macht es mir nichts aus.« In Paris, kurz vor Ausbruch des zweiten Weltkriegs, erkannte Dali, wie sehr er ihrer beim Malen bedurfte. Wie ein überanstrengter Chemiker in seinem Laboratorium war er in einen verzweifelten Kampf mit Technik und Stoff verwickelt. Wie mußte die Farbe zusammengesetzt sein: wieviel Amberöl, wieviel Grün, wieviel Firnis? Ließ er zwei winzige Tropfen mehr in die Farbe fallen, als er wollte, wurde er so von Wut, Verzweiflung, vorgestellten Ekstasen und verzweifeltem Pessimismus übermannt, daß er nicht schlafen konnte. Nur Gala verstand ihn. Sie wußte, in welchem Maß das zu seinem Leben gehörte. Wegen ihrer Einstellung liebte er sie nur noch rasender. Damals stellte er fest: »Sie allein war die Wirklichkeit... alles, was meine Augen zu sehen vermochten... Ihr Porträt würde mein Werk, meine Idee sein...«

Es ist ihm gelungen. Galas Gesicht und Gestalt und ihre Brüste sind jetzt ebenso berühmt wie seine gebratenen Eier, Krücken, weichen Uhren, Ameisen, Hummer, Telefone, zerbrochenen Säulen, Konzertflügel, Grashüpfer und die endlosen Sandflächen. Damit verkörpert sie seine Theorie, daß »die Frau ihren tiefen Exhibitionismus dadurch befriedigen solle, daß sie verschiedene Teile ihres Körpers ablöst und zur Bewunderung herumreicht«[1].

Vielleicht am fragwürdigsten ist die Benutzung Galas als Modell für das Bild »Das letzte Abendmahl«. Seine alte Freundin Caresse Crosby begleitete Dali zu einem privaten Rundgang vor der Eröffnung der Ausstellung in der National Gallery in Washington. Als das Tuch von Dalis Bild abgenommen wurde, sah Mrs. Crosby zu ihrer Erschütterung Galas Züge auf Christi Gesicht.

Sie wandte sich Dali zu und sagte: »Es ist außerordentlich – aber wie konnten Sie sich um Himmels willen dazu entschließen, Galas Kopf als Christus zu malen?« Dali platzte heraus: »*Il y en a deux!*« (Es gibt zwei davon!) Selbst eine so alte Dali-Anhängerin wie Mrs. Crosby war daraufhin sprachlos.

Ohne ihn zu fragen, was für ein Katholizismus das sei, der ihm erlaube, das Gesicht seiner Frau als das Christi zu malen, hatte ich den Eindruck, ich müsse feststellen, ob es noch andere Darstellungen von Frauen als Christus gebe. Ich habe lange gesucht, aber die Frage ist leider unbeantwortet geblieben.

Es gibt zu wenig Zeugnisse darüber. Eine Quelle ist Bernard Berenson; er schreibt alles Feminine bei der Darstellung Christi in der

[1] Bisweilen erscheint Gala auch in anderer Art; einmal sogar von Messer und Gabel durchbohrt, entsprechend dem Manuskript *Ich esse Gala*, das bei einer frühen Surrealisten-Versammlung auf dem Programm stand.

primitiven Malerei einer allgemeinen Entartung zu, die mit den Mailänder Malern begann. Leonardo konnte es sich leisten, weil er ein großer Künstler war; doch Maler wie Luini wiederholten einfach bis in die Einzelheiten das sanfte Lächeln, das andere vor ihm gemalt hatten; und diese Nachahmungen blieben ohne Kraft und Saft. Berenson nennt sie Künstler, die »alles verniedlichten«.

Vielleicht heißt es die Sache allzusehr vereinfachen, wenn man an die *Göttliche Komödie* erinnert: Im dritten Teil fragt Dante Bernhard, der ihn durch den Himmel führt, wie Christus wirklich aussehe, und Bernhard erwidert: »Wenn du es wissen willst, sieh dir das Gesicht seiner Mutter an!« Der Inhalt dieses Canto[1] ist jedoch eher kontemplativ als direkt und kann kaum als starker Beweis benutzt werden.

Uneingeschüchtert durch solche Überlegungen wird Dali weiter Gala malen; man fragt sich nur, was er nun noch tun könnte.

Gala, die Managerin

Die schreckliche Zeit der Armut vor der Ehe gibt Gala gewiß jedes Recht, das Familienvermögen jetzt, wo das Füllhorn überfließt, zusammenzuhalten. Die Erinnerung an die entsetzlichen Kämpfe wird immer wieder in ihrem Bewußtsein aufsteigen. Jeder Tag in Port Lligat ist eine Fortführung der Vergangenheit. Und die häufig auftretenden düsteren Stimmungen, die sie allein mit sich abmachen, sind auch heute noch voll von Bitterkeit.

Jahrelang war das Wort Geld ein Schreckgespenst; von dem Tag an, da sie sich begegneten, ließ die Sorge darum sie nicht los. Es ist geradezu ein Wunder, wie gut sie ihre Armut in Paris vor allen zu verbergen wußten; sie besaßen nicht einen Sou und lebten doch nur unter den Reichen. Ihre Armut machte ihnen Sorgen, aber sie wußten, daß ihre einzige Stärke darin lag, sie geheim zu halten. »Das Mitleid der Nachbarn tötet die Kraft«, sagte Gala, »weil es nicht Mitleid, sondern Scham ausströmt.«

In jenen Tagen behauptete Dali, er arbeite hundertmal angestrengter als jeder mittelmäßige Maler und führe jeden Auftrag aus. Sooft Gala ihm Vorwürfe machte, daß er viel zuviel Zeit für unwichtige Aufträge verwende, erinnerte Dali sie daran, es sei ein Wunder, daß er überhaupt Aufträge erhalte, wenn man berücksichtige, daß er ein Genie sei.

[1] *Canto XXXI.*

Selbstverständlich wird alles vorher zwischen Gala und Dali unter vier Augen besprochen; in beiden brennen die Ungerechtigkeiten der Vergangenheit, deshalb nehmen sie jetzt die hohen Honorare mit Freuden an und verlangen für alles feste Preise. Nicht ein Fetzen Papier, auf dem sich eine Skizze von Dali befindet, und sei sie noch so roh, wird verschwendet. Geschenke? Die hat keiner erlebt, nicht einmal jene, denen er eine freundliche Revanche schuldet. Falls er jemals den Impuls verspüren sollte, etwas zu verschenken, weiß man nicht, ob Gala vielleicht auch dabei das letzte Wort hat.

Gala und Dalis Verrücktheit

»Ist Dali verrückt?« Mit dieser Frage beschäftigt sich der dritte Teil dieses Buches ausführlich, doch Galas Verhältnis zu seinem labilen Geisteszustand und ihr möglicher Einfluß darauf – seit dem Beginn ihrer Liebe bis heute – ist eine ganz andere Sache und gehört zur Charakterisierung Galas.

Der seltsam verwirrte Mann, dem sie vor über fünfundzwanzig Jahren begegnete, war in jeder Hinsicht der König des Zeitalters der Anti-Vernunft. Die surrealistische Gruppe, deren berühmtester Sprecher er wurde, bestand aus Menschen, die die Welt absichtlich schockierten und für die der Ausdruck »Verrücktheit« ein Lob und keine Beleidigung bedeutete. Doch in seinem Fall schienen sie sich alle einig zu sein: sie schüttelten besorgt den Kopf über gewisse fixe Ideen Dalis.

Dali gesteht, daß sein Verhältnis zu Gala ständig durch »krankhafte Abartigkeit und sehr deutlich ausgesprochene psychopathologische Symptome« charakterisiert gewesen sei. Lachanfälle, infantile Rückfälle, in denen er Gala für das kleine Mädchen hielt, das er als Junge in seinen »falschen Erinnerungen« entblößte, Phantasmen und schwindelhafte Bewußtseinsstörungen kennzeichneten seinen Zustand. Er lebte in der dauernden Furcht, geisteskrank zu werden.

Es ist klar, daß Gala ihn rettete. Die erste Gelegenheit dazu hatte sie, als sie ihn in dem Augenblick aufforderte, sie zu töten, als er dem Wahnsinn am nächsten war. Durch diese eine entsetzliche Geste lehrte sie ihn, daß selbst seine wildesten Träume in einer äußeren Welt verwirklicht werden konnten (die gleiche Lektion, die, wie die Psychologen sagen, Adolf Hitler, ein paranoischer Maler, erfuhr, wenn auch

nur wenige – und zwar nur Laien – zugeben, daß es ihm wirklich gelungen sei, seine Geisteskrankheit abzuwenden)[1].
Gala rettete Dali auch auf andere Weise, vor allem durch ihre fanatische Ergebenheit ihm gegenüber, dadurch, daß sie sich nicht zurückhielt und ihn beurteilte, wie alle andern es taten, dadurch, daß sie ein Gleichgewicht schuf, in dem er seine Beinahe-Verrücktheit ausheilen lassen konnte, daß sie an seinen Kämpfen teilnahm, ihre Bindung an ihn bewies, indem sie ähnliche Kämpfe in ihrem eigenen Innern aufdeckte, und daß sie ihn mit Heiterkeit umgab. Sie war eine aktive Mitarbeiterin: sie erlaubte ihm, sein Höllenfeuer offen auszuatmen, um sich davon zu befreien. Und – das Wichtigste – sie half ihm, seine ungewöhnliche Paranoia zu seinem eigenen Besten einzuspannen. Schließlich lernte er, diese Paranoia zu sehen wie ein Beobachter – frei und unbeteiligt.
Statt ihn zu verhärten, wie es das Leben offenbar geplant hatte, beschützt Galas Hülle das, was er seine empfindliche Nacktheit nennt. Diese Hülle erlaubte ihm, sich selber zu finden (was er auch tat, während er der Außenwelt gegenüber immer mehr wie eine Festung erschien; innerhalb ihrer Mauern wurde er allmählich weicher).
Selbst nach größeren Erfolgen bedurfte er verzweifelt Galas Hilfe und erhielt sie. Als die beiden vom ersten Besuch in New York – einem astronomischen Erfolg – nach Port Lligat zurückkehrten, erschien ihm die Heimat nicht mehr so gut. Die Landschaft wirkte trügerisch. Eine namenlose Angst ergriff ihn. All die übertriebenen Presseberichte und der Beifall kamen ihm plötzlich fern und unwirklich vor.
Er konnte selbst nicht verstehen, was eigentlich nicht in Ordnung war. Er war wieder an dem abgelegenen Ort, den er am meisten liebte, es gab keine finanziellen Schwierigkeiten mehr. Gala war da. Seine Gesundheit war gut. Er hatte Zeit, und die Atmosphäre war wie

[1] Hitlers Urteil über die surrealistische Kunst erscheint im Vorwort zu Peggy Guggenheims *Art of this Century* (New York, 1942). Es spricht für seinen eigenen Geisteszustand: »...Wenn sie wirklich auf diese Art malen, weil sie Dinge auf diese Art sehen, dann sind jene unglücklichen Menschen Fälle für die Abteilung des Reichsinnenministeriums, in der man sich mit der Sterilisierung der Geisteskranken beschäftigt, damit sie daran gehindert werden, ihre unheilvolle Erbanlage weiterzugeben. Falls sie solche Dinge aber in Wirklichkeit nicht sehen und dennoch auf diese Art weitermalen, dann müssen sich die Gerichte mit diesen Malern beschäftigen. Ich bin stets entschlossen gewesen, falls die Vorsehung uns an die Macht führen sollte, diese Dinge nicht zu diskutieren, sondern Entscheidungen zu treffen. Nicht jedem ist das Verständnis für so weitreichende Angelegenheiten gegeben.« Adolf Hitler, München, 18. Juli 1937.

geschaffen für die Bewältigung der zahlreichen Aufträge. Aber die entsetzliche Furcht verging nicht.

Wovor? Seine Furcht vor der Angst wurde zur Furcht vor dem Wahnsinn und vor dem Tod. Plötzlich konnte er eines Tages nicht einmal mehr schlucken!

Er rief nach Gala; sie sollte ihm ein Kissen bringen und ihn fest bei der Hand halten. Bald schlief er ein. Als er aufwachte, war Galas Kopf noch immer über ihn gebeugt.

»Es war Gala, die mit den Zähnen die Hülle wegriß, die die Sekretionen meiner Angst geduldig gewoben hatten und in der ich zu verwesen begann.«

»Steh auf und wandle!« befahl Gala. Dali gehorchte. »Du hast bis jetzt noch nichts geleistet«, warf sie ihm vor. »Es ist noch nicht deine Zeit zu sterben!«

Dieser Befehl brachte ihm seltsamerweise Frieden und Gelassenheit.

DER DALI, DEN PARIS KENNENLERNTE

Das Paris, das Dali zunächst kennenlernte

»... der Geist des Vergnügens ist stärker in uns gewesen als der Geist des Opfers. Wir verlangten zuviel und dienten zuwenig. Wir wollten uns große Anstrengungen ersparen, und nun stehen wir dem Unglück von Angesicht zu Angesicht gegenüber.«

MARSCHALL PÉTAIN *in einer Rundfunkansprache am 20. Juni 1940*

Dali verliebte sich in ein Paris, das schön, jedoch innerlich bereits krank war, als er 1929 dort ankam und in die geheimnisvolle Umarmung der Stadt glitt. Zwischen zwei Kriegen war diese Stadt bereits zu einem politischen und sittlichen Konflikt verurteilt, zu dem Dali seinen eigenen Zwiespalt in hohem Maße beisteuerte. Er war aus der tröstlichen Wärme der Familie verbannt worden, er besaß kein Heim in Spanien mehr, er war, ohne es zu wissen, dem Wahnsinn nahe.

Er trat in eine Welt, die ihre eigenen großen Existenzprobleme hatte, in der jedes kulturelle Inbild Frankreichs starken Belastungen ausgesetzt war. Kein Mensch hatte noch Lust, für irgendwelche herkömmliche Begriffe zu sterben. Von allen Seiten wurde die Klassengesellschaft attackiert, besonders von den Kommunisten, die dadurch Boden gewannen, daß sie nicht nur die Kirche selbst, sondern auch die Klassengesellschaft angriffen, in der diese verankert war. Intellektuelle sannen über die russische Revolution nach, über den blutigen und doch unvollkommenen Triumph der Bewegung, die 1789 begonnen hatte. Überzeugte traten in die Partei ein, während andere als sehnsüchtige Agnostiker am Rande mitliefen.

Das große kulturelle Clearing-House für Europa war zu einem Orkan einander widerstreitender Ideen geworden. Manche wurden von den ansteckenden Bestrebungen anderer Länder aufgelesen. Alle führten zu Unruhe. Parlamentarische Einrichtungen, die seit jener Zeit mit solch übertriebenen Zweifeln betrachtet werden, wurden zur Zielscheibe von Witzen und Respektlosigkeiten, weil sie den wirtschaftlichen Grundproblemen des Augenblicks auswichen. Die Korruption wurde, von der französischen Leidenschaft für das Dramatische aufgebläht, etwas Alltägliches. Skepsis, Unglaube, Labilität, Zynismus, Selbstsucht – sie alle paarten sich untereinander. Das Ergebnis war wirkliches Elend.

In diese Atmosphäre trat der verlassene Dali, beeinflußt von dem Roman *Cesar o nada*, den er gerade in Spanien gelesen hatte, als er aus dem Zug stieg[1]; er winkte eine Taxe heran und bat den Chauffeur vertrauensvoll, ihn zu einem Bordell zu fahren[2]. Das war seine Einführung in das Leben jener für Frankreich so unheilvollen Tage. »Daß ich den Ruhm erreicht hatte, spürte und wußte ich in dem Augenblick, als ich auf der Gare d'Orsay in Paris ankam«, schrieb er in seinen Memoiren.

Den besten Beweis für das in Verruf gekommene Paris – und für Dalis Vorstellung von seinem Platz in dieser Stadt – bieten die Riten, denen Dali sich jedesmal unterzog, wenn er Paris in den folgenden Jahren verließ. Jedesmal, wenn er und Gala wegfuhren, schrieb er Rezepte aus, die in Paris gebraut werden sollten. In seinem Buch beschreibt er sie folgendermaßen: »Absude zur Wiederbelebung der klassischen Romantik« für die Päderasten, die Überwindung der »Theorien der hypnogogischen Bilder« für die Rauschgiftsüchtigen, die Erregung sentimentaler Konflikte im Sinne Stendhals und das »Wieder-Aufpolieren der verbotenen Früchte der Revolution« für die Gesellschaft, das »Prägen ideologischer Schlagworte« für die Surrealisten und für die gleiche Gruppe das hinterhältigste aller Rezepte: »In die verbotenen Früchte der Tradition hineinzuschlüpfen«.

Ja, Dali, sein Werk, seine Ideen und seine Lebensweise schlüpften in das ernstlich erschütterte französische Leben hinein wie eine Karteikarte in einen riesigen Zettelkasten. Sie waren kaum voneinander zu unterscheiden.

Das vorsurrealistische Paris

Dali war bereits ein Egoist höchsten Grades, als er sich Ende der dreißiger Jahre hinsetzte, um seine Autobiographie zu schreiben, und dabei auf zehn erfolgreiche Jahre zurückschauen konnte. Paris hatte ihn »gemacht«.

Als er dort ankam, war er wie ein aus dem Kloster entlassener kleiner Junge: trotz seinem Rowdytum in Madrid unverdorben, blaß trotz der Verhätschelung durch seine Familie, furchtsam trotz der kühnen

[1] Gala kannte er noch nicht.

[2] *The Secret Life of Salvador Dali:* »Ich nahm eine Taxe und fragte den Chauffeur: ›Kennen Sie irgendwelche gute Hurenhäuser?‹ ›Steigen Sie ein, Monsieur‹, erwiderte er mit leicht verletztem Stolz, wenn auch auf väterliche Weise. ›Machen Sie sich keine Sorgen. Ich kenne sie alle.‹«

Außenseite. Die schöne Stadt hieß ihn nicht willkommen; er war einer der vielen einsamen, sorgengeplagten Außenseiter, die bei ihrem Kampf um den Ruhm Not litten.

Erfolg bedarf der Hilfe; Dali brauchte Belehrungen und Freunde, die sie ihm gaben. Dabei war er noch verhältnismäßig gut dran, da er die Bewunderung des neun Jahre älteren Joan Miró besaß. Miró hatte Dali mit seinem übertriebenen Lob tatsächlich den Weg nach Paris gebahnt und ließ den jungen Neophyten auch nicht im Stich, als er endlich kam[1].

Sofort nach seiner Ankunft besuchte Dali Miró. Die beiden gingen bereits am ersten Abend gemeinsam zum Essen aus. Obwohl sie Freunde waren, saßen sie schweigend zusammen und hatten sich eigentlich nichts zu sagen. Da Miró faktisch nur einen Satz sagte, nämlich: »Haben Sie einen Frack?«, meinte Dali die Bedeutung dieser Frage zu erkennen und ging am nächsten Tag zu einem Schneider. Mit dieser dürftigen Unterhaltung begann Dalis steter Aufstieg zur gesellschaftlichen Anerkennung in Paris. Als der Schneider seine Arbeit beendet hatte, nahm Miró Dali zum ersten Diner bei einer Herzogin mit.

Die Liste der Einladungen wurde bald länger. Titel wie Fürst Mdivani, Maharadscha von Kapurthala, Vicomte de Noailles (»mein erster Mäzen«) und Namen wie die Couturiersgattinnen Madame Chanel und Madame Schiaparelli, dazu ein paar ehemalige Herzöge und Grafen waren darauf zu finden[2]. Dali hatte eine Leidenschaft für Aristokraten und regelte seine Zeit so, daß er diesen Bekanntenkreis zu seinem finanziellen Vorteil zu erweitern vermochte.

Miró lehrte Dali jedoch nicht nur, daß er einen Frack brauche, sondern auch den Wert des Schweigens als taktische Waffe in der Gesellschaft. Vielleicht hatte Miró es gar nicht so gemeint, doch der Abend ohne Gespräch hinterließ seinen Eindruck. Dali spielte dieses Spiel unerbittlich: schweigend stand er bei Gesellschaften herum, meistens

[1] Im Januar 1957 zeigte die Galerie Paul Ambroise in Paris das Werk von elf katalanischen Malern, die dreißig Jahre früher in Barcelona ausgestellt worden waren – damals hatte Dali der Presse verkündet: »Ich bin hierhergekommen, um die Malerei zu töten.«

[2] Die beiden einzigen, die 1957 von der ursprünglichen Gruppe fehlten, waren Dali und Miró, weil sie der einzigen Bedingung dieser Ausstellung nicht genügten: keine avantgardistischen Maler zu sein. Die Ausstellung fand statt, um »die anhaltende Ängstlichkeit des Publikumsgeschmacks im heutigen Barcelona« zu beweisen.

stutzerhaft herausgeputzt, den damals kurzen Schnurrbart zwirbelnd, mit seinem Stock spielend, und hielt sich verächtlich zurück. Gala, die nie gesprächig war, gab deshalb die geeignete Partnerin ab.
Bald war dieses sich selbst auferlegte Schweigen von geheimnisvollen Legenden umgeben. Er unterbrach es nur durch abrupte und übertriebene Bemerkungen; hatte er sie ausgesprochen, ging er davon, die schockierenden Worte wie eine fürstliche Schleppe hinter sich.
Durch Miró wurde ihm auch die Tür zum Surrealismus geöffnet; dieser führte ihn bald bei Tristan Tzara ein, der als einflußreicher Führer der Dadaisten begann und danach ein hervorragender Surrealist wurde. Dali schloß sich der Gruppe schließlich an; sein Eintritt war alles andere als ruhig und sein Austritt geradezu turbulent.
Dali führte bald ein tolles Malerleben als aktiver Surrealist und Hans Dampf in allen Gassen der Gesellschaft – doch er erlebte nie den Genuß, ohne finanzielle Schwierigkeiten zu sein[1]. Als er mit Gala auf der Rue Becquerel 7 wohnte, war ihr Heim die typische Unterkunft des armen Künstlers in einer bescheidenen Straße im Schatten der Ansichtskartenkirche Sacré-Cœur auf dem Montmartre[2].
Innerhalb weniger Jahre hatte Dali Erfolg bei der Kritik; seine erste Pariser Ausstellung war von Besuchern überlaufen. Bald erkannte er, daß die verlebte Aristokratie, die er hofierte, aber verachtete, sein wahres Publikum bildete; in weiten Kreisen wurde über ihn gesprochen; er begann sogar, Bilder an Museen zu verkaufen – und er war auf dem Weg, der führende Vertreter des Surrealismus zu werden.
Bei seiner ersten Ausstellung in Goemans' Galerie, Ende 1929, als Dali bereits so sehr mit Gala beschäftigt war, daß er für nichts anderes Zeit hatte, verpaßte Dali, der berühmte *showman*, vielleicht zum einzigen Mal den *vernissage*. Diesmal verzichtete Dali auf sein Schaustellertum, obwohl so viel auf dem Spiel stand und er offen zugab, daß er der ehrgeizigste aller zeitgenössischen Maler sei.
Während ihrer monatelangen »Liebesreise« in ein winziges Dorf in der Nähe von Barcelona erlebte Dalis Werk in Paris großen Erfolg.

[1] Sein erster Käufer war Robert Desnos, der das Bild »Der erste Frühlingstag« erwarb; dieses Gemälde befindet sich jetzt in der riesigen Sammlung von A. Reynolds Morse.

[2] Später zogen sie in die Rue Gauguet 7, wo sie den modernen Funktionalismus der »Architektur für arme Leute – und wir waren arm — ertragen mußten... »Da wir uns keine Schreibtische im Stil Louis' XIV. leisten konnten, entschlossen wir uns, mit ungeheuren Fenstern, Chromtischen, mit viel Glas und Spiegeln zu leben. Klösterliche Strenge.«

Der Vicomte de Noailles kaufte »Le jeu lugubre«, und fast alle andern Bilder wurden zu Preisen zwischen sechs- und zwölftausend Francs abgesetzt, damals etwa 1 500 bis 3 000 Mark je Bild. Als ein Freund ihm die Nachricht nach Spanien brachte, verspürte Dali einen erklärlichen Schwindel über diesen Erfolg.
Obwohl seine Bilder alle verkauft wurden, war die Reaktion der spanischen Kritiker in der Heimat nicht so begeistert. Die Besprechung der spanischen Zeitschrift *La Gaceta literaria* war wegweisend für andere, die er während seiner ganzen surrealistischen Periode erleben sollte. In einem langen allegorischen Aufsatz beschreibt der Kritiker voller Kummer »die erste Dosis asozialer Obszönität in seinen Gemälden«.
Am meisten schockierte die Entdeckung eines Titels, den Dali auf eine Leinwand geschrieben hatte: »J'ai craché sur ma mère.« (Ich habe auf meine Mutter gespuckt.)[1]
Der Kritiker in der *Gaceta literaria* gab der Hoffnung Ausdruck, daß Dali endgültig die Störungen des Heranwachsens überwinden werde, da sie sonst dazu führen müßten, eine bevorzugte Begabung zu zerstören, eines der besten Lichter, die den Himmel Madrids erleuchteten, die gen Morgen deuteten und hoffen ließen.
Mit dieser Ausstellung hatte Dalis Werk einen Kreis geschlossen. Er hatte die Periode hinter sich gelassen, in der der Gegenstand getreu und naturalistisch wiedergegeben wurde – in der er den Gegenstand um seiner selbst willen gemalt hatte. Nun war er so weit, die gleichen Gegenstände auf die gleiche genaue *trompe-l'oeil*-Weise zu malen – doch nun waren sie nur noch als Schlüssel für seine Träume von Bedeutung.

Dada ist tot, es lebe der Surrealismus

Als der Dadaismus tot war, hinterließ er ein Erbe der Verzweiflung – und aus der Bemühung, die unbeantworteten Fragen zu lösen, wurde eine neue Bewegung geboren. Die Dichter, Journalisten, Bildhauer und Maler, deren Verachtung für den Kunst-Spießbürger noch immer groß war, verbanden sich und brachten den Surrealismus zur Welt.

[1] Dazu erklärte mir Dali kürzlich: »Es war die wörtliche Übersetzung eines Traums und sollte weder Mangel an Achtung noch an Zuneigung für meine Mutter ausdrücken, die immer lebendig in mir waren. (Es ist häufig, daß man davon träumt, geliebte Wesen zu töten.)« F. C.

Paris war sein Hauptquartier und ihm gehörten an: *Maler* wie René Magritte, Joan Miró, André Masson, Yves Tanguy, Valentine Hugo, Paul Nash, S.W. Hayter, Giorgio de Chirico, Victor Braunes, Leonora Fini, Edward Burra, Francis Picabia, Roland Penrose, Paul Klee, Marcel Duchamp und Man Ray, *Schriftsteller* wie Louis Aragon, Tristan Tzara, René Crevel, Herbert Read und Georges Hugnet, *Dichter* wie René Char, Paul Eluard und Benjamin Péret, *Bildhauer* wie Hans Arp, Henry Moore, Constantin Brancusi, Alberto Giacometti und Alexander Calder.

Als die Gruppe offiziell organisiert war, adoptierte sie so verschiedenartige Persönlichkeiten der Vergangenheit wie Pythagoras, Baudelaire, P.T. Barnum, Rimbaud, Lautréamont, den Marquis de Sade, Jonathan Swift und den deutschen Dichter, der in seinem Wahnsinn so surrealistisch war: Friedrich Hölderlin.

Als die Gruppe später gezwungen wurde, ihr Hauptquartier nach Amerika zu verlegen, eignete sie sich außerdem noch Originale wie den Superman aus den *comic strips* und den »Mister God«, den Father Divine, jener Negergemeinschaft in New York City an. Wenn Charlie Chaplin, die vier Marx Brothers und sogar Lenin auch nie offiziell zu Mitgliedern gemacht wurden, erklärte man sie doch zu – mindestens unwissentlichen – Surrealisten.

Genau genommen begann die Bewegung bereits Anfang der zwanziger Jahre, im Kielwasser Dadas. Der Name Surrealismus stammt von einem Theaterstück des Dichters Guillaume Apollinaire, dessen letztes, 1917, ein Jahr vor seinem Tod aufgeführtes Werk *Les mamelles de Tirésias* den Untertitel »*drama surréaliste*« trug. Es dauerte sieben Jahre, ehe das erste surrealistische Manifest erschien, das vor allem durch Apollinaires Eintreten für diese wie für jede neue Kunstrichtung veranlaßt wurde.

Kubismus, Futurismus, Dadaismus, sie alle zogen Nutzen aus seinem grenzenlosen Enthusiasmus. Er war der Freund aller experimentellen Maler; er war zum Beispiel der erste, der auf das Genie von Braque und Picasso reagierte. Er sammelte Negerskulpturen, ehe das zur Mode wurde und ehe man erkannte, was damit zu verdienen war, er gab eine de-Sade-Ausgabe heraus – und schenkte vor allem den Jungen Hilfe und Anregung.

Da der Name der surrealistischen Bewegung von dem Untertitel eines Theaterstückes stammte, hatte er weit mehr Bedeutung als der Name Dada, der dem Surrealismus voraufging und wörtlich nichts anderes bedeutete als Steckenpferd; dieser Name war gewählt worden, indem man ein Wörterbuch aufs Geratewohl aufschlug und das erste Wort nahm, auf das das Auge fiel.

»Der Dada«, schrieb David Gascoyne[1], »spuckte der Welt ins Gesicht.« Das Leben ist ein ekelhaftes Durcheinander, aber wir können uns selber schlimmere Rätsel zumuten, widersprachen die Dadaisten. Als die Bewegung 1916 begann, schien der Selbstmord für viele intelligente Männer die einzige Lösung für das Problem des Lebens. Der Dada war eine auffallende Form des Selbstmords, eine Manifestierung fast wahnsinniger Verzweiflung. Er läßt sich kaum besser auf eine Formel bringen als durch die Worte von Ribemont-Dessaignes: »Was ist schön? Was ist häßlich? Was ist groß, stark, schwach? Was ist Carpentier, Renau, Foch? Weiß nicht. Was bin ich? Weiß nicht. Weiß nicht, weiß nicht, weiß nicht.«

Als Beispiel dieser Anti-Einstellung, des bitteren und düsteren Humors des Dadaismus (insbesondere Francis Picabias) zeigte der Umschlag der Ausgabe 391 der Zeitschrift »Dada«, die Picabia in Zürich herausgab, vierzehn Wörter:

»ich habe einen schauder vor der malerei
von cézanne
sie langweilt mich zu tode.«

Die fortschrittlichste und revolutionärste Kunst der Zeit nach dem ersten Weltkrieg brodelte in Paris, und viele ihrer Schöpfer halfen den Schmelztiegel der Dadaisten bedienen. Die aufgewühltesten und chaotischsten Geister unter ihnen (Männer wie André Breton, Louis Aragon und Philippe Soupault) wollten damit fortfahren, alles niederzureißen. Sie wollten etwas befreien – wenn sie auch nicht wußten, was; wilde Versammlungen wurden abgehalten, die häufig zu Tumulten führten.

Alle sehnten sich nach Verständnis; der Dada wurde zum Modethema. War es eine neue Philosophie? War es ein ungeheurer Witz? War es Ernst? Die erste grimmige Antwort erhielt das Publikum bei dem Dada-Festival im Mai 1920, das in einem Saal abgehalten wurde, der an Orgelmusik und Bachkonzerte gewöhnt war. In heftigem Unwillen erhob sich das Publikum am Schluß des nihilistischen Programms, das im wesentlichen darin bestanden hatte, den Zuhörern Beleidigungen an den Kopf zu werfen.

Die Leute reagierten wütend. Bald klebten an den vergoldeten Säulen des Saales Abfälle, die man in der Pause hereingeholt hatte; das

[1] *A Short Survey of Surrealism*, London, 1935.

Festival wurde zur Schlacht, und der Dadaismus erlitt den ersten Stoß. Er hielt sich noch zwei Jahre, doch immer mehr Tumulte und Proteste, von André Breton geleitet, drängten ihn auf die Todesbahn. Schließlich versetzte ihm Breton mit Hilfe der Pariser Polizei den Gnadenstoß.

Die Periode, die den Übergang vom Dada zum Surrealismus bezeichnete, grob gesprochen von 1920 bis 1923, wird von den Surrealisten häufig als »die Periode der ruhenden Anfälle« bezeichnet. Während dieser Zeit formten Kunstriesen wie der Italiener Chirico und der große Spanier Picasso (die sich beide ebenso rasch von der surrealistischen Bewegung abwandten, wie sie sich ihr zugekehrt hatten – Picasso wie ein Blitzstrahl) sowie der Russe Marc Chagall unerschrocken das wahre künstlerische Gewissen der Epoche und verliehen ihm Ausdruck. Ihr Werk aus dieser Zeit bildet einen Spiegel der Stimmungen und Ströme jener verworrenen Jahre.

Was erbten die Surrealisten? Wie lautete ihr Credo? Eins ist sicher: sie erbten die Ernüchterung der Dadaisten und die allgemeine Ablehnung der Welt, in der sie lebten. Und außerdem erbten sie die Feinde des Dada, dazu schufen sie sich selber einen hübschen eigenen Klüngel.

Was ist Surrealismus?

Für Salvador Dali ist der Surrealismus einfach Salvador Dali. Andere haben darüber jedoch andere Ansichten.

»Eine Bewegung der Kunst und Literatur im zwanzigsten Jahrhundert, die für sich in Anspruch nimmt, eine ›Superrealität‹ in den Objekten der unterbewußten geistigen Wirklichkeit zu finden. Sie steht sowohl zum Naturalismus als auch zur rein abstrakten Malerei in scharfem Widerspruch. Der Surrealismus wird von der Psychoanalyse beeinflußt und beruht auf dem Ausdruck einer durch die Analyse völlig unkontrollierten Phantasie.« So erklärt Wolfe im *Dictionary of the Arts.*

André Breton[1] beschreibt ihn als reinen psychischen Automatismus – als das Fehlen jeder von der Vernunft ausgeübten Kontrolle. Herbert Read[2] nennt ihn das Symbol für das Verdrängte, das Verschwommene und Unbestimmte – für jenen Teil des Menschen, der durch die Zeit fließt und wie ein Eisberg nur teilweise über die Bewußtseins-

[1] *Manifeste du surréalisme*, 1924.

[2] *Art Now.*

schwelle hervorragt. Cyril Connolly[1] hält ihn nur in ungeheuren Großstädten für möglich: »Ein heftiger Ausbruch großstädtischer Klaustrophobie... geboren aus der Langenweile eines Sonntagnachmittags.«

Für manche ist der Surrealismus eine Sache, die den gleichen Geist des Alogischen, der Verneinung und des Vandalismus zum Inhalt hat, wie ihn die Nazis politisch verkörperten. David Gascoyne behauptet, der Surrealismus habe sich lediglich auf dialektischem Wege aus dem Dadaismus entwickelt. »Dada: Negation. Surrealismus: Negation der Negation; eine neue Bejahung also...«[2]

Die beiden vielleicht unfreundlichsten Äußerungen kommen einmal aus dem Innern der Bewegung, im andern Fall von außen. Paul Eluard, der poeta laureatus des Surrealismus, erklärte, Güte und Schönheit seien Leibeigene des Begriffes von Besitz, Familie, Religion und Vaterland – »die wir sämtlich verwerfen«. Klaus Mann, einer der schärfsten Gegner des Surrealismus, sagte einmal über ihn[3], er scheine einen Körpergeruch an sich zu haben, der nicht aromatisch sei, als ob die Made im Auge der unerwünschten Leiche solchen Malern gefiele...

So widersprüchlich der Surrealismus auch ist, er zählt trotzdem zu den »Ismen« in der Kunst, die von breitesten Kreisen verstanden werden – viel mehr als zum Beispiel die abstrakte Malerei, die, mag sie die Eingeweihten auch noch so sehr erregen, die Außenseiter selbst jetzt noch in hoffnungslose Verwirrung versetzt.

Da der Surrealismus auf Traum-Bildern beruht, gibt er gewöhnlichen Sterblichen etwas, womit sie sich unmittelbar zu identifizieren vermögen. Warum soll ein Maler nicht seinen Traum malen? können sie fragen. »Kritzeln« nicht alle Menschen hin und wieder einmal – und sind die Ergebnisse nicht gleichfalls »verrückt«? Was ist es anders, wenn der Surrealist überaus abstoßende Geschöpfe heraufbaggert? Das tun gewöhnliche Menschen in ihren Angstträumen ebenfalls häufig.

Warum sollte man seine fixen Ideen nicht auf der Leinwand statt auf der Couch des Modepsychiaters hätscheln? fragen sie. Wenn sie die Ergebnisse vielleicht auch verabscheuen, sie verstehen sie.

Und dieser grundsätzliche Unterschied in der Einstellung ist Dali zuzuschreiben. Die Welt hat von Anfang an eine merkwürdige Er-

[1] *The Unquiet Grave.*

[2] *Surrealism.*

[3] *Surrealist Circus.*

regung verspürt, als sie seinen aufgeweichten Uhren, den Schubladen, die sich in Menschenkörpern öffneten, seinen in Telefonapparaten verstrickten Hummern – und all den monströsen Krücken begegnete.

Vermutlich bereitete der Sensations-Journalismus dem Dalischen Publicity-Surrealismus den Weg. Als Dalis Gemälde über die Surrealisten-Bühne in die Öffentlichkeit drangen, trugen sie dazu bei, diesen ungeheuren Appetit zu befriedigen. Selbst die fadesten Zeitungen spürten, daß Dalis surrealistische Ausstellungen Sensationsberichte abgaben; Millionen von Lesern kannten sehr bald alles, was er malte, und wußten, daß Surrealismus der Name »für diese unheimliche Kunst« war.

Die Bewegung selbst, die sowohl eine neue überspannte Art von geistiger Gymnastik wie auch überaus herausfordernde Themen einführte, übte einen ungeheuren Einfluß auf andere forschende Geister aus. Der Schriftsteller Winthrop Sargeant wies einmal darauf hin, wie sehr seiner Ansicht nach die Methode des inneren Monologs der surrealistischen Schriftstellerei zur Entwicklung der treffenden Dialoge bei Autoren wie Ernest Hemingway beigetragen habe[1]. Die Surrealisten selber behaupten, Coleridge, Jonathan Swift und Pythagoras seien echte Surrealisten gewesen.

Sie räumen ein, Apollinaire und Cocteau hätten den Schriftstellern ihrer Gruppe zwar *unmittelbar* den Weg gebahnt, doch die Wurzeln seien älter: Youngs *Night Thoughts* seien von Anfang bis Ende surrealistisch, in Synges *Playboy of the Western World* verbinde sich genaugenommen irische Mystik mit Surrealismus, und Heraklit, Rimbaud, Huysmans, Mallarmé – sogar Edgar Allen Poe – gehörten zu ihren Geistesverwandten.

De Sades Schriften sind eine surrealistische Bibel. Eine andere Erbschaft kam von Isidore Ducasse, der sich Comte de Lautréamont nannte und *Les chants de Maldoror* schrieb (sie beeinflußten Dali so stark, daß er schließlich eine Ausgabe illustrierte). Darin schrieb Ducasse: »Eine nach der andern ließ ich meine erhabenen Lügen wie Elfenbeinbälle auf eine Silberplatte fallen.« Eine weitere Beschreibung von ihm: »Schön... wie die Zufallsbegegnung einer Nähmaschine mit einem Regenschirm auf dem Seziertisch.« Dieser Satz drang wie ein Pfeil in Dalis Unterbewußtsein. Den gleichen Satz benutzte er später zur Definition der paranoisch-kritischen Tätigkeit, die er erfand – »die spontane Methode der irrationalen Erkenntnis,

[1] *Life*, 24. September 1945.

5 »Das Jesuskind«, eine Studie aus dem Jahre 1950

6 Dali und seine Frau Gala vor dem Gemälde »Madonna von Port Lligat« (1951). Gala hatte, wie schon oft, für die Madonna Modell gestanden. Dieses Werk ist besonders charakteristisch für Dalis Beschäftigung mit religiösen Motiven.

7 Dali vor seinem Monumentalgemälde »Kolumbus« (1960)

8 Dalis Haus in Port Lligat

10 Salvador Dali eröffnet eine Ausstellung im Palazzo Pallavicini in Rom. Hier erklärt er sein Gemälde »Christus des heiligen Johannes vom Kreuz« (1954). ▷

9 Dali und Gala auf einem Maskenball im New Yorker Waldorf-Astoria-Hotel (1952)

gründend auf der kritisch-interpretierenden Assoziation von Phänomenen des Deliriums«.

Bei der Sezierung des Surrealismus – und der Untersuchung von Dalis Platz darin – müssen vor allem drei Schnitte unters Mikroskop gelegt werden: 1. die »offizielle Ansicht«, am besten durch den »Papst« des Surrealismus, André Breton, ausgedrückt; 2. die »phantastische Ansicht« oder der Eindruck der Laien außerhalb der künstlerischen Fachwelt; 3. die »zornige Ansicht« derer, die den Surrealismus und all das verabscheuen, was er in eine bereits von Störungen überhäufte Welt hineingespien hat.

Die zweite, die »phantastische« Ansicht ist durch ihre Farbigkeit auch am populärsten. Um sich auf das Verständnis des Surrealismus vorzubereiten, brauchte man nur die phantastische Kunst der Vergangenheit zu studieren – etwa die Greuel der Werke von Hieronymus Bosch, gewisse Stiche von Hogarth und besondere Teilansichten auf den Gemälden von Pieter Breughel. Sie bilden ausgezeichnete Hors-d'œuvres für die Hauptgänge des inspirierten, verrückten und Schabernack treibenden Surrealismus.
Die Phantasien solcher Männer wie Max Ernst, André Breton, Giorgio de Chirico, Francis Picabia, Man Ray und Marcel Duchamp brachten das ans Licht, was sie »die überlegene Wirklichkeit« des Unterbewußten eines Surrealisten nannten – womit sie dort fortfuhren, wo die Dadaisten aufgehört hatten.
Viele begannen mit Collagen zu experimentieren – phantastischen Bildern, die sie aus zerschnittenen alten Stichen, Tageszeitungen, Kork, Draht, Haar, Reißverschlüssen, Bindfadenenden, Stoffetzen, Uhrketten und dergleichen zusammenklebten, so angeordnet, daß sie den Kopf eines Löwen oder einer Frau, Bäume, Stilleben und andere merkwürdige Schöpfungen ergaben.
Da fanden sich die seltsamsten Dinge[1]. So unverbesserlich und sinnlos sie manchen erschienen, gestatteten sie den Surrealisten doch, sich ihren Träumen mit dem gleichen Vertrauen zuzuwenden, das andere schöpferische Künstler in die objektive Welt setzten. Sie bewiesen, wie allmächtig ihre Träume und wieviel mächtiger ihr Unterbewußt-

[1] Nirgends besser beschrieben als auf der Liste der surrealistischen Ausstellung in der Galerie Pierre Colle im Juni 1933 in Paris: »*Objets désagréables, chaises, dessins, sexes, peintures, manuscrits, objets à flaires, objets automatiques et inavouables, bois,*

Fortsetzung auf der folgenden Seite.

sein gegenüber dem Bewußtsein war (das ihrer Ansicht nach lediglich die Fähigkeit hatte, die unterbewußten Ausbrüche ihres Geistes zu kontrollieren – und vielleicht zu deformieren oder zu zerstören). Sie setzten aus den unvereinbarsten Dingen wilde Bilder zusammen wie Kinder, die mit Ankleidepuppen aus Papier spielen, und die Ergebnisse schenkten ihnen ein Gefühl magischer Macht.

Der Ausdruck Surrealismus ist eine schlechte Transskription der Wortbedeutung; es müßte Superrealismus heißen. Gewisse surrealistische Maler, die diesen Begriff auch als Superrealismus auffaßten, erhielten dadurch stark konservative Elemente in ihrem Werk. Er gestattete ihnen, weniger zu schockieren und ihr Werk nicht ausschließlich auf einem Sexual-Symbolismus aufzubauen.

In diesem Bereich gefielen die Gemälde des charmanten Poeten eines magischen Realismus, Pierre Roy, den Betrachtern am meisten. Er übte einen recht eleganten Superrealismus – Stilleben von schicken Gegenständen wie Bändern, Seemuscheln, Weingläsern. Auch Yves Tanguy bezauberte das Publikum mit seinem Traumland endloser Meeresgestade und Meere, die nie ein Mensch gesehen hatte. Mirós »insektenhafte« Bilder entzückten alle, die die darin enthaltene Ungehörigkeit nicht erkannten.

Aber es kam eigentlich nicht darauf an, ob das Werk reizend oder erschreckend war; Dali stellte sie alle in den Schatten, indem er nicht einmal so tat, als ob es Schönheit gäbe, und statt ihrer seine massiven Obszönitäten auf die Leinwand brachte.

Das erklärte er einmal mit einer »Restaurant-Metapher«: »Wir wissen, daß die Surrealisten, die über den Kannibalismus des Fleisches hin-

plâtres, phobies, souvenirs, souvenirs intra-utérins, éléments des rêves prophétiques, dématerialisations de désirs, lunettes, ongles, amitiés à fonctionnement symbolique, cadres, détéioration des cheminées, livres, objets usuels, conflits taciturnes, cartes géographiques, mains, bustes des femmes rétrospectives, saucisses, cadavres exquis, palais, marteaux, libertins, couples de papillons, perversions d'oreilles, merles, oeufs sur le plat, cuillers atmosphériques, pharmacies, portraits manqués, pains, photos, langues.« (Also etwa: »Unangenehme Dinge, Stühle, Zeichnungen, Geschlechter, Gemälde, Manuskripte, spürbare Gegenstände, automatische Gegenstände, deren man sich schämen muß, Holz, Gips, Ängste, Erinnerungen, intra-uterine Erinnerungen, Elemente prophetischer Träume, Vergeistigungen von Wünschen, Brillen, Finger- und Zehennägel, Freundschaften symbolischer Funktion, Rahmen, Verfall von Schornsteinen, Bücher, Gebrauchsgegenstände, schweigende Konflikte, Landkarten, Hände, Büsten zurückschauender Frauen, Würste, auserlesene Kadaver, Ausstellungsgebäude, Hämmer, Wüstlinge, Schmetterlingspaare, Ohrenentartungen, Dummköpfe, Spiegeleier, atmosphärische Gossensteine, Apotheken, versäumte Porträts, Nahrungsmittel, Fotos, Zungen.«)

ausgehen, zum Kannibalismus der Knochen vorgedrungen sind und schließlich das Stadium erreichen, in dem sie die Objekte und die Objektwelten verschlingen... Deshalb kann ich nur in Übereinstimmung mit gewissen Systemen des Verdauungsdeliriums malen.« Ein andermal schrieb er[1]: »Wir Surrealisten sind eigentlich keine Künstler, ebensowenig sind wir eigentlich wirkliche Wissenschaftler; wir sind Kaviar, und Kaviar, glauben Sie mir, ist der äußerste Gipfel, geradezu die Intelligenz des Geschmacks... Denn wenn Kaviar das vitale Erlebnis des Störs ist, dann ist es auch das der Surrealisten, denn wie der Stör sind wir fleischfressende Fische, die zwischen zwei Wassern schwimmen[2], dem kalten Wasser der Kunst und dem warmen Wasser der Wissenschaft, und genau in dieser Temperatur und beim Schwimmen gegen den Strom erreicht das Erlebnis unseres Lebens und unserer Befruchtung jene trüben Tiefen, jene moralische und irrationale Hyperluzidität, die sich nur im Klima neronischer Osmose hervorrufen läßt.«

Als er seine paranoisch-kritische Methode erfand, öffnete er weit die Schleusen seines Unterbewußtseins, befreite seinen Geist von der Vernunft und überließ sich den wildesten Eingebungen, die ihm aus seinen irrationalsten Gedanken zuströmten.

Er beleuchtete die Gegenstände auf der Leinwand seines Ich mit dem grellen Licht einer Operationslampe. Unland-Landschaften, unmenschliche Menschen, leere Unendlichkeit – das alles floß spontan aus seinem irrationalen Delirium und endete in paranoischen Konfessionen. Im Gegensatz zu seinen surrealistischen Kollegen bemühte er sich nie, sein Delirium zu begrenzen; er machte unerbittlich weiter – und fotografierte sein Unterbewußtsein mit dem Pinsel auf die Leinwand. Selbst Breton mußte zugeben, daß Dali von Sieg zu Sieg schreite und eine Trophäe seiner halluzinatorischen Forschungen nach der andern hervorhole.

Die »offizielle« Ansicht stammt von André Breton – jenem Dichter, der in einer »grünen« Welt lebte; er kleidete sich gern von Kopf bis Fuß in Grün, rauchte eine grüne Pfeife und trank seine grünen Liköre.

[1] Auszug aus Dalis *La conquête de l'irrationnel* (1935), zitiert nach: M. Nadeau, *Histoire du Surréalisme* (1945 ff.).

[2] Zwischen zwei Wassern schwimmen, im französischen Original: *nager entre deux eaux*, hat sowohl die Bedeutung: »unter Wasser schwimmen« wie auch: »zwischen zwei Ansichten lavieren«.

Der Surrealismus, dessen selbsternannter Schiedsrichter er war, gelangte durch die Unterstützung zweier anderer Männer zum Durchbruch – zweier Männer, die sich im ersten Weltkrieg als Feinde im Schützengraben gegenübergelegen hatten, nur einen Kilometer voneinander entfernt. Der eine, Paul Eluard, auf französischer Seite, der andere, Max Ernst, als deutscher MG-Schütze. Drei Jahre später kämpften sie als die besten Freunde gemeinsam für den Surrealismus.
Keiner macht Breton seinen Platz als »Vater« und »Gründer« des Surrealismus streitig. Er ist in sich selbst schon eine faszinierende Erscheinung. 1896 in Frankreich geboren, wurde er unter dem Zauber des Dichters Paul Valéry Surrealist. Mit zwanzig Jahren begegnete er einem eingeschworenen Anhänger des Dada, Jacques Vache, der später zum Surrealismus übertrat.
Im Jahr 1919 gründete er mit zwei weiteren Schriftstellern die Zeitschrift *Littérature* (im Sinn von Anti-Literatur), in der er seine Sammlung »unbewußter Schriften« veröffentlichte – wahrscheinlich das erste eigentliche surrealistische Werk[1]. Drei Jahre später jubelte man ihm als dem unumstrittenen Führer des neuen Kults zu.
Als offizieller Sprecher für den Surrealismus hatte Breton manches Urteil für und gegen Dali abzugeben. Wenn die beiden sich schließlich auch als Feinde trennten (und das sind sie geblieben), begann Breton doch damit, Dali glühend zu fördern. Der Dali, für den er Reklame gemacht hatte, »verschwand etwa 1935 – und machte der Persönlichkeit Platz, die unter dem Namen *Avida Dollars* bekannt ist, einem Modeporträtisten, der kürzlich zum katholischen Glauben und den künstlerischen Idealen der Renaissance zurückgekehrt ist und sich heute der Gratulationen und Ermutigung des Papstes rühmt«, sagte er 1949[2].
Schon im Jahr 1936, als der »Fall« Dali seinen Höhepunkt erreicht hatte, betrachtete Breton ihn mit gemischten Gefühlen:
»Die große Originalität Salvador Dalis liegt in seiner Fähigkeit... gleichzeitig als Schauspieler und Zuschauer... als Richter und Angeklagter im Prozeß der Lust gegen die Wirklichkeit aufzutreten

[1] Zu seinen Werken gehören: *Manifeste du Surréalisme* (1924); *Najda* (1928); *Flagrant délit; Second Manifeste*... (1930); *Dictionnaire abrégé du Surréalisme* (1938, mit Eluard); *Poèmes* (1948); *Genèse et perspectives du Surréalisme* (1950). In seinem berühmten Essai *Le Surréalisme et la peinture* (1928) gab er eine lyrische Erklärung der Welt, gesehen durch das »Auge« der Surrealisten.

[2] Abgedruckt als Fußnote zum Text von *Le Surréalisme et la peinture* in Bretons *L'anthologie de l'humour noir* (1950). In den Ausgaben von 1928 und 1945 findet sich dieser Passus naturgemäß nicht.

und sowohl in seinem Innern wie außerhalb seines Ichs jenen auf reiner Intuition beruhenden lyrischen Zustand aufzubauen... Es ist offensichtlich, daß man es bei Dali mit einem Zustand latenter Paranoia der am wenigsten bösartigen Sorte zu tun hat, einer Paranoia mit voneinander isolierten deliranten Ebenen... Sein Verhalten beim Auftreten der ›sonderbaren Körper‹ des Raumes, wie er sie nennt, offenbart das infantile Nicht-Unterscheiden in der Bewußtheit von Dingen und der Bewußtheit von Wesen, dem er unterliegt, und ist bezeichnend für die ›moralische Aerodynamik‹, die ihm erlaubt, das folgende seltsame und theatralische Phantasiebild zu schauen: ›Man miete eine saubere, kleine alte Frau im letzten Stadium des senilen Verfalls und stelle sie, als Toreador gekleidet, aus; auf den Kopf, der zunächst rasiert werden muß, setze man ihr ein *omelette aux fines herbes*, das infolge des dauernden Zitterns der kleinen alten Frau beben würde. Auf das Omelette könnte man noch eine Zwanzig-Franc-Münze legen.‹«

Die »zornige« Ansicht über den Surrealismus wird irrigerweise mit der zornigen Ansicht über Dali allein verwechselt. Jedesmal wenn diese Verwechslung eintrat, waren die Zornigsten die *andern* Surrealisten.

Als das Publikum gegen den Surrealismus wütete, hatte Dali sich noch nicht besonders herausgehoben. Am heißesten war diese Wut in der Blütezeit dieses neuen Stils. Auf jeden Apostel, jeden Jünger und jeden lauen Konvertiten kamen Tausende, die höhnisch abseits standen und die ganze Richtung oft so sehr haßten, daß sie mit faulen Eiern, Tomaten und Fleischstücken nach den Surrealisten warfen, um ihrer Verachtung Nachdruck zu verleihen – genau wie es das Publikum vorher bei den Dadaisten getan hatte.

Die Bewegung war weitverbreitet, doch ihre Mitgliederzahl klein; und verstanden wurde sie von einer noch geringeren Anzahl – trotz der Ausstellungen und Vorträge, die in allen bedeutenden Städten der ganzen Welt stattfanden.

Die wirtschaftlichen Schwierigkeiten machten es den Surrealisten unmöglich, ihre Veranstaltungen auf der Ebene der unbedingten Unabhängigkeit fortzusetzen, auf der sie sich während der ersten zehn Jahre hielten. Schließlich mußten sie den freien Zutritt durch Subskriptionen zu einem bestimmten Preis ersetzen.

Trotzdem fütterten die Surrealisten Freund und Feind mit systematischen Vorträgen, in denen sie ihre Einstellung zu allen poetischen, plastischen, sozialen und philosophischen Fragen des Augenblicks verkündeten. In Paris fanden in dem einen Monat Juli 1935 vier solcher Zusammenkünfte statt.

Die folgende Tagesordnung einer dieser erstaunlichen Veranstaltungen ist typisch für alle, die das Publikum in Wut versetzten:

PROGRAMM

I

Warum ich Surrealist bin, von XXX.

Breton wird einen Kommentar zu einigen konvulsiv-blitzhaften Bildern geben – von Lautréamont, Jarry, Péret, Picasso, Chirico, Duchamp.

Gemälde von Man Ray.

Dali wird in entsprechender Kleidung sein unveröffentlichtes Gedicht »Ich esse Gala« vortragen.

Freundlicher Ratschlag von Max Ernst.

II

Wird der Surrealismus mit der bürgerlichen Gesellschaft verschwinden? Ein Gespräch über *Ruinen* von Breton.

Surrealistische Physiognomie einer Straße, von Malet, mit Vorzeigung entstellter Plakate.

Dali wird die paranoisch-kritische Tätigkeit behandeln und als Beispiel das Rätsel von Millets »Angélus« benutzen (als Vorschau auf sein Buch *Der tragische Mythos von Millets Angélus*). Dieser Vortrag wird mit dreißig Lichtbildern illustriert und von einer tragisch-atmosphärischen Pantomime der männlichen und der weiblichen Gestalt des »Angélus« begleitet werden.

III

Über den poetischen Beweis, von Eluard. Dieser Vortrag wird mit dreißig Lichtbildern illustriert werden.

Die surrealistische Frau, von Arp. Dargeboten von Hugnet.

Vortrag über die Liebe, von Péret, mit Darbietung des geliebten Gegenstandes.

Vom objektiven Zufall als dem Angelpunkt der surrealistischen Vorstellung vom Leben, von Breton. Diesem Exposé folgt die szenische Rekonstruktion einiger Beispiele von objektivem Zufall, die als Folge der Veröffentlichung von Bretons *Najda* hervorgerufen wurden. Vorführung von Max Ernst.

IV

Breton wird über die surrealistische Situation des *Objekts* und entsprechend über die Situation des surrealistischen Objekts reden.
Hugnet: Der Surrealismus und der Alltag: das *gewöhnliche Objekt* (Objekte, die gewöhnlich werden dürfen, von Tanguy).
Dali wird die letzten *surrealistischen Objekte* und die letzten *Seins-Objekte* darbieten, sie in der Öffentlichkeit zum Funktionieren bringen und die symbolischen Grausamkeiten ihrer Mechanismen erklären.
Breton wird seine ersten *Gedicht-Objekte* bekanntmachen.

In den vierziger Jahren erreichten die Ansichten über den Surrealismus den Siedepunkt. Einer der berühmtesten Ausbrüche stammt von Klaus Mann, der in beredter Wut verkündete[1]: »Ich bin gegen den Surrealismus, weil ich für die Kunst bin. Die Welt wird von Anti-Künstlern zerstört. Hitler und Göring sind Anti-Künstler. Ebenso Laval, Franco, Mussolini. Der Surrealismus ist nicht die Krankheit, sondern nur ein weiteres ihrer Symptome. Die Krankheit ist der Faschismus, die Revolution des Nihilismus. Die Surrealisten sind die Nihilisten in der Kunst... Ich habe gesehen, wie die Welt ist, wenn jede ästhetisch-moralische Voraussetzung fehlt! Sie ist die Hölle – oder wie ein surrealistisches Gemälde.«
Der Streit tobte. Selbst eine aufgeschlossene Freundin aller Kunstrichtungen wie Gertrude Stein in Paris wurde so anti-surrealistisch, daß sie verkündete, der Nihilismus des Surrealismus zerstöre die surrealistische Bewegung: »Das war die wirkliche Schwierigkeit... Sie verpaßten den Moment, zivilisiert zu werden... Sie wollten Reklame, nicht Kultur, und deshalb gelang es ihnen nie, friedlich und anregend zu werden.«
Gertrude Stein hatte recht mit ihrer Behauptung, die Surrealisten liebten die Reklame. Sie arbeiteten ebenso hart wie die besten Werbefachleute – und bei dieser fieberhaften Tätigkeit waren sie gerade, als der hohl- und glutäugige, gelblich blasse, fünfundzwanzig Jahre alte Dali zu ihnen stieß. Daß der Spanier der Richtung ungeheuren neuen Glanz und eine weitere Dimension der paranoiden Denkprozesse verlieh, ist heute nicht zu bestreiten – trotz Bretons Hohnlächeln, Dali habe sich nur »in die Bewegung eingeschlichen«.

[1] *American Mercury*, Februar 1943.

Handgreifliche Scherze gehörten zu den schlimmsten ihrer Tätigkeiten. Einmal zum Beispiel versuchte Breton, Cocteau zu sekkieren, der zu seiner beliebtesten Zielscheibe geworden war. Als Cocteaus Mutter krank war, erhielt dieser einen Anruf, in dem der Anrufende wahrheitwidrig erklärte, sie sei eben gestorben. Als Cocteau weinend in ihre Wohnung fuhr, wurde er vor dem Haus von Bretons höhnender Horde empfangen (ein »Witz«, der schwere Folgen hatte, da ganz Frankreich Cocteaus Genie achtete).

Auf Grund eines solchen Verhaltens war die Empörung der Welt berechtigt. Die Bewegung bemühte sich, den *status quo* anzugreifen, lächerlich zu machen und zu zerstören – nichts war ihr heilig, nichts wurde verschont. Die Mitglieder dieser Richtung machten sich ein besonderes Vergnügen daraus, die Kirche anzugreifen; sie machten sie lächerlich und beleidigten sie (»Wie leicht ist es doch, in einem liberalen Land kühn zu sein! Und wie billig!« bemerkte Klaus Mann). Die Gruppe war »gegen« alles, doch dazu bedurfte es keines besonderen Mutes; im liberalen Frankreich zu leben, bot keine wirklichen Gefahren.

Zu den zornigsten Gegnern gehörten jene Intellektuellen, die der Religion nicht den Rücken gekehrt hatten und dem Surrealismus seine Religionsfeindlichkeit niemals verziehen. Auf Breton und sein jetzt berühmtes Buch *Le Surréalisme et la peinture* entfällt ein großer Teil dieser Vorwürfe. In diesem Buch schrieb er 1928:

»Von Gott zu sprechen, an Gott zu denken, heißt ihm in jeder Hinsicht das Seine geben, und wenn ich das sage, dann ist es völlig klar, daß ich mir diese Vorstellung nicht zu eigen mache, nicht einmal, um sie zu bekämpfen. Ich habe immer gegen Gott gesetzt, und ich betrachte das wenige, was ich in dieser Welt gewonnen habe, einfach als das Ergebnis der Wette. Der Einsatz (mein Leben) ist so lächerlich gering gewesen, daß ich überzeugt bin, reichlich gewonnen zu haben. Alles Schlotternde, Schielende, Schändliche, Befleckte und Groteske ist für mich in dem einen Wort enthalten: Gott. Gott! jeder hat schon einen Schmetterling gesehen, eine Weintraube oder eine dieser Blechhülsen, ein verbogenes Rechteck, wie sie gewisse Lastwagen beim Holpern auf schlechten Straßen abends bisweilen verlieren und die wie invertierte Hostien aussehen, Hostien, in sich zusammengekrümmt, und jeder hat außerdem einige von Braques Ovalen und Buchseiten gesehen, wie ich sie schreibe, die weder ihn noch mich, dessen darf man gewiß sein, zur Verdammung führen. Neulich schlug jemand vor, Gott als ›einen Baum‹ zu definieren, und wieder sah ich die Raupe, doch den Baum sah ich nicht. Ich ging zwischen den Wurzeln des Baumes dahin, ohne mir seiner bewußt zu werden, als ginge ich durch eine der Außenstraßen von Ceylon. Außerdem kann man nicht beschreiben, was gestaltlos ist. Man beschreibt ein Schwein, und sonst nichts. Der Gott, den man nicht beschreibt, ist ein Schwein.«[1]

Dalis Radar arbeitete mit Überstunden. Er spürte, wie kurzlebig das Spiel der Gruppe sein werde; deshalb traf er für sich selbst den Entschluß, seine besten surrealistischen Tricks zusammenzupacken und mit ihnen und seiner Frau in die Vereinigten Staaten zu fahren, weil er sich dort einen fruchtbareren Platz für seine neue, vollerblühte Persönlichkeit und sein bereits weithin bekanntes Werk erhoffte. Er war nicht allein. Jener wohlwollende und reiche Engel Peggy Guggenheim, die bereits die ersten Bemühungen des Surrealismus so tatkräftig unterstützt hatte, sorgte dafür, daß auch andere Mitglieder der Gruppe auf ihre Kosten nach Amerika gelangten[2].

Dali und der Surrealismus trennen sich

Man darf wohl behaupten, daß zu der Zeit, als Dalis Ruf die Surrealisten zu verstimmen begann, Dali selbst über die Gruppe ebenso verstimmt war. Die Surrealisten runzelten die Stirn über seine billige Reklame und das Aufsehen, das er allenthalben erregte; und ihm mißfiel der überstarke Linksdrall der Gruppe.

Doch wie sehr die Mitglieder der Bewegung Dalis leichtsinnigen Gebrauch ihrer Theorien (zum eigenen finanziellen Vorteil) auch hassen mochten, seine profaschistischen Neigungen lehnten sie noch erbitterter ab. Die Gruppe war tatsächlich zu einem Hornissennest von Beleidigungen und politischen wie künstlerischen Intrigen geworden. Schließlich wurde Dali zu Anfang des Krieges im Jahr 1939 von André Breton ausgeschlossen (Dali behauptet, er sei ausgetreten). Der Mann, der gesagt hatte: »Damals war ich, und ich allein, der wahre surrealistische Maler«, zerriß die Verbindung, nachdem er der Berühmteste von ihnen allen geworden war, und ging in einem Hagel von Schimpfworten davon.

[1]Die hier wiedergegebene lange Fußnote aus der erstenAusgabe von *Le Surréalisme et la peinture* (1928) ist in der Ausgabe von 1945 weggelassen worden.

[2] Sie gewährte nicht nur Breton und Ernst Obdach, sondern heiratete Ernst kurz darauf.

Doch nur sein Verhältnis zu der Gruppe änderte sich; Dali selber wandelte sich nicht im geringsten. Er war noch immer die surrealistischste Persönlichkeit, die die Welt je kennengelernt hatte, und selbst jetzt, zwanzig Jahre später, da er sich zu einem tief katholischen Mystizismus statt zum Surrealismus bekennt, spricht und handelt er noch wie ein Mitglied der Gruppe, das seine Beiträge voll entrichtet. Alles, was er in der Schule des Surrealismus gelernt hatte, trug dazu bei, eine Exzentrizität zu unterstreichen, für die bisher noch niemand einen besseren Namen gefunden hat.

Die Politik, die, wie die Surrealisten auf beiden Seiten des Wortgefechts behaupten, zu seinem Ausschluß führte, drang bereits Anfang der zwanziger Jahre in die surrealistische Bewegung ein. Breton hatte sich tatsächlich in der ursprünglichen Philosophie der Gruppe stark auf soziologische und politische Dinge gestützt[1] und war schließlich Marxist geworden, obwohl er immer wieder betonte, es gebe keinerlei Beeinflussung von außen – »nicht einmal durch den Marxismus«[2].

Louis Aragon, einer der Lautesten aus der Gruppe, war Ursache für den ersten Riß im surrealistischen Panzer[3]. Unter dem Dokument *Paillasse !*[4], das die Gruppe nach ihrem Bruch mit Aragon abfaßte,

[1] »Der Surrealist wendet sich gegen die herrschende Moral, weil er sie für faul hält – gegen die Extreme von Armut und Reichtum und predigt den universalen Frieden, während er einen Angriffskrieg führt...« Sir Herbert Read, *Surrealisme.*

[2] Obwohl Breton 1935 offiziell mit den Kommunisten brach, blieb er im Wesen Marxist. 1938 gründete er in Verbindung mit dem verbannten Leo Trotzki *La fédération de l'art révolutionnaire indépendent.*

[3] Weiterhin traten aus: René Crevel, der den Surrealismus fast als erster verließ; 1938 beging er Selbstmord und hinterließ auf seinem unordentlichen Schreibtisch einen Zettel mit den vier entsetzlichen Worten: »Mich ekelt alles an.« Louis Aragon verzichtete auf die Exzentrizitäten des Surrealismus und schloß sich der disziplinierteren Familie der französischen Kommunisten an. Das gleiche tat Paul Eluard vor seinem Tod. Philippe Soupault kehrte zum Berufsjournalismus zurück. Duchamp ist heute in erster Linie Schachspieler und bestimmt »Nichtmitglied« aller Gruppen; seit dem Krieg hat er kein Bild mehr gemalt.

[4] *Paillasse* hat zwei völlig verschiedene Bedeutungen: 1. Strohsack (mit all seinen Kommiß-Nebentönen); Fleur Cowles glaubt die Bedeutung so auffassen zu sollen und fügt in Klammern bei: »*probably used as slang, ›Straw mattress !‹*« 2. Hanswurst, Bajazzo, Pajaz; dieses Wort hat in den letzten Jahrzehnten laut Larousse immer stärker die Bedeutung eines Mannes, der den Mantel nach dem Winde hängt, angenommen; nach dem Inhalt der Streitschrift muß diese Bedeutung gemeint sein. A.d.Ü.

weil er zu den Kommunisten übergegangen war, erscheint Dalis Unterschrift. Maurice Nadeau berichtet in seinen *Documents surréalistes* darüber, gibt jedoch nicht an, welchen Anteil Dali an der Abfassung dieser Streitschrift hatte – wenn er überhaupt daran beteiligt war.

Indessen hatte Dali den endgültigen Bruch provoziert. Eines Tages machte er für seine Gruppenkollegen eine Bleistiftzeichnung von seinem letzten »surrealistischen Objekt«. Es war ein Frack, völlig mit milchgefüllten Likörgläsern bedeckt. Zur Überraschung aller stand Louis Aragon bleich vor Wut und schrecklich bewegt auf! Er war erbittert über die Vorstellung von verschwendeter Milch – weil »Kinder hungerten«. Die Gruppe war sprachlos vor Verblüffung. Breton sagte: »Keiner von uns wollte seinen Ohren trauen.«

Aragon und die andern kommunistischen Mitglieder der Gruppe befanden sich in einer großen Schwierigkeit. Einerseits hatten sie sich und ihr literarisches Werk der Disziplin und Kontrolle durch die Partei unterworfen, die jeder surrealistischen Betätigung ablehnend gegenüberstand, und anderseits konnten sie als Surrealisten das Element des Abenteuers nicht begrenzen, das man zusammen mit aller Freiheit behalten mußte. Dali erkannte keinerlei Einschränkung an; Aragon fügte sich der Partei – und Breton war anscheinend zwischen diesen beiden Extremen gefangen.

Ein weiterer Grund für die zunehmenden Differenzen zwischen Dali und andern Surrealisten war Dalis angebliche Einstellung zu Rassenfragen. Breton erhob 1939 eine vernichtende Beschuldigung in einer Schrift *Über die letzten Tendenzen der surrealistischen Malerei*[1].

»... Im Gegensatz dazu nimmt Dalis Einfluß rasch ab. Das konnte mit Rücksicht auf seinen Wunsch, zu gefallen, der bis zum Paroxysmus geht und Dali dazu führt, seine eigenen Paradoxe ständig zu übersteigern, nicht anders sein. Im Februar 1939 behauptete Dali – ich habe es aus seinem eigenen Mund und habe mich vorsichtshalber vergewissert, daß sein Vorschlag keinerlei humoristische Elemente enthielt –, die ganze gegenwärtige Weltkrise sei *rassisch* bedingt und die anzustrebende Lösung sei das gemeinsame Bemühen aller Völker weißer Rasse, alle farbigen Völker zu versklaven. Ich weiß nicht, welche Türen eine solche Erklärung ihrem Urheber in Spanien und den Vereinigten Staaten, den Ländern, zwischen denen er hin und her pendelt, öffnen könnte, ich weiß jedoch, welche Türen sie ihm zuschlägt ...«

[1] Abgedruckt in *Le Surréalisme et la peinture*, Ausgabe 1945, New York.

Ein andermal gab Breton in einem Rundfunk-Interview innerhalb einer Sendereihe des französischen Rundfunks im Jahr 1952 eine Erklärung über Dalis angebliche nahezu faschistische Einstellung auf folgende Frage des Reporters ab:

»Ergaben sich aus Ihrer Tätigkeit in dieser Zeit (1938) irgendwelche neuen Perspektiven?«

»Ich denke doch. Der Wunsch, die Internationalisierung des Surrealismus zu beschleunigen, zeigte sich in den häufigen Reisen, die einige von uns unternahmen. In Prag, wohin ich mit Eluard fuhr, auf den Kanarischen Inseln mit Péret, in London, wo sich viele von uns versammelten, folgten ununterbrochen Konferenzen, Interviews und Gedankenaustausch im Hinblick auf eine vollständigere Vereinheitlichung unserer Bemühungen. Bei jeder dieser Reisen über die Grenzen Frankreichs wurde, gewöhnlich zweisprachig, ein *Internationales Bulletin des Surrealismus* veröffentlicht, in dem das Maß der erreichten Einigung abgesteckt und die Perspektiven der zwischen uns und unsern Freunden verabredeten gemeinsamen Tätigkeit bis ins einzelne erörtert wurden. Zu diesem Zeitpunkt hatten sich einige ernste ideologische Meinungsverschiedenheiten mit Dali ergeben. Es war bereits mehrmals sehr nahe an seinem Ausschluß gewesen: einmal weil er in einem seiner Gemälde grundlos eine unanständige Darstellung von Lenin gebracht hatte; ein andermal weil er allen Umstehenden gegenüber erklärt hatte, Eisenbahnunglücke erregten sein Entzücken, solange die Abteile erster Klasse verschont blieben. Seine Sympathien, die ihn dem Faschismus immer näher führten, mußten bald einen vollständigen Bruch zwischen ihm und uns hervorrufen...«

Doch welcher Art diese politischen Provokationen auch gewesen sein mögen, Breton war klug genug, sie nicht öffentlich als Grund für Dalis Ausschluß zu benutzen. Es scheint sich auch um eine viel menschlichere Schwäche gehandelt zu haben: Dalis Erfolg in den Vereinigten Staaten stand noch auf sehr schwachen Füßen, trotzdem bildete er den Tropfen, der das Faß zum Überlaufen brachte. Die Surrealisten rechneten damit, daß ihm die Presse – wie bisher immer – besonders viel Aufmerksamkeit entgegenbringen werde, da er fast über Nacht in den Ruf gekommen war, Erfinder, Eigentümer, Sprecher und Chef der Bewegung zu sein.

Dort setzte Breton geschickt den Hebel an: er tat sich mit übriggebliebenen Mitgliedern des ursprünglichen Klubs zusammen, die ihren Kummer dadurch milderten, daß sie Dali als Dilettanten,

Franco-Anhänger (was er war und ist), als »Poseur« und – das war die allerschlimmste Beleidigung – als zu akademisch denunzierten, als daß er in ihren Reihen hätte bleiben dürfen.
Auf seiner nächsten Pressekonferenz wischte Dali diese Anklagen nicht nur kühl weg, sondern machte stolz seinen Ausschluß bekannt, voller Entzücken über das ganze Gesicht lächelnd.

DER DALI, DEN NEW YORK KENNT

Die Zeit bei Caresse Crosby

Eine von Dalis tüchtigsten und beständigsten Freundinnen ist, auch wenn Dali selber wenig über sie berichtet hat, eine kleine, zierliche Frau, die berühmte Caresse Crosby, die mehr als einmal zu Dalis Ruhm beigetragen hat. Seine Ankunft in New York als der Reklametrommler aller Zeiten wurde mit ihrer Hilfe und Förderung inszeniert.

Sie und ihr Gatte Harry Crosby hatten sich in der avantgardistischen Welt von Paris in den zwanziger und dreißiger Jahren einen erstaunlichen Namen gemacht. Dali verbrachte das Wochenende üblicherweise in ihrem »Moulin de Soulière« im Wald von Ermenonville außerhalb der Großstadt, inmitten der Adligen, Künstler und Schriftsteller, die sich um die Crosbys scharten. Mrs. Crosbys Autobiographie *The Passionate Years*[1] ist ein freimütiger Bericht über all ihre Mätzchen – so reich an Anekdoten, daß sie geradezu ein Zeitdokument über die Fitzgerald-Epoche in Paris darstellt.

Andere Berichte über diese Zeit brachte die Zeitung der Crosbys, *The Black Sun Press*, die sie in Paris herausgaben, um Kunstwerke und Literatur zu veröffentlichen, die anders möglicherweise kein Publikum gefunden hätten.

Der Moulin de Soulière war ein beliebter Treffpunkt der Surrealisten. Dort sah Dali zum erstenmal die Zeitschrift *The New Yorker*, hörte Cole Porters seufzendes »Night and Day«, das das Grammophon immer wieder spielte, und sog sehnsüchtig jeden Fetzen lüsterner Informationen über die Welt jenseits des Atlantik ein.

Dali hatte große Vorteile durch Caresse Crosbys Freundschaft, ihren Einfluß und schließlich durch ihre Gastfreundschaft im amerikanischen Süden. Sie trug dazu bei, die Mittel für seine Reise nach Amerika aufzutreiben[2], führte ihn bei der gierigen New Yorker Tagespresse ein – und verhätschelte unablässig sein Ego. Auf dem Schiff saß Dali bei der Landung furchterstarrt in seiner bescheidenen Kabine und fühlte sich nicht fähig, der neuen Welt ins Auge zu sehen – bis *sie* die Bühne für ihn aufgebaut hatte. Als Gast in ihrem Haus in Virginia schrieb er monatelang an seiner erstaunlichen Autobiographie.

[1] New York, 1953.

[2] Heute sagt Dali: »Caresse bemühte sich, Geld etc. aufzutreiben, aber Picasso hat die Reise nach Amerika bezahlt.«

Viele von Mrs. Crosbys Freunden taten sich zusammen, um Dali zu helfen: »Die Comtesse Cuevas de Herraras, Nicki de Guinzburg, Edward James, der Vicomte de Noailles und Leonora Fini – um nur einige zu nennen, deren ich mich noch erinnere – hatten monatlich soundsoviel für Dalis Unterhalt beizusteuern (wofür wir jeder ein Gemälde erhielten)«, erinnert sich Mrs. Crosby[1]. »Als wir uns entschlossen, ihm den Weg in Amerika zu bahnen, brachte Julien Levy, der Dalis Werk in seiner Galerie in New York ausstellte und eine Zeitlang sein Agent war, das Geld für seine und Galas Überfahrt auf. Ich unterschrieb die notwendigen Formulare für die Polizei- und Einwanderungsbehörden, womit ich mich verpflichtete, für ihn aufzukommen. Da die beiden es einfach nicht wagten, allein zu fahren, nahm ich sie unter meine Fittiche.«

Julien Levy, der bereits in enger Verbindung mit den Surrealisten stand, da er Max Ernsts Werke in Amerika bekanntgemacht hatte – übrigens auch die inzwischen berühmt gewordene pelzbezogene Teetasse von Meret Oppenheim –, war in Paris auf der Suche nach Talenten für seine New Yorker Galerie gewesen. Er hatte Dalis Arbeiten gesehen und war bereit, im Herbst eine Einzelausstellung in New York für ihn zu veranstalten.

Doch Dali hatte Angst, den Ozean zu überqueren, und ganz besondere Angst, daß seine kostbaren Bilder im Meer versinken könnten. Als Caresse Crosby ein Jahr später auf der *Champlain* nach New York zuruckfuhr und sich anbot, die Dalis sicher zu Julien Levy zu bringen, fand er endlich den Mut zur Reise.

Er und Gala stiegen in ein Dritterklasseabteil des Hafenzuges gleich hinter der Lokomotive. Dort saß er wie ein Jäger in der Entenhütte und blinzelte hinter den Bildern hervor, die rund um ihn, über und vor ihm aufgestapelt waren – an jedem befand sich ein Bindfaden, den er entweder irgendwo an seinem Mantel oder an einem seiner zehn Finger befestigt hatte. »Ich sitze hinter der Lokomotive«, sagte er, »damit ich rascher hinkomme.« Unterwegs weigerte er sich, im Speisewagen zu essen, aus Furcht, daß ein Dieb eine seiner »aufgeweichten Uhren« stehlen könne.

An Bord der *Champlain* wurde Dali von seiner angeborenen Angst vor dem Meer gequält. Das Schiff sei zu groß (wie kann ein so riesi-

[1] »Es waren Edmond Jaloux, Endy Embiricos, Julien Green, Pecci Blount, Caresse Crosby, Felix Rolo, André Durst, Comtesse Cuevas de Herraras, Marquis de Jubersoe, Fürst Faucigny-Lucinge, René Crevel und Emilio Terry – zwölf Leute«, erinnerte sich kürzlich Dali.

ges Ding einer Katastrophe entgehen?). Es knarre zu sehr. Es könne gar nicht genug Rettungsübungen geben (und stets stand er bereits vor allen andern auf dem ihm zugewiesenen Platz). Doch irgendwie überstand er die ungeheuren Gefahren, und die beiden erreichten Amerika. Seither hat er seine krankhafte Furcht überwunden und traut dem Ozean. Zweimal im Jahr schwimmt er heiter über die tiefen Geheimnisse des Meeres, wenn er zwischen Spanien und den USA hin und her pendelt.

Als das Schiff im New Yorker Hafen einlief, verkroch sich Dali in seiner U-Boot-engen Kabine Dritter Klasse, wo schon seit drei Tagen die gepackten Koffer bereitstanden.

Als der Lotsenkutter längsseits kam, wurde Mrs. Crosby von bekannten Reportern um ein Bild in voller Kriegsbemalung für die Gesellschaftsseite gebeten. Also baute sich Caresse mit ihren beiden schwarzen Whippets an der Doppelleine, Diamantarmbändern an den Handgelenken und in einem kurzen schwarzen Samtkleid für die Aufnahme auf.

»Aber habt ihr auch Salvador Dali auf der Liste?« fragte sie, als Kameras und Bleistifte zur Ruhe kamen. »Wer ist das?« wollten die Reporter wissen.

»Wenn ihr Stoff zum Schreiben braucht, dann besucht Dali!« erwiderte sie und nannte ihnen seine Kabinennummer.

Da die Kameraleute kein Wort Katalanisch verstanden, ging Mrs. Crosby mit ihnen hinunter, um zu dolmetschen.

Abermals hatte Dali seine Gemälde mit Bindfäden an sich befestigt. »Das sind die Herren von der Presse, und die (flüsterte sie ihm auf französisch zu) entscheiden über Ihre Zukunft hier.« Dali reagierte rasch, löste sich aus dem Bilderpanzer und fing an, seine Bilder zu zeigen. Die Presse geriet geradezu in Krämpfe. »Vielleicht kann ich Ihnen ein wenig über den Surrealismus erzählen«, schaltete sich Caresse Crosby ein.

Nach ihrer kurzen Vorlesung wurde Dali gefragt, welches sein Lieblingsbild sei.

»Das Porträt meiner Frau«, erwiderte er und zog aus dem Bilderstapel das inzwischen berühmt gewordene Gemälde von Gala mit den Lamm-Koteletten auf den Schultern. Alles raste. Bleistifte kritzelten, Fotoapparate klickten. Am nächsten Tag hatte Dali mit seinen aufgeweichten Uhren und Lamm-Koteletten die Schlagzeilen erobert.

Abschied von New York

Nach diesem ersten Besuch in New York reiste Dali völlig verändert nach Frankreich zurück, nicht mehr als die furchterstarrte Gestalt, die sich ängstlich zwischen den Gepäckstücken und Bildern in der winzigen Kabine mittschiffs unter den Decks verborgen hatte. Doch nach seiner Abfahrt wurde eine schlimme Geschichte bekannt – so makaber, daß selbst die an manches gewöhnten Surrealisten schauderten, als sie sie später vernahmen.

In der letzten Nacht in New York fand nämlich in einem Restaurant ein von Caresse Crosby und ihren Freunden inszenierter phantastisch toller Abschied statt. Es war der erste surrealistische Ball in Amerika.

Das Restaurant Coq Rouge war überfüllt; manche Frauen erschienen ungehindert nahezu nackt, die Köpfe in Vogelkäfige gesteckt, schreckliche dali-eske Wunden und Verstümmelungen auf die Körper gemalt: »lebendige Münder« mitten auf dem Bauch, Augen, die aus Backen und Rücken und Unterarmen hervorspähten (»entsetzliche Tumoren« nannte Dali sie später). Als Preis für das beste Kostüm war eine seiner Zeichnungen ausgesetzt.

Mitten auf der Treppe hing eine mit Wasser gefüllte Badewanne den Gästen wackelnd über den Köpfen. Über der Tür tropfte ein zentnerschwerer Eisblock. Ein riesiger Grammophontrichter, zwischen den Rippen einer toten, unausgeschlachteten Kuh montiert, die von Krücken – Dalis Lieblingsfetischen – gestützt wurde, schmetterte französische Chansons.

Am Eingang nahmen die Gäste gegen Abgabe der Einladungskarte Würstchen in Empfang (»Glieder der endlosen Kette«). Der Eintrittspreis für diese Party war bescheiden, und die Gäste bezahlten selbst, was sie verzehrten. Der Portier trug als Mütze einen Kranz roter Rosen und saß in einem Schaukelstuhl auf dem Bürgersteig. Die Querbinder der Barmänner bestanden aus Haar.

Für die Vorbereitung der Veranstaltung standen vierundzwanzig Stunden zur Verfügung. »Ich will mir gar nicht vorstellen, was wir zustande gebracht hätten, wenn uns etwas mehr Zeit geblieben wäre«, gestand Mrs. Crosby. Sie selber trug eine teure Verkleidung: sie war als das weiße Pferd des Wunschtraums gekommen; in der Zeitung stand später: »Mrs. Crosby sah als exzentrisches Kaninchen reizend aus.«

Den Skandal rief Galas Kostüm – sie trug eine Babypuppe auf dem Kopf – hervor. Um das Puppengesicht wand sich eine Prozession von

Ameisen, die Dali gemalt hatte (nur ein Surrealist konnte sie als solche erkennen). Am nächsten Tag berichteten die Zeitungen, sie sei als das Lindbergh-Baby verkleidet gewesen.

Der Widerhall drang bald nach Europa. Selbst in Rußland veröffentlichte eine Sonntagszeitung die Geschichte mit Fotos (die vermutlich aus New Yorker Zeitungen übernommen waren), aus denen sich die Dekadenz der amerikanischen Kultur vortrefflich beweisen ließ.

Dali beschreibt in seinen Memoiren sehr ausführlich, was Gala wirklich trug – und wie arglos sie beide am nächsten Morgen nach Europa abgereist waren:

»Ich sage ›arglos‹«, schrieb er, »denn erst bei unserer Ankunft in Paris erfuhren wir von dem Skandal des Abschiedsballes.« Zu dieser Zeit hatte die fieberhafte Erregung über den Prozeß wegen des entführten und getöteten Lindbergh-Babys den Höhepunkt erreicht. Ein französischer Korrespondent hatte die Sensationsnachricht von der Party gekabelt und darin beschrieben, Gala sei mit einer blutigen Nachbildung des Lindbergh-Babys auf dem Kopf erschienen. Dali sagt, das habe einen großen Skandal hervorgerufen, betont jedoch, der einzige Mensch in New York, »der etwas von diesem Skandal bemerkt habe, sei dieser französische Korrespondent – der nicht einmal auf dem Ball war. In Paris verbreitete sich die Nachricht jedoch wie eine Feuersbrunst, und wir wurden bei unserer Ankunft mit sprachloser Bestürzung begrüßt.«

Das New York, das Dali kennt

Dali persönlich entdeckte Amerika im Jahre 1934. Zwar erschienen seine Bilder bereits 1932 in der Ausstellung bei Julien Levy, doch er selber tat, als er zwei Jahre später hinfuhr, als habe vor ihm noch niemand die goldene Welt gefunden – häufig sprach er von »seinem amerikanischen Feldzug«. Mit all den Schlagworten, den phantastischen Bemerkungen, seiner Dreistigkeit und den ungeborenen Ideen wurde er bald zum Gesprächsthema von New York, das er »einen ungeheuren gotischen Rocquefort-Käse« nannte.

Er beschäftigte sich mit allem, einschließlich des Dekorierens von Schaufenstern und des Einschlagens von Schaufensterscheiben. Er nutzte seine Kunstfertigkeit auf jedem Gebiet kommerziell aus und erzielte beim Verkauf seiner Bilder gute Preise. Seine ernsthaften Arbeiten wurden von Sammlern erworben. Ihm wirbelte der Kopf.

Daß sein erstes amerikanisches Abenteuer Erfolg hatte, war ein Beweis für das modische Interesse an dem Lärm und dem Treiben der fernen surrealistischen Bewegung; am Surrealismus war etwas, was die Snobs anzog, mochte es auch oft unverständlich und ärgerniserregend sein.

Dalis Anziehungskraft auf die Masse war groß genug für vier aufeinanderfolgende ganzseitige bebilderte Artikel in der Wochenbeilage *The American Weekly*, die mit ihren Vertragszeitungen Millionen von Lesern erreichte: diese seltsamen Illustrationen überschwemmten ganz Amerika – niemals hatte ein Künstler sein Werk in so kurzer Zeit einem so breiten Publikum vorgelegt. Gesicht, Name und Werk dieses schlanken Mannes – tadellos gekleidet, das lange, glänzend schwarze Haar so glatt und ordentlich wie das eines Gigolo, einen schmalen Schnurrbartstrich auf der Oberlippe, braune Augen und dreißig Jahre alt – wurden über Nacht in ganz Amerika bekannt. Doch erst bei seinem zweiten Aufenthalt hatte er den Eindruck, daß sein »Ruhm« offiziell sei. Die Zeitschrift *Time* machte ihn mit ihrem Hauptartikel »offiziell« (das Umschlagbild war ein surrealistisches Foto, das Man Ray aufgenommen hatte).

Dali war verblüfft über seine zunehmende Popularität; er behauptet, man habe ihn auf der Straße um Autogramme gebeten und er sei mit Aufträgen überschüttet worden. Einer dieser Aufträge kam von einem Warenhaus, Bonwit Teller, das ihn bat, eine surrealistische Dekoration für die Schaufenster an der Fifth Avenue zu entwerfen. Er nahm mit Freuden an. Er hatte bereits Schaufensterdekorationen gesehen, die er für eine Nachahmung seiner Ideen hielt – und ihm schmeichelte die Vorstellung, diesen Leuten zu zeigen, wie der Meister selbst so etwas machen würde.

Auf der vornehmen Fifth Avenue starrten die Menschen bald durch die Scheiben, um sich die dali-esken Dekorationen anzusehen: eine Schaufensterpuppe mit einem Hut aus Rosen, Fingernägeln aus Hermelin und einem Negligé aus grünen Federn. Auf einem Tisch saß ein Hummer-Telefon, der Mann trug Dalis »aphrodisischen« Frack, auf dem einundachtzig Gläser mit *crème de menthe* befestigt waren – wie die milchgefüllten, die Aragon seinerzeit so in Entsetzen gestürzt hatten. Jedes Glas enthielt eine tote Fliege und einen Strohhalm. Eine altmodische Badewanne war mit Persianerpelz gefüttert und mit Wasser und schwimmenden Narzissen gefüllt – während drei Wachshände Spiegel über den Rand hielten. Diese und andere Einfälle fanden damals die Beachtung der Menge; heute ist das nicht mehr in diesem Maß der Fall.

Doch den Spektakel, der bald auf der ganzen Welt laut wurde, bewirkten nicht die Dekorationen, sondern Dali selbst. Die Direktion hatte gewisse fragwürdige Gegenstände aus den Fenstern entfernt und durch konventionellere ersetzt. Über die ohne seine Genehmigung vorgenommenen Veränderungen war Dali so aufgebracht, daß er in das Geschäft schlich, ins Schaufenster ging, das Wasser aus der Badewanne kippte und geradewegs durch die Scheibe auf die Straße unter das sprachlos auf dem Bürgersteig versammelte Publikum trat. Irgendwie gelang es ihm, dabei mit heiler Haut davonzukommen – doch ein Schutzmann, der eben seine Runde machte, führte ihn noch am gleichen Abend dem Polizeirichter vor. Dali hatte Glück, daß der Richter über den Vorfall amüsiert war und in einer Art von sehnsüchtiger Bewunderung nur eine Haftstrafe mit Bewährungsfrist gegen ihn verhängte. Die Geschichte ging durch alle Presseagenturen, und es gab an diesem Abend nur wenige Zeitungen, die nicht prachtvolle Einzelheiten darüber veröffentlichten.

»Vornehmer« war sein Auftreten im Museum of Modern Arts Anfang 1935. Der neunundzwanzigjährige Experte, den man bereits den Führer der Pariser Surrealisten nannte, erklärte alles in einem kleinen Vortrag über »Surrealistische Gemälde, paranoische Inbilder«, den er, während Julien Levy ihn übersetzte, in französischer Sprache hielt. Er redete davon, daß gewisse Maler des siebzehnten Jahrhunderts sich ihres Unterbewußtseins nicht bewußt gewesen seien, und tat dabei den oft zitierten Ausspruch: »Selbst ich weiß nicht, was meine Bilder bedeuten.« Die im Museum versammelte Zuhörerschaft wollte das nicht glauben. Doch in der gespannten Atmosphäre fand er dennoch manches zustimmende Gesicht, das ihn ermutigend anstrahlte.

Sechs Jahre später erlebte Dali in demselben Museum die Eröffnung der Doppelausstellung Dali und Miró. Die Reaktionen des illustren Publikums taten sich in Ausrufen wie »Scharlatan«, aber auch »Prophet« kund; man hörte Bemerkungen: »Ästhetische Betrügereien« und »Hoherpriester einer neuen Kunst«.

Doch das tollste Aufsehen erregte Dali auf dem New Yorker Schauplatz mit seinem Beitrag zur Weltausstellung 1939, den er »Dalis Traum von Venus« nannte und der für seine Förderer und Gönner zum Alptraum wurde: Siebzehn lebendige Meerjungfrauen, mit Flossen, Fischschwänzen, Büstenhaltern und sonst nahezu nichts bekleidet, plätscherten im Innern eines wassergefüllten Tanks. Diese Mädchen sollten ein »pränatales Schloß« darstellen, doch sie waren unter anderm mit höchst surrealistischen Tätigkeiten in dem Tank beschäftigt. Einige molken eine Unterwasserkuh, andere machten imaginäre Musik auf Klaviertasten, die auf den Leib einer Gummifrau gemalt waren, die wiederum an einen Konzertflügel angekettet war. Einige »fließende Damen« (wie Dali sie nannte) telefonierten oder schrieben Maschine. Gelegentlich schwamm eine der Meerjungfrauen auch nur herum.

So verrückt es auch war, finanziert wurde dieser »Tank« und Dalis zweites Ausstellungsstück, sein berühmtes »Taxi«, von einer Gruppe geistig durchaus gesunder Männer. In dem Taxi saß ein Abbild von Christoph Kolumbus unter einer Wasserflut, die vom Dach des Wagens herabfloß. Der unerschütterliche Entdecker starrte durch die Windschutzscheibe auf die trockenen Zuschauer, von denen nur wenige – wenn überhaupt einer – die Idee begriffen. Vermögende Geschäftsleute wie der Theateragent William Morris, der Architekt Ian Woodner und der Rechtsanwalt Philip Wittenberg gehörten zu denen, deren Geld diese Schaustücke ermöglichte, die an der belebten Mittelstraße der Weltausstellung zu sehen waren.

Der »Traum der Venus« wurde übrigens für Dali selber auch zum Alptraum. Er tobte über die Förderer (»die Körperschaft«) und behauptete, sie hätten nur seinen Namen haben wollen, »der vom Reklamestandpunkt aus schwindelerregend war«. Er wütete über die Art, in der seine Kostümentwürfe für die Meerjungfrauen ausgeführt worden waren (sie waren »nach Ideen von Leonardo da Vinci« gezeichnet). Über die Schwänze der Meerjungfrauen geriet er in Raserei, weil er sie ganz und gar nicht billigte. »Ich brüllte, verlor meine Beherrschung – alles durch meine Sekretärin«, sagte er später. »Die Sirenenschwänze verschwanden für eine Weile, und plötzlich waren sie wieder da wie der bittere Nachgeschmack überfetter und unverdaulicher Speisen.«

Nach einem wütenden Einbruch (mit einer ungeheuren Schere bewaffnet) in das Atelier, in dem der »Traum der Venus« hergestellt wurde, erhielt er seinen Willen. »Die Körperschaft« fügte sich (so behauptete er wenigstens). »Die Leute waren bereit, zu tun, was mein königlicher Wille befahl.«

Und dennoch verlor er am Ende das Gefecht: der Pavillon war, wie sich herausstellte, eine Kompromißlösung, die er für eine klägliche Karikatur hielt. Er war versucht, die Glasscheibe des Tanks zu zerschlagen, wie er es bei dem Fenster von Bonwit Teller gemacht hatte, weil ihm die Vorstellung, den Pavillon der Weltausstellung unter Wasser zu setzen, sehr gefiel, doch irgendwie gelang es ihm, die

Beherrschung wiederzugewinnen. Statt dessen beschwichtigte er sein verletztes Ego durch die Veröffentlichung eines Manifests. *The Declaration of Independence of the Imagination and of the Rights of Man to His Own Madness*[1] erlaubte ihm, die moralische Verantwortung für die auf der Ausstellung gezeigten Ergebnisse von sich zu weisen. Für viele Leser war das Manifest nicht verständlicher als der »Tank«.

Etwa um diese Zeit entdeckten er und Gala ihre Neigung für Kalifornien. Sie suchten sich einen überaus unsurrealistischen Zufluchtsort aus: die luxuriöse Atmosphäre der Del Monte Lodge in der Nähe von Monterrey. Trotz des konventionellen Stils war diese vornehme und moderne Umgebung Dalis Arbeitsstimmung dienlich. Er kleidete sich in die Tracht des amerikanischen Westens: Lederjacke mit Fransen, Mokassins und alles, was dazugehört, und schlenderte durch den Ort. Lange Zeit bildete er die Hauptsehenswürdigkeit der Lodge – die Touristen konnten sich auf sein Erscheinen verlassen.

Während dieser Zeit nahm Dali die Kontakte auf, die zu den Porträt- und Gemälde-Aufträgen für Hollywooder Filmgesellschaften führten. Er verdiente so viel Geld, daß er bald in der Lage war, Gala in Pelze und Schmuck zu hüllen. Als diese aus ihrem Strandhaus in Del Monte gestohlen wurden, mietete er einen unterirdischen Safe in einer Bank, »um die ihm verbliebenen Wertgegenstände zu sichern«. Die Papiere und Sachwerte, die er, wie alle erwarteten, einschließen würde, waren nichts anderes als drei kleine Flaschen mit bernsteinfarbiger Flüssigkeit. »Diese Flaschen versetzen mich in die Lage, Meisterwerke zu malen«, erklärte er den verblüfften Anwesenden.

Als er hörte, daß alle Leute glaubten, er habe den Juwelendiebstahl als Reklametrick inszeniert, blieb er unerschüttert und benutzte eine Spalte seiner eigenen Zeitung, der *Dali News*, vom 25. November 1947 dazu, diese Ansicht zu widerlegen.

Der gleiche Exhibitionismus und Sinn für Komik kennzeichnete sein Verhalten bei allen seinen Ausstellungen in Amerika. Wenn bekannt wurde, daß Dali erscheinen werde, bildete er beim *vernissage* ein mindestens ebenso großes Zugmittel wie seine Bilder. Dem Publikum gefielen seine Mätzchen, seine Bemerkungen, sein Auftreten ungemein. Es erschien bei seinen Ausstellungen, um *ihn* zu sehen, und erst in zweiter Linie wegen der Bilder.

Und so ist es noch heute.

[1] Die Unabhängigkeitserklärung der Phantasie und der Rechte des Menschen auf seine Verrücktheit, New York, 1939.

DER DALI, DEN LONDON KENNT

Anfang der dreißiger Jahre hatte Dali mindestens zwei Jahre lang einen eigenen, wählerischen, reichen Medici, der ihn verwöhnte – einen englischen Gentleman namens Edward James, den Dali den »Kolibri-Poeten« nannte.

Mit viel Sinn für Kunst und Künstler pflegte Edward James Dalis Talent, indem er ihn finanziell so unterstützte, daß Dali malen konnte – dafür gewann James den Ruf, die größte Privatsammlung von Dali-Bildern außerhalb der Vereinigten Staaten zu besitzen. Er hängte Dalis Arbeiten in sein Stadt- und in sein Landhaus, erlaubte Dali, seine surrealistischen Stützen in diesen beiden Häusern aufzubauen (er besaß zum Beispiel in seinem Londoner Haus das erste »Hummer-Telefon«), und empfahl ihn an andere Kunstfreunde weiter, die Dalis Ansehen in England zu heben vermochten.

Edward James stellte Dali jedoch nicht nur Geld zur Verfügung; er gewährte ihm auch Gastfreundschaft in Rom.

In diesem herzlichen Entgegenkommen erhielt Dali einen angenehmen Vorgeschmack von Englands späterer Reaktion auf seine surrealistische Kunst. Das Londoner Publikum sah Ende 1934 in der Zwemmer Gallery die erste Ausstellung seiner Gemälde und Zeichnungen, die viel Neugier hervorrief.

Auch diese Ausstellung war nur ein Vorspiel; die endgültige Probe fand 1936 statt, als der Surrealismus selbst auf den Prufstand kam. Sein Einfluß verbreitete sich bereits auf der großen Internationalen Ausstellung, die im Frühling 1936 in London abgehalten wurde. Diese Ausstellung bildete den Gipfelpunkt der Wirkung, den der Surrealismus in seiner ganzen Geschichte ausübte – seither ist es mit seinem Ansehen ständig bergab gegangen.

Die Surrealisten aus vierzehn Ländern hatten London als Ausstellungsort gewählt. Viele hatten den Eindruck, in Amerika gebe es zu viele Mißverständnisse über den surrealistischen Standpunkt, deshalb war New York übergangen worden; außerdem hätte es viel Geld gekostet, die neunundsechzig Künstler und ihre Werke über den Ozean zu befördern.

Am Eröffnungstag im Juni zogen die New Burlington Galleries in London eine Rekord-Besucherzahl an. Es war ungewöhnlich heiß und trocken. Für die mehr als zweitausend Menschen, die die offiziell von André Breton eröffnete Ausstellung sahen, war der Anblick der dreihundertneunzig Bilder, Skulpturen, Objekte, Collagen und

Zeichnungen in einer völlig neuen und fast unentzifferbaren Sprache überwältigend.
Der vorbereitende Ausschuß für England hatte aus Henry Moore, Paul Nash, Herbert Read, Hugh Sykes Davies, David Gascoyne, Roland Penrose, Humphrey Jennings, Rupert Lee bestanden, die von E. L. T. Mesens unterstützt worden waren (dreiundzwanzig der Ausstellungsstücke stammten von Engländern). Zum französischen Ausschuß gehörten außer Breton Paul Eluard, Georges Hugnet und Man Ray.
Das Publikum hatte vom 11. Juni bis zum 4. Juli Zeit, alles aufzunehmen – nicht nur zu sehen, sondern auch alles über die Kunstrichtung zu hören; die Vorträge begannen in der zweiten Ausstellungswoche. Täglich kamen tausend Besucher; sie waren verwirrt und ein bißchen betäubt von dem, was sie sahen und hörten – außer denen, die sich der internationalen Bedeutung dieser Feier für eine neue Kunst bewußt waren.
Die Presse hatte Großkampagne, und die Surrealisten tobten über die anzüglichen Witze und wütenden Angriffe der Zeitungen (»Die lachenden Hyänen waren da«, schrieb Sir Herbert Read). Sir Herbert faßt in seinem Buch *Surrealism* die Pressereaktionen auf die Ausstellung ausführlich und ausgezeichnet zusammen; die Journalisten »erregten«, wie er behauptet, »ihre trägen Geister zu Staunen, Verzückung und Hohn«:
»Unfähig, die Bedeutung einer Bewegung mit so wenig vertrauten Zügen zu erfassen, hatten sie sich einen Panzer aus Spott, Verachtung und Beleidigungen zurechtgemacht... Ihr Spott traf auf taube Ohren... Doch die Leute, und vor allem junge Menschen, kamen zu Hunderten und Tausenden, nicht um zu höhnen, sondern um zu lernen, Aufklärung zu finden, zu leben... Uns blieb das ernsthafte Publikum der Wissenschaftler, Künstler, Philosophen und Sozialisten.«
Sir Herbert wendet sich ausdrücklich gegen J. B. Priestleys »Verurteilung der moralischen Perversion der Surrealisten im allgemeinen«: »Surrealisten verachten Leute, die der Perversion frönen, genauso wie Leute, die der Heuchelei frönen. Sie verachten jede Art von Schwäche, jeden Mangel an persönlicher Integrität. Ihr Grundsatz der Freiheit erlaubt jedem die freie Ausübung seiner natürlichen Neigungen, solange diese nicht die gleichen Rechte anderer verletzt.«
Wie gewöhnlich fiel – jedoch erst in der letzten Woche der Ausstellung – der Hauptglanz der Publizität auf Dali. Er war der letzte der fünf Vortragenden (die andern: André Breton über »Maße, nicht

Grenzen des Surrealismus«, Paul Eluard über »Surrealistische Dichtung«, Herbert Read über »Die Kunst und das Unbewußte« und Hugh Sykes Davies über »Biologie und Surrealismus«). Dali konnte nicht anders, er mußte für Schlagzeilen sorgen: er entschloß sich, seinen Vortrag »Authentische paranoische Phantome« mit Taucheranzug und Helm zu halten, die ihm sein Freund Lord Berners freundlicherweise gemietet hatte. Als die Verleihgesellschaft für Taucherausrüstungen fragte, bis zu welcher Tiefe Dali hinabsteigen wolle, erklärte Lord Berners, er würde bis ins Unterbewußtsein tauchen – und danach sofort an die Oberfläche kommen.

Das Kostüm allein war schon sensationell genug; doch Dali, der sich in erfinderischer Stimmung fühlte, hatte weiterreichende Pläne. Er stampfte über den Mittelgang durch den Saal, weil er die Bleischuhe kaum anzuheben vermochte, dabei führte er zwei kostbare, seidige weiße Barsois an der Doppelleine, in der andern Hand hielt er ein Billardqueue. An seinem Gurt funkelte ein edelsteinbesetzter Dolch.

Über dem Publikum lag schweres und tödliches Schweigen. Als Dali auf dem Podium stand und den Helm abnehmen wollte, damit er sprechen konnte, rührte der sich nicht; er war fest und sicher für das Tiefseeunternehmen verschraubt, für das er bestimmt war.

Gala und Edward James eilten aufs Podium, um Dali zu befreien. Er war triefnaß vor Schweiß, halb am Ersticken, fast ohnmächtig. Sie hämmerten auf die Schrauben, um sie zu lösen. Jeder Schlag war wie ein Kanonenschuß; Dali glaubte, sein Kopf im Helm platze.

Das Publikum brüllte vor Lachen, klatschte lärmend; die Leute hatten Spaß an der Vorstellung, die sie für eine komische Pantomime hielten – doch Dali war halbtot, als er endlich befreit war. Der Mann, der nur in die Tiefe des menschlichen Geistes tauchen wollte, hätte auf diese Weise fast sein Grab gefunden.

Später war Dali überzeugt, daß es die starke Exzentrizität bei diesem Vortrag im Taucheranzug war, die den Dali-Mythos in New York schuf. Sein Ruf erhöhte sich weiter durch den amerikanischen Widerhall von der Einzelausstellung seines Werkes, die dieser Internationalen Ausstellung auf dem Fuße folgte. Sie fand in der vornehmen Londoner Lefevre Gallery statt.

Doch es gab nicht nur Beifall. Osbert Lancasters oft zitierte Besprechung – höhnisch und verachtungsvoll – wurde sehr ernsthaft aufgenommen. Darin verprügelte er den Clown und Schausteller in Dali mit der flachen Klinge seines Rapiers[1].

[1] Abgedruckt in *Critics Take a Stand*, S. 267.

Dann zog Breton über den düsteren, schwarzen Negativismus von Dalis Ideen her: »Die Kunst Dalis, bisher die halluzinatorischste unter allen bekannten, bildet eine neue Bedrohung. Nun treten absolut neue und sichtlich böswillige Wesen auf die Bühne. Mit böser Freude sehen wir sie ungehindert vorüberziehen und erkennen an der Art, wie sie sich vermehren und *herabstoßen*, daß es Raubwesen sind.«[1]
In den über zwanzig Jahren, seit Dali zum erstenmal auf dem englischen Schauplatz erschien, scheint sich die Atmosphäre kaum geändert zu haben: für einige wenige ist er immer noch der große Maler, der jeden Tag neue Horizonte aufreißt; für andere der gleiche schöpferische Künstler, dessen erstaunliche technische Glätte und mikroskopisch genaue Zeichenkunst sie schon früher entdeckt hatten. Und für einen großen Teil des Publikums ist er nach wie vor der Vortragsredner im Taucheranzug mit dem angeschraubten Helm.

[1] *What is Surrealism?* von André Breton, London 1936.

DIE PERSÖNLICHKEIT

Der Mann in der Anekdote

George Bernard Shaw bemerkte einmal zu H. G. Wells, jede historische Persönlichkeit, ja jeder Mensch von einiger Bedeutung lasse sich durch drei sorgfältig ausgewählte Anekdoten charakterisieren. Dalis Leben ist eine Folge von haarsträubenden Anekdoten. Eine Auswahl zu treffen, ist alles andere als leicht, doch die drei folgenden sind mindestens ein Versuch, Shaws Ausspruch recht zu geben.

1. *Über seinen Führerkomplex.* Laut Ana Maria Dali prahlte ihr Bruder Salvador immer damit, er wolle ein Napoleon werden (diesen Stand erreichte er eine Zeitlang auf dem Thron des Surrealismus). Der Komplex entstand anscheinend bereits, als er noch ein ganz kleiner Junge war, wie eine Anekdote im Buch seiner Schwester zeigt:

»Als wir eines Tages einen Ausflug zur Eremitage des heiligen Sebastian unternahmen, war Salvador so müde, daß er nicht mehr laufen konnte. Tieta, seine Tante, faltete einen Papierhelm, setzte ihm den auf und erklärte, nun sei er Napoleon. Sofort war er wieder obenauf. Er nahm seinen Stock als Pferd zwischen die Beine und ritt (als wäre er Napoleon) munter den steilen Weg zur Eremitage hinan. Sobald er wieder zurückblieb, brauchte Tieta nur Trommelwirbel nachzuahmen. Auf dem Pegasus reitend, bedurfte er nicht mehr als dieses Trommelgeräusches, um auf den Gipfel des Hügels zu galoppieren – trotz der ursprünglichen Müdigkeit (die gewiß durch solche kindlichen Anstrengungen nur noch verstärkt wurde). Er erreichte den Gipfel, ohne von dem Pferd zu fallen, das seine fruchtbare Phantasie sich erschaffen hatte.«

2. *Über den Dualismus in seinem Charakter.* Sir John Rothenstein, Direktor der Tate Gallery, gibt ein bezeichnendes Beispiel. Auf dem Privatrundgang vor der Eröffnung seiner 1951 in London durchgeführten Ausstellung wirkte Dali auf Sir John wie eine Schauspielergestalt, die in theatralischer Haltung gewagte Aussprüche von sich gab; der flott hochgezwirbelte Schnurrbart schien die funkelnden Augen zu kitzeln.

Am nächsten Morgen sprach Dali in der Tate Gallery vor. Sir John behauptet, kaum jemals einen ernsthafteren Besucher gehabt zu haben: sorgfältig prüfte Dali ein Werk nach dem andern und beurteilte alle mit bemerkenswerter Gerechtigkeit und ohne jedes modebedingte Vorurteil. Über die »Ophelia« von Millais sprach er mit sachlicher

Beredsamkeit: »Wie grob, wie phantasielos und ungekonnt wird im Vergleich zu einem solchen Bild in vierzig Jahren zum Beispiel ein Léger – oder fast jedes heutige Bild wirken!«

3. *Über Dalis Lust am Spiel.* Eines Tages lunchten Harry Crockett und der verstorbene Anthony Beauchamp mit Greta Garbo. Beauchamp schildert, was geschah:

»Die Garbo war in ausgelassener Stimmung und brachte uns immer wieder zum Lachen. Das Telefon klingelte, und Harry, der das Gespräch abnahm, sagte, es sei Salvador Dali, der berühmte surrealistische Maler. Er wolle zum Kaffee herüberkommen. Nachdem wir uns einige Minuten mit Dali unterhalten hatten, zog er plötzlich ein Foto aus einem großen Umschlag. Er saß etwa zwei Meter von uns entfernt, doch als er das Bild hochhielt, schien es die Fotografie eines Menschenschädels zu sein. ›Gelegentlich‹, sagte er zu der Garbo, ›fotografiere ich gern einmal als Ausgleich zum Malen.‹ Die Garbo war interessiert und fragte: ›Aber warum ausgerechnet einen Menschenschädel?‹

›Ah‹, sagte Dali in seinem merkwürdigen spanisch-amerikanischen Akzentgemisch, offensichtlich entschlossen, die Garbo um jeden Preis zu schockieren, ›es ist ein lebender Schädel.‹ Er reichte der Garbo das Bild, und bei näherer Besichtigung stellte sich heraus, daß es acht nackte weibliche Modelle waren, die Dali mit brillanter Phantasie zusammengestellt und in der Form eines menschlichen Schädels angeordnet hatte. Ganz offensichtlich hatte Dali sich die ganze Sache ausgedacht, um sein Publikum zu schockieren.

Doch die Garbo mit ihrer großartigen Beherrschung des Gesichtsausdrucks war viel zu überlegen, um sich von Dali schockieren zu lassen. ›Sehr interessant, Mr. Dali‹, sagte sie. ›Aber ich habe den Eindruck, Sie hätten viel mehr Detail auf Ihr Bild bekommen, wenn Sie *sechzehn* nackte Modelle benutzt hätten.‹

Satz und Spiel für die Garbo.

Die Geschichte hatte mehrere Monate später in New York ein amüsantes Nachspiel. Ich traf Dali auf einer Party, und kaum sah er mich, als er auch schon quer durch den Raum auf mich zuschoß und sagte: ›Mr. Beauchamp, ich habe es so gemacht, wie die Garbo mir riet – mit nicht weniger als sechzehn Modellen. Sie hatte recht, es ist eine ungeheure Verbesserung!‹ Später zeigte er mir das Bild – und der Schädel aus den sechzehn Modellen war tatsächlich noch kunstvoller zusammengesetzt als der, mit dem er die Garbo schockieren wollte.

Wie andere große Künstler hat auch Dali ein morbides Interesse am

Tod, und er erzählte mir, daß er sich in Spanien einen Friedhof gekauft und ein Haus darauf gebaut habe. ›Der Friedhof, der liegt am Meer‹, sagte er, ›und er ist voll von Skeletten und Schädeln – hübsche saubere Seemannsknochen.‹«

Andere Anekdoten aus allen möglichen Bereichen haben sich angesammelt. Sie sind ganz willkürlich, so wie sie mir einfielen, aufgezeichnet, und sie tragen alle zum besseren Verständnis von Dalis Mentalität bei.

Seine Ansicht über sich selbst als Maler. Theodore Rousseau jun., einer der Kuratoren des Metropolitan Museum of Art in New York, erzählt folgende Geschichte: »Salvador Dali kommt häufig ins Museum, und ich finde, daß er sehr Interessantes über die Malerei zu sagen hat, da er auf den Bildern Dinge sieht, die die meisten nicht sehen. Bei solchen Gelegenheiten ist er völlig unverkrampft und natürlich, und man denkt nicht an den Dali, der dauernd die Wirkung dessen, was er tut, vorher überlegt. Nach einem Besuch in einem der Säle gingen wir hinaus, und als wir an der großen Madonna Colonna von Raffael vorüberkamen, betrachtete er sie einen Augenblick und sagte dann: ›Jedesmal, wenn ich dieses Bild sehe, sage ich mir: Dali, wie glücklich bist du, im zwanzigsten Jahrhundert geboren zu sein! Wärest du in einer andern Epoche geboren, hätte kein Mensch jemals von dir gehört.‹«

Sein Gedächtnis (das er ein- und ausschalten kann wie eine Lampe). Ein Passagier, der auf dem gleichen Schiff wie Dali nach New York reiste, erinnert sich folgender Episode. Dr. John Marquis Converse und ein befreundeter Sammler saßen neben Dali. Dr. Converses Freund erzählte Dali begeistert, er habe gerade eins seiner Bilder gekauft. »Sie haben eins von mir – *welches?*« fragte Dali. Es wurde eingehend beschrieben. »Aber das ist doch unmöglich!« erwiderte Dali. »Das Bild hängt jetzt bei der Witwe von Paul Eluard an der Wand des Hauses.« Der Mann ging sofort zum Telefon und meldete ein Schiffsgespräch zum Festland bei seinem Händler an. »Wie konnten Sie mir denn dieses Bild verkaufen?« fragte er den verblüfften Händler.
»Weil Paul Eluards Sohn es mir gerade verkauft hatte, verkaufte ich es sofort an Sie weiter!«

Als Bill Nichols, Verleger der Zeitschrift *This Week*, Dali 1957 bat, zum Jahrestag des Aufstandes in Ungarn eine Zeichnung zu machen, bewies Dali erstaunliche Bescheidenheit.

Er reagierte nicht auf die übliche Weise, sondern schickte statt dessen eine Reproduktion von Leonardo da Vincis »Haupt eines Kriegers«, das *This Week* am 20. Oktober 1957 abdruckte.
Als Mr. Nichols' Brief in Spanien ankam, hatte Dali zufällig gerade ein Buch über Leonardo da Vinci vor sich, das aufgeschlagen dalag und »Den Krieger« zeigte. Zur Vervollständigung des Zusammentreffens: der Text unter dem Bild sagte, daß es im Nationalmuseum von Budapest hänge.
»Ich bin immer überzeugt gewesen, daß es symbolische, man darf sogar sagen, wunderbare Zufälle gibt«, schrieb Dali. »So trat plötzlich aus den Seiten des Buches, das ich in der Hand hielt, das dynamische Profil eines Kämpfers und spiegelte alle Leidenschaft, den Heldenmut und die Erhabenheit wider, die die Freiheitskämpfer vor einem Jahr bewiesen. Und es liegt etwas Dramatisches in der Tatsache, daß eben dieses Bild von einem Kämpfer des fünfzehnten Jahrhunderts im Museum dieser Stadt hing, während unten auf den Straßen gekämpft wurde. Ich habe nicht die Gewohnheit, vor andern Malern zur Seite zu treten. Doch in diesem Fall tue ich es, denn zweifellos bildet die Reproduktion dieses heroischen Kopfes von dem großen da Vinci die beste Ehrung, die wir den Freiheitskämpfern anläßlich des ersten Jahrestages des großen ungarischen Aufstandes erweisen können.«[1]

Abermals Schaustellerei, mit Gefühl vermischt; durch Dalis unerwartete Ehrerbietung Leonardo da Vinci gegenüber wurde der Artikel in *This Week* nur um so besser.

Der große Egoist

Dalis grenzenloser Egoismus ist nichts Neues. Die Zeit seines Heranwachsens war durch Fortführung und Festigung all der Mythen und Manien gekennzeichnet, die schon in seiner Kindheit auftraten – und die er sein Leben lang mit Entzücken hegte. Sobald er in sich irgend etwas als Mangel erkannte, griff er zu und »erweiterte« es zu einem Aktivposten; welche Begabungen und genialen Merkmale er auch immer an sich selbst entdeckte, er stützte sich auf sie und stellte entsprechende Ansprüche. Ich will mich nicht bessern, ich will mich nicht ändern – scheint er zu sagen.

[1] Abgedruckt aus *This Week*, 1957.

Als Kind war er systematisch und aus Prinzip »anders«; als Erwachsener wurde er sich der außergewöhnlichen und phänomenalen Seite seines Verhaltensschemas völlig bewußt – und er »tat es absichtlich«. Das dauernde und heftige Bedürfnis, sich anders zu fühlen, ließ ihn vor Wut weinen, wenn er feststellte, daß er sich – und sei es zufällig – in der gleichen Kategorie wie andere Menschen befand. »Vor allem und um jeden Preis – ich! Ich allein! Ich allein!« pflegte er auszurufen.

Nach den Gründen für sein egozentrisches Verhalten braucht man nicht weit zu suchen. Wenn Dali dreißig Jahre lang dauernd verkündet, die »beiden günstigsten Dinge, die einem zeitgenössischen Maler zustoßen können, sind: erstens Spanier zu sein und zweitens Dali zu heißen«, dann bedeutet das offen vor der Welt seinen Größenwahn zuzugeben. Er betrachtet das Ego als schöpferische Kraft; das Ego treibt ihn voran. Er benutzt sein eigenes Ego als Spiegel, in dem er sich hell (*und glücklich*) dargestellt sieht.

Dafür finden sich in *Fifty Secret of Magic Craftsmanship* viele Beweise: »*Salvador*, schon der Name weist darauf hin, ist zu nichts Geringerem bestimmt, als die Malerei aus der Hohlheit der modernen Kunst zu erlösen«, beginnt es. Auf den ersten Blick scheint diese Behauptung wegen ihrer Egozentrizität von Dali selbst geschrieben zu sein; doch sie stammt von dem katalanischen Philosophen Francese Pujols, Dali fügt hinzu: »Im Jahr 1937, als er dies inmitten des surrealistischen Chaos schrieb, setzte ich selbst – ausnahmsweise einmal bescheiden, wie ich zugebe – trotz all meiner ehrgeizigen Machtbestrebungen nicht viel Vertrauen in diesen Satz. Heute... bin ich... fest davon überzeugt.«

Auf der gleichen Seite findet sich Dalis Fußnote: »Ganz abgesehen von meinem eigentlichen Wert als Maler – über den zu diskutieren ich durchaus bereit bin –, ist eines gewiß: wenn die ›Malerei‹ unsere Epoche des barbarischen mechanischen Fortschritts überleben soll, wird diese Kontinuität der Malerei ihren Ausgangspunkt in Salvador Dali haben...«

Als die Zeitschrift *Esquire* Dali einmal bat[1], eine Charakteristik von sich selbst zu skizzieren, hatte er wenig Schwierigkeiten mit dieser Aufgabe. Eine witzige Schwarz-Weiß-Zeichnung von sich in einer Ecke, schrieb er:

[1] August 1942.

EIN PORTRÄT VON SALVADOR DALI

Höchst bewunderte alte Meister: Raffael und Velasquez.
Höchst bewunderte Zeitgenössische: Picasso und ich.
Mein herausforderndstes Bild: »Wrack eines Autos, blindes Pferd gebärend, das ein Telefon zerbeißt.«
Definition des Surrealismus: Le surréalisme, c'est moi.
Lieblingsfarbe: Absinthgrün.
Dringlichstes Projekt: Für die Vereinten Nationen ein Tarnsystem zu vervollkommnen, das auf meiner radikalen Theorie der Unsichtbarkeit beruht.
Lieblingssport: Im Fahrstuhl hinauf-, aber nicht hinunterfahren.
Anmerkung für Architekten: Eure Zeichnungen sind zu schroff, zu mechanistisch – ihr solltet auf den Wunsch des Menschen, zu seinem vorgeburtlichen Aufenthaltsort zurückzukehren, Rücksicht nehmen und unstarre abgerundete Formen und weiche, schützende Materiale benutzen.
Gedanken im Vorbeigehen: Das Fliegen ist der augenfälligste Ausdruck des Sexualinstinkts.
Stolzestes Symbol: Das Schild an meinem Schlafzimmer: »DICHTER BEI DER ARBEIT«.
Haupthoffnung für die Zukunft: Eine religiöse Renaissance, beruhend auf einer fortschrittlichen Form des Katholizismus.

Da er sich keine Gelegenheit entgehen läßt, über sich selbst zu schreiben, findet man zahlreiche Beispiele für seinen Egoismus in seinen eigenen Veröffentlichungen. Hier folgt eine willkürliche Auswahl:

In seiner Selbstbiographie erklärt er seinen Verzicht, Gala zu »sezieren«, auf folgende Weise: »In diesem Buch möchte ich nur eine einzige Persönlichkeit sezieren – mich! –, und diese Vivisektion an mir selbst nehme ich weder durch Sadismus noch durch Masochismus vor. Ich tue es durch Narzißmus.«
Über sein Gemälde »Leda atomica« schrieb er: »Soweit ich weiß – und ich glaube es zu wissen –, ist in der *Leda atomica* das Meer zum erstenmal als nicht die Erde berührend dargestellt; das heißt, man könnte leicht den Arm zwischen das Meer und die Küste stecken, ohne naß zu werden. Darin beruht, glaube ich, die schöpferische Qualität, die die Behandlung einer der geheimnisvollsten und ewigsten jener

Mythen bestimmt hat, in denen ›das Menschliche und das Göttliche‹ durch das Animalische feste Form angenommen haben... Leda berührt den Schwan nicht; Leda berührt den Sockel nicht; der Sockel berührt die Basis nicht; die Basis berührt das Meer nicht; das Meer berührt die Küste nicht. Darin liegt, glaube ich, die Scheidung der Elemente Erde und Wasser, die dem Schöpfungsgeheimnis des Animalischen zugrunde liegt.«[1]

Über das Malen des Meeres: »Den klarsten Unterricht über Ästhetik und Klassizismus habe ich von Enriquet, einem Fischer an der katalanischen Küste, erhalten, der mir in meiner Jugend dabei zusah, als ich das Mittelmeer sehr genau malte, eine Welle hinter der andern. Dabei rief er aus: ›Es ist genau wie die Natur, aber auf Ihrem Bild ist es besser, weil man die Wellen zählen kann!‹«[2]

»Seit 1929 bin ich mir meines Genies sehr deutlich bewußt... Gelegentlich verleiht mir das ein ungemein angenehmes Gefühl.«[3]

»Mein Vater und meine Mutter beteten mich an.«[3]

»Eine Maxime wurde für mein Wesen axiomatisch: Wenn du dich entschließt, einen Krieg um den totalen Triumph deiner Individualität zu führen, mußt du damit beginnen, unerbittlich jene zu vernichten, die die größte Affinität mit dir besitzen. Jedes Bündnis schwächt; alles, was zum Kollektiv tendiert, ist dein Tod; benutze deshalb das Kollektiv als Experiment, danach schlage hart zu und bleib allein!«[3]

»Pah! Picasso malt zuviel. Wohin man auch kommt, sieht man einen Picasso. Aber ich – ich begnüge mich, jedes Jahr ein einziges Meisterwerk zu malen.«

»Ich habe den Klatsch nie gefürchtet. Ich ließ ihn wachsen. Alle Streber arbeiten und schwitzen daran. Wenn sie ihn mir schließlich als vollendet überreichen, sehe ich ihn mir an, prüfe ihn und finde schließlich immer eine Möglichkeit, ihn zu meinem Vorteil zu benutzen.«[3]

[1] *Dali News*, 25. November 1947.
[2] *Harper's Bazaar*, Februar 1946.
[3] *The Secret Life of Salvador Dali.*

»Daß ich den Ruhm erreicht hatte, fühlte und wußte ich in dem Augenblick, als ich auf der Gare d'Orsay in Paris ankam... Ich sah mich um, und von nun an betrachtete ich die meisten Menschen, denen ich begegnete, einzig und allein als Geschöpfe, die ich als Wegweiser auf meinen Reisen des Ehrgeizes benutzen konnte...«[1]

Mike Wallace: »Sie sind ein Genie. Sie haben damit begonnen, das Genie zu spielen, und nun sind Sie ein Genie.«[2]
Dali: »Ja, doch zu Anfang glaubte ich es nicht... Jetzt sind alle von dieser neuen Entwicklung überzeugt, deshalb danke ich allen dafür, weil sie sich meiner Genialität angenommen haben.«
Mike Wallace: »Nun... das Publikum weiß bestimmt, daß viele Ihrer Künstlerkollegen Sie für einen Blender halten. Stimmt das nicht?«
Dali: »Es ist genau umgekehrt, weil ich selbst das echtere Beispiel für Genie bin.«

Die vornehme Welt

»Leute aus der vornehmen Gesellschaft sind solche, die, anstatt mit beiden Füßen auf der Erde zu stehen, auf einem einzigen Fuß balancieren wie Störche. Das hat eine aristokratische Haltung zur Folge, durch die sie zu zeigen wünschen, daß sie, während sie doch stehen müssen, um alles von oben zu sehen, die gemeine Basis der Erde nur so viel wie unbedingt nötig berühren wollen, gerade so viel, um das Gleichgewicht zu bewahren.«
Wenn dies auch kein ungewöhnliches Zitat aus Dalis Autobiographie zu diesem Thema ist, geht er in seinem Roman *Hidden Faces* doch sehr viel weiter; hier zeichnet er sein fast lüsternes Interesse an der vornehmen Welt. Obwohl er diese Welt in seinen Büchern dauernd lächerlich machte, ging er ihren Vertretern in Wirklichkeit doch um den Bart wie kaum ein anderer und zog entsprechenden Nutzen daraus. Dadurch, daß Dali die Gesellschaft mit der einen Hand an den Schandpfahl nagelte und sich mit der andern an sie klammerte, vermochte er sich ausgezeichnet auf der Wippe zu halten. Und jetzt hat er eine Position erreicht, in der er den Prominentesten aus der internationalen Gesellschaft ebenbürtig ist.
Im Umgang mit ihnen hat er alle Gefühlsregister gezogen, ange-

[1] *The Secret Life of Salvador Dali.*
[2] *Zu Salvador Dali im Fernsehen, New York, 1957.*

fangen mit Hohn, Haß und Neid bis hinauf zur schwindelnden Höhe glücklicher Freundschaft mit den Besten. Die kurzen Anfälle von Geselligkeit, die er sich noch leisten kann, schüttet er auf diese reichen Freunde wie Gaben der Götter. Und ihnen scheint das sehr zu gefallen. Als echter Katalane richtet er dabei sein Augenmerk stets auf Rang und Geld.

Zu Beginn dieses Spieles kam er zu der Feststellung, daß die Aristokratie die für seine Ideen anfälligste Gruppe sei (Künstler waren schwerer zu überzeugen). Er erkannte den Wert der sozialen Streber, die dauernd um eine Position kämpften, empfänglichen Gastgeberinnen schmeichelten und eifrig klatschten, in dem Bemühen, die richtigsten Ohren zu erreichen. Dali machte sie sich für seinen Erfolg zunutze: »Die Leute der Gesellschaft, um mich zu unterhalten, und die Streber, um mir mit Hilfe ihrer tölpelhaften, neidgeborenen Verleumdungen Ansehen zu verschaffen...«

Insbesondere ein Aristokrat kam ihm wirklich zu Hilfe: der Vicomte de Noailles, der seine Arbeiten kaufte und sie neben die schönsten alten Meister in seiner Sammlung hängte (»Das schauerliche Spiel« zwischen einen Cranach und einen Watteau), der ihn zu Gesellschaften einlud, ihn bei andern einführte und seinen zweiten surrealistischen Film in Auftrag gab. De Noailles behandelte Dali, wie es die Medici vielleicht getan hätten, um ihren üppigen Reichtum zu verteilen.

Freunde wie die Comtesse Marie Blanche de Polignac, den Fürsten und die Fürstin de Faucigny-Lucinge bewunderte Dali wegen ihres unbestreitbaren Gefühls für »Stil. Es war ein Stil mit Hautgout, der Stil der hypereleganten und exotischen Bilder von Aubrey Beardsley...«[1]

Sein Erfolg bei Aristokraten machte Dali Freude; die Beschäftigung mit Titeln (Phantasienamen und Phantasiemenschen) und sein Entzücken daran findet sich in seinem Roman wieder. In einem kurzen Absatz zu Beginn von *Hidden Faces* lernt der Leser kennen: Herzog und Herzogin von Saintonges, Marquis von Rosancourt, Camille Fauceret und Eduard Costier, die im Haus ihres herausgeputzten, pervertierten Gastgebers, des Grafen Herne de Grandsailles[2], begrüßt werden. Die Frau, die sich selbst tötet, weil ihre Liebe von Grand-

[1] *The Secret Life of Salvador Dali.*

[2] An einer andern Stelle wird der Held des Buches beschrieben als ein »grauer, nächtlicher Sphinx-Schmetterling, dessen haariger Rücken in der Mitte einen Totenkopf trägt«.

sailles nicht erwidert wird (nach dreihundertfünfzig Seiten, in denen er nachzuweisen versucht, daß er in Wirklichkeit ihr größter Feind war), nennt er Madame Solange de Cleda. Unter den andern Gestalten des Buches finden sich: Madame de Montlucon, Beatrice de Brantes, der Fürst von Orming, Dick d'Angerville, Lady Chidester-Ames, Cecile Goudreau, Madame Menard d'Orient.

Dalis gesellschaftliche Deutungen aus dem gleichen Buch sind wert, zitiert zu werden:

»Als Graf Grandsailles die Liste für einen Ball aufstellt, streicht er Solange de Cleda väterlich übers Haar und erklärt: ›Sie wissen genau, daß es nicht die Gäste sind, auf die es bei solchen Festen ankommt. Man gibt Bälle für die, die man nicht einlädt‹. . . «

». . . All diese Menschen scheinen ihr aus Teilen zusammengesetzt, von andern Leuten gemietet und untergemietet und aus tausend Stücken zusammengefügt, von denen nicht eins zu den übrigen paßt. Wenn sie versuchen, ein Ganzes zu bilden, ist es noch kläglicher.«

»All ihre Freunde, die sich dauernd sahen und gewohnt waren, fast täglich zusammenzusein, erweckten im Gegenteil den Eindruck gehetzter Menschen, die sich eben zufällig getroffen hatten, und ihre Vertraulichkeit wirkte völlig fehl am Platz.«

Welcher Reporter hätte ein vernichtenderes Bild von einer müden, wenn auch noch nicht ganz verwelkten Gesellschaft zeichnen können?

Kurz nach Beginn des zweiten Weltkriegs drängten sich Dali und Gala in den Schlangen, die sich in Lissabon um Visa nach Amerika bemühten – einmal hatte er es schon beschrieben: »Flüchtlinge, die eng zusammengedrängt schliefen wie stinkende Sardinen... nach tagelanger Nekrose hoffnungsloser bürokratischer Verfahren, vom Tode bereits blau abgehakt...« Er sah einen Menschen, der aussah wie René Clair... es *war* René Clair. Leute, die aussahen wie der Herzog von Windsor, Sert, Paderewski, *waren* diese Leute selbst. Und am entgegengesetzten Ende des Platzes, in der Schlange vor den Schiffahrtsbüros, »der eine, den man von hinten sieht, der im braunen Anzug, der sieht aus wie Salvador Dali«. Er war's – und hier stand er im Elend Schulter an Schulter mit dem blauesten des blauen Blutes.

Und wo ist der »Dali-Kreis« heute? Die de Noailles scheinen still abgetreten zu sein. Arturo Lopez-Wilshaw gewährte den Dalis bis vor kurzem auf ihren jährlichen Reisen in Paris Gastfreundschaft.

Am 9. Mai 1957 gab der junge Neffe des Marquis de Cuevas einen Ball zu Ehren der Dalis. Laut Maggie Nolan, der Gesellschaftsredakteurin am *Paris Herald-Tribune*, war der Ball des Marquis Raymundo de Larrain in dem Appartement, das *à la Bestigui* in eine riesige »Party-Fabrik« verwandelt worden war, »unvergeßlich«. Miß Nolan beschrieb die Gäste als die »sagenhaft elegant gekleideten Mitglieder der internationalen Gesellschaft, die sich in einer zauberhaften Umgebung versammelt hatten, um die Dalis zu begrüßen...«.
Eine bedeutendere Akkolade für die Dalis kam zwei Wochen später, als sie zu dem sorgfältig ausgewählten Dutzend gehörten, das zu einer bemerkenswerten Theateraufführung im Pariser Haus eines argentinischen Millionärs eingeladen wurde. Zu den andern zehn Gästen gehörten der Herzog und die Herzogin von Windsor (nicht verwunderlich, denn die Vorstellung bestand aus Szenen aus einem Stück Eugène Ionescos, die sich auf die veröffentlichten Memoiren des Herzogs und der Herzogin stützten). Der Reporter berichtete: »Die kleine mitwirkende Schauspielergruppe wurde zum Schweigen über die Aufführung verpflichtet. Szenen zeigten den Herzog und die Herzogin im Fort Belvedere kurz vor der Abdankung und die abschließenden Abdankungsszenen. Musik, die Pierre Boulez eigens für das Stück geschrieben hatte, begleitete die Aufführung.«

Dali muß in glücklichster Stimmung gewesen sein; er hatte Könige schon immer verehrt.

Die Dali-Diät

Dalis Einleitung zu seiner Lebensgeschichte beginnt mit den Worten: »Mit sechs Jahren wollte ich Koch werden.« Mit sieben änderte er allerdings seine Pläne und wollte statt dessen Napoleon werden; aber trotzdem blieben Speisen ein beliebtes dali-eskes Thema; exotische gastronomische Anekdoten sind nicht selten.
Da gibt es ein heldisches Beispiel anläßlich seiner Begegnung mit Alfred Frankfurter, dem Herausgeber der *Art News*, Ende der zwanziger Jahre in Paris. Dali und Frankfurter waren von der Vicomtesse Marie Lourdes de Noailles zum Lunch eingeladen worden. Es war ein üppiges Mahl an einem prächtig gedeckten Tisch – hinter jedem Stuhl ein Diener. Die Gästeliste war der wie üblich gemixte Cocktail (ein-

schließlich des »verrückten spanischen Surrealisten«, der drei Wochen zuvor in Paris eingetroffen war)[1].

Obwohl die Speisen hervorragend waren, lehnte Dali den ersten Gang ab – er erlaubte dem Butler nicht einmal, den Teller vor ihn hinzustellen. So merkwürdig Dalis Benehmen auch war, keiner achtete darauf, bis der Hauptgang gereicht wurde und Dali abermals dankte. Die Gastgeberin, die nun besorgt wurde, fragte: »Aber Herr Dali, sind Sie *krank?*«

»Nein«, erwiderte der entsetzlich dünne, wildäugige junge Spanier. »O nein, nein, nein. *J'ai un régime très fort.* Ich bin gerade dabei, meinen Porzellanschrank zu Haus aufzuessen! Ha! Ha!«

Das Gespräch erstarb; offenbar scherzte der Mann, doch niemand fand es sehr witzig.

»*Mais, quel type de cabinet?*« vermochte Marie de Noailles schließlich zu fragen.

»Oh, einen hübschen – in dem man Gläser aufbewahrt. Ein moderner – kein antiker!«

»Lieber Himmel! Das muß doch schrecklich gefährlich sein – all das Glas zu essen?«

»Oh, das Glas ist nicht im mindesten gefährlich. Das kann ich sehr fein kauen. Das Holz macht die Schwierigkeiten!«

Betretenes Schweigen senkte sich über die Tischgesellschaft; so kultiviert sie auch alle waren, dieser Dialog reichte aus, jedes Gespräch zu beenden.

Als die Gastgeberin ihre Fassung endlich wiedergefunden hatte, brachte sie die Unterhaltung von neuem in Gang: »Wie lange essen Sie schon an diesem Kabinett?«

»Etwa drei Wochen. In einem halben Jahr werde ich es wohl geschafft haben.«

»Wollen Sie damit sagen, daß Sie nur von Glas und Holz leben?«

»O nein, zum Frühstück nehme ich jeden Tag Kaffee und ein Hörnchen...«

An dieser üppigen Tafel aß Dali überhaupt nichts. Später gingen mehrere Gäste mit glasigen, aber faszinierten Augen zu ihm in die

[1] Dali hatte seine Verfassung kurz vor der Fahrt nach Paris folgendermaßen beschrieben: »Ich war dünn wie ein Skelett geworden. Meiner Persönlichkeit fehlte sozusagen der Körper, und ich hatte das Gefühl mich in eine jener phantastischen Gestalten des Hieronymus Bosch zu verwandeln... Ich war tatsächlich eine Art Monstrum, dessen einzige anatomische Teile ein Auge, ein Kopf und ein Gehirn waren.«

Wohnung, um sich das »Kabinett« anzusehen; sie fanden es in seinem bescheidenen kleinen Zimmer, genau wie er es gesagt hatte – eine riesige Ecke war bereits abgeknabbert![1]

»Was essen Sie jetzt?« fragte ich Dali neulich. »Sie haben anscheinend über alles bestimmte Ansichten – wie ist es mit den Speisen?«

»Ich esse gern Speisen mit sehr ausgeprägten Formen«, erwiderte er. »Am liebsten solche, die die Knochen außen und das Fleisch innen haben – wie Hummer und Krebse. Sie haben die höchst originelle Idee, ihre Knochen außen zu tragen – statt innen wie wir. Intelligent, finden Sie nicht? Und Vögel – so reizende Formen! Sie haben Panzer und Haut in einem – besonders kleine Vögel. Nach ihren Schädeln bin ich ganz verrückt. Ich zermalme sie mit Begeisterung! Salat rühre ich niemals an. Er hat keine Gestalt – keine Beine, kein Gesicht. Speisen müssen etwas Architektonisches sein.«

In New York luncht er meistens in Henri Soules schickem und teurem Le Pavillon und setzt dort seine Diät-Philosophie in die Praxis um. Wenn er seine Lieblingsmuscheln bestellt, verlangt er »Speisen im Panzer«. Während seiner »weichen Periode« beschäftigte ihn Gehirn in Butter sehr stark.

George Keller, sein Händler, ißt häufig mit ihm. Zu der Zeit, als Dali die »lebendigen Stationen« seiner weichen Periode durchlief und entsprechend malte, gingen sie in Henri Soules Lokal, und Dali bestellte Hirn – »sehr weich«.

»Und vielleicht ein Gemüse?« fragte der Kellner.

»Wie wäre es mit Spinat?« schlug Keller vor.

Dali wurde wütend. »Nein, nein, *niemals*. Könnte Sand drin sein. Was könnte härter sein als ein einziges Sandkorn?«

Ein andermal, während der Periode der »aufgeweichten Uhren«, erklärte er Keller, er liebe Camembert-Käse, vor allem wenn er reif sei und zu laufen anfange, »weil er dann genau die Gestalt aufgeweichter Uhren annimmt«.

Auch die Speisekarte des allein in Cadaques lebenden jungen Mannes wies eine große Vorliebe für das Meeresleben auf. An sonnigen Wintertagen aß er häufig drei Dutzend Seeigel zu einer Mahlzeit. Seine größte Freude war es – ein Stück gut geröstetes Brot in der Hand –, den zuckenden Körper aus dem Seeigelpanzer zu schlürfen. Am allerbesten mundeten ihm die sehr roten Felsigel, die man im Monat Mai im Mittelmeer findet.

[1] Der Autorin von Mr. Frankfurter berichtet.

Über Früchte hatte er sehr bestimmte Ansichten; sie bedeuteten für ihn den Gipfel der »geschmacklichen und vegetabilen Promiskuität«. Er biß alles an – Rüben, Pfirsiche, zarte Zwiebeln –, doch weil er sich stets fürchtete, daß Versuchungen ihren Reiz verlieren könnten, warf er die so begehrte Frucht nach dem ersten Biß weg – um sich die Lust ungestillt zu erhalten. Bisweilen begnügte er sich damit, eine Frucht aufzunehmen und lediglich an die Lippen zu drücken – oder auch an die Wange, besonders Pflaumen.

Über seine Eßgewohnheiten ist er immer sehr mitteilsam gewesen. Einmal schrieb er von »der sinnlichen Intelligenz, die ich im heiligen Tabernakel des Gaumens besitze«.

Nach den Spannungen und Kämpfen in Paris kam eine Zeit in Cadaques, da seine Nerven so wund waren, daß er alles gern aß. Er fühlte sich dauernd ausgehungert und plante, eine große Tafel ganz aus hartgekochten Eiern zu bauen, damit er ständig davon essen könne.

Um zu beweisen, daß der Plan ausführbar sei, stellte er folgendes Rezept auf: Man nehme zunächst einen Tisch (am besten im Stil Louis quatorze) und mache davon eine Form aus Zelluloid. Statt nun Gips in die Form zu gießen, wird sie mit einer großen Menge Eiweiß gefüllt und danach in ein heißes Wasserbad getaucht. Sobald das Eiweiß gerinnt, drückt man die Eigelb mit Hilfe von Röhren hinein. Wenn alles hart genug ist, wird die Form zerbrochen und durch pulverisierte Eierschalen ersetzt, die zur Außenschale werden. Will man es ganz vollkommen machen, kann man die Oberfläche sogar unter Verwendung von Bimsstein polieren, bis die echte Beschaffenheit einer Eierschale erreicht ist. Sehr einfach.

Die Herstellung einer Venus von Milo aus der gleichen Eiermixtur ist ebenfalls möglich; in Dali erweckt die Vorstellung, Venus mit einem Löffel zu essen, faszinierend erotische Gedanken.

»Ich verstehe einfach nicht«, beschwert sich Dali ein andermal, »daß ich in keinem Restaurant, wo ich gegrillten Hummer bestelle, ein gekochtes Telefon serviert bekomme! Ich verstehe nicht, warum Champagner immer eisgekühlt ist – und warum anderseits Telefone, die üblicherweise so entsetzlich warm und bei der Berührung unangenehm klebrig sind, nicht in silberne Kühler mit Eisstücken gestellt werden.«

Als er einmal einen Scheck eingelöst hatte, einen Vorschuß auf ein Bild, gaben er und Gala sich selbst ein Bankett in Barcelona. Dali aß zwei Dutzend kleine Vögel mit gebratenen Pilzen (zwei seiner katalanischen Lieblingsgerichte) und schwemmte alles mit Champagner hinunter.

Wie jeder Katalane hat auch Dali eine besondere Vorliebe für Bohnen; sie müssen mit Speck und sehr fetter landesüblicher Blutwurst, *butifarra* genannt, gekocht sein. Das wesentliche Geheimnis ist, ein wenig Schokolade und einige Lorbeerblätter in das Gemisch zu tun; das klingt genau wie ein vollendet surrealistisches Gebräu, ist vermutlich jedoch wirklich ein verbreitetes katalanisches Gericht.

Gedanken über Speisen eröffnen sogar das erste Kapitel seiner Autobiographie, ebenso die voraufgehende Einleitung. Die erste Seite beginnt:

»*Ich weiß, was ich esse,*
Ich weiß nicht, was ich tue.«

Darauf beschreibt er (»trotz der Schildwache des Abscheus«) mit Behagen seine Vorliebe für Dinge wie Della Portas Rezept, »einen Truthahn zu braten, ohne ihn zu töten, um auf diese Weise die höchste Verfeinerung zu erreichen: ihn gebraten und lebendig zu verspeisen«. Und: »Nichts darf man für zu schleimig, gelatinös, schwabblig, unbestimmt halten, als daß man Verlangen danach verspüren könnte, ob es sich nun um die höchste Viskosität eines Fischauges, das schlüpfrige Gehirn eines Vogels, das spermatozoische Mark eines Knochens oder die sumpfige Üppigkeit einer Auster handelt.« Die Austern durften ihm übrigens nie ohne die Schalen serviert werden: er weigerte sich, »die formlose Manscherei« zu essen, wenn sie herausgelöst waren.

In seinem Roman *Hidden Faces* geht seine Vorliebe für Spanien aus der Beschreibung eines Kleides hervor (dessen Entwurf er Chanel zuschreibt!), sehr tief ausgeschnitten, mit Rosen besetzt, die aus drei Lagen schwarzer und kremfarbiger Spitze gemacht sind. Im Innern des Ausschnitts verbergen sich große Perlenraupen. Der Mann rechts neben der Frau, die dieses Kleid bei einem Diner trägt, gibt anmaßende Kommentare dazu – und schließt: »Der Ausschnitt Ihres Kleides, Madame, ist durchaus eßbar, einschließlich der Rosen, doch für meinen Geschmack hätten die Raupen auf einer eigenen Schüssel serviert werden müssen, so daß man selber zugreifen könnte.«

In einem Interview erteilte er sich selbst das letzte Wort zu diesem Thema und verknüpfte dabei »geschmackloses Essen« und »geschmacklose Kunst«: »Das Essen in Britannien und Amerika ist barbarisch. Keine Nation mit barbarischen Speisen kann gute Gemälde hervorbringen«, verkündete er. »Das Kochen steht dem Malen sehr nahe. Bereitet man ein Gericht zu, tut man ein wenig von diesem und ein wenig von jenem daran. Man probiert es, kostet es, denkt darüber nach. Dann hat man den Geschmack – es ist, als ob man Farben mischte.«

DER SCHAUSTELLER

»Dali, Clown-Fürst der Kunst«?

Diese Bezeichnung enthüllt vielleicht Dalis üblicherweise verborgene Achillesferse. Zum erstenmal wurde sie von einem Journalisten benutzt, und Dali regte sich ungemein darüber auf. Fast nichts, was sonst über ihn gesagt wurde, hat ihn so sehr getroffen.

Neal Anthony prägte den Ausdruck in einem umfangreichen Artikel, der in mehreren Zeitungen erschien. A. Reynolds Morse entlieh diesen Satz als Titel für seinen Kreuzzug von Vorträgen über Dalis Werk, die er an Universitäten und Museen hielt.

Morse betont darin das Phänomen des Dali-Klimas – ein Klima, wie es nie zuvor für irgendeinen Künstler existiert hat und in dem »sein persönlicher Ruhm den Ruhm seiner Bilder so weit übertraf, daß sich ein Zweifel an seiner Qualifizierung als Maler erhebt«.

Morse besitzt nicht nur mehr Bilder von Dali als jeder andere Sammler, sondern ist überdies ein persönlicher Freund des Malers. In seinem Bedauern über Dalis Publizität gibt er zu, daß Dalis Sensationen und seine kommerziellen Spekulationen wahrscheinlich »billig machten, was nicht billig ist«, daß jedoch trotz allem »die Zukunft die Wahrheit von Dalis eigenem unklugen Anspruch, er sei ›der Erlöser der modernen Kunst‹, anerkennen werde«.

Von dem Schlagzeilenjäger erklärt Morse, daß Dali die Berichte über seine Exzentrizitäten völlig gleichgültig ließen, daß er die Erwähnungen in den Nachrichtenmitteln nach dem Volumen und nicht nach der Qualität bewerte und den kindlichen Glauben besitze, jede Publizität sei gut[1]. »Der Dali, den ich aus meinen Mappen mit Zeitungsausschnitten kenne, ist ein völlig anderer Mensch als der Mann,

[1] »Ich habe nicht gelesen, was die britischen Zeitungen über meine Bilder zu sagen hatten. Doch solange sie überhaupt etwas gesagt haben, bin ich zufrieden. In Amerika bringt mir meine Sekretärin jeden Morgen nach dem Frühstück alle Presseberichte über meine Werke, in versiegelten Umschlägen. Ich öffne sie nie. Aber je schwerer sie sind, desto glücklicher bin ich.« *Liverpool Daily Post*, 7. Dezember 1951.

der ein ruhiges einfaches Leben in seinem Haus in Port Lligat führt«, seufzte er.

Er hat Dali häufig (privat und in seinen Vorträgen) bitter getadelt, daß er sich seine persönlichen Symbole und Methoden nicht für ernsthafte Bilder aufhebe. Allzuoft erscheinen die gleichen Ideen und Objekte auf Plakaten, kommerziellen Projekten und Sensationsstücken. Und Dali versteht einfach nicht, daß sein Freund seine künstlerische Aufrichtigkeit in Zweifel zieht. »Solche Dinge machen mir Spaß und bringen Geld ein«, lautet seine Entschuldigung.

Nach Morses Ansicht sind die bedeutenden Werke von Dali jene, die er ohne bewußtes Streben nach Effekten oder Publizität geschaffen hat und die er oft mit den Worten abtut, er habe sie nur so hingehauen. Morse schließt seinen Vortrag: »Es ist nicht vornehm, wenn ein Künstler zu Lebzeiten Erfolg hat. Dali hat sich die Kunstwelt entfremdet, weil er sich selber, ohne Hilfe der Kritiker populär gemacht hat. Die Zukunft wird Dali am Ende weit über Picasso stellen«.[1]

Trotz der gelegentlichen Verzweiflung dieses Freundes (und anderer Kunstsammler) hält Dali an der frommen Verehrung des freien gedruckten Wortes fest. Der Tagesreporter ist sein Freund – ob er pro oder contra Dali, ob er ernsthaft oder satirisch schreibt.

Dalis Förderer aus jüngster Zeit, der hervorragende Chester Dale, der drei von Dalis kunstvollsten Gemälden kaufte oder in Auftrag gab (laut Dali Meisterwerke), gerät über das Schaustellertum des Malers weniger in Zorn als Morse.

Den größten Teil seines Ruhmes verdankt Dali den spaltenlangen Artikeln der amerikanischen Nachrichtenreporter – und das weiß er. Geschäftstüchtigkeit ist wahrscheinlich das bessere Wort für all das als Schaustellertum. Daß die Reporter ständig in die Dali-Kerbe hauen, hat zu dem Ergebnis geführt, daß Millionen von Menschen, die sich niemals ein Bild von Dali leisten könnten und die selten, wenn überhaupt einmal, im Museum ein Dali-Original zu sehen bekamen – nur neun amerikanische Museen besitzen einen Dali –, dennoch alles über Dali wissen, seine Aussprüche lesen, seine auffallenden Themen dargestellt finden und überall Reproduktionen seiner Gemälde sehen.

Dalis Begabung, mit seiner Malerei für Schlagzeilen zu sorgen, sowie sein erstaunlicher Egoismus haben sich als unschlagbar erwiesen,

[1] Morses Kommentar über Picasso in der dem Vortrag folgenden Fragestunde: »Dali ist einer der größten Maler aller Zeiten – weit größer als Picasso. Vieles von der abstrakten Kunst«, schloß er, »wird in Zukunft dorthin verbannt werden, wohin es gehört – in den Tapetenkatalog.«

wenn er dadurch auch viel von der ernsthaften Aufmerksamkeit der kritischen Kunstwelt verloren hat. Als Liebling der Reporter hat er ihnen all seine Verirrungen, seine Posen, seine zitierbaren Entstellungen der englischen Sprache, seine größenwahnsinnigen Gedanken in die Schreibmaschine fließen lassen. Und die Reporter haben jede seiner Herausforderungen angenommen und aufgegriffen. Dali ist immer Sensationsmaterial – selbst wenn er es nicht darauf anlegt.

Clarence Joseph Bullett sagt in seinem Buch *The Significant Moderns and their Pictures*[1]: »Salvador Dali, Surrealist, besitzt die Fähigkeit, eine gute Story zu liefern, wie die Zeitungsleute es nennen. Was er auch tut, es hat Wert für die Nachrichtenspalte; bei Manet war es ebenso, und heute verfügen Matisse und Picasso über diese Gabe.« Zwanzig Jahre nachdem dieses Buch geschrieben wurde, ist diese Charakterisierung nur noch zutreffender. Heute ist Dali Sensation.

George Keller behauptete, Dali laufe der Publizität nicht nach – »er ist zufällig erstklassiges Material«. Er erzählt die Geschichte eines Journalisten in einer amerikanischen Stadt außerhalb von New York, der Dali um ein Interview bat. »Gewiß! Lunchen wir zusammen«, erwiderte Dali. »Das ist eine alte französische Sitte.« Der Journalist war entzückt. Viereinhalb Stunden später verließ der Reporter mit gefülltem Notizbuch und Magen den erschöpften Maler. Als er Keller traf, sagte er: »Und ob dieser Mann die Publizität liebt!« Keller erinnerte ihn daran, daß Dali ihn ja nicht darum gebeten habe.

Diese Neigung zur Sensation äußert sich automatisch, auch wenn ihn kein Reporter um Material bedrängt. Anscheinend ist Dali unfähig, »normal zu handeln« – um den Ausdruck in seinem weitesten Sinn zu benutzen. Es gibt unzählige Geschichten, die diese Theorie stützen. Als Dali mit dreiunddreißig Jahren in Paris lebte, bat ihn zum Beispiel ein glänzender junger Psychiater, Jacques Lacan, der einen Artikel über Dali in der Zeitschrift *Le Minotaure* gelesen hatte, ihn besuchen zu dürfen. Die Ansichten der beiden waren völlig entgegengesetzt; die Unterhaltung wurde zu einem wilden dialektischen Tumult und dauerte mehr als zwei angespannte Stunden.

Während des Gesprächs wandte Lacan nie die Augen von Dalis Gesicht – er schien es in höchster Beunruhigung zu durchforschen, und das versetzte Dali in Entzücken. Doch als Lacan gegangen war, entdeckte Dali den Grund; der Psychiater hatte es nicht getan, um Dalis Gesichts-Morphologie zu studieren oder etwas von ähnlich wissen-

[1] 1936 (zitiert nach James Thrall Soby in seiner Monographie *Salvador Dali*, Museum of Modern Art).

schaftlicher Bedeutung. Dali hatte nur vergessen, das kleine weiße Stück Papier abzunehmen, das er sich, bevor der Besucher kam, an die Nasenspitze geklebt hatte, um jede Lichtreflexion auf die Zeichnung auszuschalten, an der er gerade arbeitete. »Welcher Zyniker«, fragte Lacan, »hätte diese Rolle bis zum Ende durchstehen können?«
Diese Geschichte könnte einer der Schlüssel dazu sein, warum Dali als Clown verschrien war. Jede seiner unbewußten Handlungen hat – genau wie die bewußten – irgendwie den Charakter einer Sensation, eines Kunststücks. Ein anderer Schlüssel mag sich in seinem Humor finden, der häufig so makaber und spöttisch oder gar herausfordernd ist, daß er ganz automatisch für Sensationsnachrichten sorgt.
Vielleicht haben sensationelle Kunststücke Dali mehr als alles andere in den Ruf eines Clowns gebracht. Dabei spielen die Titel seiner Bilder keine geringe Rolle; sie wirken ebenso clownhaft wie mystifizierend. In seiner ersten amerikanischen Ausstellung (1934 in der Julien Levy Gallery) veranlaßte das Bild mit dem Namen »Friseur, über beständig schönes Wetter beunruhigt« die Beschauer, sich beunruhigt die eigenen Köpfe zu kratzen. Keiner merkte, daß Dali ein Wortspiel mit *distressed* (beunruhigt, verwirrt) und dem von ihm selbst gebildeten *dis-dressed* (entkleidet) beabsichtigt hatte; aber selbst wenn die Besucher das gewußt hätten, würde ihre Verwirrung kaum geringer gewesen sein.
Ein weiteres Beispiel für Dalis sensationelle Überraschungen: Im Mai 1954 stieg er bei einem von ihm veranlaßten Interview in Rom aus einem weißen Ei heraus; das Ei war mit 918 kabbalistischen Zeichen bemalt, »die das Wissen der ganzen Welt enthielten«. Als er herausschlüpfte, verkündete Dali: »Ich bin wiedergeboren. Ich bin aus dem Ei geboren. Es ist der vollendete Kubus. Ein spanisches Ei muß kategorisch und kubisch sein. Idealerweise müßte ein Mensch zweimal wiedergeboren werden – entsprechend der pythagoräischen Drei. Ich werde eben zum zweitenmal geboren.« Das war eine Szene, über die ernsthafte Kunstliebhaber kaum in Freude ausbrechen.
Andere Überraschungen:
Bei einem Besuch in London trug er den beliebten Frack, mit achtundachtzig Likörgläsern bedeckt, die jedes mit *Crème de menthe* und einer toten Fliege gefüllt waren – »ein Anzug, der Liebe vortäuscht«.
Im Jahr 1951 kam er in London mit einer Fracht von zehn Koffern an, die mit Notizbüchern, mehreren viktorianischen Petroleumlampen (»zur Inspiration«) und einer Sammlung aufgespießter Schmetterlinge vollgestopft waren. »Man weiß es nicht«, schrieb die *Sunday Chronicle*

am 2. Dezember, »aber vielleicht verlangt Dali wirklich in einem mit Seide ausgeschlagenen Sarg zu schlafen... oder durch die Stadt in einem Auto eigener Erfindung zu fahren, dessen Dach so konstruiert ist, daß es ihn mit künstlichem Regen besprengt. Diese Passion, die Aufmerksamkeit auf sich zu lenken, beherrscht Salvador seit seiner Jugend, in der er viel Zeit damit zubrachte, an den Fersen vom Dach seines Hauses zu hängen, bis er das Bewußtsein fast verloren hatte.«
Bei dem gleichen Besuch schrieb der *Daily Mirror* am 8. Dezember: »Da wird eine (empörend unwahre!) Geschichte über Salvador Dali, den surrealistischen Künstler, verbreitet. Nach dieser Geschichte sei Mr. Dali neulich abends in seine Etagenwohnung gekommen und habe gesehen, wie ein Einbrecher aus dem Fenster stieg. Mit großer Geistesgegenwart habe Dali eine Blitzzeichnung von dem Eindringling gemacht und sie der Polizei übergeben. Auf Grund der Skizze habe die Polizei mittlerweile vier Pferde, eine siamesische Katze, ein Paar Bücklinge und einen Korkenzieher verhört.«
Und die Zeitschrift *Apollo* schrieb in ihrer Ausgabe vom Januar 1952: »So wird er laut Presseberichten fotografiert: einmal an einer Hummerreuse festgebunden, ein andermal operettenhaft in seinem Sessel schlafend, während ihm aus der ausgestreckten Hand ein ungeheurer Schlüssel fällt, der einen darunter auf der Erde stehenden Teller zerschlägt und so das Genie weckt. In New York, wo Dali, wie wir annehmen dürfen, einige dieser Tricks auflas, wurde ein Journalist, der ihn interviewen wollte, eingeladen, auf einen Baum zu steigen, wo der Maler zwei bequeme Sessel zwischen den Ästen aufgestellt hatte. So sickert – wie bei Filmstars – die Nachricht durch, daß er dreizehntausend (oder waren es fünfzehntausend?) Pfund Sterling für ein Bild erhalten habe. Und er tritt unter Berufung auf Christine von Schweden in die römisch-katholische Kirche ein. Das Ergebnis von alledem, was es auch sonst wert sein mag, ist, daß der Mann auf der Straße weiß, es gibt einen Maler namens Salvador Dali, und daß keine Gastgeberin am Mayfair bei ihren Cocktail-Parties auf ihn als Gesprächsthema verzichten kann.«
Selbst der Stierkampf sollte von Dali geändert werden. Jaume Miravittles, der katalanische Schriftsteller und alte Freund von Dali, beschreibt den surrealistischen Stierkampf, wie Dali ihn erfunden hat[1]:

[1] *Excelsior*, Mexico, 1954.

»Von Dalí und Dominguín

Dalí und Dominguín, zwei D, waren geboren, um sich gegenseitig zu bewundern. Sie sind die beiden großen Exzentriker des heutigen Spaniens, doch ihre Tätigkeiten unterscheiden sich so sehr voneinander, daß keinerlei temperamentsbedingter Zusammenstoß oder berufliche Rivalität zwischen ihnen entstehen kann. Diese beiden großen Künstler entschlossen sich eines Tages, einen surrealistischen Stierkampf für die Fiesta von La Merced, der Schutzheiligen von Barcelona, zu veranstalten, und der Eigentümer der Arena von Barcelona erklärte sich bereit, ihnen seine volle Unterstützung zu gewähren.

Was ein ›surrealistischer Stierkampf‹ sein könnte, weiß ich nicht genau, und ich bezweifle auch, daß Dalí oder Dominguín es wissen. Dalí sagt, er wolle surrealistische Kostüme entwerfen, für Matadore, Pikadore, Pferde... und Stiere. Die Arena soll offensichtlich in einen Parnaß verwandelt werden, auf dem Dalís Gattin Gala den Vorsitz führt. Dem Stierkampf werden die hervorragendsten Vertreter der Gesellschaft und Kunst in Europa beiwohnen, in entsprechende, das heißt: surrealistische, Kostüme gekleidet. Ehe der Stierkampf beginnt, wird Gala Dominguín ein Kreuz aus Gold und Diamanten an die Brust heften, das Dalí entworfen hat und das in New York als ein Wunder von Genialität und Schönheit ausgestellt worden ist. Es wird auf zwanzigtausend Dollar geschätzt. Aber es soll kein Geschenk sein, wie Dalí erklärt, sondern nur eine Leihgabe.

Nach seinem Triumph im Ring wird Dominguín mit dem Siegeslorbeer gekrönt werden. Doch beim Stierkampf, so fährt Dalí fort, gibt es immer zwei Sieger: den Stierkämpfer, der durch das Töten siegt, und den Stier, der durch das Sterben siegt. Überdies ist der Stier in allen primitiven Kulturen das Symbol des Mystizismus. Es ist, wie Dalí hinzufügt, kein Zufall, daß das mystischste Volk der Welt, die Spanier, das Ritual der Stiertötung zu ihrer nationalen Fiesta gemacht haben. Daher findet Dalí den Brauch, den getöteten Stier von Maultieren hinauszerren zu lassen, demütigend und unpassend. (Die Redensart ›*Está por el arrastre* – Er ist so weit, um aus der Arena geschleppt zu werden‹ ist ein typisch spanischer Ausdruck der Verachtung.) Der Stier, meint Dalí, solle mindestens ebenso hoch erhoben werden wie der Stierkämpfer, wenn nicht sogar höher. Mit Rücksicht darauf plant Dalí, den toten Stier, statt ihn rund um die Arena zerren zu lassen, mit einem Hubschrauber in den Himmel zu heben und zum Gipfel des Montserrat zu tragen, dem legendären Gebirge des Heiligen Grals und des Schreins der ›Moreneta‹

oder Schwarzen Jungfrau, damit er dort von den Adlern verzehrt werde.
Der Spanier ist, wie jeder weiß, ein Mensch der Vertikalen, sagt Dali. Deshalb sind die beiden einzigen mechanischen Erfindungen des spanischen Genies Gegenstände, die das Reisen in vertikaler Richtung ermöglichen: das Unterseeboot abwärts und der Hubschrauber aufwärts. Die Auffahrt des Stieres wird also in der spanischen Tradition der Vertikalen erfolgen.
Wir können nur hoffen, daß Dominguín dem Stier bei seinem neuartigen Aufstieg in den Himmel nicht folgt.«

Diese so ausführlich beschriebene und so liebevoll geplante Sensationsnummer besteht nur auf dem Papier. Sie ist nie durchgeführt worden.

Das Fernsehen gehört Dali

Das Fernsehen ist Dalis Leibgericht und Hochgenuß; dabei gedeiht er. Gierig verschlingt er die ganze Elektronenwissenschaft. Noch nie hat man gehört, daß er irgendeine Einladung, vor den vielköpfigen Kameras zu erscheinen, abgelehnt hätte. Techniker, Regisseure, Ansager, Kameraleute und Beamte mögen immer schwindliger werden – Dali ist selig entspannt und zufrieden. »All diese Millionen Leute betrachten mich«, scheint er sich selber zuzulächeln.
Wenn er eingeladen wird, gibt es immer ein Gewirr von Kabeln. Seine vermutlich erste Erfahrung mit dem Fernsehen hatte er in New York bei der Sendung von Faye Emerson im Jahr 1950. Miß Emerson hatte Dali vorgeschlagen, Mrs. Eleanor Roosevelt (die damals Miß Emersons Schwiegermutter war) zu der Sendung mitzubringen. »Vielleicht«, erwiderte Dali. »Vielleicht bringe ich auch zwei indische Prinzessinnen, vielleicht auch ein, zwei Könige mit. Vielleicht bringe ich auch ein paar Tiere – und vielleicht erscheine ich auch gar nicht.«[1]
Sieben Jahre später las man am 19. März 1958 in der *New York Times*, daß »der Surrealist mit dem aerodynamisch aufreizenden Schnurrbart« Gast bei einem bizarren Quizprogramm gewesen sei, das dreißig Minuten dauerte. Dali wurde gefragt, ob er Sex für schön oder häßlich halte. »Sein Akzent und ein falsch aufgebautes Mikrofon machten die meisten seiner Antworten so gut wie unverständlich, doch dieser Mangel war für die Besitzer eines Fernsehapparates nicht

[1] Leonard Lyons, *New York Post*.

unerträglich. Nach den wenigen Sätzen, die man hören konnte, schien Sex eine schreckliche Last zu sein«, schrieb der Journalist. »Vermutlich hatte die Fernsehgesellschaft gehofft, Mr. Dali werde ein wenig Feuerwerk abbrennen, doch sein Benehmen zeigte, wie genau er wußte, daß die Sendung nicht auf andere Stationen übertragen wurde.«

In den seither verflossenen Jahren ist Dali häufig auf dem Fernsehschirm erschienen, doch einer Sendung in London wird man sich noch lange erinnern. Dabei war er Gast von Malcolm Muggeridge, der damals Redakteur des *Punch* und außerdem Leiter eines regelmäßigen Programms in der BBC war.

Die Teilnehmer dieser BBC-Fernsehsendung hätten lange suchen müssen, um ein vollendeteres Zweigespann zu finden als Muggeridge mit seinem Koboldgesicht, der beißend scharfen Zunge und der krächzenden Stimme und den augenrollenden Dali mit wackelndem Schnurrbart und seinem »gebrochenen« Englisch. Nur wenige haben dieses Gespräch vergessen:

M. M.: Mr. Dali, wir werden Englisch sprechen, das, wie ich weiß, nicht Ihre Muttersprache ist.

S. D.: Ja, mein Englisch bleibt sehr, sehr problematisch, das ist aber nicht so wichtig, weil es absolut ausreicht, wenn jemand nur ein kleines bißchen von meinen Ideen erfaßt – da dalinische Ideen eine *ungeheure* Keimkraft besitzen.

M. M.: Erste Frage: Vermutlich sollte ich nach Ihrer Kunst fragen – aber eine gewisse köstliche Frivolität in Ihnen veranlaßt mich zu der Frage, wie Sie es fertigbringen, einen so wunderbaren Schnurrbart zu bekommen.

S. D.: Zu Anfang nur ein Naturprodukt, SCHMUTZ. Im letzten Augenblick vom Mittagessen säubere meine Fingernägel am Schnurrbart. Das bleibt ganzen Nachmittag – sehr wirksam. Aber jetzt ist ein Produkt sehr gut in der Place Vendôme – ungarisches Wachs (von Pinaud). Sehr berühmtes Wachs – schon Marcel Proust hat dies benutzt. Er benutzt sein Wachs auf andere Weise, in anderer Stimmung – auf eine deprimierende, psychotische Art. Mein Schnurrbart ist sehr fröhlich, sehr spitz, sehr aggressiv.

M. M.: Haben Sie nachts Schwierigkeiten damit?

S. D.: Nein. Mache ihn jeden Abend sauber – wird weich. Er hängt. Morgens richte ich meinen Schnurrbart in drei Minuten – wird jeden Tag praktischer für meine Inspiration.

M. M.: Morgens geht er wieder hoch?

S. D.: In wenigen Minuten.
M. M.: Sie sind nach England gekommen, um ein Porträt von Sir Laurence Olivier zu malen – wie geht die Arbeit voran?
S. D.: Sehr gut, sehr gut – nur noch fünfzehn Minuten, fast fertig. Sir Olivier legt zwei Stunden lang Make-up auf. Ich selber vollende in fünfzehn Minuten das Porträt, nun wird nur die Realisation nötig – vielleicht einen Monat. Alles in meinem Geist sehr klar, sehr lebendig.
M. M.: Werden wir dieses Porträt auf unsere vielleicht altmodische Weise als exzentrisch betrachten (Sie wissen schon, mit Hummern auf den Schultern und solchen Sachen), oder wird es ihm ähnlich sehen?
S. D.: Dieses Porträt ist meiner Ansicht nach vielleicht eins der sensationellsten – unmöglich vorher zu sagen. Niemand darf dieses Porträt ansehen, ehe es beendet ist. Das sind meine Bedingungen. Ich liebe es nicht, die Legende zu malen. Ich liebe es nicht, historische Leute zu malen. Ich liebe es nicht, Sir Laurence Olivier zu malen. Ich liebe es nicht, seine Gestalt aus dem Film zu malen. Ich liebe es, ein integrales und völlig dalinisches Porträt zu produzieren.
M. M.: Trägt er darauf das Kostüm aus dem Film?
S. D.: Ja, aber ich liebe es sehr, ein Tier im Mittelpunkt des Bildes zu haben. *Sanglier. Comment s'appelle sanglier en anglais* (kleines winziges Ding)?
M. M.: So, ja – wie zum Henker heißt *sanglier* auf englisch? Eber.
S. D.: *Oui, oui, oui – c'est un* Eber. *Porc avec longues dents.* Er ist das Totem von Richard III. – ich mache in der Mitte ein großes Halsband aus Gold, Email und kostbaren Steinen, das das Totem darstellt. Sehr aggressiv.
M. M.: Also werden Olivier und Richard beide dem köstlichen kleinen Tier mit Goldzähnen ähneln?
S. D.: Ausgezeichnet.
M. M.: Mr. Dali, wen außer Ihnen selbst würden Sie für einen Porträtmaler halten?
S. D.: Gibt keinen in modernen Zeiten. Ich selber halte Picasso für fähig, ungewöhnlich gute Porträts zu produzieren. Aber er liebt diese Art von Tätigkeit nicht.
M. M.: Und wie steht es zum Beispiel mit Augustus John?
S. D.: Sehr guter Zeichner, aber seine Malerei hat die gleichen Merkmale wie die der andern englischen Maler: schmutzige Farben, Melancholie, traurig, deprimierend.
M. M.: Leidet unsere Kunst im ganzen an übermäßiger Melancholie?
S. D.: Ja, sogar junge Maler. Jeder einzelne Maler immer noch

trüber – malt melancholische Tiere, Fische, Orte, Häuser. Alles sehr schmutzig, nur sehr schmutzige Farben und sehr deprimierende Wirkungen.
M. M.: Warum so traurig? Warum arme alte Esel, alles so traurig, traurig, traurig?
S. D.: Ich selbst nicht traurig. Ich selbst glaube im Gegenteil, daß das moderne Atomzeitalter sehr fröhlich. Nichts fröhlicher als die Kollisionen und Explosionen der Atomzusammenstöße der Kernphysik... für mich ist das eine sehr glückliche Sache, die Nuklearatome, Protonen... alles hüpft und tobt in vollkommen außergewöhnlichem, rhythmischem Gefühl. Ich selber jeden Tag fröhlicher – aber die Leute jeden Tag trauriger, deprimierter, melancholischer vor physischer und wirklicher Erschöpfung.
M. M.: Gilt das auch für New York?
S. D.: Nein! In New York ist in diesem Augenblick eine sehr große Menge abstrakter Maler. Die malen in New York reichlich und heftig – vollkommen explosiv. Ich selber liebe abstrakte Malerei nicht – ich glaube nur an ihre dekorative Kraft – aber ungeheure Vitalität. Explosive Maler.
M. M.: Nennen Sie sich immer noch Surrealist?
S. D.: Ich halte mich selber für den einzigen Surrealisten, der diese Art Inspiration fortsetzt.
M. M.: Sie sind also tatsächlich der einzige Überlebende?
S. D.: *Avec la différence*. Ich selbst verkörpere und sublimiere die erste Erfahrung in meinem Leben in der großen klassischen Tradition der spanischen Malerei. Der Grund meines Wesens weicht völlig vom Surrealismus ab. Die surrealistische Schule ist ebenfalls in Melancholie zusammengebrochen wie die andern Arten moderner Schulen.
M. M.: Sie meinen, der Surrealismus, der sehr fröhlich begonnen habe, sei nun in Melancholie und Verzweiflung versunken? Und Sie allein seien heiter und mutig gestimmt geblieben?
S. D.: Ja, das stimmt absolut.
M. M.: Wie steht es mit Ihren wunderbaren Scherzen, die wir kennen? Werden Sie es weiter in Taxen regnen lassen und so fort?
S. D.: Dies entspricht der ersten Periode meines Lebens. Im Augenblick gilt mein allergrößtes Interesse der Psychoanalyse. Ich komme nach London, um Dr. Freud kennenzulernen. *Mais* jetzt gilt mein Interesse nur den gewaltigen Fortschritten der Kernforschung und Kernphysik. Eine neue Art atomarer und nuklearer Mystik.

Als er 1956 in einer Fernsehsendung des Columbia Broadcasting System erschien, brauchte er eine Menge Utensilien, die seiner besten Tradition entsprachen: ein ganzes Lager elektronischer Schaustücke, die von Technikern bedient werden mußten, einen Rhinozeroskopf, zwölf Blumenkohlköpfe, einen Filmausschnitt von einer Atomexplosion, eine Reproduktion von Vermeers »Die Spitzenklöpplerin« und eine Fotografie vom Horn eines Rhinozeros, auf den Kopf der Spitzenklöpplerin kopiert – und »vollendetes Zusammenspiel«.
Alan E. Brandt, Werbechef der Vormittagssendungen beim Columbia Broadcasting System, hatte sich ausgedacht, den Maestro mit dem Schnurrbart heranzuziehen. Die Sache wurde perfekt, als Brandt Dali einen Film von dem ganzen Vorgang zu eigenem Gebrauch versprach. Brandt beschreibt die erste »Arbeitssitzung«:
»Ich ging in das kleinere Zimmer seines Hotelappartements, das nichts enthielt als das ungeheure Gemälde ›Die Kreuzigung‹, an dem Dali noch arbeitete. Er meinte, das Bild könne ein interessantes Zubehör für die Fernsehsendung sein, in der er nachweisen wollte, daß der Blumenkohl jeder Kunst zugrunde liege. Ich wandte diplomatisch ein, daß ich nicht die Verantwortung für die Verbindung eines Kruzifixes mit einem Blumenkohl übernehmen könne. ›Können Sie mir dann einen großen Rhinozeroskopf beschaffen?‹ Die Frage zeigte, daß er dieses Thema hatte fallenlassen.
Unten an der Bar setzten wir uns mit dem Regisseur und dem Produzenten der Sendung zusammen. Dali ratterte seine technischen Forderungen herunter; der arme Regisseur konnte Dalis Wortflut nur mit einer Reihe recht ungläubiger Schnauftöne unterstreichen: ›Eine Sonnenblume mit der gleichen Silhouette wie ein Rhinozeroshorn? Ich werde im Magazin fragen. Ja, ich glaube, daß ich einen Blumenkohl pulsieren lassen kann...‹ Indessen war der Produzent eifrig beschäftigt, die Kosten zu schätzen.
Während der Probenzeit fand Mr. Dali im Hutgeschäft Cavanaugh auf der Park Avenue einen seltsamen ›Hut‹ aus Metallrippen, der dazu benutzt wurde, Kopfgröße und -form für Männerhüte festzustellen. Der reizte ihn, und er meinte, er könne ihn gut für seine Fernsehsendung brauchen. Doch sein Gewicht erwies sich als zu schwer, so daß man ihn nicht für längere Zeit aufsetzen konnte; deshalb kehrte er zum Tirolerhut zurück.
Er arbeitete sehr gut mit, und so wurden die Proben zu einem Erlebnis für uns alle. Da ich Französisch sprach, fiel mir die Dolmetscheraufgabe zu. Dali spricht zwar Englisch, doch es erwies sich,

daß es für die genaueren Anweisungen an die Fernsehmannschaft nicht ausreichte.
Dabei fiel mir die Aufgabe zu, zynischen Atelierarbeitern erklären zu müssen, daß Mr. Dali das Gefühl habe, die Blumenkohlköpfe sollten von Blättern und Blattstielen befreit werden, damit sie die rechte Wirkung hätten. Stellen Sie sich also, wenn Sie wollen, fünf, sechs Atelierarbeiter vor, die unter dem durchbohrenden Auge des ›Meisters‹ Blumenkohl putzen.
Bei der Aufnahme, als er seinen Platz als ›Regisseur‹ im Kontrollraum einnahm, setzte Mr. Dali seinen Tirolerhut auf. Er bat den erbleichenden Produzenten, eine der Mammutkameras in den Kontrollraum zu schaffen, damit auch seine Regisseurtätigkeit aufgenommen werden könne. Es wurde getan; die Kosten waren ungeheuer.
Im Verlauf seiner Regiearbeit ließ er die Linsen der Kamera durch das Atelier wandern – so schenkte er der ganzen Nation Bilder von der gesamten beteiligten Mannschaft einschließlich der Bühnenarbeiter (prompt forderten alle von der Gesellschaft Honorare als Schauspieler).
Am Ende der Probe sprang Dali applaudierend auf. ›*Bravo! C'est magnifique!* Die Falten des Rhinozeros – *parfait.* Heute ist es bestens. Konfusion ist bestens. Unfälle schaffen Schöpfergeist. Ordnung macht Langeweile. Wird ein sehr schönes Programm!‹
Die Reaktion der zuschauenden Fernsehteilnehmer reichte von Anrufen, die die Sendung ›schön‹ nannten, bis zu Beschwerden, daß ›ihr Apparat kaputtgegangen sei‹.«

DIE POLITISCHE SEITE

Politik und Kunst

»Das Volk ist groß, die Aristokratie prächtig, die Mittelschicht mittelmäßig.« DALI IN EINEM BRIEF AN DIE AUTORIN, 1958.

Wie bei Ost und West vermutet man bei Politik und Kunst, daß sie sich niemals begegnen, doch sie tun es. Häufig steht unausgesprochenes Parteigängertum zwischen einem Künstler und dem Publikum, wenn bei den berühmten Wenigen die politischen Absichten der Verkäuflichkeit ihrer Werke auch kaum Abbruch tut. Im Fall Dali scheint ihn ein Instinkt daran zu hindern, seine politischen Überzeugungen allzu laut zu verkünden. »Persönlich hat mich die Politik nie interessiert«, sagte er. Doch die Politik hat dazu beigetragen, daß er sich von der Surrealistengruppe trennen mußte; und wenn er selbst sich auch als unpolitisch und unhistorisch betrachtet, so gab doch sogar Federico García Lorca, sein ergebener spanischer Freund, in der *Ode auf Dali* eine Darstellung, die den Mann etikettiert: »Du nimmst die Fahne, als sei sie ein Joch.« Im *Manifeste mystique* schrieb Dali selber: »Freiheit ist für Herrscher. Jede Rose wächst hinter Gittern.«

Offensichtlich stand Dali auf dem rechten Flügel – er war Monarchist, und einige hielten ihn für einen Faschisten und Hitleranhänger. Breton ging nach »links« (Gascoyne nennt in seinem Buch *A Short Survey of Surrealism* das fünfte surrealistische Manifest – *Die surrealistische Revolution* – »einen Markstein der völligen Abhängigkeit des Surrealismus vom Kommunismus«).

In Dalis »Das Rätsel Hitler« malte er eine so allegorische Geschichte, wie sie nur je geschaffen werden konnte. Ein gigantischer Telefonhörer mit einer zerschlagenen Muschel vergießt ungeheure Regentropfen (oder sind es Tränen?) auf eine Platte, auf der ein winziges, aber tadelloses Porträt von Hitler liegt. Rechts davon steht aufgerichtet ein riesiger Regenschirm. Als Dali gefragt wurde, ob der Schirm Chamberlain in München darstellen solle, erwiderte er, daß er nicht die geringste Ahnung habe, was das Bild bedeute oder warum er es gemalt habe.

Dalis Kritiker weisen immer auf sein Verhalten im Krieg hin. George Orwell war besonders ärgerlich; in seinem Buch *Dickens, Dali and Others* schreibt er:

»Während des spanischen Bürgerkrieges vermeidet er es geschickt, Partei zu nehmen, und macht einen Ausflug nach Italien. Er fühlt sich immer stärker zur Aristokratie hingezogen, frequentiert elegante Salons, sucht sich wohlhabende Patrone und läßt sich mit dem dicken Vicomte de Noailles fotografieren, den er als seinen ›Maecenas‹ hinstellt. Als der europäische Krieg naht, hat er nur ein Interesse: wie er einen Ort finden kann, in dem gut gekocht wird und von dem aus er rasch die Flucht ergreifen kann, falls die Gefahr zu nahe heranrückt. Er setzt sich in Bordeaux fest und flieht während der Schlacht um Frankreich pünktlich nach Spanien. In Spanien bleibt er lange genug, um ein paar anti-rote Greuelgeschichten aufzulesen, dann reist er nach Amerika.«

Malcolm Cowley beliebte (mit ähnlicher Reaktion) Dalis Memoiren zu besprechen, indem er so tat, als sei die Autobiographie das Thema

einer Vorlesung, die ein pedantischer, aber nicht ganz humorloser Professor (der überlegte, ob er offen sprechen dürfe, ohne bei seinem Dekan angeschwärzt zu werden) im Jahr 2043 halte.
Dieser fingierte Professor beschreibt Dali, wie er rasend in einer Villa in der Nähe von Bordeaux malt, als die Deutschen in Frankreich einfallen – und wie er sich dabei bemüht, den Geist der italienischen Renaissance wieder einzufangen. »Ich fiel«, zitiert er Dali, »zurück in jenes ›All‹, das der Geist Leonardos war, Kosmogonie, Kosmogonie, Kosmogonie!... Verglichen mit diesem allen«, erklärt er, »erschien mir der europäische Krieg wie ein episodisches Kindergefecht an der Straßenecke.«
An Cowleys erdachtem Professor haben die meisten Studenten jedoch das Interesse verloren, ehe die Deutschen in Dalis Buch erscheinen. Sie schauen aus dem Fenster ohne viel Teilnahme für eine verrückte Welt, die angeblich vor hundert Jahren zugrunde ging. Die mythischen Deutschen fegten nach Bordeaux hinunter und trugen daliеske Kostüme – »mit Laubzweigen, frisch aus Frankreichs Boden gerissen, die aus ihrem sandfarbenen Tierhaar brachen. Mit andern Worten, die unheimlichen Geschöpfe von Dalis Traum waren lebendig geworden und überrannten die wirkliche Erde.«
In seiner Autobiographie ließ Dali eine der verworrensten Theorien über den Krieg vom Stapel: »Wenn ein Krieg ausbricht, insbesondere ein Bürgerkrieg, wäre es möglich, fast sofort vorherzusehen, welche Seite gewinnen und welche verlieren wird. Jene, die gewinnen werden, haben von Anfang an eine eiserne Gesundheit, und die andern werden immer elender. Die einen können alles essen und haben eine vorzügliche Verdauung. Die andern dagegen werden taub und von Geschwüren bedeckt, sie bekommen Elefantiasis und sind in kurzer Zeit unfähig, zu nutzen, was sie essen. Eine streng kontrollierte statistische Studie in dieser Richtung müßte von größtem wissenschaftlichem Interesse sein.«
In dem Vortrag »Picasso und ich«, den Dali 1951 hielt, bekräftigt er seine Ansicht über Franco: »In unserer Epoche der Mittelmäßigkeit muß alles Große, Bedeutende und Echte außerhalb des Stromes, oft gegen ihn getan werden... Vor Franco tat kein Politiker und keine neue Regierung etwas anderes, als die Verwirrung, die Unordnung und die Lügen in Spanien zu vermehren. Franco bricht heftig aus dieser falschen Tradition aus, er stellt Klarheit, Wahrheit und Ordnung im Lande wieder her – und das in dem anarchischsten Augenblick der Welt. Das erscheint mir überaus originell.«

Doch wirklich entzückt wird Dali erst sein, wenn wieder ein König auf dem Thron Spaniens regiert; freilich ist seine Verehrung für Könige und für das monarchistische System keineswegs jüngeren Datums; als sehr redseliger Debattierender unter den andern jungen Männern seines Alters (meist vom linken Flügel) in der Madrider Akademie vergaß er nie, für die Monarchie als die ideale politische Institution einzutreten. Er stellte sich auf den Standpunkt, daß das Glück nicht von der Gesellschaftsstruktur, dem Lebensstandard oder den politischen Rechten des Volkes abhänge, daß die *Herrscher* sich darauf beschränken sollten, ihre Macht mit einem Maximum an Autorität auszuüben, daß das Volk sie entweder stürzen oder sich ihnen unterwerfen solle (weil jede rationale, mechanische Organisation nur zur Entpersönlichung und Mittelmäßigkeit führen würde). Er setzte hinzu: »Es gibt eine utopische, aber verlockende Möglichkeit – ein anarchistischer absoluter König. Ludwig II. von Bayern war schließlich gar nicht so schlecht!«

Diese Vorstellungen leben noch in ihm; eine gesamteuropäische Monarchie bleibt eine seiner häufigsten Prophezeiungen. »Für die Mittelmäßigen tut die Persönlichkeit der Könige nichts zur Sache. Für mich, ein Genie, genügt es, daß ein König sein Amt von Gottes Gnaden hat.«

Als er 1957 in einer Fernsehsendung gefragt wurde, ob er eine politisch interessierte Persönlichkeit sei oder politische Ansichten habe, erwiderte er unverzüglich mit einem bekannten Selbstzitat: »Die Politik hat mich nie interessiert, weil die politische Bühne zu anekdotisch ist und zu rasch wechselt – und alles ist nur zufällig. Doch da ist eine ganz kleine theoretische Idee über die Monarchie... jeden Tag werde ich monarchistischer... Ich glaube, Europa wird in sechs Jahren völlig monarchistisch... auch bin ich absolut davon überzeugt, daß Rußland monarchistisch wird.«

Jaume Miravittles, der spanische Schriftsteller, der mit Dali zur Schule gegangen ist, hat jedoch eine andere Ansicht. »Ich gab ihm Privatstunden in Mathematik. Wenn ich jemals in meinem Leben ein Wunder vollbracht habe, dann dies, daß es mir gelungen ist, ihn in Algebra durchzuschleppen.« Obwohl sich ihre Wege im Jahr 1923 trennten, blieben sie in ständiger Verbindung miteinander; Miravittles behauptet, Dalis politische Überzeugung besser zu verstehen als alle andern Kritiker Dalis.

Mindestens teilt er Dalis Spaniertum. »Dali«, behauptet er, »ist von dem Phänomen der Politik fasziniert, wenn er sich auch niemals

Die Zukunft Rußlands nach Dalis Ansicht: eine Monarchie, über der Napoleons Schatten schwebt.

politisch betätigt hat. Ihn als Franco-Anhänger, als Monarchisten oder Republikaner zu etikettieren, wäre sinnlos. Dali besitzt eine überzeugte und umfassende Vorstellung von dem Problem der spanischen Geschichte und Politik und hat die originellste Definition von dem Regierungssystem gegeben, das Spanien braucht, die ich je gehört habe. Was Spanien braucht, sagt Dali, ist eine monarchistische Anarchie. Das heißt, Spanien muß unter einem System örtlicher Freiheiten, das sich auf die Gemeinden stützt, und unter der einenden und zusammenhaltenden Macht des historischen und mystischen Ansehens der Krone leben. Wenn jemand glaubt, Dali scherze dabei nur, soll er sich des Beispiels des Britischen Commonwealth erinnern.«

Seine politische Exzentrizität begann frühzeitig; als der Waffenstillstand nach dem ersten Weltkrieg unterzeichnet war, wurde der vierzehnjährige Dali aufgefordert, als Vertreter der Schüler in einer großen, für den nächsten Tag in Figueras geplanten Feier eine Ansprache zu halten. Nervös und sprachlos vor Angst ging er durch die Straßen zum Rathaus, als schreite er zu seiner Hinrichtung. Er wurde mit spöttischem Lachen und vereinzeltem Applaus begrüßt. Er erhob sich und hatte vor Betäubung den sorgfältig schriftlich vorbereiteten Text vergessen. Er vermochte den Mund nicht aufzutun, das Blut stieg ihm zu Kopf. In einer plötzlichen herausfordernden Gebärde hob er die Arme und schrie aus vollem Hals: »Es lebe Deutschland! Es lebe Rußland!«

Mit einem heftigen Fußtritt stieß er das Rednerpult ins Publikum. Dabei überkam ihn etwas wie Selbstachtung. Er ging aus dem Saal, während das Publikum sich stritt und bald eine Saalschlacht begann.

»Wie war's mit deiner Ansprache?« fragte ihn der Vater zu Haus. »Sie war gut!« erwiderte er. Und er hatte recht. Ohne es geplant zu haben, besaß sein Auftritt »enorme politische Qualität« – mindestens nach Ansicht von Martin Villanova, einem der berühmtesten revolutionären Agitatoren Spaniens, der seine Worte als einen wahrheitsgetreuen Kriegsbericht bezeichnete. Am nächsten Tag, bei der Waffenstillstandsparade, schwenkte Dali eine deutsche Fahne; Villanova ging neben ihm, auf seiner Flagge war ein großes USSR aufgemalt – sie war bestimmt die erste ihrer Art, die durch eine spanische Straße getragen wurde.

Während des zweiten Weltkriegs mag man Dalis politischem Standpunkt mit einigem Mißtrauen begegnet sein, doch da all sein Tun von Reklamelawinen bedeckt wurde, vergaß man seine politische Einstellung. Erst als der Krieg vorüber war, stellten seine Gegner diese Fragen energischer – mit Ausnahme des *Art Digest*, der bereits am 1. Dezember 1941 einen Leitartikel unter dem Titel brachte: »Dali ein Faschist?« Vieles darin war aus dem Aufsatz »Wake over Surrealism« (Totenwache an der Leiche des Surrealismus) des amerikanischen Malers Walter Quirt zitiert. Quirt hatte geschrieben:

»Ursprünglich war der Surrealismus eine konstruktive Kunstrichtung, die ›Möglichkeiten zur Entdeckung neuer Inbilder in sich trug‹... doch im Verlauf seiner Entwicklung... versiegten die schöpferischen Kräfte; seine Zerstörer schreiben soeben seine Grabsprüche. Diese Zerstörer sind Dali und seine Anhänger. Sie posierten in der Maske von Welterlösern und trugen so ihr Teil zu seiner Vernichtung bei. Sie verbanden sich mit politischen Parteien und flirteten mit dem Faschismus; sie schufen aus Ordnung Verwirrung und predigten Demoralisierung und Auflösung.«

Während des spanischen Bürgerkriegs blieb Dali auf Francos Seite, verhielt sich jedoch verhältnismäßig schweigsam. Im Jahr 1944 gab er in seinem Roman *Hidden Faces* einige Andeutungen über seine persönlichen Ansichten zum Krieg im allgemeinen. Der Roman ist, wie er selbst zugibt, »ein unbedingt dalinisches Buch, in dem der Leser alle wesentlichen Mythen meines Lebens und meiner Mythologie finden kann«.

Der Roman beginnt mit dem Alptraum von München; Paris ist von Zweifeln und Ängsten gelähmt und betäubt. Dali schreibt von dem »memmenhaften Gefühl der Bewegungsunfähigkeit, dem Gefühl, sich zusammenzurollen und sich die Bettdecke der Verantwortungslosigkeit noch einmal über die Ohren zu ziehen«, von dem »perversen Gefallen an der Tatsache, daß die historischen Nachbarn in Spanien sich in einem der schrecklichsten und grausamsten Kriege der Geschichte gegenseitig abschlachteten...«.

Dali beschreibt diese Periode trotz ihrer Spannungen als eine Epoche dauernder Eleganz, als eine Zeit barocker literarischer Diskussionen über offene Liaisons, verborgener Leidenschaften, »Concierge-Intrigen«, Streitigkeiten und Versöhnungen, nie endenden Klatsches. Für ihn hieß Krieg »unerhörte Wesen, die man aufsteigen sehen wird, die Hirne von klingenden Helmen zusammengepreßt, die Schläfen durchbohrt vom Pfeifen der Schallwellen, die Körper nackt, vom Fieber gelb geworden, pockig von tiefen Geschlechts-Stigmata, über die Insekten schwärmen und die bis zum Rand mit dem schleimigen Ausfluß von Gift gefüllt sind, die überfließen und von denen der Eiter an einer Haut niederrinnt – tigerstreifig und leopardenfleckig von schwärenden Wunden und dem Aussatz der Tarnung – die geschwollenen Leiber zu Tode gefetzt von elektrischen Nabeldrähten, durchflochten mit dem scheußlichen Durcheinander zerrissener Eingeweide und Fleischstücke, auf den glühenden Schildkrötenrücken ausgebrannter Panzerwagen in strafender Folter geröstet. Das ist der Mensch!«

Während der Held seines Romans, der Graf von Grandsailles, ungeduldig auf den Krieg wartete, bereitete er einen großen Ball vor – den er zehn Tage nach der Kriegserklärung gab. Eine Peinlichkeit bringt der Krieg für den Grafen mit sich. Neben seinem Bett standen stets zwei Liebestränke an ihrem bestimmten Platz. Eines

Tages vertauschte seine Haushälterin versehentlich die beiden Flaschen, und der Graf nahm den falschen Trank zur falschen Zeit ein. »Nun ja«, seufzt er, »für mich beginnt der Krieg anscheinend mit einem bitteren Geschmack.«
»Der Graf war wie jeder echte Franzose ein geborener Politiker«, schrieb Dali. »Er wiederholte gern den Satz von Clausewitz, daß ›der Krieg nur die Fortsetzung der Politik mit andern Mitteln‹ sei.«

Der heftigste der *contretemps* gegen Dalis politische Ansichten hat die ärgerniserregenden Worte zum Inhalt, die ihm zugeschrieben werden, wenn sie auch vielleicht den Grad seiner Bewunderung für Hitler nicht ganz treffen. Diese Flüsterkampagne wurde so häßlich, daß ich an Dali schrieb und ihm – anläßlich dieses Buches – ganz offen die Frage vorlegte: »Waren Sie Antisemit?«
Dalis Antwort ist in seiner kalligraphischen Handschrift auf der Nebenseite abgedruckt. Die Übersetzung lautet:
»Liebe Freundin... Bretons Beschuldigung ist völlig falsch. Die beiden Persönlichkeiten, die ich am meisten schätze und die wesentliche Einflüsse auf mein Leben ausgeübt haben, sind beide Juden: Freud und Einstein...«

Daran ist kaum zu zweifeln, daß Dali Hitlers surrealistische Persönlichkeit bewunderte – und zwar auf die Art wie den Marquis de Sade und Lautréamont. Diese Ansicht hat er offenbar auf einer wenig bekannten surrealistischen Versammlung im Februar 1934 öffentlich ausgesprochen, woraufhin sich die Gruppe schroff und lärmend spaltete; Breton wollte Dali aus der Bewegung hinauswerfen, doch Dali nahm seine Worte anscheinend zurück – mindestens zeitweilig. Seit dem Krieg hat Dali seine Bewunderung für Hitler konsequent zum Ausdruck gebracht.
Am 20. November 1934 erschien in *Le Figaro littéraire* ein ganzseitiger Artikel von Georges Hugnet, *Petite contribution à la vie secrète de Salvador Dali*, in dem der Verfasser unter dem Zwischentitel »Hitler und Salvador Dali« die Einstellung des Malers zu Hitler untersucht:
»...Dalis Imagination (und ihr schreckliches Tempo) arbeitete auf eine Weise, daß selbst die glühendsten Anhänger des Kommunismus, die Eiferer, die sich in den meisten Dingen zu dieser Ideologie bekannten, ihm seine Fieberphantasien verziehen, wenn sie auf die Politik abschweiften, und zwar wegen des Impulses, den er dem Surrealismus in seiner Blütezeit aufgeprägt hatte.

Doch dann änderte sich die Situation. Bereits seit einiger Zeit zeigte Dali die Symptome eines exzessiv gerichteten Deliriums und die Beweise eines Verhaltens, das die revolutionäre Gewissen der Surrealisten in Unruhe versetzten. Seine Interpretationen der zeitgenössischen Geschichte trübten das Bewußtsein für die Verantwortung,

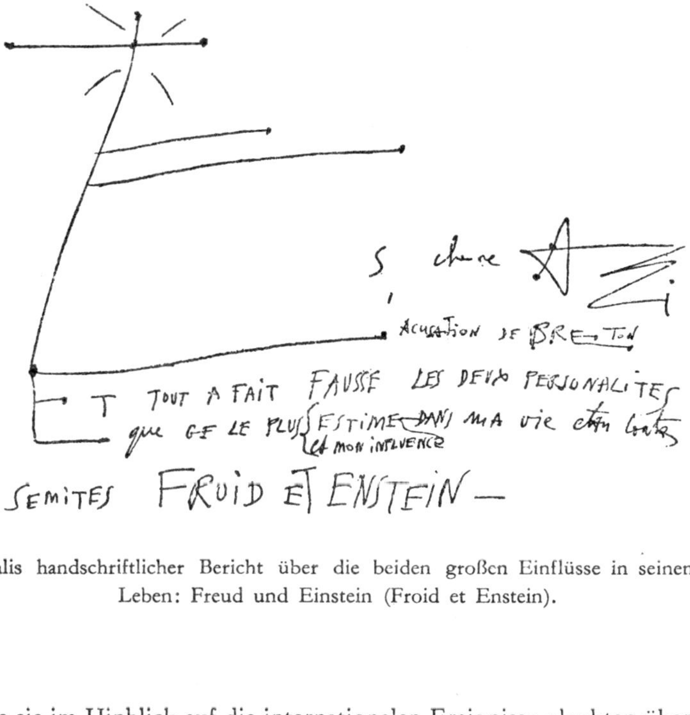

Dalis handschriftlicher Bericht über die beiden großen Einflüsse in seinem Leben: Freud und Einstein (Froid et Enstein).

die sie im Hinblick auf die internationalen Ereignisse glaubten übernehmen zu müssen. In seinen Gesprächen und sogar in gewissen Artikeln erscheint der Name Hitler – stets von positiven Ausdrücken und freundlichen Bemerkungen begleitet – zu oft und mit zuviel Saftfülle. Er gurgelte mit diesem verhaßten Namen. Diese ständige Provozierung wurde geradezu abstoßend... Der Antifaschismus der Surrealisten lehnte sich gegen diese Lobeserhebungen auf, die der physischen und moralischen Person Hitlers gegenüber zärtlich und fast sinnlich wurden. Mit amouröser Zungenfertigkeit schmückte er dieses Thema aus. Er träumte es, er lebte es... er polierte es...«

Als Dali vor Jahren seine Memoiren schrieb, glaubte er, sich selbst das letzte Wort erteilt zu haben: »Der spanische Bürgerkrieg änderte keine meiner Vorstellungen. Im Gegenteil, er verlieh ihrer Entwicklung entschiedenen Nachdruck. Abscheu und Widerwillen gegen jede Art von Evolution nahm eine geradezu pathologische Form in mir an. Doch ebensowenig wollte ich reaktionär genannt werden. Das war ich nicht: ich ›reagierte‹ nicht – das ist eine Eigenschaft der nicht denkenden Materie. Denn ich fuhr einfach fort zu denken und wollte nicht anders genannt werden als Dali. Doch schon umschlich mich die Hyäne der öffentlichen Meinung, geiferte drohend mit gebleckten Zähnen und forderte, daß ich mich endlich entschlösse, daß ich Stalinist oder Hitlerit würde. Nein! Nein! Nein und tausendmal nein! Ich wollte weiter sein, was ich immer war und bis zu meinem Tode sein werde: dalinisch und nichts als dalinisch!«

Dali über Stalin

Auch Jaume Miravittles ist an Dalis politischen Reaktionen interessiert. Bei Stalins Tod äußerte Dali jene fast komisch wirkenden Ansichten, wie er es häufig gerade dann tut, wenn er besonders ernsthaft sein will:

»Man durfte annehmen, daß Stalins Tod so ziemlich jede Reaktion – mit Ausnahme von Gelächter – hervorrief. Dali spricht in den ernstesten Tönen darüber, aber sie klingen erheiternd drollig.« Miravittles erwähnt, welchen Nachdruck Dali darauf legt, daß es »mit Rücksicht auf Stalin höchst bezeichnend sei, daß er an einem Schlaganfall starb, der die rechte Seite seines Körpers lähmte. Denn als junger Mann war Stalin Theologiestudent. Dali gehört zu den Menschen, die glauben, daß die Gefühle der Jugend, die Erlebnisse und Emotionen der Kindheit niemals von der menschlichen Seele vergessen werden, sondern dauernd danach drängen, wieder in den Bereich der bewußten Taten und Gedanken heraufzusteigen. Wenn es den Forderungen der Konvention gelingt, diesen inneren Kampf zu ersticken, ergeben sich so ernste Gleichgewichtsstörungen, daß sie zu Taubheit, Verlust der Sprache, Lähmungen oder Tod führen können.

Dali wußte nicht«, sagt Miravittles weiter, »und war sehr interessiert, als ich ihm erzählte, daß Stalins linker Arm verkrüppelt gewesen sei. Durch ein merkwürdiges Zusammentreffen war auch der linke Arm des deutschen Kaisers Wilhelm II. verkrüppelt gewesen; deshalb hatten die Franzosen ihn ›Don qui cloche à la manche‹ genannt. Dali

erklärt, der Tod Stalins, auf der rechten Seite gelähmt und links verkrüppelt, sei ein unheilvolles Vorzeichen für den Kommunismus.
›Die Evolution des Marxismus‹, fuhr Dali fort, ›offenbart einen unerbittlichen Prozeß von Kapillardekadenz. Marx besaß einen Bart von biblischer Üppigkeit; der von Engels war ordentlicher getrimmt; Lenin trug Schnurr- und Spitzbart; Stalin trug nur einen Schnurrbart, und nun kommt Malenkow daher mit einem Gesicht, glattrasiert wie der Mond. »Das Glück läßt das Haar wachsen«, wie wir Katalanen sagen. Die Kapillar-Tristesse des Kommunismus ist ein weiteres Vorzeichen für seinen unvermeidlichen Abstieg.‹[1]
Etwas an Stalins Tod machte einen sehr starken Eindruck auf Dali – die Tatsache nämlich, daß die Ärzte ihm bei der Behandlung seines Schlaganfalls Blutegel ansetzten. ›Die widerliche Weichheit dieser Würmer – verglichen mit Stalins granitenen Zügen – bestätigt meine Theorie über die »aufgeweichten Uhren«. Ich hätte nie gedacht, eine so auffällige Rechtfertigung meiner strittigsten Schöpfungen zu erleben. Als ich Uhren aus Stahl so malte (Stalin prägte sein Pseudonym nach dem russischen Wort für Stahl), als ob sie weich wären wie Blutegel, sagte ich tatsächlich in allen Einzelheiten die Umstände voraus, unter denen der sowjetische Diktator sterben würde. ... In unserer Generation sind wir noch nie Zeuge eines solch unanständigen Todes gewesen. Wir erhielten eine bis ins einzelne gehende Beschreibung seiner Krankheit und seines Todeskampfes. Die Behandlung durch die hervorragendsten Mediziner der Sowjetunion mußte von den Mitgliedern des Zentralkomitees der kommunistischen Partei gebilligt werden, von denen keines die leisesten Kenntnisse in Medizin besaß. Über einige der Heilmittel wurde zweifellos abgestimmt. Unter solchen Umständen hatte man keine andere Wahl, als auf Hausmittel zurückzugreifen, die nicht nur den Mitgliedern des Zentralkomitees, die darüber entschieden, sondern jedem Menschen in Rußland bekannt waren.
Doch es gab noch einen weiteren zwingenden Grund für die Anwendung der Blutegel‹, sagt Dali. ›In den Vereinigten Staaten wurde bemerkt, daß es raschere und wirksamere Mittel des Aderlasses gebe, als Blutegel anzusetzen. Richtig. Doch der Arzt, der unter den inquisitorischen Augen der um das Totenbett versammelten Chefs der Kominform und des Politbüros solche Methoden bei Stalin anwandte, hätte ein Versehen begehen können, das sowohl für den Diktator wie

[1] Chruschtschow ist – um Dalis auf das Haar gestützter Abstiegstheorie zu folgen – kahl.

für ihn selbst verhängnisvoll gewesen wäre. Im Hinblick auf das »kriminelle« Herkommen der Ärzte des Kreml hätte ein solches Versehen vielleicht sogar beabsichtigt gewesen sein können. Der einzige Ausweg war also die Benutzung von Blutegeln. Sie mindestens konnten nicht des Trotzkismus beschuldigt werden...‹«

Im Frühling 1956 bald nach der anti-stalinschen Säuberung war ich in Dalis kleinem Atelier in Port Lligat. Ich fand eine große Stalin-Fotografie an einen Fensterrahmen gelehnt. »Was um alle Welt macht die denn hier?« fragte ich. »Wie könnte man heute *anders* beweisen, daß man kein Kommunist ist?« fragte er mit breitem Grinsen.

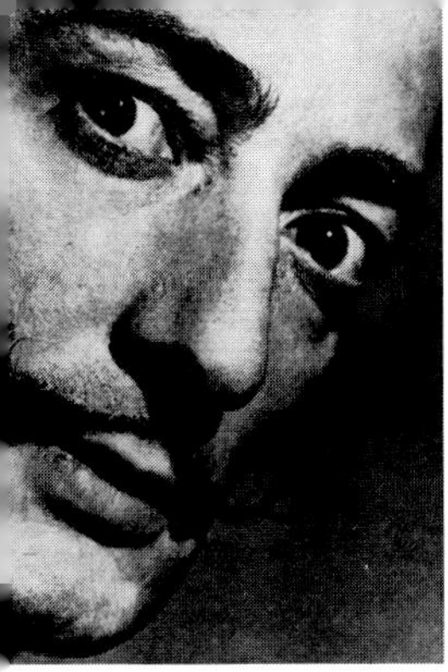

11 Eine Porträtaufnahme Dalis aus der mittleren Schaffensperiode

12 Dali bei einer Pressekonferenz anläßlich der Eröffnung einer Ausstellung in der Lefevre-Galerie (1951)

13 »Don Quichote und Sancho Pansa«, Radierung 1969

14 Das Gemälde »Madonna« zeigt die Auflösung der gegenständlichen Form. ▷

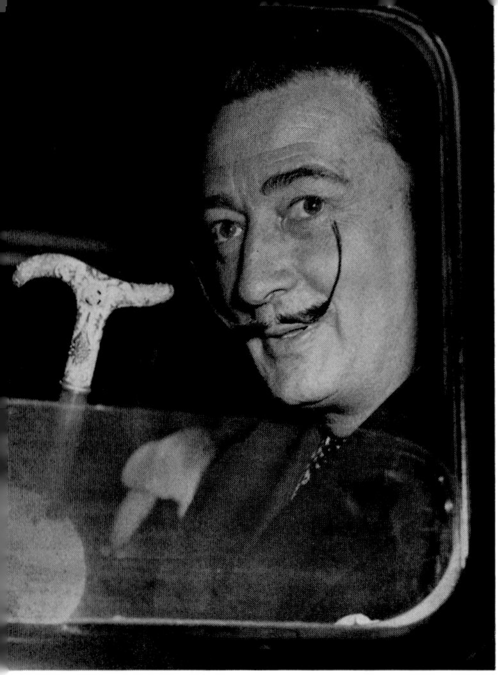

15 Salvador Dali anläßlich seines London-Aufenthaltes 1955 ...

16 ... wo er im Auftrag von Sir Alexander Korda Sir Laurence Olivier in der Rolle Richard III. porträtiert.

ZWEITER TEIL

DAS GENIE

»Das Leben auf der Erde wäre praktisch unmöglich, wenn es zwei-, dreihundert Dalis gäbe, aber haben Sie keine Angst, das kann niemals geschehen!« –

SALVADOR DALI ZUR AUTORIN, 1958

POLIFACETIC DALI

MISTIQUE FILOSOPHE	MANIFESTE MISTYQUE PARI 1952 LA FAME VISIBLE PARIS 1929 -
ARCHITEC	DRIM OF VENUS NEWYORK VORLS FAIRE GEOMETRICAL DALI ESTUDIO - SPAIN
VIJOUTIER	AVEC DUQUE DE VERDURA ET ALEMANI
AUTOBIOGRAFER	SECRET LAIF OF SALVADOR DALI
INVENTEUR	CHAISE A PENSER
CONFERENCIER	PARIS - LONDON - ~~NE~~ AMERIQUE MADRID
TEORICIEN	CRETEUR DE LA "METODE PARANOIAQUE CRITIQUE"
ROMANCIER	IDEN FAICES
SCENARISTE LIBRETISTE ~~DE~~ ESCENOGRAFE CUTURIER	12 DIFERENS BALLETS ~~3 tea~~ UNE OPERA 3 TEATRICAL PLAIS
CINEASTE	CHIEN ANDALU AGE DOR ECL.
ESCULPTER	CALICE CICELLE EN OR POUR ARTURO LOPES

et aussi... PEINTRE.

MISTIQUE (Mystiker) – *Manifeste mystique*, Paris 1952. FILOSOPHE – *Die sichtbare Frau*, Paris 1929. ARCHITEC – Traum der Venus, Weltausstellung New York. Geometrisches Dali-Studio, Spanien. VIJOUTIER (Juwelier) – mit Herzog de Verdura und Carlos Alemany. AUTOBIOGRAFER – *Secret Life of Salvador Dali*. INVENTEUR (Erfinder) – Denkstuhl. CONFERENCIER – Paris – London – Amerika – Madrid. TEORICIEN (Theoretiker) – Schöpfer der paranoisch-kritischen Methode. ROMANCIER – *Hidden Faces* (Roman). SCENARISTE, Libretiste, Escenografe, Cuturier – 12 verschiedene Ballette, eine Oper, 3 Theaterstücke. CINÉASTE (Filmmann) – Chien andalou, Age d'or (vergessen: Ausstattung für Gregory Peck: Traumfolge in »Spellbound« und Trickzeichnungen für Walt Disney). ESCULPTER (Bildhauer) – Kelch, ziseliert in Gold für Arturo Lopes et aussi... peintre.

WAS IST EIN GENIE?

Havelock Ellis hat einmal eine einfache Definition des Genies gegeben: »Jemand, dem der öffentliche Beifall besondere Bedeutung verliehen hat.« Viele betrachten Genie als eine mystische Gabe, die über den gewöhnlichen Umfang der menschlichen Natur hinausgeht. Die Naturwissenschaftler lehnen eine so ephemere Vorstellung ab; sie betrachten *jeden* als Genie, der mit überlegenen geistigen Eigenschaften ausgestattet ist.

Für sie ist die niedrigste Form des Genies die Labor-Ratte, die den größten Teil ihres Lebens damit verbringt, zu lernen, auf sichtbare Stimuli zu reagieren – die höchste Form Menschen wie Aristoteles, Leonardo da Vinci, Newton, Einstein. Dazwischen rangieren viele.

Unter ihnen Dali, der unter Havelock Ellis' Definition des Genies fällt. Außerdem ist er in mehreren Künsten so tüchtig, daß er den Titel selbst dann noch verdiente, wenn man wegen der einen oder andern Kunstgattung Bedenken haben sollte.

Da Dali sich selbst immer wieder als Genie bezeichnet (als Kind sagte er sich, »wenn man lange genug Genie spielt, wird man eins«), liegt die Last des Beweises bei ihm. Und er besitzt nicht nur beträchtliche Geschicklichkeit auf vielen Gebieten, sondern auf jedem übermäßige Dreistigkeit. Eines seiner Gemälde, das mit den berühmten aufgeweichten Uhren, die über Aststümpfen hängen, ist fast ebenso berühmt wie irgendein großer Klassiker. Er malt nicht nur, sondern zeichnet auch wie ein Engel – um seine eigene Definition des Genies zu benutzen[1]. Seine andern Fertigkeiten, die auf der nebenstehenden »Polyfacetten-Liste« verzeichnet sind, zeugen von seiner Vielseitigkeit. Für ihn ist die Betätigung auf Gebieten außerhalb der gestaltenden Kunst nie zweitrangig gewesen. Er entwirft Schmuck und Bühnenbilder, Kleider und Schlipse, illustriert und schreibt Bücher, malt Kulissen und Werbeplakate, dekoriert Schaufenster, arbeitet an Drehbüchern mit, macht Filmtrickzeichnungen und Filmausstattungen, schüttelt Aufsätze und Vorlesungen unter allen nur vorstellbaren Umständen aus dem Ärmel – und hört niemals auf, irgend etwas zu schaffen. Und er hält sich nicht für zu gut, auf Kunstgebieten zu arbeiten, die Giganten wie zum Beispiel Renoir für unter ihrer Würde hielten. Und was alles übertrifft, ist sein Talent, sich selbst erfolgreich

[1] »Die Definition des Genies sehr einfach... ein Genie ist der Mann, der immer mehr nähert sich einem Engel, immer näher einem engelhaften Wesen...«

auszuwerten, eine bemerkenswerte Form des Genies, die nicht einmal sein ärgster Feind bestreiten würde.
Die entscheidende Frage ist nicht, ob er ein Genie ist – sondern ob er Größe erlangen wird. Nur die Zeit kann künftigen Generationen die Fragen beantworten, die jetzt gestellt werden: Soll man das Werk dieses Malers ernst nehmen? Sind seine Bilder ungeheure Anschläge, um uns lächerlich zu machen? Ist er das einzige verrückte Genie unserer Zeit? Ist er der moderne Leonardo da Vinci, als den er sich selber sieht? Wird sein Werk Bestand haben?
Wenn darüber auch die Zeit entscheidet, so kann man doch heute mindestens schon seine Talente untersuchen, wie sie sich uns darbieten.

DER AUTOR

Der Maler in Prosa

Es ist Dali nicht recht, lediglich als Maler betrachtet zu werden. Gleich dem Ideal der Renaissance, die wiederzuerschaffen er sich so heftig bemüht hat, fühlt er sich von jedem Aspekt der Ästhetik angezogen und nicht nur auf eine Kunstgattung beschränkt. Neben der Malerei befaßt er sich am eifrigsten mit schriftstellerischer Arbeit.
Wenn auch einige Maler seiner Generation mit entsprechendem Ruf sich nebenher als Schriftsteller betätigen, hat er doch durch seine recht eindrucksvolle Bibliographie von Büchern, Prosastücken und Essays bereits einen Platz in der Literatur errungen, der selbst vor seinen Feinden sicher ist.
Mag der Streit toben, die bemerkenswerte Leistung ist vorhanden und läßt sich nicht einfach wegwischen. Die Liste der Bücher, die er geschrieben hat, ist ungewöhnlich – durchschnittlich jedes zweite Jahr eins:

1930 *La femme visible.*
1931 *L'amour et la mémoire.*
1932 *Babaouo et critique de cinéma.*
1935 *Conquest of the Irrational.* (Gleichzeitig englische und französische Ausgabe.)
1937 *Metamorphosis of Narcissus.*
*1942 *The Secret Life of Salvador Dali.*
Le secret de ma vie. (Französische Ausgabe von The Secret Life.)
Italienische Ausgabe von The Secret Life.

1944 *Hidden Faces.*
*1948 *Fifty Secrets of Magic Craftsmanship.*
1951 *Manifeste mystique.*
*1954 10, *or Ten* (Das Auge oder zehn Reproduktionen).
1956 *La coque de vie*, *Art moderne.*
*1957 Illustrationen zur Foret-Ausgabe des *Don Quixote.*

Dali schrieb die elf aufgeführten Bücher nicht nur, sondern illustrierte sie auch. Die mit einem Stern versehenen hat er reich illustriert. Dazwischen, offenbar in Stunden magischer Dehnbarkeit, hat Dali es fertiggebracht, zweiunddreißig Bücher von andern Schriftstellern zu illustrieren – viele davon Klassiker, manche mit beschränkter Auflage, manche sehr teuer (bei der Foret-Ausgabe des *Don Quixote* handelt es sich um die teuerste zeitgenössische Ausgabe der Welt). Vorher hatte er bereits – wie so viele Maler in den letzten dreieinhalb Jahrhunderten, wenn auch nur wenige mit so magischer Phantasie wie Dali – eine andere Ausgabe von Cervantes' *Don Quixote* illustriert.

Wahrscheinlich schreibt Dali, um das in Worten auszudrücken, was beim Malen nur unvollständig ausgedrückt werden kann, und sicher, um seine Welt bis zu den Grenzen eines jeden Mediums auszudehnen. Er hat sich auch mit Dichtungen versucht – am Vortragspult, im Filmatelier, in den Einleitungen zu seinen Katalogen. Doch nur in der schrankenlosen Form ungehemmter Äußerungen – in Essays und Büchern – vermag er sich jeder Fessel zu entledigen. In der ganzen Geschichte der Kunst hat kein Maler so viel über sich selbst erzählt wie er – in *The Secret Life of Salvador Dali.*

Fast alles, was Dali schreibt, besitzt eine eigene und besondere sittliche Atmosphäre und geistige Landschaft, und fast immer schockiert es. Wie alle exhibitionistischen Intellektuellen scheint sich Dali besonders darum Sorgen zu machen, ob sein Werk auch »lärmende Aufnahme« findet; der endgültige Platz in der Literatur spielt daneben eine geringere Rolle. Man hat den Eindruck eines Exhibitionisten, der sich die Literatur dazu erwählt, sich selbst zur Schau zu stellen.

Dieser Drang zu schreiben äußert sich nicht nur in Büchern – auch lange philosophische Aufsätze gehören dazu, Angriffe gegen Picasso, bis in alle Einzelheiten gehende Beschreibungen seiner eigenen Gemälde und die qualvollsten Titel für die meisten seiner Bilder.

Er scheint in einer Stimmung eifrigen Verlangens zu schreiben, doch genau wie beim Malen mit Beharrlichkeit und Selbstdisziplin. Seine

Produktion ist ungeheuer – und oft hat Dalis einzigartiger, wenn auch bedauernswerter Übersetzer Haakon S. Chevalier die Aufgabe, zu interpretieren. Er erklärt, das Manuskript von Dalis Autobiographie sei vermutlich das phantastischste und unentzifferbarste Dokument, das je von einem Menschen gekommen sei, der ein wirkliches Gefühl für den Wert und das Gewicht der Worte und Wortbilder besitze. Er beschreibt das Manuskript: »...gelbes Aktenpapier in einer nahezu unleserlichen Handschrift, fast ohne Interpunktion, ohne Absätze, in einer delirant willkürlichen Rechtschreibung, die einem Lexikographen die Schweißperlen auf die Stirn getrieben hätte. Gala ist die einzige, die sich in dem chaotischen Labyrinth nicht verirrt...«

Die Memoiren wurden in Caresse Crosbys Haus in Virginia geschrieben. Sie hatte die beiden Dalis in ihrem Herrenhaus im Jefferson-Stil aufgenommen – Dali arbeitete auf der einen Seite in der großen Diele, ein anderer Gast, der Autor Henry Miller, im gegenüberliegenden Wohnzimmer. Als Mrs. Crosby von einem achtwöchigen Aufenthalt an der Universität von Nevada, wo sie sich über Viehzucht unterrichtet hatte, zurückkehrte, fand sie den Maler Dali bis zu den Knöcheln in den Manuskriptblättern seiner Autobiographie und den Schriftsteller Miller von Aquarellen umgeben; er hatte die berühmte Schreibmaschine gegen eine Staffelei vertauscht![1]

Dalis erstes Buch, *La femme visible*[2], zunächst mit Argwohn und Feindseligkeit aufgenommen, wurde bald von den Surrealisten bejubelt, an die es sich wandte. Dali sagte darin einen neueren Surrealismus vorher, eine Ausdehnung sowohl in der Literatur wie in der Malerei – die Methode zur systematischen Erzeugung von Konfusion. Dank seinem neuartigen paranoischen und aktiven Gedankenprozeß konnte man die Welt der Wirklichkeit völlig leugnen.

Seine Erklärung über diese Methode kam zu einer Zeit, als die surrealistische Gruppe durch politische und andere Parteiungen gespalten war; sie hatte die Wirkung, die Bewegung als ganze wieder zusammenzufassen. Dali bot den Surrealisten ein phantastisches neues Spiel, eine neue Philosophie, ein neues Credo: statt der subjektiven »poetischen Blitze«, die die früheren Surrealisten ein- und ausschalteten, bot Dalis *Sichtbare Frau* die Verzerrungen einer aktiven

[1] Später half sie Dali, *The Secret Life* für die Veröffentlichung in der Dial Press zu edieren, und veranstaltete Henry Millers erste Einzelausstellung in der Crosby-Kunstgallerie in Washington.

[2] Editions surréalistes, 1930 (*Die sichtbare Frau*).

Paranoia. Das Unterbewußtsein war keine unversehrte Einheit mehr, die in einem Vakuum bewahrt werden mußte. Dali errichtete die Paranoia als Brücke zum Unbewußten – als einen Korridor, über den die Phänomene der Traumwelt in die Welt der Wirklichkeit hineinschreiten und auf dem Wege Kraft und Deutlichkeit gewinnen können.

Der Veröffentlichung des Buches folgten Diskussionen; Dalis neue Ideologie von der Systematisierung der Konfusion durch vorsätzliche und direkte persönliche Kontrolle eines Träumers über seinen Traum oder eines Besessenen über seine Besessenheit entfernte sich scharf von Bretons Lehren. Breton, der früher Neurologe gewesen war, betete vor dem Altar von Freuds medizinisch-wissenschaftlicher Romantik von den ursprünglichsten Begierden des Menschen.

Der Aufruhr regte Dali zu endlosen schriftlichen Erklärungen an, daß er die Welt durch seine »paranoisch-kritische Tätigkeit« verändern, nicht nur interpretieren werde. Er schrieb regelmäßig für Zeitschriften wie *This Quarter*, *La révolution surréaliste*, *Le surréalisme au service de la révolution*. Sehr bald erkannte er, daß das Schreiben gar kein unnatürliches Vorgehen sei; der Surrealismus war immerhin ursprünglich eine literarische Bewegung gewesen, der sich die Maler in einer Orgie der unbeschränkten Möglichkeiten angeschlossen hatten. Die Schriftsteller hatten geschrien: »Allein der Traum läßt dem Menschen seine Rechte auf Freiheit.« Dali half mit, das zu beweisen.

Seinen Roman *Hidden Faces*[1] schrieb Dali vierzehn Jahre nach der *Sichtbaren Frau* und unmittelbar nach seiner aufsehenerregenden Autobiographie. Ein Boccaccio hätte diesen Roman geschrieben haben können als Grabspruch für das dekadente Vorkriegseuropa. Das Werk ist voll von Dalis üblicher Euphorie. Liebe und Tod mischen sich vergnügt in einer gräßlichen Liebesgeschichte voller Hohlheit und Perversität. Wie allenthalben gelingt es Dali auch in diesem Buch, mit bewundernswerter Geschicklichkeit durch sein paranoisches Talent große, ja unheimliche Inbilder mitzuteilen.

Haakon Chevalier, der Dalis ursprünglich französische Hieroglyphen ins Englische übersetzte, hält *Hidden Faces* für eine Behandlung des Mythos von Tristan und Isolde im modernen Gewand. Andere werden sich dieses Buches jedoch wegen seiner pervertierten Liebe erinnern, insbesondere wegen der ausführlichen Beschreibung, die Dali von einer speziellen Perversität im Liebesumgang gibt: beide Partner der Hauptromanze werden mit Händen und Füßen so an

[1] Nicholson & Watson, London, 1944 (*Verborgene Gesichter*).

Bäumen festgebunden, daß sie vollkommen unbeweglich und außer Reichweite voneinander sind. Diese Szene bringt eine lange Periode sorgfältig berechneter Nichterfüllung zur Klimax; das, was nicht erfüllt wurde, nennt Dali »orgiastische Unkeuschheit«. Während der Periode dieser Nichterfüllung hat keiner der Partner irgendwelchen konventionellen Liebesumgang mit dem andern – obwohl sie häufig genug Gelegenheit dazu gehabt hätten. Als sie schließlich an den Bäumen festgebunden werden, erreichen die beiden die begehrte Ekstase – ohne irgendwelchen Kontakt oder irgendwelche Bewegung; sie ist völlig geistig. *Cledalismus*[1] nennt Dali diese *amourvoyance*; er hat dieses Sexualverfahren selbst erfunden.

Man muß durch eine lange melodramatische Geschichte von mehreren Gruppen balzac-esker Liebender waten. Ihre verwickelten Lebensläufe sind so voller Verfall, Zynismus, Verachtung jeder Moral, grotesker Anbetung des Reichtums und pervertierter Liebe, daß es fast unmöglich ist, Chevaliers irrlichternde Tristan und Isolde ausfindig zu machen. Bisweilen scheint das Buch den Leser zu verhöhnen. Gewiß gibt es Tragik, doch sie ist unter einem barocken Stil von solcher Extravaganz vergraben, daß man fast daran erstickt[2]. Doch gelegentlich finden sich so lichtvolle Abschnitte, so glänzende Beschreibungen, so zarte Sätze, daß der Leser aufs neue von der Geschichte gepackt wird und das ziemlich grausige Buch weiterliest (für Dali ist es außerdem »ein Anagramm, mit dem Feuer meiner Persönlichkeit und dem Blut meiner Frau besiegelt«).

Die Veröffentlichung wurde von dem Magazin *Time* mit den kernigsten Benennungen belegt: »Veritable Wunderblüte[3]... der berauschteste Romanerstling des Jahres.« Die Besprechung endet mit einigen Zeilen der letzten Seiten des Buches: »Obwohl Solange

[1] Cledalismus, vergl. Glossar unter Sex.

[2] Bei der Übersetzung des Buches stand Haakon Chevalier vor dem Problem, Dalis überschwengliche Ausdrucksweise zu mäßigen. »Manchmal wandte ich mich, erschöpft vom stundenlangen Durchpflügen des üppigen Dschungels seiner Prosa, an Dali und sagte: ›Nie benutzen Sie ein Wort, wo auch zwei möglich sind. Sie sind ein Meister der gekreuzten Metapher, des überflüssigen Epithetons, Sie flechten kunstvolle Girlanden der Überladenheit um Ihr Thema und erleuchten es mit dem flimmernden Feuerwerk der Übertreibung...‹«

[3] In seinem Vorwort zitiert Chevalier Dali über die Frage des Geschmacks in Verbindung mit einigen von Dalis nachtmahrischen Vorstellungen: »Ich muß gestehen, daß ich Dali zustimme, wenn er sich darüber beklagt, daß in Frankreich und anderswo der schöpferische Impuls seit einer Generation am guten Geschmack stirbt.«

gestorben war, wußte der Graf doch, daß Frankreichs Puls so kräftig schlug wie nur je – ›die Trüffeln getrüffelt... die Schnecke besabbert, der Mist gemistet, der Friedhof verwest, die Konserven konserviert, die Stümper blutbedeckt...‹.«

Abgesehen von der Geschichte, die Dali erzählt, hat er jeder seiner Gestalten einiges von seiner Erbschaft und von seiner ganzen paranoischen Besessenheit gegeben. Wer Dalis fixe Ideen und pathologische Probleme studiert, kann sie in allen Einzelheiten der Handlung wiederfinden. Dali selbst gibt zu, daß der, der sowohl seine Autobiographie als auch *Hidden Faces* aufmerksam liest, unter ihrer Struktur das vertraute Vorhandensein der wesentlichen Mythen seines eigenen Lebens und seiner Mythologie entdecken werde.

Dali brauchte vier kurze Monate, um das Buch zu schreiben. Er zog sich in die Berge von New Hampshire in die Nähe der kanadischen Grenze der Vereinigten Staaten zurück; dort schrieb er unerbittlich – vierzehn Stunden am Tag. Dann fuhr er nach New York zurück, um diese vier Monate mit den gleichen Monaten im Leben seiner Freunde zu vergleichen. Einige traf er in »El Morocco« (dem New Yorker Nachtlokal der Wohlhabenderen), wo sie anscheinend noch genauso saßen, als ob er sie den Abend zuvor erst verlassen hätte. Er besuchte andere Künstler; seiner Ansicht nach hatten sie die vier Monate darauf verschwendet, auf eine Inspiration zu warten. »Wie viele Dinge ereigneten sich während dieser Zeit in meinem Gehirn! Wie viele Gestalten, Bilder, architektonische Pläne und Verwirklichungen von Begierden waren geboren worden, hatten gelebt, waren gestorben und wieder belebt – architektonisiert! – worden.«

Da gibt es ein interessantes Zusammentreffen, das man bei diesem Roman wohl anmerken darf: über zehn Jahre später wurde ein Ausdruck aus diesem Buch zum Titel des Romans, der Françoise Sagan auf den Gipfel des Erfolgs schoß. Dali beschreibt, wie ein Freund seiner Heldin diese, die Gräfin, voller Verzweiflung und heimlichem Kummer über ihre unerfüllte Liebesaffare antraf: »Er beugte sich über sie, als sie auf einem Festmahl ihren Stuhl zurückschob, legte ihre Hand auf die Schulter und flüsterte nahe an ihrem Ohr: ›Bonjour tristesse!‹ Bald darauf erwiderte sie: ›Bonjour tristesse – bonjour tristesse‹, warf ihm ein Lächeln zu und lief die Treppe zum Salon hinauf.«

Dali hat mehrere bisher ungeschriebene Bücher versprochen. Einmal erklärte er, sein nächstes Buch werde sein: *Der tragische Mythos von*

Millets Angélus; es ist nie erschienen. Ebenfalls unsichtbar ist die 1950 versprochene Biographie *Lydia, die gut ausgestattete Frau* über seine alte Freundin in der Heimat, der er sich so verpflichtet fühlt. Im Mai 1955 erklärte er, ein neues Buch zu schreiben: *Das Tagebuch des Genies.* Zwei Jahre später verkündete er Reportern bei seiner Ankunft in Frankreich, er arbeite an einer neuartigen Sammlung kleiner Fabeln, die er sowohl schreiben als auch illustrieren wolle. Sie sollte heißen *Meine Freunde, die Tiere.* Er gab eine Probe davon:
»Einige junge Sardinen machen unter Aufsicht ihrer Eltern ihren ersten Ausflug. Ein Unterseeboot kommt vorbei. Die beunruhigten kleinen Fische fragen ihren Vater:
›Papa, was ist das?‹
›Das, was da vorüberfährt, meine Kinder, ist unsere Rache: eine große Büchse aus Eisenblech, in deren Innerm Menschen, ölbedeckt, aneinandergepreßt aufbewahrt werden.‹«

Dalis veröffentlichte Memoiren

»Daß des Gehirnes Wächter, das Gedächtnis, ein Dunst sein wird . . .«

MACBETH

The Secret Life of Salvador Dali: George Orwell nannte es »eine Entkleidungsszene, bei roten Scheinwerfern vorgeführt... ein Buch, das ›stinkt‹«; Malcolm Cowley sagte, in hundert Jahren werde es der Beweis für den Zusammenbruch Westeuropas sein – »und nicht nur auf Grund einer militärischen Katastrophe«; für Clifton Fadiman war es »ein grinsender Nachtmahr von einem Buch«; für Bertram D. Wolfe »ein faszinierendes und überzeugendes Buch der Selbstoffenbarung«[1].
Dalis Autobiographie, die kein gewöhnliches Buch ist, erfuhr alles andere als eine gewöhnliche Aufnahme. Kein Leser hat sie je vergessen; und ihre Leserschaft war keineswegs, wie man vielleicht glauben möchte, auf langhaarige Intellektuelle oder »Kunstliebhaber« beschränkt.
Jene, die dem Inhalt tatsächlich standzuhalten vermochten, waren gewöhnlich von Entsetzen gefesselt und lasen es auf besondere Art –

[1] George Orwell, *Critical Essays*, London; Malcolm Cowley, *New Repub ic*, Januar 1943; Clifton Fadiman, *New Yorker*, 2. Januar 1943; Bertram D. Wolfe, *Herald Tribune*, 27. Dezember 1942.

gewiß nicht als Bettlektüre, um den Schlaf herbeizurufen, sondern als ein Buch, über das man zweimal nachdenkt, ehe man sich von seinem bisweilen abstoßenden, bisweilen beklagenswerten, immer jedoch faszinierenden Netz einfangen läßt. Man schaudert vor dieser Überdosis an Brutalität, Sadismus, schlechtem Geschmack, Possenreißerei, sexuellen Intimitäten und der das ganze Leben währenden Zurschaustellung paranoischen Denkens, ja vor jedem Augenblick in der Lebensgeschichte dieses seltsamen Mannes, dessen Worte das ebenso Unbegreifliche seiner Malerei kopieren.

Es ist Dalis Genie, das ihn befähigt, mit Worten seine Welt der Nacht und der Ängste, des Traumtheaters, der abstoßenden Schönheit, der ersonnenen Schrecken, der Perversität, Zärtlichkeit und Prahlsucht, des Sadismus, der Melancholie und Hysterie mit der dreidimensionalen Feder des Malers zu zeichnen und seine Manien mit dem Detail eines Miniaturenmalers zu beschreiben, so als ob sie wahrhaft schön wären; und alles ist geschrieben wie im Delirium oder bei hohem Fieber. Es wird einem mit großer Spannung geboten; und wenn man das Buch ohne Unterbrechung liest, dann wallt alles darin zu einer übertriebenen Wirklichkeit auf. Wie Pascal und Baudelaire entschloß sich Dali, ein guter Schriftsteller zu werden, indem er die Abscheulichkeiten des Lebens niemals aus den Augen verlor; und das gleiche erwartet er auch von seinem Leser.

Doch sein Können und seine Ehrlichkeit sind so stark, daß vieles in dem Buch prächtig und dichterisch, fanatisch und mitreißend ist – und die meisten Menschen, die einmal damit begonnen haben, lesen es zu Ende, Stück um Stück.

Irgendwo in diesem Buch ruft Dali aus: »Eines ist sicher: ich hasse die Einfachheit in allen ihren Formen.« Damit ist es ihm Ernst: nichts ist unwichtig genug, um ausgelassen zu werden – alles hat das gleiche Gewicht, alles wird auf die gleiche Art erzählt. Nicht wahr, Sie, der Leser, sind doch genauso an Dali interessiert wie er persönlich? Das ist ganz selbstverständlich für ihn.

Das Ergebnis ist ein Buch, das keine Tabus oder geheimen Winkel in seiner Seele unberührt läßt – wahrscheinlich die freimütigste Autobiographie unserer Zeit, ein Buch, das unter der strengeren Zensur der noch gar nicht so fernen Vergangenheit verboten, »unter dem Ladentisch verkauft« und von einer geilen Hand zur andern gegangen wäre und dann nach Ansicht eines seiner Bewunderer, des Kritikers Bertram D. Wolfe, »seinen Platz in einem Regal mit Balzacs *Tolldreisten Geschichten*, den Werken von Rabelais, Boccaccio und Margarete von

Navarra, dem *Ulysses* von James Joyce und anderen bunt gemischten und zum Teil nur halb achtbaren Gefährten gefunden hätte, zum überwiegenden Teil Klassiker, die bisher die dreifache Schranke von Zoll, Postministerium und Zensur in den USA nicht zu übersteigen vermochten. Doch gerade diese Werke und das geistige Klima, die den Surrealismus ermöglichten – darunter die Abhandlungen solcher Männer wie Krafft-Ebing, Ellis und Freud und das mächtige Vorbild von Joyce –, haben die Sensationslüsternheit und die perversen, unschicklichen Anekdoten in Dalis Biographie abgeschwächt und dem Buch von Anfang an das Recht erobert, als das betrachtet zu werden, was es ist . . . «[1]

Obwohl Dalis Liebe zu Gala in gewagten Ausdrücken beschrieben wird, tut er, was er kann, um das Rührende an ihrer Liebesgeschichte zu maskieren; weniger versteckt ist indessen seine entsetzliche Ergebenheit für seine Frau und seine immer wieder betonte Abhängigkeit von ihr. Vielleicht ist das eine der großen Liebesgeschichten unserer Zeit; doch ebensogut könnte es eine der exzentrischsten und unerklärlichsten sein.

Dalis Spaniertum zeichnet sich großartig in dem bitteren, sardonischen Humor ab, in der herben Grausamkeit, dem Sinn für mystische Erlösungen, dem auffallenden Geiz, der stutzerhaften Schalkhaftigkeit und in all den Schrecken und Ekstasen, die ihn, wie er zugibt, verunstalten. Schließlich lernt man verstehen, welche Rolle die harte Erde um das Haus, in dem er aufwuchs, die kahlen und zerklüfteten Berge, die Krater und die Einsamkeit der Küste, die Geheimnisse der Nächte in seinem Wesen spielen.

Jedes seiner Gemälde wird plötzlich lebendig, wenn man dieses Buch gelesen hat – oder umgekehrt: alles, was er uns in diesem Buch beichtet, hat er bereits in Farben gebeichtet, wenn man sein Werk aufmerksam verfolgt. Er ist wirklich zugleich Maler und Schriftsteller – und jedes Talent ist dem andern ebenbürtig, eine Tatsache, die nicht nur seine Autobiographie beweist, sondern auch alles andere was er geschrieben hat.

Unbeabsichtigt sind die Memoiren ein erstaunliches Handbuch geworden, nach dem sich die Motive seiner Bilder bis zu seiner Rückkehr zum Katholizismus übersetzen und interpretieren lassen. Man erhält eine verständliche Lektion darin, den surrealistischen Unsinn zu erkennen und zu begreifen, der auf allen seinen Gemälden erschien – und zu begreifen, warum er da ist: die Körperteile, die

[1] *Herald Tribune*, New York, 27. Dezember 1942.

Embryos, die trostlosen Küstenlandschaften, Grashüpfer und Fledermäuse, Krücken, blutende Esel, biegsame Telefone, Hummer, Exkremente, Schuhe – und allenthalben Galas Gesicht (bis zu ihrem Namen, mit dem seinen bei der Signierung des Bildes verwoben). Wie Hitler und andere Paranoiker erzählt er ausnahmslos alles.
Man erfährt, daß diese fetischistischen Objekte in seinem Leben ebenso existieren wie auf der Leinwand und daß sie als absolute Symbole seiner Ängste und Verdrängungen existieren.
Weshalb hatte Dali den Wunsch, sich in seinen Memoiren so auszuschütten? Die Antwort gibt ein Absatz aus dem Buch selbst:
»Gewöhnlich beginnen Schriftsteller mit ihren Memoiren, wenn ihr Leben vorüber ist; gegen Ende ihres Lebens, im Alter. Doch bei meinem Laster, alles anders zu machen als die andern, immer das Gegenteil von dem zu tun, was andere tun, meinte ich, es sei klüger, damit zu beginnen, meine Memoiren zu schreiben, und sie hinterher zu leben. Zu leben! Die eine Hälfte des Lebens zu liquidieren, um die andere Hälfte zu leben, von Erfahrung bereichert, von den Ketten der Vergangenheit befreit. Dafür war es nötig, daß ich meine Vergangenheit ohne Mitleid und Skrupel tötete, ich mußte mich von meiner Haut freimachen, von jener Haut meines anfänglich gestaltlosen und revolutionären Lebens während der Nachkriegsepoche... daß ich diese abgetragene Epidermis, mit der ich mich bekleidet, hinter der ich mich versteckt, mit der ich gekämpft, gestritten und triumphiert hatte, gegen jene andere neue Haut eintauschte, gegen das Fleisch meines Verlangens, meiner bevorstehenden Renaissance, die von dem Morgen an datiert sein soll, an dem dieses Buch erscheint...«

Der Wort-Porträtist

Man fragt sich wohl, was mit der ungeheuren Menge von Dalis Zeichnungen geschieht. Bei seinen *geschriebenen* Porträts gibt es dieses Geheimnis nicht. In *Hidden Faces* werden sie mit Feder und Tinte gezeichnet, und man kann sie beurteilen. Widerwärtige Menschen ziehen vor einem auf, so deutlich beschrieben, daß sie lebendig sein könnten. Wie ein Chirurg oder Psychoanalytiker dringt er durch Haut und Knochen und bringt Mikroaufnahmen des Inneren zustande, als lägen seine Gestalten auf dem weißen Emailletisch im Labor:
1. Die reiche amerikanische Erbin Barbara Stevens, eine der vielen Zentralfiguren aus dem Buch, erscheint als verwöhntes weibliches Ungeheuer, deren Gesicht wir erkennen, obwohl er keine Zeit darauf

verschwendet, es auf übliche Weise zu beschreiben. Er stellt sie dar als eine Frau, der es gelingt, einen besonderen Gesichtsausdruck anzunehmen, durch den es, wenn sie bei Schiaparelli eintritt, offensichtlich wird, daß sie gerade aus dem Ritz kommt – und der bei ihrer Rückkehr ins Ritz zeigt, daß sie eben Schiaparelli verlassen hat. Seine Beschreibung: »Der erste Ausdruck bestand darin, daß sie den Mund dauernd in einer Art desillusionierter Schlaffheit halb offen hielt, genau das Gegenteil eines überrascht aufgerissenen Mundes; niemals beantwortete sie die Fragen, die die Verkäuferinnen an sie richteten; sie ließ die behandschuhten Finger auf den verschiedenen Waren zögern und war, während sie taktlos heuchelte, nichts anzusehen, insgeheim über alles erstaunt. Das zweite dieser Gesichter, das für ihre Rückkehr ins Ritz, erzielte sie mit Hilfe eines geschlossenen oder, richtiger, zusammengepreßten Mundes; dabei schob sie die Lippen gelangweilt vor und erreichte so einen Ausdruck verächtlichen Widerwillens, der nur von den kleinen tyrannischen Kümmernissen über die dringenden Erfordernisse herrühren konnte, die bei einer überkultivierten Dame wie ihr immer unbefriedigt bleiben mußten. Barbara Stevens hatte sich um halb zehn Uhr wecken lassen unter dem Vorwand, daß sie um sechs Uhr dreißig mit ihrem Friseur verabredet sei; diese Verabredung hatte sie ihm mit Gewalt abgerungen, entschlossen, sie eiskalt zu versäumen. Wie viele schwache Geschöpfe, die sich bedingungslos ihren Capricen hingaben, fühlte sie sich nur dann frei und behaglich, wenn sie die Schwierigkeiten und Hindernisse, mit denen sie ihren Weg am Tag zuvor absichtlich bestreut hatte, eigenwillig zur Seite stoßen konnte.«

2. Die Heldin des Buches, Madame de Cleda, eine vollendete Verkörperung der Pariserin, wird als eine Frau vorgestellt, so reich mit Diamanthalsketten und Seidenkaskaden geschmückt, daß sie aussah wie eine der Fontänen von der Place de la Concorde.

3. Brousillon, eine andere Gestalt, war ein Mann mit einem monströsen Kopf voller Beulen wie alte Kartoffeln. »Seine wettergegerbte Haut war aus rauher Epidermis gewebt, und seine tiefen Poren sahen aus, als betrachte man sie unter einer Lupe; das Haar auf dem Kopf wucherte ebenso ungehemmt wie die harten grauen Haare seines Bartes, seiner Nase und seiner Ohren, und es schien, als ob die Kartoffeln in seinem Gesicht plötzlich harte Borsten sträubten.« Er trug eine kostbare, goldgefaßte Brille. Seine Hände waren zerbrechlich – fast feminin – und »verliehen ihm einen servilen, beinah dekadenten Charakter, der jedes intellektuelle Laster verriet«.

4. Fauceret ist ein weiterer seltsamer Herr mit einem sonderbaren Gesicht. Auf seinen unregelmäßigen »geographischen Zügen reichte ein Zelluloidrot fast bis zu den Kiefern hinunter – während die Backenknochen, auf die die Farbe gehörte, sehr blaß waren... Und wie man seine Intelligenz, seine rasche Auffassung und Kühnheit an den drei Falten erkennen konnte, tief wie aufeinander hinstrebende Pfeile, die von beiden Schläfen auf die Augenwinkel zuschossen, so war sein etwas flachgedrücktes, wie gegen eine Glasscheibe gepreßtes Gesicht von jener Symmetrie geprägt, die die Gesichtsmorphologie der Menschen, denen ein gewaltsamer Tod bestimmt ist, so unverkennbar macht.«

5. Später beschreibt Dali den nackten Körper von Cecile Goudreau: er war verwüstet, die Brüste zusammengeschrumpft – doch sie besaß »göttlich schöne und schlanke Beine. Sie hatte das Gesicht eines Vogels, der aussieht wie eine Katze, und den Körper einer Katze, die wie ein Vogel aussieht... dieses Vogelhafte war die ungemeine Zerbrechlichkeit der Knöchel und Handgelenke, des hohlen und grünlichen Halses, die Winzigkeit des Schädels mit der kleinen Hirnschale und dem Haar, das sich in leichte Locken legte, glatt und regelmäßig wie Federn; katzenhaft an ihr war der gebannte grüne Blick und der maskuline Zynismus ihrer spitzen Zähne. Auch alles andere an ihr war katzenähnlich: die elastischen und schleichenden Bewegungen, die konzentrierte und doch träge Frechheit, und sogar das Miauen, denn man konnte sagen, daß ihre witzig treffenden Bemerkungen, kurz und mit sinnlicher Modulation nuanciert, eher miaut als gesprochen wurden.«

Ein andermal beschreibt er das Kleid seiner Heldin einfach dadurch, daß er sagt, sie gleite wie ein oxydierter Silberaal . . .

Doch ganz abgesehen vom Thema gibt der Roman *Hidden Faces* dem Leser eine deutlichere Großaufnahme von Dali, als die Gemälde allein es vermögen. Das Buch ist seine Welt. Darin findet man die gleichen Geschöpfe (oder Ungeheuer) und seltsamen Landschaften, deren Beschreibungen häufig überraschend genaue Darstellungen seines trostlosen spanischen Heimatgebiets sind, die gleichen Ansichten über Gesetz und Ordnung, die gleichen Ruinen von Häusern, die Wracks von Freunden, die Vorkriegsdekadenz des ihm bekannten Paris, die Leute, die mit paranoischen, den seinen ähnlichen Neigungen leben, die Betonung des Liebetod-Themas (wie bei ihm und Gala), die gleiche, mit den von Dalis Bildern vertrauten Gegenständen be-

streute Welt – diese Spiegeleier, diese schlaffen, zusammenklappenden Uhren, die Krücken, die übergroßen paranoischen Telefone, die fetischistischen Objekte, die Autowracks, die gleiche Übertreibung den Alten gegenüber und wie bei seinen Bildern überbarocke Titel für Menschen, Orte und Dinge, aber auch die Einschaltung von Abhandlungen mitten in die Handlung, die nachtmahrische Konzeption, das atmosphärische Vorhandensein des Todes, die explosive Phantasie, die übertriebene Geziertheit, das gleiche Ego – und eine Sprache, ebenso farbenreich wie seine Palette.
Das Geschlechtliche, meistens abnorm, läuft ungehemmt und ungezügelt durch das Buch. Verfolgung und Verführung einer Lesbierin durch die andere, der Liebesumgang mit Hilfe von Opium, Orgasmus des Geistes, der Geschlechtsakt, wollüstige Berührung und die Ekstase der Abstinenz und Selbstverleugnung werden bis in die letzten Einzelheiten beschrieben – als wäre eine Kamera auf alles gerichtet, was gesagt und getan wird (und mit der gleichen Kraft der Beobachtung, die auf seinen Bildern bei den einen Schauder und bei den andern Erregung auslöst). Es findet sich die übliche unerklärliche Vorliebe für Verwesung und Zerstörung – es wirkt wie dreihundertsechzig eng gedruckte Seiten einer Beichte.

DER DICHTER

Das Metrum des Surrealismus

»Brot ist nützlicher als Poesie. Doch Liebe im vollen menschlichen Sinn des Wortes, die Leidenschaft der Liebe ist nicht nützlicher als Poesie.«

PAUL ELUARD

Kaum jemand hat von Dali als Dichter je etwas gehört; und nur ein bescheidener avantgardistischer Kreis hat seine Dichtung gelesen. Das meiste davon ist in der Blütezeit des Surrealismus unter dem Einfluß des Papstes der Bewegung, André Breton, geschrieben worden (der als sein eigenes extremstes Beispiel ein aus dem Pariser Telefonbuch herausgerissenes Stück vorlegte). Dali stand auch stark im Bann des Barden des Surrealismus, Paul Eluard, der vermutlich noch mit Gala verheiratet war, als er überschwenglich schrieb: »Dalis Gedichte sind reine Kristallisationen der Zartheit und Einfalt, der

Leidenschaft und Auflehnung. Er repräsentiert nicht nur die bei weitem höchste Leistung der surrealistischen Poesie, sondern er ist auch einer der bedeutendsten lebenden Dichter, ein unmittelbarer Nachfahre von Baudelaire.«
Diese Bewunderung wird Dali noch immer entgegengebracht. Der geachtete zeitgenössische französische Dichter Alain Bosquet sagte erst 1956: »Salvador Dali erscheint als der große Läuterer, der große Gesetzgeber des Deliriums.«
Doch wie man auch auf Dalis surrealistische Dichtung reagieren mag – und mehrere der bedeutendsten Beispiele sind hier aufgenommen –, nichts war annähernd so nihilistisch wie Bretons aus dem Telefonbuch gerissenes Stück, das er auf einen sauberen Bogen geklebt hatte! Dalis Gedichte erschienen zuerst in der Bibel des Surrealismus, *Le surréalisme au service de la révolution*; in der vierten Nummer des Jahrgangs 1931 dieser Publikation setzte seine *Rêverie* alle in Erstaunen, begründete jedoch sofort seinen Ruf als Dichter. Auf der Tagesordnung der vier Jahre später abgehaltenen surrealistischen Konferenz erscheint der Punkt: »Dali wird sein Gedicht ›Ich esse Gala‹ vortragen und einen sonderbaren lebenden Körper manipulieren...«
Eine Vorstellung von der Stimmung der andern Dichter in der Bewegung kann man Paul Eluards *Critique de la poésie* entnehmen, die David Gascoyne zitiert[1]. Das Gedicht könnte durchaus das Credo der Surrealisten gewesen sein, so vollständig gibt es die Verachtung wieder, die sie für die organisierte Gesellschaft empfanden:

»Natürlich haß ich die Herrschaft der Bourgeoisie,
Die Herrschaft von Polente und Pfaffen;
Doch mehr noch haß ich den Mann, der sie nicht haßt
Wie ich.
Ich spuck dem jämmerlichen Mann ins Gesicht,
Der dies Gedicht nicht über all meine andern stellt.«

Dalis Inspiration, Gedichte zu schreiben, muß zum großen Teil von seinem bedeutenden Freund Federico García Lorca gekommen sein. Lorca wurde in seinem kurzen, meteorhaften Leben einer der großen Dichter und Bühnenschriftsteller dieses halben Jahrhunderts – doch außerdem war er eine heiße Flamme der Ermutigung für Dali. Er schuf die Aura des Dichters, die Dali umgab, und trug erheblich dazu bei, den Horizont des jungen emotionalen Malers zu erweitern.

[1] *A Short Survey of Surrealism*, New York, 1935.

Die beiden Männer wuchsen zusammen auf. Als Studenten der gleichen Kunstakademie in Madrid machten sie gemeinsam Pläne und redeten in der heißen Sonne der Stadt stundenlang darüber in den Straßencafés. Lorca kam häufig zu Besuch nach Cadaques. Er sagte Dalis Erfolg voraus, ehe der Ruhm ihn noch angerührt hatte; und die Zeit brachte ihm den Erfolg auf ebendie Weise, die Lorca prophezeit hatte. Der Dichter muß gewußt haben, wie stark er Dalis Geist und Persönlichkeit in jenen impressionistischen Jahren beeinflußte; er verfehlte nie, ihn in seinen Plänen zu bestärken.
Im Jahr 1926 schrieb Lorca seine Empfindungen für Dali in dem Gedicht »Ode an Dali« nieder. Abgesehen von der Zuneigung und Bewunderung, die es verrät, ist es an sich ungemein schön, voll sensibler Bewußtheit. Er verstand Dalis Kampf, das zu malen, was er fühlte (von seiner Palette schrieb er: »eine verwundete Schwinge«, von dem Land um Dali: »...du liebst das Sonett des Meers in deinem Fenster...«, von seinem besessenen Geist: »Die Welt ist voll verhüllter Schatten und Verwirrung...«).

Das lange und überwältigende Gedicht endet:

»O Salvador Dali mit der olivenglatten Stimme!
Ich sag, was du und deine Bilder mir erzählen.
Ich preise nicht die unvollkommnen Farben deiner Jugend,
Doch ich besing das feste Ziel für deine Pfeile.

Ich besinge dein katalanisch feuriges Streben,
Deine Liebe für alles, was man erklären kann.
Ich besinge dein zartes, astronomisches Herz,
Das Herz einer fetten Ente und unverletzt.

Ich besinge die statuenhafte Glut, die du unaufhörlich suchst,
Die Furcht vor Emotionen, die dir auf der Straße begegnen.
Ich besinge die kleine Sirene der See, die dir zujubelt,
Auf einem Fahrrad von Korallen und Muscheln sitzend.

Doch vor allem besinge ich das gemeinsame Denken,
Das uns in dunklen und in goldenen Stunden zusammenführt.
Die Kunst ist nicht das Licht, das uns die Augen blendet.
Zuerst ist es die Liebe zu Freundschaft und Frieden.

Wie ein Lottospiel gemalt, geht unsre Freundschaft
Dem geduldig gezeichneten Bild von Teresas Brüsten
Vor – und ihrer unausgeschlafnen Haut – oder den dicken
Flechten der undankbaren Matilda.

Mögen die Spuren von Blut auf Gold
Das ewige Herz Kataloniens prägen.
Mögen Sterne wie faltenlose Fäuste über dir leuchten,
Solange dein Malen, dein Leben, blüht.

Schau nicht auf die Wasseruhr hautiger Schwingen,
Nicht auf die herbe allegorische Sense.
Halt deine Pinsel stets in den Wind
Und schau auf das Meer, von Schiffen und Seeleuten bevölkert.«

Dali macht in seinen Memoiren kein Hehl aus seiner jugendlichen Reaktion auf Lorca; dazu benutzt er den wahrscheinlich längsten Satz in diesem Buch: »Und als ich das aufwieglerische und mitteilsame Feuer des großen Federico sich in wilden, aufgelösten Flammen erheben fühlte, versuchte ich sie mit dem Ölzweig meines frühreifen, antifaustischen Greisentums auszuschlagen, während ich bereits den Bratrost meines transzendenten Prosastils zurüstete, auf dem ich, wenn der Tag kam, da nur noch glühende Asche von Lorcas ursprünglichem Feuer blieb, die Pilze, die Koteletten und die Sardinen meiner Gedanken braten wollte (die, wie ich wußte, dazu bestimmt waren, eines Tages – gar gebacken, gut und heiß – auf dem sauberen Tischtuch des Buches, das Sie eben lesen, serviert zu werden), um für einige hundert Jahre den spirituellen, moralischen und ideologischen Hunger unserer Epoche zu stillen.«
Dali gesteht, daß sein jugendliches Gefühl für Lorca ebensosehr gefolterte Eifersucht wie Bewunderung war – und sogar Furcht vor Lorcas unwiderstehlichem persönlichem Einfluß –, doch er scheint diese Gefühle überwunden zu haben. Als er in den späten zwanziger Jahren Paul Eluard zum erstenmal in Paris begegnete, machte er ihm das schönste Kompliment, indem er sagte, er sähe sofort, daß er ein Dichter vom Range Lorcas sei – das heißt, daß er zu den größten und echtesten gehöre.
Dali verlor Lorcas begeisterte Freundschaft zu früh und auf tragische Weise, nämlich als »der Dichter von *La mala muerte*« beim Ausbruch der spanischen Revolution von einem feuernden faschistischen Trupp

in Granada getötet wurde. »Das war gemein!« rief Dali (und schmähte damit seine eigene politische Einstellung), »denn sie wußten genausogut wie ich, daß Lorca seinem Wesen nach der unpolitischste Mensch der Welt war... die Leute töteten sich gegenseitig nicht der Ideen wegen, sondern ›aus persönlichen Gründen‹, aus Gründen der Persönlichkeit: und ebenso wie ich hatte Lorca eine überreiche Persönlichkeit und dadurch ein besseres Recht als die meisten Spanier, von Spaniern erschossen zu werden. Lorcas tragisches Lebensgefühl war von der gleichen tragischen Konstante geprägt wie das Geschick des gesamten spanischen Volkes.«

Seit Lorcas sehr bedauertem Tod hat Dali – wenn überhaupt – nur noch wenig Gedichte geschrieben. Vielleicht befinden sich in den Regalen von Port Lligat noch einige, doch wenn es so ist, sind sie geheim geblieben.

Das Gedicht von Dali, das den meisten bekannt ist, die sich mit der surrealistischen Periode beschäftigt haben, ist »Metamorphose des Narzissus«. Es ist in eine sehr bekannte Anthologie spanischer Dichtung aufgenommen, ein Gedicht über ein Thema, das Dali in den dreißiger Jahren stark beschäftigt hatte.

Im Jahr 1950 schrieb Louis Allen nach einem Besuch bei Dali: »Er weilt nicht mehr bei der ›Metamorphose des Narziß‹. Seine spanische Dichtung ist mystische Poesie und leitet sich von der Lektüre der spanischen Mystiker her, von San Juan de la Cruz und in geringerem Maße von der heiligen Teresa. Außerdem liest er Paracelsus, dessen Welt, wie er sagt, von allen Materialisten des neunzehnten Jahrhunderts verspottet wurde, sich jedoch rasch in zeitgenössische Wirklichkeit verwandelt. In seinen Regalen findet man auch neben D'Arcy Thompsons *Growth and Form* Rossettis Gedichte – eine Erstausgabe. Er hat sie nicht gelesen, aber er bewahrt das Buch ›wegen der Kupferstiche‹.«

Man darf nicht vergessen, daß die meisten von Dalis Gedichten während der friedlichen Tage des Surrealismus geschrieben wurden. Ganz offensichtlich probierte Dali noch eine andere Methode, ein anderes Medium aus, wie er die Zwangskräfte, die sein Gleichgewicht so sehr störten, zum Ausdruck bringen oder sogar bändigen könnte. Im Schlafen und Wachen erschütterten Träume sein Wesen. Alles, was ihm Aufmerksamkeit und Idolatrie eintrug, während er sein Es »abreagierte«, wurde ausprobiert und wiederholt. Das Dichten war eine dieser Befreiungen.

Es ist schwer, aus Dalis Poesie ein einziges Beispiel auszuwählen, das sein Werk veranschaulicht. Vielleicht die beiden ersten Strophen eines Gedichts aus *La femme visible* :

»Dauerhafte Bindung
gleichzeitig unberechtigt verfallend
eine Tasse
irgendeine portugiesische Tasse
jetzt hergestellt
in einer Porzellanfabrik
denn eine Tasse
ähnelt in der Form
einem hübschen städtisch-arabischen Antimon
von ungefähr hingestrichen oder gesehen
wie der Blick meiner reizenden Gala
der Blick meiner reizenden Gala
Geruch von Weinneigen
wie das Epithelgewebe meiner reizenden Gala
ihr drollig lampenleuchtendes Epithelgewebe
ja ich werde es tausendmal wiederholen.«

Die zweite Strophe ist die genaue Wiederholung dieser ersten.
Oder ein anderes seiner Gedichte »Man konnte des Esels Knochen sehen«; hier folgt die kürzeste Strophe, die letzte:

»Die Brotrinden formen einen Rachen
Die Nähmaschine
Verendet aufgebläht
Der Streit mit kahlrasiertem Kopf
Die Hosen aufgeknöpft
Und Stücke Kot auf seinem Kopf
Bilden die unendlich süßen leeren Augen
Der Schlag der sich die Zähne putzt
mit einem Aluminium-Omelette à la française.«[1]

Nach diesen Beispielen ist es interessant, eine eindrucksvolle Huldigung für Dali zu lesen, die Georges Hugnet zur Blütezeit des Surrealismus geschrieben hat: »Dalis Dichtung ist so unglaublich echt, daß man davor zurückweichen möchte. Es ist eine Art Generalbeichte,

[1] Zitiert nach: Julien Levy, *Surrealism.*

in deren Verlauf der Dichter seine Liebe, seine Delirien und seine Besessenheiten beschreibt. Frei und heftig, wie sie ist, gehört sie zur unmittelbarsten Art des Ausdrucks, der Verkörperlichung der Begierden... Wir kennen Dalis Gemälde und ihre fesselnden Objekte, die in einer so lebendigen Sprache so brillant ausgesprochen sind. Wie sie haben auch die Gedichte Anekdoten zum Inhalt, bringen ununterdrückbare Sehnsüchte zum Ausdruck, fangen Träume ein und spielen mit einem umfassenden Symbolismus der Objekte...«
Eines der bald nach Dalis Pariser Erfolg geschriebenen Gedichte trägt den gleichen Titel wie eins von Dalis Gemälden, das allgemein bekannt ist, wenn sich auch nicht feststellen läßt, wo es sich jetzt befindet. Als ich Dali 1956 bat, mir sein Lieblingsgedicht zu nennen, erwiderte er sofort: »The Great Masturbator[1].«
Wenn es die »dichterische Freiheit« erlaubt, den nächsten Beitrag »Gedicht« zu nennen, so ist dieses hauptsächlich seiner humoristischen Wirkung wegen ausgewählt. Es war eine Ankündigung, die Dali auf einer Pressekonferenz bei seinem ersten Besuch in New York vorlas, um die Bedeutung des Surrealismus zu erklären – ehe er überhaupt ein Wort Englisch sprechen konnte! Dieses »Gedicht« hat Julien Levy phonetisch umgeschrieben[2]:

[1] Dalis Beschreibung des Gemäldes »Le grand masturbateur« ist ebenso anschaulich wie der Titel: »Ein großes Haupt, fahl wie Wachs, die Wangen sehr rosig, die Wimpern lang und die eindrucksvolle Nase gegen die Erde gepreßt. Dieses Gesicht hat keinen Mund, an seine Stelle ist ein ungeheurer Grashüpfer gesetzt. Der Bauch des Grashüpfers ist in Verwesung übergegangen und voller Ameisen. Mehrere dieser Ameisen hasten über die Stelle, die von dem nicht vorhandenen Mund des großen quälenden Gesichts hätte ausgefüllt sein müssen; der Kopf gehr in architektonische und Schmuckformen im Stil von 1900 über.«

[2] Zitiert nach: Julien Levy, *Surrealism*, The Black Sun Press, 1936.
In der üblichen englischen Orthographie würde das Gedicht lauten:
»I have a horror of jokes
Surrealism is not a joke
Surrealism is a strange poison
Surrealism is the most violent and dangerous
toxin for the imagination that has so far
been invented in the domain of art
Surrealism is irresistible and terrifyingly
contagious
Buyer! I bring you Surrealism
already many people in New York have been infected
by the lifegiving and marvellous source of Surrealism.«
und deutsch etwa:

SURREALISM

»aye av ei horror uv Joks
Surrealism is not ei jok
Surrealism is ei strangue poizun
Surrealism is zi most vaiolent and daingeros
tox for dsi imaigineichon zad has so far
bin invented in dsi domein ouve art
Surrealism is irrezisteible and terifai-ingli
conteichos
Biuer! Ai bring ou Surrealism
Aulredi meni pipoul in Niu York jave bin infectid
bai zi laifquiving and marvelos sors of Surrealism.«

DER BÜHNENBILDNER UND LIBRETTIST

Einbruch ins Theater

Wenn Dalis Name in Verbindung mit der Oper genannt wird, schnauben die Musikliebhaber entweder Feuer oder werfen Kußhände. Einer brüstet sich noch heute, daß er es gewesen sei, der im Jahr 1949 bei der ersten Aufführung der *Salome* in London mit dem Pfeifen begann. Ein anderer, ein Theaterfachmann, erklärt, es hätte Dalis und gerade eines solch siedenden Abends bedurft, um das Theater aus seinem Schlaf zu wecken.
Ähnlich, nur nicht ganz so widersprüchlich verhält sich das Publikum hinsichtlich Dalis Verbindung mit dem Ballett. Erst die Zeit vermochte den Streit zu dämpfen: es ist zehn Jahre her, seit sein

»Ich habe einen Abscheu vor Scherzen
Surrealismus ist kein Scherz
Surrealismus ist ein seltsames Gift
Surrealismus ist das heftigste und gefährlichste
Toxin für die Phantasie, das bisher
auf dem Gebiet der Kunst erfunden worden ist
Surrealismus ist unwiderstehlich und schrecklich
ansteckend
Käufer! Ich bringe Ihnen Surrealismus
schon viele Menschen in New York sind angesteckt worden
von der lebensspendenden und wunderbaren Quelle des Surrealismus.

bühnenbildnerisches Werk die Gemüter erhitzte. Peter Brook, der die aufsehenerregende *Salome* inszenierte, sagt, heute sei nicht mehr die Zeit dafür, einen Dali im Theater zu sehen – er sei »überholt«. Also bleiben nur noch die Erinnerungen.

Mit vierundzwanzig entschloß sich Dali, eine Oper zu schaffen. Das war zehn Jahre nach der *Parade*, die Serge Diaghileff 1917 in Paris nach einem Scenario von Jean Cocteau, der Musik von Satie und mit Kostümen sowie Bühnenbildern von Picasso aufgeführt hatte. Der große Spanier ließ Dali nicht ruhen; selbst damals bestand schon eine Art anfeuernden Wettbewerbs. Doch eine andere und nähere Inspiration beeinflußte Dali stärker – der Glaube und die Bewunderung, die ihm García Lorca entgegenbrachte. Nach Lorcas Ansicht war Dali im Wesen ein *literarisches* Genie, das nebenher malte. Als sie die Akademie in Madrid besuchten, waren sie entschlossen, gemeinsam an einer Oper zu arbeiten, da diese musikalische Form eine ihrer Passionen war. Später entwarf Dali tatsächlich die Bühnenbilder für Lorcas Stück *Mariana pineda* in Barcelona – doch es war ein Fehlschlag.

Als Dali Jahre später in London von Lorcas tragischem Tod im spanischen Bürgerkrieg hörte, erkannte er, daß er die Oper, falls sie je zustande kommen sollte, allein machen müsse. Als er Anfang der vierziger Jahre nach Kalifornien ging, erklärte er, dort Musikunterricht nehmen, die Harmonielehre erlernen und dafür zwei Jahre konzentrierter Arbeit aufwenden zu wollen, um darauf der Welt eine Oper zu schenken: Libretto von Dali, Musik von Dali, Bühnenbild von Dali, Kostüme von Dali und – natürlich – Regie von Dali. In dieser Oper wollte er »die ganze ideologische, kolossale, dreckige, klebrige und erhabene Verworrenheit unserer Epoche« zum Ausdruck bringen.

Wenn diese Oper auch niemals geschrieben wurde, so hinterließ doch Dalis Absicht während der vierziger Jahre Wirkungen im Theater. Während dieser Zeit hatte er zwei treue Förderer – der eine ein »Engel« mit unbegrenztem Kapital, der Marqués de Cuevas; der andere ein Mitarbeiter mit unbegrenzten Theatermöglichkeiten, Peter Brook. Der eine gab ihm eine leistungsfähige Ballettgesellschaft, für die er zeichnen konnte, der andere – neben einer Bühne – das größte Verständnis, das Dali jemals fand... und vertat.

Abgesehen davon, daß der achte Marqués de Piettablanca (auch Marqués de Cuevas genannt) Bilder von Dali kaufte und ihm Ausstattungsaufträge gab, war er sein reichster Patron mit dem größten Einfluß auf das Theater. Mit einer Liebhaberin von Kunst und Theater

verheiratet[1], deren Vermögen die Erschütterung aller Verluste abzufangen vermochte, sah der Marqués im Inszenieren von Balletten eine reizvolle Tätigkeit. Die Gönnerschaft dieses zur Hälfte spanischen, zur Hälfte dänischen Edelmannes von chilenischer Geburt war einzigartig, vor allem, da er es sich leisten konnte, an einem einzigen Ballett hundertsiebzigtausend Pfund Sterling zu verlieren.
Die erste Gemeinschaftsarbeit Cuevas-Dali erhielt in der Kritik die Schlagzeile: »Guter Smallens – schlechter Dali«. Die Zeitschrift *Newsweek* lobte Alexander Smallens' Orchester, nannte die Tänzer des neugebildeten Ballet International (abgesehen von dem glänzenden André Eglevsky) »erbärmlich schwach« – und von Dalis Bühnenbildern sagte sie, daß Paul Bowles' schöne Partitur für »Sentimental Colloquy« (Empfindsames Gespräch) durch Dalis »übliche unkultivierte Absonderlichkeit« zum Scheitern gebracht worden sei. Sie beschrieben Dalis Einfälle, die von bärtigen, kadaverhaften Radfahrern mit Bratkartoffelbeuteln auf dem Kopf bis zum Konzertflügel mit sprühendem Springbrunnen und einer großen häßlichen Schildkröte gereicht hätten, die aus einem Bärenzelt kroch.
Dieses Ballett, zu dem Paul Bowles von einem Gedicht Verlaines angeregt worden war, erschien auch in London; dort wurde es etwas weniger gegeißelt. *The Times* ging am 27. August 1948 so weit, zu sagen: »Dalis Phantasie ist immer ungewöhnlich und in diesem Ballett auffallend wirkungsvoll«, wenn es auch von andern Seiten Rufe der Mißbilligung gab.
George de Cuevas hatte das Thema Bowles gegenüber bereits im Frühling 1944 angeschnitten und ihm das Gedicht von Paul Verlaine gegeben, das so beginnt: »Dans un vieux parc solitaire et glacé...« Er bat ihn, es sorgfältig zu lesen und sich zu überlegen, ob darin nicht ein großartiges Ballett stecke... »Ich tat, wie mir geheißen wurde«, sagt Bowles, »und erwiderte, daß es Atmosphäre habe (was ich für eine ausweichende Antwort hielt).« Cuevas erklärte, Dali sei von dem Gedicht fasziniert und bereits mit den Bühnenbildern beschäftigt – ob Bowles Lust habe, eine neo-impressionistische Partitur zu schreiben? »Ich meinte, es könne ganz lustig sein, einmal mit dem Begriff ›neo-impressionistisch‹ zu spielen, da ich mich Strawinskys berühmter Bemerkung erinnerte: ›Die andern sind noch Romantiker; ich bin schon Romantiker.‹« Bowles stimmte also zu, ging nach Haus und begann mit der Arbeit.

[1] Margaret Strong, Enkelin des verstorbenen John D. Rockefeller.

Doch die Kostümprobe war keineswegs das, was Cuevas so appetitanregend beschrieben hatte, während Bowles das Ballett komponierte. Bowles' Ansicht nach »war nichts ›Neo-impressionistisches‹ daran; es war ein neues Schaufenster für das Warenhaus Bonwit Teller und sonst nichts. Ich hatte nichts gegen das, was es war, aber ich lehnte mich doch gegen das auf, was es nicht war – einfache Sache.«

Aber eigentlich war es Wagners Musik, die Dalis Witterung schärfte. Diese Verbindung von absolutem Dichter mit absolutem Musiker übte den größten Einfluß aus, als Dali im Jahr 1939 die Venusberg-Szene aus dem *Tannhäuser* interpretierte. John Martin von der *New York Times* erklärte, Dali habe »das *Ballet Russe* zerschmettert«. Das Stück wurde im Metropolitan Opera House gespielt, das bis zu den Türen und zur Decke vollgepackt war.

John Martin ging scharf mit dem Venusberg ins Gericht: »Alle hatten ihr Vergnügen – oder doch fast alle.« (Die Ausnahmen: einige pfiffen und zischten, und andere drohten ärgerlich, sich bei der Direktion zu beschweren.) »Dalis Invasion in das Gebiet der Schaufensterdekoration und der Panoptikum-Inszenierung bei der Weltausstellung war genügende Vorbereitung... Außer daß seine Komödie erheblich spaßiger ist, wenn Massine dabei das Tempo angibt, bleibt er seinem Typ in jeder Hinsicht treu... Señor Dali befindet sich tatsächlich auf einigermaßen sicherem Boden, wenn er in der Rolle eines ungezogenen Kobolds unehrerbietig mit Papa Wagner umzuspringen versucht und geruht, das Tannhäuser-Ballett zu ›psychoanalysieren‹, denn wahrscheinlich hätte nicht einmal Papa Wagner ihm Vorwürfe gemacht, daß er dieses besondere Thema profaniere, wenn man sich Papa Wagners wohlbekannter Einstellung zur Entstehung dieses Teils der Oper erinnert. Freud hätte eher als Wagner Grund, sich zu beschweren... Das Ganze ist natürlich überaus platt und alles andere als eine Pubertätsleistung, doch dafür, daß man ein paarmal auflacht, wenn man überhaupt an so etwas Gefallen findet, reicht es aus.«

Im Hinblick auf den Geschoßhagel nach Dalis nächster Bemühung um die Oper könnte man das eine gute Besprechung nennen. Als er nämlich im Jahr 1948 in London die *Salome* in der Covent Garden Opera ausstattete, brachte er wirklich eine Bombe zum Platzen. Irgend jemand betitelte die Aufführung »zu Salami gewordene Salome«. *The Times* sagte in der Besprechung: »Das Pfeifen begann in Reihe N.« Der englische Fotograf Hans Wild ist noch immer stolz darauf, daß er der Mann war, der in Reihe N mit dem Pfeifen begann. Anderseits meint

Penelope Gilliatt in *Vogue* im April 1957, daß Dalis *Salome*-Ausstattung ein Beispiel mutiger Einfälle gewesen sei. Sie schrieb: »Erinnern Sie sich noch an Peter Brook in der Covent Garden Opera 1948 bis 49? Seiner *Salome* in Dalis Ausstattung? Die machte die Leute toll und wirkte wie Pervitin. Noch monatelang später waren die normalen Opernregisseure hellwach.«

Diese *Salome* schuf wirklich eine Sensation. Bei jeder Aufführung war das Publikum niedergeschmettert. Nicht nur im Zuschauerraum gab es Pfiffe und Protest, sondern hinter den Kulissen machten die Sänger hysterische Szenen, weil sie behaupteten, Dalis Kostüme behinderten ihr Spiel. Der Dirigent Karl Rankl konnte sich mit Peter Brook nicht einigen.

Und während der ganzen Zeit trödelte der unerschütterliche Dali in Spanien herum und lehnte es ab, sich an der Rauferei zu beteiligen. Es paßte ihm einfach nicht in den Kram, zu mildern oder zu ändern, und ebensowenig hatte er Lust, das Ensemble zu inspirieren (was ein Bühnenbildner üblicherweise vor der Premiere zu tun pflegt).

David Webster, Direktor der Covent Garden Opera, sagt, die Erfahrung habe ihn gelehrt, daß das Publikum bereit sei, selbst die unkonventionellsten Bühnenbilder hinzunehmen, aber »die Aufnahmefähigkeit seines Geistes setzt aus (oder ist stark beschränkt), wenn es um die Kostüme geht. Sie werden einfach nicht damit fertig, die menschliche Gestalt auf unübliche Weise behandelt zu sehen... Mir persönlich«, setzt er hinzu, »gefielen die Entwürfe Dalis, und ich hielt die ganze Inszenierung für erstklassig.«

Die Aufführung führte schließlich zu einem Federduell zwischen Eric Blom mit seiner bissigen Kritik über die *Salome* im *Observer* vom 7. November 1949 und Peter Brooks schneidiger Erwiderung. Die Veröffentlichung dieses heftigen Gefechts muß Dali sehr, sehr glücklich gemacht haben.

Brook erklärte, daß er anderer Meinung als alle Opernkritiker sei und daß sie im Fall der *Salome* insgesamt danebengeschossen hätten. Dann sprach er seine eigenen Ansichten aus – die im Auszug hier folgen:

»Kritischer Ausgangspunkt: Was bestimmt den Stil einer Salome-Aufführung? Die Musik und das Libretto. Welches sind die hervorstechendsten Züge? Beide sind fremdartig, poetisch, unrealistisch. Soll dann das sichtbare Gegenstück – d. h. Bühnenbild, Requisiten, Kostüme – ›direkt‹ sein? Sicher nicht. Der Realismus muß den im realistischen Stil geschriebenen Werken vorbehalten bleiben – zum Beispiel den meisten der Puccini-Opern. Doch die phantastische

Mythe von Strauß und Wilde zu einem Kulturfilm in judäischen Kulissen zu machen, ist ebenso absurd, als wenn man den ›King Lear‹ in einem Salon aus der ›Gartenlaube‹ spielen wollte.
Jede künstlerische Arbeit bedarf einer Tradition. In diesem Fall ist die visuelle Tradition vorhanden. Denken wir an Beardsley. Wie ging er an das Problem heran, die ›Salome‹ zu illustrieren? Indem er Momentaufnahmen aus der Handlung machte? Im Gegenteil. Er fängt den Duft Wildes durch Phantasie und Verzerrung ein. Gustave Moreaus ›Salome‹ ist ein Meisterwerk – darauf schwebt ein von goldenen Stacheln umgebener Kopf in der Luft. Seltsam? Empörend? Nein; weil genau wie bei Dürer, wie bei Hieronymus Bosch, ja wie in zwei Jahrtausenden christlicher und orientalischer Malerei religiöse und mythische Themen immer auf stilisierte Art behandelt worden sind.
Aber warum Dali? Weil er der einzige mir bekannte Künstler auf der ganzen Welt ist, dessen natürlicher Stil von Natur aus sowohl das, was man die erotische Degeneration von Strauß nennen könnte, als auch die Bildersprache von Wilde besitzt...
Nach jeder neuen Inszenierung erlebt man einen qualvollen Prozeß der Seelenerforschung, und ich mache mir keine Illusionen darüber, wie weit man von seinem eigenen Ziel entfernt bleibt. Kritik, sei sie gut oder schlecht, ist immer wichtig und nützlich, deshalb empfinde ich es als bedauerlich, wenn die Kritiker gerade die wesentlichen Züge verfehlen, die vielleicht ihrer Überlegung wert gewesen wären. Doch sie kamen alle zu der Feststellung, daß Dali und ich nur darauf aus gewesen seien, sie zu ärgern. Mindestens darin, möchte ich behaupten, haben sie uns unterschätzt; wäre das nämlich unsere Absicht gewesen, dann hätten wir beide, glaube ich, weit Schlimmeres leisten können...«
Was der Opernaufführung voranging, war fast ebenso surrealistisch wie die Probleme der Salome-Inszenierung selbst. Peter Brook fuhr nach Spanien, um die Entwürfe zur *Salome* zu besprechen. Er und Dali waren bereits auf einer wilden Sitzung in Señor Lopez' Pariser Haus übereingekommen, daß sie harmonisch miteinander arbeiten könnten.
Brook hat fröhliche Erinnerungen an diesen Besuch in Port Lligat. Er traf Dali »bei einer Weltjagd nach den Frauen mit der stärksten Gänsehaut... beim Philosophieren über sich und Gala[1] ... über den

[1] »Ein einzigartiger Fall in der Kunstgeschichte – die Macbeths in einem schönen hygienischen Kühlschrank von einem Haus«, beschreibt Brook die beiden.

Film, den er gerade schrieb[1] ... beim Grübeln über Velasquez – weil es ihm nicht möglich war, zu gestehen, er sei nicht so groß wie dieser«[2]. Als Brook und Dali zur Sache kamen, arbeiteten sie gut und begeistert. Schließlich war Brook, die ausgezeichneten Entwürfe von Dali in der Tasche, bereit, nach London aufzubrechen, um mit den langen Vorbereitungen für die Inszenierung zu beginnen. Er saß schon in dem wackligen alten Taxi, um sich aus Port Lligat hinausfahren zu lassen, als plötzlich »etwas Widerwärtiges« geschah.

»Wo ist meine Quittung für die Zeichnungen?« fragte Dali und schob Kopf und Schultern durch das Autofenster.

»Quittung? Glauben Sie denn, ich wollte sie stehlen?«

»Nein, aber wenn Sie unterwegs stürben, wie könnten Gala und ich es dann beweisen und *Bezahlung erhalten?*«

Die Abfahrt wurde verzögert, bis Dali seine Quittung erhalten hatte – dann verschwand Peter Brook weißglühend vor Wut.

Der kleine Vorfall hatte tatsächlich eine üble Vorbedeutung gehabt. Als Peter Brook einige Tage später Palamos (wo er Dalis Freund Alberto Puig besucht hatte) verließ, entschloß er sich, gemeinsam mit Edgar Neville, Elena Quintañar, ihrer Tochter und einem englischen Versicherungsmann (Mr. Owen genannt) im Wagen die Costa Brava entlang nach Barcelona zu fahren.

Es war heller Tag. Plötzlich, wie auf ein Stichwort hin, fragte Peter Brook Edgar Neville, warum das Gebiet Costa Brava heiße. »Bedeutet es ›so tapfer‹?«

»Nein«, erwiderte Neville, »so wild.«

Und genau in diesem Augenblick sprangen fünf junge Männer aus dem Gebüsch am Straßenrand, Schnellfeuergewehre in den Händen. Alle Insassen wurden aus dem Wagen gezerrt und in den Wald geführt – gelähmt vor Furcht.

Franco-gegnerische Partisanen, die von Frankreich aus operierten, waren von Toulouse gekommen, dem Maquis-Zentrum des zweiten Weltkriegs. Sie waren gerade der Polizei entronnen, nachdem einer

[1] »Er beginnt mit einem D-Zug, an dem vorn eine Nadel befestigt ist und der auf ein Auge zurast. Doch die Nadel bricht; das Auge des Künstlers ist größer als die Sehkraft«, erklärte Dali.

[2] Brook gibt zu, daß Dali sein Handwerk wirklich fabelhaft beherrscht: »Gott rieb ein Amalgam von Dali, mit Vermeer und Velasquez legiert... nur daß er aus Bosheit oder sonst einem Grund eines wegließ: Dali empfindet absolut *keine* Liebe zu dem Ding, das er malt. Vermeer besaß eine Leidenschaft für das Spiel von Licht und Luft, Velasquez für das Spiel des Lichts auf Samt und Juwelen.«

von ihnen beim Kampf angeschossen worden war. Sie brauchten den großen »kapitalistischen Cadillac«, damit sie ihren Genossen in einem Krankenhaus von Barcelona in Sicherheit bringen konnten. Und sie verlangten von allen die Pässe. Doch die Wageninsassen hatten bestimmte Gründe, die Pässe nicht herauszugeben. (Einer wollte zum Beispiel den Banditen nicht verraten, daß er ein Marqués sei – »wenn auch ein bankrotter«.)

Doch vor allem machte sich Señora Quintañar Sorgen um ihre von der Kinderlähmung verkrüppelte Tochter. Peter Brook schwitzte vor Verzweiflung wegen Dalis Zeichnungen, die die Banditen bestimmt vernichten würden, wenn sie Dalis Signatur erkannten (wegen seines Rufes als Franco-Royalist). Brook sah plötzlich wieder das Gesicht von Dali, wie er den Kopf zum Wagenfenster hineinschob und eine Quittung verlangte.

Die Reisenden wurden an Bäume gebunden, die Hände auf dem Rücken, und sollten die langen Stunden warten, bis die Banditen aus Barcelona zurückkamen; im besten Fall würde es Mitternacht werden.

Stunden später gelang es einem von ihnen, sich seiner Fesseln zu entledigen und die andern loszubinden. Die müde, hungrige Gruppe ging zur Straße zurück. Es war stockdunkel. Man versuchte, Autos anzuhalten; doch niemand wagte, in dieser einsamen Gegend stehenzubleiben. Als die Reisenden endlich zu Fuß das nächste winzige Dorf erreicht hatten, wurden sie von der mit Maschinengewehren bewaffneten Gendarmerie begrüßt. Ein Auto, dem sie gewinkt hatten, war so freundlich gewesen, zu melden, daß sich Wegelagerer auf der Landstraße befänden.

Die schmutzige Gruppe konnte sich nicht ausweisen; zum Teil waren die Pässe schließlich doch noch von den Banditen mitgenommen worden, zum Teil hatten sie die Eigentümer selbst im Wald versteckt. Edgar Neville benutzte einen seiner zahlreichen Titel – Conde de Balanga del Duero – und überredete die sehr argwöhnische und ungläubige Ortspolizei, ihm zu erlauben, trotz der späten Stunde den Bürgermeister von Barcelona anzurufen. Als der Bürgermeister erreicht war, kam endlich Hilfe.

»Es war wie eine russische Farce«, beschreibt es Peter Brook, »hundert Männer – genau wie bei Offenbach – marschierten zum Schauplatz des Verbrechens, wo wir unser gesamtes Gepäck einschließlich der Zeichnungen von Dali wiederfanden.« (Und Nevilles Paß – den er geistesgegenwärtig in das Gebüsch unter einem Baum gestoßen hatte, als die Banditen ihm erlaubten, einen Augenblick zur Seite zu gehen.)

Die Geschichte endete damit, daß endlich ein Wagen geschickt wurde, der die ganze Gesellschaft nach Barcelona brachte – von hier aus hoffte Peter Brook direkt nach London fliegen zu können. Doch er mußte mehrere kurze Strecken mit verschiedenen Maschinen fliegen. Und als er aus dem Fenster einer dieser kleinen Kisten blickte, sah er, daß dieses Flugzeug – so schwört er wenigstens – das Kennzeichen GALA trug!
Im Londoner Flughafen glaubte kaum einer der dort versammelten Journalisten die Geschichte. »Rufen Sie doch die spanische Botschaft an«, schlug Brook vor – und wirklich tat das jemand. Und die Botschaft dementierte unverzüglich den Vorfall; deshalb nahmen die meisten Zeitungen an, der Überfall sei ein von Dali inszenierter Narrenstreich gewesen.
Kurz bevor *Salome* im Covent Garden aufgeführt wurde, setzte Peter Brook eine Anzeige in eine Toulouser Zeitung, durch die er die Banditen einlud, nach London zu kommen und sich die Aufführung als seine Gäste auf Orchestersesseln anzusehen. Später stellte er fest, daß die jungen politischen Revolutionäre alle getötet worden waren. (Elena Quintañars Paß kam, wie er sagt, von einem Schuß durchbohrt zurück.)

Daß Brook heute über Dali erbittert ist, hat nichts mit ihrer gemeinsamen Arbeit zu tun. Er billigt Dalis Salome-Interpretierung durchaus – er verteidigt sie sogar immer noch –, aber er ärgert sich, daß Dali ihn während der Aufführungen im Stich ließ. Dali hatte versprochen, nach London zu kommen. Er hätte dabeisein müssen. Jeder Bühnenbildner muß die Musik hören, das Ensemble bei der Arbeit sehen, um entscheiden zu können, welcher Kompromiß oder welche Änderung den technischen Erfordernissen der Inszenierung entspräche. Das ist allgemein üblich.
»Ich erklärte Gala, daß diese Inszenierung – mit Dalis Ideen – überall auf Widerstand stoßen werde«, sagt Peter Brook. »Ich erläuterte ihnen Dinge, die sie nach ihren Erfahrungen bereits wußten – daß Dalis Ideen technisch schwierig durchführbar sind... daß man sie allmählich durchsetzen muß... vom Papier zum Modell... zur Bühne... daß er die Kostümproben überwachen müsse. Keine seiner Ideen könne angemessen interpretiert werden und die ganze Zeit und Liebe, die an die Arbeit gewendet worden seien, würden vertan, wenn Gala nicht dafür sorge, daß Dali nach London komme...«
Brook selber war bei dieser Inszenierung, wie er schreibt, in endlose

Kämpfe mit dem Ensemble, dem Dirigenten und dem Star Ljuba Welitsch verwickelt. Dali antwortete weder auf Telegramme noch auf irgendwelche Anrufe bei seinen Freunden, die um Vermittlung gebeten wurden.

»Der Erfolg war, daß das, was wir in Spanien voller Erregung, Phantasie und in harter Arbeit entworfen hatten, nur zu zwanzig Prozent nach Dalis Ideen ausgeführt wurde – achtzig Prozent steuerten seine Feinde bei... Und die Sänger weigerten sich, die Kostüme zu tragen (Ljuba ließ sich zwei Ausstattungen schneiden: eine nach Dalis und eine nach – ihrem eigenen Entwurf)! Die Kostüme entsprachen höchstens zu einem Viertel den Plänen. Es war Dalis Schuld, weil er seine Arbeit nicht selber durchgeführt hat.

Eine solche Art von Zusammenarbeit reicht einfach nicht aus... Dali hätte durchhalten müssen. Doch selbst wenn er das tut, gewinnt er bisweilen den Eindruck, sein Daumenabdruck sei noch nicht so groß, wie er ihn sich wünscht – und dann entschließt er sich zu etwas Furchtbarem, um ihn zu vergrößern. Er ist zu schwierig... Und nun ist es zu spät, er ist überholt...«

Über die andern Dali-Aufführungen (von Balletten) gab es die üblichen verschiedenartigen Besprechungen, die üblichen Diskussionen, aber keine machte Furore wie die *Salome*.

Im Jahr 1944 wurde Dali aufgefordert, für Lorcas Volksstück, das Singspiel *El café de Chinitas*, Vorhänge, Bühnenbilder und Kostüme zu entwerfen. Die Choreographie übernahm die *Gran Señora* des spanischen Tanzes – Argentinita.

Das Team Dali und Massine hatte bereits 1939 die *Bacchanale* (Choreographie von Massine; Scenario, Bühnenbild und Kostüme von Dali) inszeniert; 1941 arbeiteten sie am *Labyrinth* zusammen.

Seine Entwürfe zum Ballett *Wilhelm Tell* beschreibt Dali selbst: »Im erhabensten Augenblick des Tanzes reiht sich plötzlich ein Dutzend Motorräder im Hintergrund auf; sie hängen mit laufenden Motoren ausbalanciert an Seilen, während gleichzeitig ein paar Nähmaschinen und Staubsauger aus den Soffitten fallen und auf die Bühne krachen und der Vorhang sich langsam senkt.«[1]

[1] Belita, der Eislaufballett-Star, bat Dali einmal, ihr für Paris ein Ballett zu entwerfen. Dalis Augen zwinkerten, als er seiner Phantasie die Zügel schießen ließ. »Wenn sich der Vorhang hebt«, sagte er, »sitzen Sie in einer mit Schaum gefüllten Badewanne. Dann kommt ein Motorrad genau aus der Badewanne. Dann noch ein Motorrad – und wenn der Vorhang fällt, rasen dreißig Motorräder auf der

Als im Jahr 1944 auf der Bühne des International Theatre *Mad Tristan* getanzt wurde, konnte Dali, von Cuevas unterstützt, abermals seine Symbole ausbrechen lassen, die wirkten, als »suchten sie nach irgendeiner bedeutsamen Struktur oder sonstwelchen vernünftigen Gegenständen, an denen sie sich festhalten konnten«[1].

Edwin Denby von der *New York Herald Tribune* nannte das Ballett eine von einem Genie erfundene Maskerade. »Was er da wieder geboten hat!« applaudierte Denby, der nur das Beste in diesem Widerspruch Dalis gegen die Klassik sah. »...Und es ist wunderbar, wie Dali jede malerische Anspielung, die er uns bietet, in symphonische Zeichen der unbewußten Welt in unserm Innern verwandelt... Es gibt nicht einen einzigen faden Augenblick. Der Tolle Tristan ermordet Wagner, aber er tut es gründlich; mit dieser Neuigkeit hat uns das International Ballet einen erstrangigen geistigen Karneval geschenkt.«

Dali hat, wie üblich, das letzte Wort in seiner Analyse des *Mad Tristan*, die in seinen Memoiren erscheint: »Wie bei allen andern konnte auch mein *Mad Tristan*, der mein bestes Bühnenwerk war, nicht gespielt werden und wurde in den *Venusberg* verwandelt und der *Venusberg* in das *Bacchanal*, das zur endgültigen Fassung wurde.«

Er beklagte sich über das Bühnenbild, das von »jenem puristischen Vertreter der echten Gesellschaft Europas, dem Fürsten Charvachidze«, stammte. Die Entwürfe wurden »mit einer so professionellen Gewissenhaftigkeit ausgeführt, wie sie unsere tändelnde moderne Epoche, die dauernd in Hast ist, der es an Genauigkeit fehlt und in der alles halb und schlecht getan wird, kaum verdient«. Die Kostüme waren von Chanel, der echten Hermelin und echte Juwelen benutzte, und die Handschuhe Ludwigs II. von Bayern so schwer vor lauter Stickereien, daß niemand wußte, ob die Tänzer sie zum Tanzen würden anbehalten können.

Der Krieg brach aus, ehe Dali und Chanel ihre Arbeit beendeten, die Ballett-Kompanie reiste eilends nach Amerika, und *Bacchanale* wurde mit improvisierten Kostümen aufgeführt, ohne daß Dali eine einzige Probe gesehen hatte.

Im ganzen sind Dalis Leistungen auf dem Gebiet von Oper und

Bühne herum.« Dali hielt inne, bemerkte Belitas erstaunten Blick und strahlte. »Die französische Presse wird wild dabei werden, weil kein Mensch weiß, wie das gemacht worden ist. Und bis jetzt«, setzte er dazu, »weiß ich es selber auch noch nicht.« Leonard Lyons, *New York Post*.

[1] A. V. Berger in der *New York Sun*, 16. September 1944.

Ballett lärmend, widersprüchlich und – überflüssig, es zu betonen – schwierig zu bewerten. Nur eins ist nicht zu bestreiten: die Ideen Dalis auf einer Bühne zu interpretieren verlangt von jedem Regisseur und bei jeder Aufführung ungemeines Stehvermögen und hohe technische Virtuosität.

Der ungewöhnliche Drehbuchschreiber

Als Dali vor Jahren eine surrealistische, stacheldrahtbesaitete Harfe für Harpo Marx nach Hollywood mitbrachte, galt dieses Geschenk als Tribut für die Brüder Marx wegen ihrer besonderen Form von Filmbesessenheit. Die vier Brüder nannten ihr Werk »irrsinnige Komödie«. Erforscher der wunderlichen Harlekinade erkannten darin den klassischen Unsinn von Lewis Carroll[1] und Edward Lear[2]. Die Brüder Marx selber schrieben ihren Humor vermutlich einer Prise Zirkustricks, einem kräftigen Schuß Vaudeville[3] und einem scharfen Auge auf die zu ihrer Zeit wirkenden verrückten Schulen von Schriftstellern zu (Stephen Leacock, Donald Ogden Stewart, Robert Benchley und ähnlichen).

Anders Dali: Für ihn waren die Marx Brothers reine Surrealisten. Unter welchem Etikett sie auch segeln mochten – Harpo, Chico, Groucho, Dali, Carroll, Lear, Benchley, Stewart und Leacock waren wirkliche Verbündete in einem gemeinsamen Kampf: den menschlichen Geist von allzu starken Dosierungen der Vernunft zu befreien und dem unabhängigen Denken heitere neue Gassen zu bahnen. Sie waren in der Tat, obwohl sie selber es wahrscheinlich leugnen würden, alle jener Schar von Malern und Schriftstellern verwandt, die die surrealistische Bewegung gründeten, um die Operationen des Unterbewußtseins gegen Logik und Vernunft zu offenbaren.

Zu jedem Film der Marx Brothers gehörten die ungereimtesten Absonderlichkeiten. Zwischen Dalis phantasievollen Konzeptionen und der assoziationslosen Denkweise der folgenden Auszüge aus dem visuellen und gesprochenen Unsinn in einem Marx-Film besteht enge Verwandtschaft: Die Szene stellt den Brunnen der Bürgerlichen

[1] Mathematikprofessor und Autor der *Alice im Wunderland.* (A. d. Ü.)

[2] Der durch seine Limericks und andere Ulkgedichte bekannte Maler und Dichter, Hauptvertreter der englischen *Nonsense-Poetry* des vorigen Jahrhunderts. (A. d. Ü.)

[3] Die Marx Brothers selber waren im Vaudeville groß geworden, in jener uralten Form des Schauspiels, das auf die mindestens sechs Jahrtausende alten religiösdramatischen Aufführungen zurückgeht. (F. C.)

Tugend dar. Harpo steht auf dem Brunnen – anstelle der Figur der Bürgerlichen Tugend. Er spuckt großartig und in schönen symmetrischen Mustern. Schließlich springt ihm ein halbes Dutzend Fische aus dem Mund. Groucho spricht: »Meine Damen und Herren, damit ist unsere Feier beendet. Weil die ausgezeichneten Flieger, wenn sie nicht doof wären, jetzt hier verduften würden.«[1]

Ihr Dialog ist stets ebenso zusammenhanglos. Das nächste Beispiel stammt aus dem Film *A Night at the Opera :*

CHICO: Einkommensteuer?

GROUCHO: Ja, da gibt es eine Bundessteuer und die Landessteuer und vielleicht noch eine Stadtsteuer. Und natürlich die Verkaufssteuer.

CHICO: Wieviel macht das alles zusammen?

GROUCHO: Na, ich nehme an, wenn er nicht allzu oft singt, kann er ohne Verluste davonkommen.

CHICO: In Ordnung. Wir nehmen an.

GROUCHO: Ausgezeichnet. (Er zieht zwei Verträge hervor.) Nun setzen Sie seinen Namen da ein, und Sie selber unterschreiben unten. Sie brauchen Ihren Vertrag nicht zu lesen, weil es ein Duplikat ist.

CHICO: Was ist es?

GROUCHO: Ein Duplikat. Wissen Sie nicht, was Duplikate sind?

CHICO: Natürlich weiß ich das! Diese fünf Kinder da oben in Kanada[2].

Als Dali und die Marx Brothers sich begegneten, gab es einen Zusammenstoß, und die daraus erwachsende Freundschaft veranlaßte Dali zu einzigartigen Ausstattungsentwürfen, die jedoch zu einem Dasein im verborgenen[3] verurteilt waren. Die Zeichnungen hängen jetzt in Harpos Wohnzimmer in Kalifornien.

Die Zeichnungen sind aus einem Grund außergewöhnlich: »Dali hat«, laut Marie Seton, »die typischen Mätzchen und den Geist der Marx Filme benutzt und seine eigene groteske Garnierung hinzugefügt, um den Charakter der Komödianten auf der Leinwand zu betonen. Diese Ausstattungsentwürfe – die tatsächlich ein ganzes eigenes Drehbuch bildeten – wurden nie verwirklicht, vermutlich

[1] Marie Seton *Theatre Arts*, Oktober 1939.

[2] Anspielung auf die »kanadischen Fünflinge«, die 1934 geborenen Töchter der Familie Dionne, die ganz Amerika jahrelang in Atem hielten. (A. d. Ü.)

[3] H. Reynolds Morse besitzt eine einzelne Kohlezeichnung aus der Gruppe; damit ist bewiesen, daß nichts, was Dali je macht, wirklich privat, exklusiv oder verborgen bleibt.

weil sie höchstens von hundert Menschen verstanden worden wären. Überdies hätte die ›Liga für Anstand‹, die in Hollywood eine strenge Herrschaft ausübt, den Streifen bis zur Unkenntlichkeit beschnitten.«

Das war nicht die einzige Filmarbeit Dalis, die nie ein Publikum zu sehen bekam. Als junger Maler arbeitete er einmal mühsam ein Drehbuch für einen Kurzfilm aus, in das er eine Zusammenfassung seiner tumultuarischen Ideen einflocht. Es wurde abgelehnt, doch den Grund erfuhr er nie. Er hatte nicht den Mut, den Brief, in dem die Ablehnung begründet war, zu Ende zu lesen.

Aber auch ein sehr viel gelungenerer Versuch aus neuerer Zeit fand nie ein Publikum. Die wahrscheinlich glücklichste Zusammenarbeit (wenn das Ergebnis ironischerweise auch überaus unglücklich war) führte Dali 1947 mit Walt Disney zusammen – als sie *Destino* schufen. Dieses abendfüllende Drehbuch hatte Dali geschrieben und an den berühmten König des Trickfilms verkauft. Grob gesagt war es die Geschichte eines jungen Mädchens auf der Suche nach der wirklichen Liebe. »Darin benutzte Dali«, wie Disney schreibt, »neben dem üblichen Überfluß an Daliana zum erstenmal, soweit ich weiß, das amerikanische Baseball-Spiel als Ballettform.«[1]

Der Film, der eine Kombination aus Trickzeichnungen, lebenden Schauspielern und besonderen Effekten bilden sollte, wurde nie vollendet. (»Das war gewiß nicht Dalis Schuld; es handelte sich einfach um eine Änderung unserer Arbeitspläne«, erklärte Walt Disney.) Trotzdem gab Dali, ehe der Film im Atelier abgesetzt wurde, in seiner Zeitung, *Dali News* vom 25. November 1947, den üblichen Startschuß:

»Disney-Dali-Destino von Dali veröffentlicht?

Seit Dali und Disney den Vertrag unterzeichneten, den ersten Film des ›Nie zuvor Gesehenen‹ zu produzieren, ist über dieses Thema strengste Geheimhaltung gewahrt worden. Und in Walt Disneys Studio herrscht ein Schweigen wie an dem mysteriösen Ort, wo das Zyklotron bewacht wird. Nur die geisterhafte Silhouette von John Henges kennt vielleicht besser als Disney und Dali die technischen Geheimnisse des Films, der der Welt die erste ›psychologische Entspannung‹ bieten wird. Es ist eine Tatsache, daß richtige Spionagesysteme aufgebaut worden sind, um zu versuchen, die Entwürfe des Disney-Dali-Films zu entdecken.«

Disney sagt, Dali sei ein überaus lenkbarer und leutseliger Mit-

[1] Fast zehn Jahre später gab es ein Baseball-Ballett in dem amerikanischen Musical *Damn Yankees.*

17 Dali während einer Pressekonferenz anläßlich der Eröffnung einer Ausstellung seiner Illustrationen zu Dantes »Göttlicher Komödie«. Hier vor einem Porträt des Teufels, so wie Dali ihn sich vorstellt (1960).
18 Dali auf dem Filmfestival in Venedig (1961). Der Exzentriker versucht sich als Tänzer neben Ludmilla Tcherina.
19 New York 1959: Dali sitzt im goldenen Lederanzug in einer großen Plastikkugel. Er demonstriert seine neue Methode der Fortbewegung.
20 Dali als sein eigenes Kunstwerk, auf dem Kopf einen Hut aus Kuchenteig, in der Hand eine Silberdistel (1958).

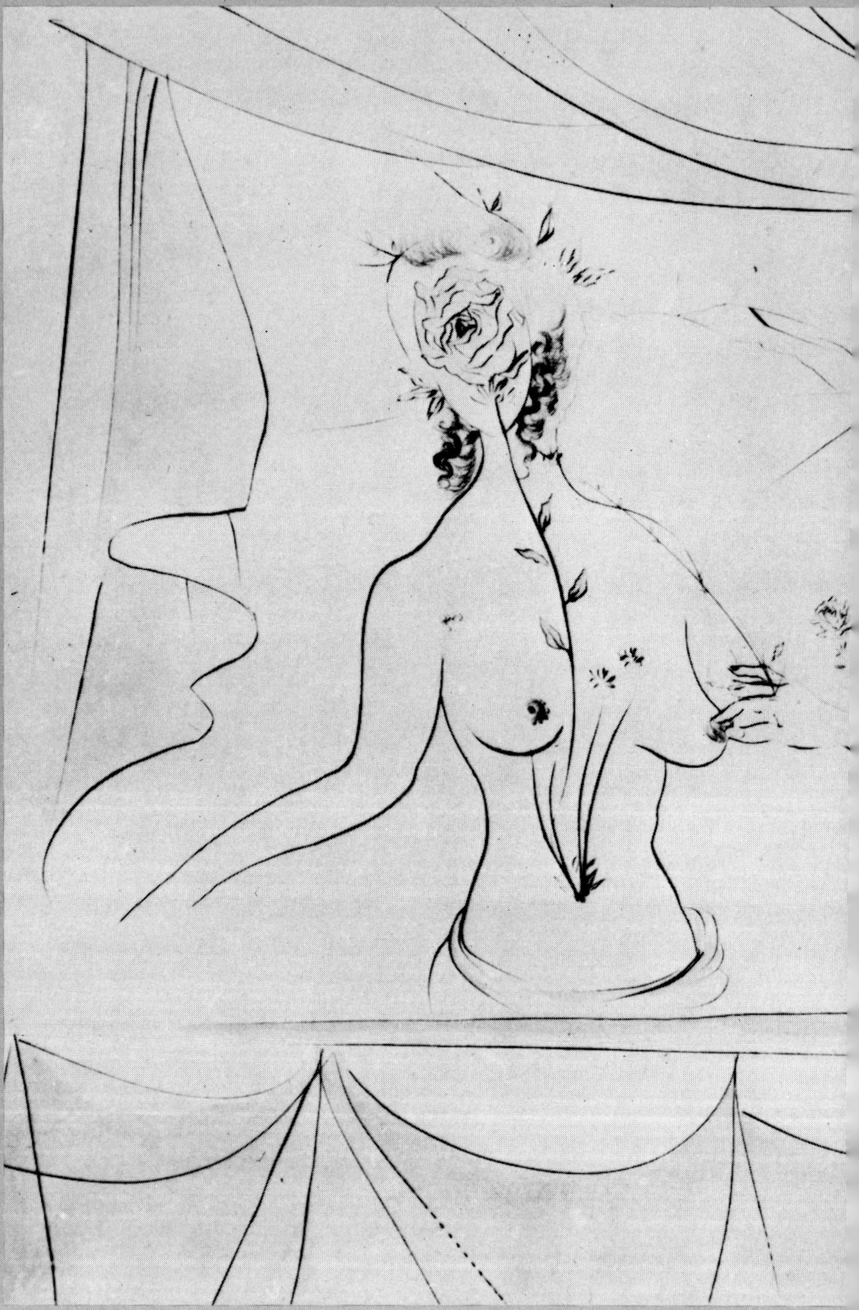

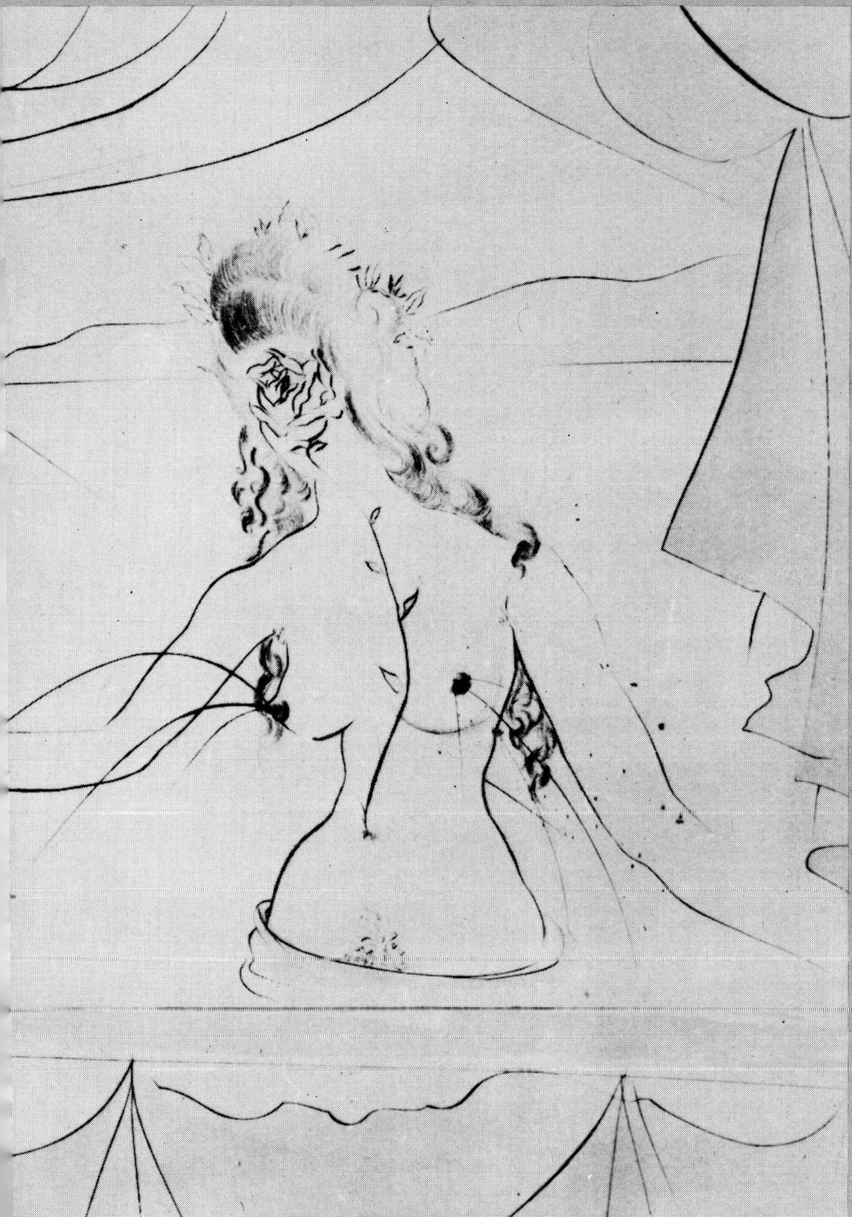

21 Farbradierung nach »Das rätselhafte Bild der Gabrielle d'Estrées mit ihrer Schwester« aus der Schule von Fontainebleau

22 *»Der Traum der Venus oder Das Kunst-Panoptikum«, 1939*

arbeiter (andere Mitglieder der Organisation sind anderer Meinung)[1]. Disney stellte Dali einen Gehilfen für das Drehbuch und einen Musiker, mit denen Dali zufrieden war. Anscheinend verspürte er diesmal nicht den Zwang, verweste Esel oder von einer Rasierklinge zerschnittene Augen aus der surrealistischen Vergangenheit herbeizuschleppen, und das Atelier hatte keine Mühe, Dalis ursprüngliche und frische Liebesgeschichte im Zaum zu halten. Er war guter Stimmung und verlangte keine unmöglichen Requisiten. Disney erklärt sogar, die Erfahrungen, die man mit Dali gemacht habe, seien ganz ungewöhnlich gewesen. »Üblicherweise fallen einem die guten Gedanken nicht ohne weiteres ein, man muß um sie ringen; doch bei Dali ist es völlig anders. Er schäumt dauernd von neuen Ideen über, nicht nur für den Film, sondern für alles nur Denkbare: Maschinen, Möbel, Schmuck – sogar für einen außerordentlichen Apparat, der anzeigt, wenn ein Bild beendet ist!«

Den Vertrag arbeiteten Dali und Gala gemeinsam aus, und Gala trat wie üblich als Agentin auf. Doch Dali brauchte nicht überredet zu werden – er war schon lange davon überzeugt, daß Trickzeichnungen schöpferische Vorstellungen mit besonderer Kraft zu beschwören vermögen.

Obwohl der Film nie beendet wurde, erhielt Dali sein Honorar. »Er war teuer, gewiß – nein, wieviel er erhalten hat, möchte ich lieber nicht sagen«, erklärt Disney. In einer Hinsicht unterschied sich der Vertrag von denen, die Dali sonst abzuschließen pflegte: die Zeichnungen wurden Eigentum der Disney-Company und gingen nicht an Dali zurück (gewöhnlich verkauft er seine Zeichnungen noch einmal und hat dadurch weiteren Profit). Doch wenn sie auch Disney gehören, darf die Kompanie die Originalzeichnungen und -gemälde doch nicht weiterverkaufen.

Disney nennt Dali »einen Freund, einen ganz prima Burschen und einen Menschen, mit dem ich voller Freude zusammenarbeite«. Als Beweis für die angenehmen Arbeitsverhältnisse erklärte Disney 1957, bei einem weiteren Film, den *Adventures of Don Quixote*, mit ihm zusammenarbeiten zu wollen. Der Vertrag wurde in Port Lligat, in dem sagenhaften Haus am Meer, abgeschlossen. Doch der Film ist noch nicht angefangen worden.

Während Dali an *Destino* arbeitete, machte er eine Fahrt auf der genau nachgebildeten Miniatureisenbahn, die Disney vor Jahren auf seinem

[1] Zum Beispiel James Spaulding Bedrero, der die Augen gen Himmel schlägt, sobald er von jenen Tagen spricht.

Grundstück in Kalifornien angelegt hat. Als Dali in der »Lilybelle« saß, war er so beeindruckt von der perfekten Ausführung jeder Einzelheit, daß er erschrak. Er hielt es für gefährlich, weil solche Vollendung unausweichlich ein Unglück hervorrufen müsse – genau wie bei den richtigen Zügen – oder gar Sabotage (durch Miniatur-Zugsaboteure)! »Bloße Modelle sollten nicht mit solcher Vollkommenheit ausgestattet werden!«

Ein weiterer, ziemlich seltsamer Film, den Dali 1951 erläuterte, kam ebenfalls nicht zustande. Er fuhr, wie er sagt, nach Spanien, um daran zu arbeiten, doch man hat ihn noch nicht gesehen. Er trägt den Namen *The Wheelbarrow of Flesh* (Der Schubkarren aus Fleisch), und seine Handlung übertrifft selbst Dali:

Eine paranoische Frau verliebt sich in eine Schubkarre und erträumt sich alle Eigenschaften des Geliebten, dessen Körper sich in einen Karren verwandelt hat. Schließlich erhält die Karre wieder fleischliche Gestalt und wird zu dem Menschen, den sie liebt.

Auftritte: Sechs ausgestopfte weiße Schwäne, mit Sprengstoff gefüllt.

Eine Herde Nilpferde springt aus Fenstern in den Trevi-Brunnen, und die Spritzer verwandeln sich in schwarze Regenschirme.

Zweitausend Priester radeln über die Place de la Concorde und tragen dabei Molotow-Plakate.

Eine Frau mit rasiertem Schädel steht in einem zugefrorenen Teich, ein Omelette auf dem Kopf.

Doch nicht alle Beiträge Dalis zur Hollywooder Filmindustrie sind in Kompanie-Tresoren verborgen oder hängen an den Wänden von Privatwohnzimmern. Im Jahr 1944 bat der Filmregisseur Alfred Hitchcock Dali, an einem Film, den er gerade drehte, mitzuarbeiten – und das Ergebnis war ein wunderbarer Erfolg für Dali, für den Produzenten David O. Selznick und für den Film *Spellbound*.

Selznick kann sich keines »Feuerwerks« bei dieser gemeinsamen Arbeit erinnern (eine zweite der ungewöhnlichen Bestätigungen, daß Dali kein schwieriger Mitarbeiter sei): »Dali hatte den Auftrag, die Arbeit zu machen; er führte sie korrekt und ausgezeichnet durch, und seine Mitarbeit verlieh dem Film, der sich, wie ich glaube, als erster mit der Freudschen Psychoanalyse beschäftigte, einen besonderen und neuen Aspekt. Der Streifen war ein großer Erfolg, und ich bin überzeugt, daß Dalis Arbeit daran ein kleinerer, aber doch wertvoller Beitrag zu diesem Erfolg war«, schrieb Selznick mir.

Als sich Selznick entschloß, Francis Beedings *The House of Mr. Edwards* zu verfilmen (die Geschichte eines an Amnesie Leidenden, der durch die Umstände zu der Überzeugung gelangt, ein Mörder zu sein), war Dali die Persönlichkeit, an die der Regisseur Alfred Hitchcock automatisch dachte – der größte Interpret des Unterbewußten auf der Leinwand. Es war ein vollendeter Wurf. Dali zeichnete Traumszenen, die der Patient (Gregory Peck) bei seiner Psychiatrin hervorsprudelte. Die Ärztin (Ingrid Bergman) verliebt sich in ihn und beschließt, seine Unschuld zu beweisen, indem sie ihm durch Psychoanalyse sein Gedächtnis zurückgibt. Während sie daran arbeitet, versteckt sie ihn vor der Polizei.

Um diese Traumszenen zu verdeutlichen, zeichnete Dali über hundert Skizzen und malte fünf Ölgemälde[1], in denen er die unirdischen Phantasien des Kranken übersetzte. Stühle und Tische haben Menschenbeine, Dächer steigen schräg in die Unendlichkeit hinauf, winzige Klaviere hängen kopfüber an der Decke, Ingrid Bergman selbst verwandelt sich in eine gesichtslose Statue – die schließlich in tausend Stücke zerspringt.

Hitchcocks Fähigkeit, haarsträubende Spannung zu erzeugen, erreichte in dieser surrealistischen Fassung von der Jagd durch den Geist eines Menschen ungewöhnliches Niveau – die Erinnerung ist hier so vollständig eingemauert, daß sie alle Beziehungen zu der unerträglichen Vergangenheit aussperrt.

In diesen spannungsgeladenen Szenen gelang es Dali, vieles von dem Wirrwarr seiner surrealistischen Vergangenheit sinnvoll zu machen. Ganz fraglos wurden Atmosphäre und Handlung des Films durch seine dreidimensionale Interpretation stark bereichert.

Die beiden inzwischen historischen surrealistischen Filme, die Dali als Zwanziger mit Luis Bunuel in Paris schuf, erlebten ein anderes Schicksal. Tumulte, Wut, Abscheu und Verachtung mischten sich in den Beifall. Weder der Kurzfilm *Le chien andalou* (Der andalusische Hund) noch der abendfüllende *L'âge d'or* (Das Goldene Zeitalter) vermochten ein breites Publikum anzuziehen. Nur wenige haben die Streifen gesehen, und nur wenige konnten sie ertragen. Und doch waren es Meilensteine in der Geschichte des Surrealismus, wenn nicht gar der gesamten Filmwelt.

Zunächst erschien, im Jahr 1929, *Le chien andalou* als Ergebnis einer Studienfreundschaft mit Luis Bunuel in Madrid. Luis Bunuel war

[1] Diese wurden Dali zurückgegeben, der sie vermutlich inzwischen weiterverkauft hat.

mehr oder weniger »Zeremonienmeister« der Akademiegruppe auf ihren Trink- und Bummelpartien gewesen.
Nach seinem Ausschluß aus der Akademie fuhr Dali nach Haus und malte in Figueras in seinem Atelier; dort besuchte ihn Bunuel und brachte einen Entwurf zu einem Film mit – für den seine Mutter ihm das Geld leihen wollte. Die Idee erschien Dali »ungewöhnlich mittelmäßig – auf eine unglaublich naive Weise avantgardistisch«. Das Treatment bestand darin, daß eine Zeitung herausgegeben wurde, die zum Leben erwachte. Schließlich wurde die Zeitung auf das Straßenpflaster geworfen und von einem Kellner mit dem Fuß in die Gosse gestoßen. Dieser Schluß (»so banal und billig in seiner Sentimentalität«) empörte Dali.
Er erklärte Bunuel, daß er nicht das mindeste Interesse an dieser Film-Story habe, und schlug statt dessen ein sehr kurzes Treatment vor, das er selber geschrieben hatte. Dabei gestand Dali, daß »dieses wirklich den Hauch des Genies besitze und dem zeitgenössischen Kino völlig entgegengesetzt sei«.
Bunuel war von Dalis Drehbuchentwurf begeistert; sie beschlossen, ihn gemeinsam auszuarbeiten. Aus dieser Zusammenarbeit ging *Le chien andalou* hervor, den Bunuel mit nach Paris nahm, um ihn zu inszenieren, zu produzieren und die Regie dabei zu führen. Schließlich kam auch Dali nach Paris. »Ich unterstützte ihn bei der Regie durch allabendliche Gespräche. Automatisch und ohne zu fragen nahm Bunuel die leiseste meiner Andeutungen an; er wußte aus Erfahrung, daß ich mich in diesen Dingen niemals irrte.«
Die Requisiten, die Dali und Bunuel verlangten, erweckten in dem Requisiteur den Eindruck zu träumen; unter anderem mußte er beschaffen: ein lebendiges Modell, nackt, das unter jedem Arm einen lebendigen Seeigel trug, vier Esel, die bereits in Verwesung übergingen (und zwar auf einem Konzertflügel), mehrere Masken für den männlichen Hauptdarsteller (eine ohne Mund, eine zweite mit Haar an Stelle des Mundes), eine abgeschnittene Hand (die so natürlich wie möglich aussehen sollte) und drei Ameisennester. Pierre Bacheff, der junge Star, der bereits rauschgiftsüchtig war, beging nach Beendigung des Films Selbstmord.
Der Film begann auf die extremste surrealistische Weise mit einer Nachtmahr-Szene, die man kaum aus seinem Gedächtnis zu löschen vermag. Dali selber beschreibt sie folgendermaßen:

PROLOG

ES WAR EINMAL . . .

Ein Balkon im Dunkeln,
Im Zimmer schärft ein Mann sein Rasiermesser. Er schaut aus dem Fenster zum Himmel und sieht . . .
Eine leichte Wolke, die auf den Vollmond zuschwebt.
Dann den Kopf eines jungen Mädchens mit starrenden Augen.
Eine Rasiermesserklinge nähert sich einem der Augen.
Nun zieht die weiche Wolke am Mond vorüber,
Und das Rasiermesser gleitet durch das Auge des Mädchens, schneidet es in zwei Teile.

ENDE DES PROLOGS

Vor dem eigentlichen Film erscheint ein erklärender Text auf der Leinwand:
»Der Produzent und Regisseur des Films, Bunuel, schrieb das Drehbuch gemeinsam mit dem Maler Dali. Beide leiteten ihren Standpunkt von einem Traumbild ab, das wiederum andere Traumbilder auf die gleiche Weise prüfte, bis das Ganze kontinuierliche Form erhielt. Dabei ist folgendes zu beachten: Jedes Bild, jeder Gedanke, der in den Mitarbeitern aufstieg, wurde sofort verworfen, wenn er aus der Erinnerung oder aus ihrem Kulturmilieu stammte oder wenn er auch nur eine bewußte Assoziation mit einem früheren Gedanken hatte. Die Mitarbeiter erkannten nur solche Bilder als gültig an, die auch bei gründlichster Untersuchung keinerlei Erklärungsmöglichkeiten boten. Natürlich wurden auch die Beschränkungen der üblichen Moral und Vernunft aufgegeben. Die Motivierung der Inbilder war ausschließlich irrational – oder war wenigstens so beabsichtigt! Sie sind den beiden Mitarbeitern ebenso geheimnisvoll und unerklärlich wie dem Zuschauer. NICHTS in dem Film SYMBOLISIERT IRGEND ETWAS. Die einzige Methode, die Symbole zu untersuchen, könnte vielleicht die Psychoanalyse sein.«
Hoch oben auf einer gewundenen Gasse am Montmartre erlebte *Le chien andalou* an einem kalten Herbstsonntag des Jahres 1929 im »Studio vingt-huit« seine Uraufführung; ein aufgeregtes Nachmittagspublikum begrüßte sich gegenseitig voll gespannter Vorfreude. In der Eingangshalle war eine Ausstellung surrealistischer

Bücher aufgebaut, ein Grammophon spielte »*Ombres blanches*«, bis das Licht ausging und *Le chien andalou* gezeigt wurde.
Er rief lärmenden Tumult hervor. *Le chien andalou* als erster eigentlich surrealistischer Film (abgesehen von dem Experimentierfilm *L'étoile de mer* von Man Ray, 1928, und dem Film *La perle*, den Georges Hugnet 1929 produzierte, ehe er zur surrealistischen Bewegung stieß) war grotesk und abscheulich. David Gascoyne schrieb, er rief »selbst bei einem Publikum, das nicht einmal Karloff zum Erschauern bringen konnte, Hysterie hervor«.
Der Film wurde mit Schreien und Pfiffen begrüßt. Ein blasser junger Mann, der eine Ansprache zu halten versuchte, wurde von Hüten und Stöcken getroffen, die von allen Seiten auf ihn zuflogen. Eine Frau in einer Ecke begann ein gemeines Wort zu singen; bald stimmte das Publikum ein.
Als der Kritiker Eugenio Montes den Film sah, war er gleichfalls heftig verletzt. »Bunuel und Dali haben sich entschlossen unter den Pegel dessen begeben, was man guten Geschmack nennt, unter den Pegel des Hübschen, des Angenehmen, des Epidermalen, des Frivolen, des Französischen. Eine Stelle des Films war mit Musik aus dem *Tristan* unterlegt. Man hätte die Jota *La Pilarica*[1] spielen sollen... Barbarische, elementare Schönheit, Mond und Erde der Wüste... tauchen vor den Worten wieder auf... Nein! Nein! Sucht nicht nach den Rosen Frankreichs. Spanien ist kein Garten und der Spanier kein Gärtner. Spanien ist ein Planet, und die Rosen der Wüste sind verweste Esel...« Montes schloß: »Ein Datum in der Geschichte des Films, ein mit Blut markiertes Datum, so wie es Nietzsche gefiele, wie es immer die Art Spaniens gewesen ist.«
Ungerührt von dem ganzen Aufsehen, schrieb Dali in seiner Autobiographie: »*Le chien andalou* war der Film von Pubertät und Tod, den ich dem geistvollen, eleganten und intellektuellen Paris mit der ganzen Wirklichkeit und der ganzen Schärfe des iberischen Dolches ins Herz stieß... Unser Film zerstörte an einem einzigen Abend zehn Jahre pseudointellektuellen Nachkriegs-Avantgardismus. Dieses dreckige Ding, das man als abstrakte Kunst umschreibt, fiel uns vor die Füße, auf den Tod verwundet, um nie wieder aufzustehen, nachdem es gesehen hatte, wie ›das Auge eines Mädchens von einem Rasiermesser zerschnitten‹ wurde... Für die kleinen tobsüchtigen Rauten des Monsieur Mondrian war nun kein Raum mehr in Europa.«

[1] Volkslied aus Aragonien von exemplarischer Heftigkeit.

Den nächsten Film des surrealistischen Duetts finanzierte der Vicomte de Noailles im Jahr 1931. *L'âge d'or* war ein abendfüllender Streifen – das Drehbuch schrieb ebenfalls Dali mit der Absicht, einen Film zu machen, der die ganze Heftigkeit der Liebe, durchtränkt vom Schöpfungsglanz katholischer Mythen, übersetzen sollte. (Schon zu jener Zeit war er geblendet und besessen von der Großartigkeit und dem Ritual des Katholizismus.) »Für diesen Film«, schrieb er an Bunuel, »wünsche ich mir Erzbischöfe, die mit ihren gestickten Tiaren inmitten der felsigen Sintfluten von Kap Creus baden... Wenn du willst, machen wir ein paar blasphemische Szenen, aber sie müssen mit äußerstem Fanatismus inszeniert werden, damit die Großartigkeit eines wahren und echten Sakrilegs erreicht wird!«

Ein andermal gab er einen völlig anderen Grundgedanken für das Drehbuch an: »Das offene und reine Verhalten eines Menschen darzustellen, der nach Liebe strebt, im Gegensatz zu den niedrigen Idealen der Menschheit, Patriotismus und all den erbärmlichen Mechanismen der Wirklichkeit.«[1]

André Breton[2] schwärmte von *L'âge d'or*, das Publikum im gleichen Studio 28 tobte, die Leinwand war mit großen Tintenflecken bekleckst, die Stühle zerbrochen und die surrealistischen Gemälde im Foyer mit Messern zerschnitten, Dali lehnte den Film ab (»Es war nur eine Karikatur meiner Ideen«), doch der bei den Lesern der Zeitschrift *New Yorker* so beliebte und herzhafte Kritiker Alexander Wolcott machte sich herrlich darüber lustig.

Am 8. April 1933 entschloß er sich, die Programmübersicht von *L'âge d'or* abzudrucken, und erklärte dabei, daß in seiner Abteilung die Mappe »Unerledigt« ungebührlich angeschwollen sei, seit er diesen Beitrag des Filmklubs dort abgelegt habe. »Hiermit unterbreite ich die vollständige Übersicht, damit sie in den Archiven

[1] Nadeau in *Documents surréalistes*.

[2] Breton, der von dem Bruch zwischen dem Surrealismus und der »literarischen« Welt sowie dem Konformismus jeder Art spricht, setzt hinzu: »Nichts gab eine bessere Vorstellung von dieser Sinnesart als ein Film wie *L'âge d'or* von Bunuel und Dali, den man noch heute in Filmklubs sehen kann, wenn auch nur, um sich davon zu überzeugen, daß er noch nichts von seiner Virulenz eingebüßt hat. Was sollen wir am höchsten daran schätzen, wenn nicht – wie stets – die Liebe in ihrer fleischlichsten Erscheinungsform, die köstlich gepriesene Freiheit und – im Rahmen einer Moral ohne Verpflichtungen und Sanktionen – die Verehrung eines jeden pathetischen Elements, wie es sich zu gewissen Augenblicken des Lebens findet?« *Entretiens*, Paris, 1952.

der Wunderwerke aufbewahrt werden kann und damit die Nachwelt erfährt, daß die zwanziger und dreißiger Jahre nicht nur Adolf Hitler, Aimée Semple McPherson und Al Capone, sondern auch so etwas hervorgebracht haben...«
Die Übersicht endet: »Zuletzt sieht man den Mann, wie er einen brennenden Baum, eine große landwirtschaftliche Maschine, einen Erzbischof, eine Giraffe und Haare aus dem Fenster wirft.«
»Vermutlich Roßhaar«, schloß Wolcott.

Auch George Orwell tobte über die Obszönität, die er in *L'âge d'or* erblickte. »Es wird sich zeigen, daß das, was Dalis Verteidiger beanspruchen, eine Art Ausnahmegenehmigung ist. Der Künstler soll von den Moralgesetzen befreit sein, die für gewöhnliche Leute bindend sind. Man braucht nur das Zauberwort ›Kunst‹ auszusprechen, und schon ist alles in Ordnung. Verwesende Kadaver, über die Schnecken kriechen, sind in Ordnung, kleine Mädchen gegen den Kopf zu treten, ist in Ordnung; *L'âge d'or* ist in Ordnung.«

Bunuel hatte ohne Rücksicht auf die Folgen Paris vor der Uraufführung verlassen. Voll idealistischer Gewißheit war er auf dem Weg nach Hollywood, das er zu erobern hoffte. So verpaßte er nicht nur den Verriß durch die Kritik und den Skandal beim Publikum, sondern auch den Beifall, den ihm und Dali der innere Kreis der surrealistischen Gruppe spendete.
Doch weder er noch Dali konnten in absehbarer Zeit für ihre Bemühungen Vorteile »kassieren«. Bunuel hatte in Hollywood nicht den erwarteten Erfolg. Und was Dali betraf, so wurde der Film nach der ersten Vorführung in Paris von der Polizei verboten. Das Ergebnis war eine Heidenangst bei allen Leuten, irgend etwas mit Dali gemeinsam zu unternehmen.
»Bei Dali kann man nie wissen...«, sagten sie...

DER ERFINDER

Phantastische und andere Erfindungen

Dauernd schwebt Leonardo da Vincis Bild über Dali; er hat den Eindruck, er sei seine magische Wiederverkörperung, und glaubt, daß seine eigene Welt ebenso erfüllt ist von unermeßlicher imaginativer Kraft, von einer grenzenlosen Vielfalt schockierender Überraschungen – Werken, Schaustellungen, Landschaften... sogar neu zusammengesetzten menschlichen Körpern –, die als traumähnliche Einzelheiten auf der ungeheuren Liste von Dalis Erfindungen erscheinen.

Er nimmt das uns vertraute Objekt und stellt es in einen völlig neuen Zusammenhang, bald lustig, bald absonderlich – und häufig erschreckend. Klaviere fließen wie Honig (oft ist es »Blut«), Sofas sind Lippen, Taxen sind innen mit einer Regenanlage versehen, Tische bestehen aus hartgekochten Eiern, ermüdete Nasen werden von juwelenbesetzten Krücken gehalten, Rubinherzen schlagen – und vieles, vieles andere –, in seiner Welt ist das Unterbewußtsein freigelassen, da gibt es keine Konventionen und keine Beschränkungen.

In jenen frühen Tagen, in denen Dali um das Brot zu kämpfen hatte, war sein Bemühen, Erfindungen zu verkaufen, ein verzweifelter Versuch, am Leben zu bleiben, wenn keine anderen Einnahmen in Aussicht standen. Seine Bilder waren unverkäuflich, die Unterstützung durch die Familie hörte auf, als er verstoßen wurde, er besaß nicht die Mittel, Gala zu unterhalten. Da er in jeder Hinsicht wie Leonardo da Vinci war, meinte er auch »erfinden« zu können – und wie sollte es fehlschlagen, wo er doch Gala als *entrepreneur* hatte? Er versorgte Gala mit einer täglich wachsenden Menge schön ausgeführter Zeichnungen von Erfindungen, die das Leben und Aussehen von Paris verändern würden. Eine typische Liste zeigt, daß sie in ihrer Vielseitigkeit ebenso phantastisch waren wie in ihrer Art[1]:

1. Künstliche Fingernägel, aus winzigen Verkleinerungsspiegeln bestehend, in denen man sich betrachten konnte.
2. Bakelitmöbel, nach den Konturen des Käufers geformt.
3. Durchsichtige Schaufensterpuppen – die mit Wasser und lebendigen Goldfischen gefüllt werden sollten.
4. Brillen mit Kaleidoskop- und Regenbogenlinsen (besonders nützlich, wenn das Autofahren langweilig wurde).
5. Kosmetisches Make-up zur Beseitigung der Schatten unter den Augen bei eingefallenen Wangen.
6. Verzerrte (und sonst nicht brauchbare) Gegenstände, die man an die Wand werfen konnte, wenn man in Wut geriet.
7. Schuhe mit Federn, um den Genuß des Gehens zu erhöhen[2].

[1] Etwas ganz Ähnliches sind die neuen Schlafmasken, die Technicolor-Träume hervorrufen – eine Erfindung, die Dali in jüngster Zeit entwickelt.

[2] Diese Schuhe tauchen in Dalis Werk immer wieder auf.

Schuhe mit Sprungfedern, eine Pariser Erfindung Dalis.

8. Eine ganze Serie »zerschlagener« Gegenstände, um geheime physische und psychische Reaktionen zu verursachen – darunter scherbenhaft ausgezackte Dinge, dazu bestimmt, Gefühle der Verzweiflung und Zähneknirschen hervorzurufen (in der Absicht, die Nerven bis an die Grenze des Zerreißens zu erregen).
9. Andere Gegenstände, deren einzige Funktion die ist, die Sorge um ein geeignetes Versteck für sie zu beseitigen (für die unbewußten masochistischen Instinkte im Massenpublikum).
10. Ein »Fühl-Kino«, das den Zuschauern mit Hilfe eines überaus einfachen Gerätes erlaubt, alles zu berühren, was gerade auf der Leinwand erscheint – Seide, Satin, Pelze, Austern, Hunde, Sand usw.
11. Kleider mit Einlagen und anatomisch falsch angebrachten Polstern, um die erotische Phantasie des Mannes zu kitzeln (einschließlich »zusätzlicher Brüste«, die aus dem Rücken knospen[1]).
12. Überraschende Formen für Badewannen.
13. Ein ganzer Katalog von Stromlinienentwürfen für Wagen (die, wie er sagt, »denen gleichen, die man zehn Jahre später stromlinienförmig nennen wird«).

Gala machte sich entschlossen auf den Weg, die Ideen unter dem Arm. In ihrem Eifer bewies sie beträchtliche Ausdauer. Jene unsicheren Tage mit ihrer Mischung von Enttäuschung, Verbitterung, Fehlschlägen und Abweisungen gaben bestimmt den Anstoß zu der Entwicklung, die ihr den Ruf der zähen Managerin einbrachte.

Viele Ideen wurden abgelehnt, weil es ihnen »an kommerziellem Wert« mangele, weil sie »verrückt« seien, unausführbar erschienen oder zu teuer waren, um Profit abzuwerfen. Fast immer kam Gala grün im Gesicht, zu Tode erschöpft und ohne Erfolg nach Hause; vor Kummer weinten die beiden häufig – und oft benutzten sie die abstumpfende Dunkelheit des billigen Kinos an der Ecke als einzigen Trost. Der Drang, sich zu rächen (indem sie ungeheuer viel Geld verdienten), lastete dauernd auf ihnen.

Dali behauptet, all seine Projekte seien schließlich verwirklicht worden – jedoch von Plagiatoren, und die Öffentlichkeit sei schok-

[1] Auch diese tauchen dauernd auf. Sein »nachdenklicher Beitrag« für die englische Ausgabe von *Vogue*, Juli 1956: »Jede Frau sollte einen beschwingten Anblick bieten mit einer *rückwärtigen* Büstenlinie dort, wo sich die Schulterblätter befinden; ein ganz natürlicher Anbringungsort. Im Augenblick sind die Schulterblätter nicht recht ausbalanciert.« Falsche Busen für den Rücken erschienen auch in seinen *Predictions* (Voraussagen) für eine amerikanische Presseagentur im Jahr 1956.

Eine Dali-Erfindung für Frauen: Falsche Brüste auf dem Rücken.

kiert gewesen. Er hat es erlebt, daß seine falschen Fingernägel zum Abendkleid in Mode kamen; Gala und er sehen dauernd Autokarosserien nach Dalis Entwürfen, Schaufensterdekorationen, die seine Ideen verwenden (besonders die durchsichtigen Kleiderpuppen mit lebenden Fischen); »sie erinnern mich an Dali«, rief er aus. »Das war das Beste, was mir passieren konnte, denn früher wurde behauptet, daß ich auf meinen Gemälden Ideen plagiierte, doch in Wirklichkeit waren sie mir gestohlen worden!«

Dali wurde einmal aufgefordert, sich Modelle auszudenken – »richtige Kleider, nicht nur Zeichnungen«. Edward James, der geheimnisvolle Patron der Künste in England, beauftragte Dali mit dem Entwurf und Schiaparelli mit der Ausführung. James bestellte

1938 zwei Toiletten für seine Freundin, die Schauspielerin Ruth Ford (eine Schwester des avantgardistischen Malers Charles Henri Ford, jetzt mit dem Schauspieler Zachary Scott verheiratet). Ruth Ford nennt beide Kleider »aufsehenerregend und verrückt«.
Das eine bestand aus blauem Krepp-Satin, auf den ein ganzes menschliches Skelett aufgesteppt war. Auf das andere, ein im Gegensatz zu dem Humpelrock des ersten locker fallendes Gewand, ebenfalls blaßblaue Seide, hatte Dali furchterregend realistische Rippen gemalt - ein vollendeter *trompe-l'oeil* in roten, blauen, Mauve- und Purpurtönen. Das genau zum Kleid passende Kapuzen-Cape war zerrissen worden. Ein riesiges Loch darin war mit mauve Stoff geflickt; dieser Flicken war abermals zerrissen worden und mit einem dunkleren Stoff ausgebessert. Der Rock war an einer Seite geknotet (und der Knoten schlug bei jedem Schritt wie ein Ball auf den Boden auf). Als Ruth Ford darin bei einer Party in Hollywood erschienen war, berichteten die Zeitungen, sie habe ein von Dali entworfenes Kleid – »in Fetzen gerissen« – getragen!
In England strotzten die beiden Häuser von Edward James von Dalischen Erfindungen. Mehrere Objekte, die seither durch Dalis Bilder berühmt geworden sind, wurden zunächst in dieser kaum angemessenen englischen Umgebung ausprobiert und benutzt. Das schockierend rosenrote Lippen-Sofa, das später als Mund von Mae West auf ihrem Porträt von Dali erscheint, war ursprünglich ein wirkliches Sofa für das Londoner Haus auf der Wimpole Street. Edward James konterte mit einem eigenen »Sofa« – zwei große, ineinander verschlungene Hände aus Bronze. In jede Hand konnte sich ein Gast hineinkuscheln.
Das heute ganz bekannte Dalische Hummertelefon wurde in James' Arbeitszimmer benutzt. Der Krieg verhinderte die Ausführung von Dalis umfassenden Plänen für James' surrealistische Bibliothek. Teile der Täfelung sollten herausgebrochen und beschädigt werden, um den Eindruck zu erwecken, es habe ein Erdbeben stattgefunden. In diese gähnenden Löcher wollte Dali Scherben von vielfarbigen Spiegeln einzementieren – in schwindelerregenden Winkeln (als ob sie von dem Vulkan hierhergeschossen worden wären).

Diese Pläne für die Bibliothek hatten bereits James' Billigung gefunden und wären ausgeführt worden, wenn der zweite Weltkrieg nicht dazwischengekommen wäre; in der Eingangshalle lagen Dali-Teppiche mit eingewebten Abdrücken von Hundepfoten,

»damit die Dienstmädchen, wenn die Tiere schmutzig aus dem Garten hereinkommen, es gar nicht merken«. Im Park von James' Landhaus in West Deane, Sussex, erhob sich zwischen den Bäumen ein Konzertflügel aus dem Gras; Dali fand, das sei ein passender Springbrunnen. Aus der Tastatur sprudelten Wasserstrahlen.
Als Dali mir einmal den Empfang ausmalte, den er mir bei meinem ersten Besuch in Port Lligat geben würde, benutzte er einen sehr wirkungsvollen Köder. Er zeichnete mir den kleinen Hafen auf. Mit einem Wasserballett von Schwänen – von denen jeder eigens darauf dressiert werden sollte, mit einer Krone aus brennenden Kerzen über die Bucht zu schwimmen. Sonst würde das Wasser ruhig und dunkel sein – ein zauberhafter Effekt. »Ich werde die schönste Dalische Begrüßung für Sie veranstalten...«
Bei seiner ehrgeizigsten »Erfindung«, der Atom-Gemeinde, behauptete er, genug von Kernphysik zu verstehen, um sich auf Dalischer Ebene damit zu beschäftigen.
Als wir wieder einmal miteinander lunchten, erklärte mir Dali ernsthaft, daß es bei der Explosion einer Atombombe vom naturwissenschaftlichen Standpunkt aus möglich sei, »an das wirkliche Geheimnis des Lebens heranzukommen«. Um das zu beweisen, zeichnete er mir die Atom-Gemeinde auf, die er später »nicht eigentlich eine Erfindung, sondern eine Methode« nannte.
Statt die Atombombe im Krieg zu verwenden, könnte nach seinen Vorschlägen innerhalb von Sekunden eine utopische Stadt damit geschaffen werden.
»Und wie lautet Ihre Formel?« fragte ich.
»Sie ist so einfach, daß ein Kind sie verstehen kann«, entgegnete er.
Ich will versuchen, seine Erklärung wiederzugeben.
Man stelle sich eine Schüssel, mit einer »gewissen Flüssigkeit« gefüllt, vor. Wenn man eine Zigarre (vermutlich heiß und glühend) in ihren Mittelpunkt hält, werden viele Blasen erzeugt. Jede Blase wird, wenn man das im großen Maßstab tut, zu einem »geheimnisvollen, transparenten Haus«.
Für die Atom-Gemeinde brauchte man nur einen genügend großen See zu schaffen, ihn mit dieser »geheimen Flüssigkeit« (deren Zusammensetzung er natürlich nie verriet) zu füllen und dann statt der Zigarre eine richtige Atombombe in seine Mitte zu werfen! Da die »Flüssigkeit« eine besondere Affinität zu seiner Bombe besitzt, würde sie völlig kontrolliert explodieren (»durch eine sorgfältige, Dalische Anordnung der Moleküle etc. etc.«). Er vermag

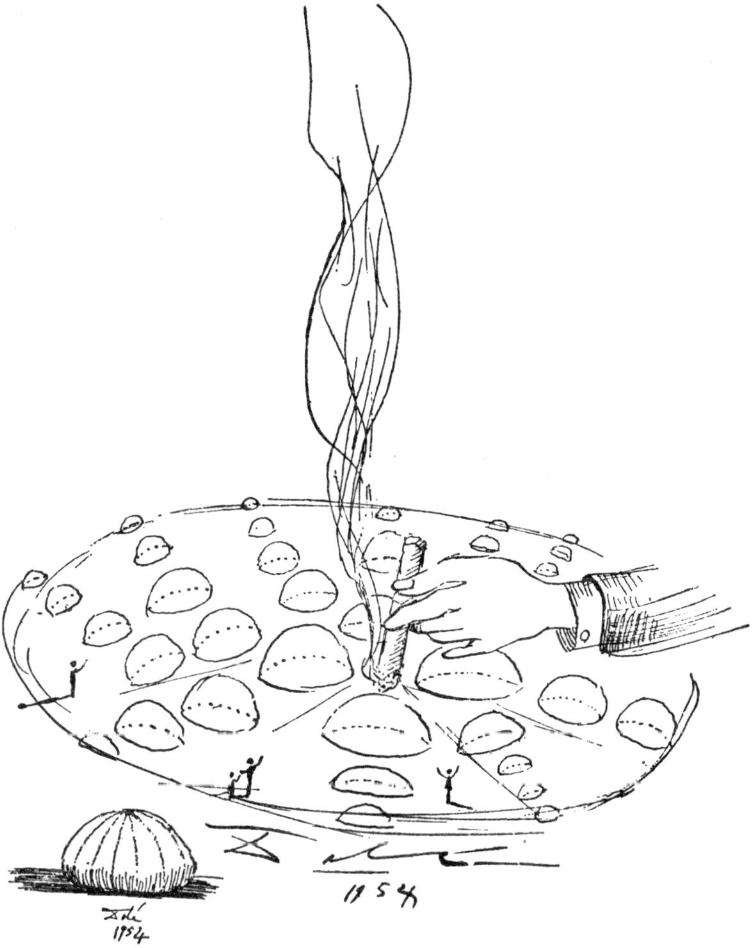

Die Atom-Gemeinde, die Dali schaffen möchte, indem er eine Atombombe friedlich wie eine Zigarre verwendet.

Atome so gut im voraus zu berechnen, daß seine Atome nach der anfänglichen Explosion in vorher bestimmten Formen zur Erde zurückkehren; die meisten würden zu durchsichtigem Glas und im allgemeinen wie Iglus geformt sein; dabei sei jede Größe möglich. »Die Blasen kehren als wunderbare Häuser zur Erde zurück. Alle besitzen automatische Klimaanlagen – alles gut – am nächsten Tag kommen die Leute und wohnen darin«, schloß er mit einem Lichtfunken in den Augen.

Die Explosion könnte derart gelenkt werden, daß die sich daraus ergebende Stadt »tausendmal größer wäre als New York«. Banken, Kinos, Läden etc. würden automatisch in der Mitte der Stadt liegen, während die schönen kleinen Kuppelhäuser sich strahlenförmig in grüne Parks erstrecken.

Während wir darüber sprachen, machte Dali eine prachtvolle Zeichnung davon auf das Tischtuch im Restaurant Le Pavillon. Da wir das Tischtuch nicht mitnehmen konnten, zeichnete er mir die Atom-Gemeinde später in seinem Hotel noch einmal auf Papier. (Vergl. S.211)

Einige von Dalis Erfindungen beschäftigen sich mit dem Telefon – und da erreicht er wirklich die Grenze der »unmöglichen Erfindungen«. Dali möchte noch folgende Dinge schaffen:

Ein aphrodisisches Telefon.

Telefone, auf die Rückenpanzer sich bewegender Schildkröten geschraubt.

Telefone à la Edgar Allan Poe (in jedem eine tote Ratte).

Böcklin-Telefone (im Inneren einer Zypresse – auf jedem eine Silberplatte mit einer Allegorie des Todes eingraviert).

Ein mit Zobel bezogenes Telefon für Sirenen.

Ein gekochtes Telefon – jedesmal wenn er einen gegrillten Hummer bestellt.

Und natürlich seine Hummertelefone – *überall.*

Sogar der Amerikanischen Ärztegesellschaft, der American Medical Association, wurde 1958 bei ihrer Tagung in San Francisco mit einer Dali-Erfindung aufgewartet. Die Hersteller des Medikamentes *Miltown* (eines Beruhigungsmittels) beauftragten ihn mit dem Entwurf für ihre Ausstellung. Eine ungeheure, bewegliche Insektenpuppe von zwanzig Meter Länge, die fast eine halbe Million Mark gekostet hatte, sollte den Menschen, während sie durch das sich windende und krümmende Innere der Puppenhülle hindurchgingen, die Angst nehmen und sie beruhigen. Zwei Meter lange Schmetterlinge mit menschlichen Augen schossen aus der Puppenhülle heraus. »Sehr wichtig, sehr wichtig«, sagte Dali. »Dali-Bilder bringen ungewöhnliche Beruhigung...«

Das Auto scheint eine überwältigende Zahl von Amateurerfindern anzuziehen, wenn man daran denkt, wie viele der Industrie ihre Hilfe anbieten.

Dali beschäftigt sich natürlich schon sehr lange mit Autos; das begann bereits mit den Zeichnungen, die Gala vergeblich in Paris zu verhökern versuchte. Im Roman *Hidden Faces* läßt er seinen paranoischen Vorstellungen im Zusammenhang mit Autos völlig freien Lauf: In diesem Buch schlägt seine verwöhnte Erbin immer wieder ihrer Mutter ein Telefon auf den Kopf – und zwar tut sie das, weil sie »das biologische Bedürfnis... den brennenden Wunsch verspürte, Schneiderkostüme anzufertigen, um damit die ›unanständigen‹ Formen stromlinienförmiger Autos zu bedecken...«. Die Verbindung zwischen Mutter, Telefon und Schneiderkostümen für Stromlinienwagen ist natürlich abermals ein Dali-Geheimnis.

Später fragt das gleiche Mädchen in dem Buch eine Freundin, ob sie ein Schneideratelier für Autos nicht für eine gute Idee halte: »Festliche Abendkleider mit tiefem Ausschnitt, bei dem der Busen des Kühlers aus dem Organdie auftaucht... hermelingefütterte Kabriolettverdecke, sealbezogene Türgriffe und Bisonmuffs für die Kühler. Siehst du nicht ein, welche Wirkung das bei unserem Cadillac hätte... in der Gegend von Leningrad?« Dauernd hatte Dali Erfindungen im Kopf, die mit dem Auto zusammenhingen. Als wir einmal zusammen lunchten, drehte ich den Spieß um, schlug ihm einen dali-esken Sportwagen vor und arrangierte dann auch eine Begegnung mit Autofabrikanten, mit denen er die Angelegenheit erörtern konnte.

Dieser Cowles-Dali-Wagen sollte als Sonderanfertigung gebaut werden – ein teures Phaeton in fortschrittlichster Stromlinienform. Dalis Dienste sollten für die Seitenfenster und die Scheibe zwischen Chauffeur und Fahrgästen in Anspruch genommen werden; diese Buntglasfenster konnten nach dem persönlichen Geschmack des Käufers entworfen werden. Um zunächst einmal ins Geschäft zu kommen, schlug ich Dali-Schmetterlinge und -Feldblumen oder Tang und tropische Fische vor. Gelangweilte Reisende, vor allem wenn sie über die endlosen Autostraßen von Texas und Arizona fuhren, brauchten dann nur die von Dali entworfenen Fenster

hochzudrehen und sich die monotone Außenwelt durch sein gläserne Laube mit ihren kunstreich gemalten Blumen oder Vögeln anzusehen (für ungefähr zehntausend Dollar je Wagen).
Wir beide glaubten, daß diese Wagen mit gemalten Fenstern gute Reklame wären. In diesem Augenblick brachten zufällig die General Motors einen mit weißem Nerz ausgeschlagenen Wagen heraus, mit dem sie anläßlich des gigantischen Motorama eine Ausstellungstournee durch die Vereinigten Staaten unternahmen.
Was wirklich aus den daliesken Fenstern für Cadillac-Sportwagen (oder aus dem Dali-Wagen mit aufgemalten Pelzanzügen oder aus den anderen Ideen, die er angeblich mit den Fabrikanten bereits besprochen hatte) geworden ist, steht nicht fest. Als ich ein Jahr später in Spanien war und danach fragte, gerieten sowohl Dali als auch Gala in Wut.

Weniger enttäuschend war eine Einladung, die er einmal in Kalifornien erhielt und die dazu führte, daß er nicht nur Leonardo auf seinem Gebiet übertrumpfte, sondern auch ganz Hollywood schlug. Leonardo da Vinci verwandte einen großen Teil seiner Zeit darauf, kunstreiche Unterhaltungen für die Sforzas im Mailand der Renaissance zu ersinnen; um sein Idol zu übertreffen, entwarf Dali eine »surrealistische Nacht in einem Zauberwald« – eine Mammut-Benefizveranstaltung für geflüchtete Künstler aus Frankreich und Spanien, die im Del-Monte-Hotel in Monterrey stattfand. Die Liste der für einen Abend erforderlichen Requisiten enthielt fünfzehnhundert Fichtenbäume, fünftausend Jutesäcke, ein Autowrack, viertausend Pfund Zeitungen, eine ganz junge Giraffe, zwei Lastwagen voll Melonen und Fruchtsaft, drei Ziegen und das größte Bett aus Hollywood.
Als Picasso und Gertrude Stein von ihrem Fenster am Boulevard Raspail im Jahr 1915 die Kanonen durch Paris fahren sahen, zeigte Picasso auf die Zickzack-Tarnung: »Das haben wir erfunden.« 1942 sagte Dali: »Genau wie 1914 die Tarnung kubistisch und picasso-esk war, sollte sie 1942 surrealistisch und dali-esk sein.«
Dalis Fähigkeiten als Erfinder haben einen so weltweiten Ruf, daß er sogar »von Mexiko« (so drückt er es aus) aufgefordert worden ist, Acapulco, den Spielplatz der Reichen in der Südwestecke Mexikos am Pazifik, zu dalisieren. Dalis Erfindungen machen Acapulco zu einem echt dali-esken Erholungsort. Unter anderm gehört dazu ein Nachtklub, der den Namen *Dali Noche* trägt. Eine

Vorstellung von der Konzeption – und von dem Alptraum der Techniker bei der Ausführung – erhält man aus Dalis kurzer Beschreibung der Pläne:

Das Kabarett wird ein gigantischer Seeigel mit Raum für fünfhundert Gäste in seinem Innern. Sitzkissen, die mit Hilfe einer pneumatischen Anlage atmen, stellen für Dali das Entzücken aller Entzücken dar, nämlich den eßbaren Teil eines Seeigels. Die Gäste gelangen mit einem Fahrstuhl, der in einen »Verdauungskanal« eingebaut ist, ins Innere. Der Seeigel selbst wird von vier gigantischen Fliegenbeinen getragen und auf das Meer zu von fünfundzwanzig aus dem Felsen gehauenen Giraffen gezogen (jede davon ist fünfzehn Meter hoch).

Die Giraffen, deren Hälse ständig beleuchtet sind, illuminieren die Gegend; die ersten beiden stehen unter Wasser – für Besucher, die vielleicht nachtsüber unter Wasser fischen wollen.

Zu seinen Plänen für Acapulco gehört auch ein kleiner »Diamantstrand« – daneben ein Wasserlabyrinth, das für größere Feste leicht in eine kleine Stierkampfarena verwandelt werden kann. Wenn die Stierkämpfe vorüber sind, taucht ein Unterseeboot aus dem Sand auf und verwandelt sich – in der Art des Stierkampfentwurfs für Dominguin – in einen Hubschrauber, der die Leiche des besiegten Stiers davonträgt.

Die Außenwand des Klubs trägt ein Flachrelief, auf dem Dali seinen neuen »Bulletismus« angewandt hat, um die erwünschten Effekte zu erzielen. Fünfundsiebzig Kanonenschüsse mit farbgefüllten Granaten mußten gegen die Betonwand abgefeuert werden. Nach dem Schießen – die Anweisungen dafür hatte Dali in »einem Traum« erhalten – ummalt er die erhaltenen Einschläge und Farbspritzer. »Die Leute wünschen sich zu entspannen. Infolgedessen atmen meine Wände für sie«, erklärte er.

Doch sein wahres Meisterstück soll noch kommen. Es wird ein hermetisch versiegelter Bungalow sein, der mit eigenem Sauerstoffsystem ausgestattet ist. Darin werden die Leute ihren Urlaub auf dem Meeresgrund verleben – mit Unterwassercafés und -theatern ganz in der Nähe.

Wie bei allem andern, was er tut, gelingt es Dali nicht, das Praktische zu erfinden; der Gegenstand muß dalinisch sein – und das bedeutet häufig: unmöglich.

DER DESIGNER

Der Midas

Wer wollte bestreiten, daß alles, was Dali anfaßt, zu Gold wird? Heute scheint sich wirklich all sein Tun in Geld zu verwandeln – jede Gewohnheit, jede Bemerkung, jede Bewegung, jede Reise bringt ihm Geld ein.
Ein weltkluger Beobachter, Patrick O'Higgins, schrieb mir, als er Dali Anfang 1958 in New York gesehen hatte: »Ich traf Dali neulich mittags, als er am St. Regis umherspazierte. Er teilte mir mit, daß er fische. ›Wonach fischen Sie?‹ fragte ich ihn. ›Nach Kunden‹, erwiderte er kurz und begeistert. So macht man das also. Er schlendert an den teuersten Hotels der Welt entlang und stellt seinen Schnurrbart zur Schau, geht regelmäßig in Le Pavillon und andere Luxusrestaurants, marschiert die Sonnenseite der Fifth Avenue auf und ab – und während er das tut, trifft er alte Freunde und lernt neue kennen. Eins ergibt sich aus dem andern. Aber das Ergebnis ist stets das gleiche – Aufträge für dies oder das. Im rechten Zeitpunkt erscheint Gala mit Verträgen und den notwendigen Unterlagen, um günstige und einträgliche Abmachungen zu unterzeichnen.«
Dali ist für O'Higgins kein Fremder; er kennt ihn nicht nur gut, sondern sitzt auch als Public-Relations-Agent der Kunstsammlerin Helena Rubinstein häufig zwischen Dalis Wandgemälden im Haus der Schönheitskönigin (und betrachtet regelmäßig ihr von Dali gemaltes Porträt).
Wenn heute am Ende eines jeden Spazierganges, einer jeden gesellschaftlichen Begegnung und einer jeden Reise von Dali das Gold steht, dann kann es nur dazu beitragen, die Erinnerung an die langen Jahre auszulöschen, als seine wohlmanikürten Hände das Gold noch nicht anlockten.
Diese Hungerjahre fanden mit Dalis Ankunft in den Vereinigten Staaten ihr Ende. Als im Jahre 1941 die Gepflogenheit der Firmen, Maler für die Werbung einzusetzen, die größte Verbreitung gefunden hatte, veranstaltete das Museum of Art in Philadelphia eine Plakatkunst-Ausstellung der berühmtesten Maler. Dabei stellte sich heraus, daß Picasso und Dali vom Diamant-Syndikat de Beer die beiden höchsten Honorare für Plakate erhalten hatten: Picasso 6700 und der »Schlagzeilenjäger Dali« 2200 Dollar. In den wenigen Jahren seit seiner Ankunft 1934 hatte er

gelernt, die Großverdiener mit ihren eigenen Waffen zu schlagen — ja sogar neue Tricks dabei herauszufinden, da er die Spielregeln sehr bald beherrschte. In den *Dali News* erteilte er andern Malern entsprechende Ratschläge:

Maler, sei lieber reich als arm,
Befolge meinen Rat!

Den Auftrag, Krawatten zu entwerfen, erhielt er Ende der vierziger Jahre von George McCurrach, einem Fabrikanten, der gedankenverloren zugibt, daß er Dali dieses Angebot machte, obwohl er von seinen Bildern nicht das geringste verstehe. Bald überschwemmten die Krawatten von McCurrach mit den vertrauten Dali-Mustern den Markt: Hummer mit Telefon, aufgeweichte Uhren, Konversationsstücke (Lippen, völlig eins geworden mit dem Telefon), die Faulpelze (Ameisen) und Erinnerung (Ameisen, die über schlaffe Uhren kriechen).

Nach dem ersten unvermeidlichen Schock schienen die Käufer diese Schlipse willig hinzunehmen. »Das Projekt erwies sich als eine kommerzielle Sackgasse, als Erfolg für die Werbung und als ein genußreiches Erlebnis«, faßt Mr. McCurrach seine Erfahrungen zusammen. Zu jener Zeit war die Idee recht kühn, wenn auch diese Art Projekte bald eine alltägliche Sache wurden. Die Dali-Zeichnungen erschienen revolutionär; auf manchen Käufer wirkten die Muster geradezu »lästerlich«.

Mr. McCurrachs Erfahrung ist ein gutes Beispiel dafür, wie sich jeder Vertrag mit Dali als eine Abmachung mit Dali und Gala herausstellt. Gala nahm den ersten Anruf von McCurrach entgegen, vereinbarte ein Zusammentreffen und »dolmetschte« für Dali bei den folgenden fünf, sechs Gesprächen über die finanzielle Seite. »Unsere Begegnungen waren immer interessant, es gab manches Für und Wider zu erörtern und Skizzen zu prüfen, die schließlich zu den endgültigen Entwürfen führten«, sagte Mr. McCurrach. »Sonderbar fand ich, daß Dali das Telefonmotiv wählte, wo er das Telefonieren doch von Herzen verabscheut.«

Mr. McCurrach genoß diese Gespräche deshalb, weil er sich Dali verständlich machen konnte und weil das Eindringen in Dalis Gedanken wiederum zu einem genußreichen Spiel wurde. Es tat ihm leid, als diese Sitzungen ein Ende hatten.

»Ich kann nicht umhin, zuzugeben, daß Dali einer der größten Zeichner ist. Ich erinnere mich, daß auf einer Staffelei in seinem

Zimmer die Wiedergabe eines menschlichen Auges stand – vielleicht war es das Detail eines Gemäldes. Es war nicht verzerrt; es war eine einfache Zeichnung, aber so stark, daß ich jedesmal, wenn ich hinkam, wieder darauf starrte; ich erwartete tatsächlich, daß es mir zublinzle.«
Bei einem anderen kommerziellen Vertrag war Galas Intervention erheiternder. Als der Verlag Random House den *Don Quixote* von Cervantes herausbringen wollte, ging der Verlagsleiter Bennett Cerf zu Dali, um mit ihm über die Illustrationen zu verhandeln.
In seinem Buch *Shake Well before Using* (Vor Gebrauch zu schütteln!) beschreibt Bennett Cerf das Durcheinander, das sich dabei ergab. »Dali, dieser etwas ungewöhnliche Künstler, hat in letzter Zeit eine ganze Menge Bücher illustriert und ist dabei gewandt von Billy Roses *Wine, Women and Words* (Wein, Weiber und Worte) zu Cervantes' *Don Quixote* gesprungen. Die Verhandlungen über letzteres Projekt waren besonders heikel und hingen bis zum letzten Augenblick an einem seidenen Faden.«
Der Gesamtpreis war bereits festgelegt, doch plötzlich fragte Mr. Cerf: »Wie viele ganzseitige Illustrationen werden Sie liefern?«
»Dali, der nicht Englisch sprach – ›wenigstens nicht während der Geschäftsstunden‹–, streckte fünf Finger hoch«, fährt Cerf fort.
Der Verleger nahm Mantel und Hut, um zu gehen.
»›Jedenfalls hat es mir großen Spaß gemacht.‹ Doch Mrs. Dali, die als Agentin ihres Mannes auftritt, rettete die Situation, indem sie eilig erklärte: ›Wenn Dali fünf sagt, meint er zehn.‹«
Mr. Cerf fährt fort: »Naive Seelen, die glauben, die Verleger dürften Dalis Originale behalten, sind vielleicht daran interessiert, zu hören, daß er die Bilder zum *Don Quixote* an einen privaten Sammler gegen ungefähr den zehnfachen Preis verkaufte, den er für die Verwendung im Buch als Honorar erhielt. Durch diese Transaktion möglicherweise ermutigt, hat Dali versprochen, in Zukunft häufiger Englisch zu sprechen. ›Ich verstehe jetzt wirklich sehr gut‹, gab er zu. ›Meine Freunde brauchen nur noch ein bißchen besser zu sprechen.‹«
Dalis Geldgriff erstreckte sich auch auf Schallplattenalben – und in dieser überaus kommerziellen Atmosphäre leisteten ihm viele sehr geachtete Maler Gesellschaft. Das Museum of Modern Arts besitzt fünf Gemälde, die als Umschlagentwürfe für Platten mit zeitgenössischer Kammermusik gedient haben. Das Äußere eines Albums trägt immer noch zur Verkäuflichkeit von Schallplatten bei; die Plattenfirmen werben um den Blick des Kunden mit berühmten, einrahmbaren Bildern vom Busen in Wagner-Ausmaßen bis zum

klassischen Symbolismus. Dali malte für die Capitol-Schallplatten. »Bisher stand die Firma Capitol der schönen Kunst nicht allzu begeistert gegenüber, doch nun hat sie den entscheidenden Schritt bei Jimmy Cleasons ›Lonesome Echo‹ getan, das einen Umschlag von Salvador Dali besitzt. Normalerweise will Dali mit so unbedeutenden Ladenaufträgen nichts zu tun haben. Doch diesmal willigte er, wie er sagt, aus Freundschaft für Cleason ein, natürlich gegen ein stattliches Honorar«, berichtet *Newsweek*[1].

Die Presse beweist ein scharfäugiges Interesse an Dalis Einkommen, wie sich aus Zeitungsausschnitten ergibt, die während eines Monats willkürlich in London und Umgebung gesammelt worden sind. Die folgenden drei »Finanz«-Zitate erschienen während des Monats Dezember 1951:

»Sein gegenwärtiger Wohlstand stammt nicht von seinen Gemälden für die Ausstellungen (obwohl die Ausstellung dieser Woche zwei Bilder enthält, deren Preis fünfzehntausend Pfund Sterling je Stück beträgt – das ist etwa der Preis für einen Botticelli), sondern von seinen Schaufensterdekorationen und Plakaten in Amerika.« *The Observer*, 2. Dezember 1951.

»Dali, dessen Bilder durchschnittlich – so sagt er – dreizehntausend Pfund Sterling einbringen, reist nach Spanien...« *Sunday Pictorial*, 2. Dezember 1951.

»Als ein Reporter Dali fragte: ›Sind Sie ein reicher Mann?‹, tadelte Madame Dali ihn ruhig: ›Eine solche Frage stellt man nicht‹, gab jedoch zu, daß seine große Madonna einen Preis von fünfzigtausend Dollar erzielt habe.«... »Er nennt sich selbst ›den vorherbestimmten Erlöser der Malerei‹, aber vor Jahren stellte ein gewisser zynischer Kritiker seinen Namen um zu ›Avida Dollars‹.« *Oldham Evening Chronicle & Standard*, 8. Dezember 1951.

Dalis ungeheure Sammlung von Zeitungsausschnitten, die seinem Herzen ebenso teuer ist wie seinerzeit seinem Vater, der die Sammlung anlegte, böte eine großartige Möglichkeit, seinen augenblicklichen Ruhm in Geld abzuschätzen. Unglücklicherweise stieg Dali neulich zerstreut in New York aus einer Taxe und ließ das mächtige, angeschwollene Buch im Wagen liegen. Doch er nahm den Verlust philosophisch auf, da er wußte, daß mit jedem Verkauf eines neuen teuren Bildes (es geht das Gerücht, daß die Preise dafür heute beträchtlich über fünfzigtausend Dollar liegen) auch ein neues dickes Buch entsteht.

[1] 21. Juni 1955.

Dali ist keineswegs zurückhaltend, sondern überaus freimütig, sobald er auf seine Vorliebe für Geld zu sprechen kommt – wie in seinem westentaschengroßen Buch *Dali's Moustache*[1]. Dieses Buch gibt Interviews von Philippe Halsman (einschließlich Kamera) mit dem Eigentümer der haarigsten Fühler dieses Jahrhunderts wieder. Als Dali gefragt wurde, ***warum*** er male, lautete die Erwiderung in fünf Worten: »Weil ich die Kunst liebe.« Um das zu *beweisen*, erscheint auf der Nebenseite eine ganzseitige Großaufnahme von Dalis Gesicht. Sein Schnurrbart ist gelackt und zu einem ungeheuren S geformt, während zwei dünne schwarze Pinselstriche hindurchlaufen, so daß ein Dollarzeichen entsteht. Der unregelmäßige Rahmen um das Gesicht besteht aus Goldstücken. Als Dali das fertige Bild sah, bemerkte er mit glühender Befriedigung: »Ich habe den Gesichtsausdruck einer kleinen Ratte. Es ist vollkommen.«

Als er ein andermal von Halsman gefragt wurde, was er sehe, wenn er die »Mona Lisa« betrachte, erwiderte er: »Einen Ausbund an Schönheit«, und währenddessen zeichnete er auf Mona Lisas Antlitz seinen Schnurrbart und seine dichten Augenbrauen, ersetzte ihre Hände durch seine und füllte sie mit Goldstücken.

Das Buch endet mit einer Frage von Halsman: »Mir ist, als ob ich dein Geheimnis entdeckt hätte, Salvador. Bist du verrückt?«

»Ich, verrückt?« antwortet Dali, den Clown spielend. Diesmal folgt ein Foto von Dali, von ihm selbst aufgenommen, mit schielenden Augen, zerrauftem Schnurrbart, wirrem Haar, den Mund bockig verzogen. »Geistig bin ich bestimmt gesünder als der Mann, der anderthalb Dollar für dieses Buch bezahlt hat.«

Der Theaterregisseur Peter Brook beschreibt eins von Dalis Lieblingsspielen: »›Haben Sie einen Dollar?‹ pflegt Dali zu fragen. Man gibt ihm einen – erledigt. Er faltet den Schein zusammen und schiebt ihn in die Tasche.

›Auf diese Weise kann ich am Tag etwa hundert Dollar machen‹, lächelt Dali.«

Die Kehrseite der Medaille zeigt Dalis Großzügigkeit und seinen Gleichmut allem Geld gegenüber in einem Bericht von Billy Rose – Schausteller, zeitweise Journalist und bisweilen Kunstsammler –, der Dali einmal einen großen Auftrag erteilte. Als Rose 1943 das Ziegfield-Theater erwarb, bat er Dali, sieben Ölbilder zu malen, die er ins Foyer hängen wollte. Das Theater wurde mit der Revue »The Seven Lively

[1] Simon & Schuster, New York.

Arts« (Die sieben lebendigen Künste) von Billy Rose eröffnet – und Dali sollte jede dieser sieben malen: Theater, Ballett, Kino, Oper, Rundfunk, Jazz und Konzert[1].

Der folgende Bericht über diese Begebenheiten (und einen unerklärlich großzügigen Impuls Dalis) wird in Billy Roses faszinierender, ungehemmter Sprache wiedergegeben:

»Dali malte diese Bilder in einem Atelier, das wir ihm in einem der Büroräume im achten Stockwerk des Ziegfield improvisierten. Er beendete sie in etwa sechs Wochen – dabei ernährte er sich vor allem von Obst und Gesprächen. Ich möchte schätzen, daß im Zeitraum von zehn Jahren gut und gern mehrere Millionen Menschen zu diesen Bildern geströmt sind wie zu einem Herrenabend.

Am 2. April 1956 brannte mein Haus in Mount Kisco bis auf die Grundmauern ab. Die Männer der freiwilligen Feuerwehr von Westchester zuckten die Schultern. ›Es hat keinen Sinn‹, murmelten sie und kehrten gegen sieben Uhr morgens an ihre Arbeitsplätze zurück. Das Feuer brannte fünf Tage und Nächte in weißer Glut. Alles wurde vernichtet, einschließlich Dutzender von Bronze- und Marmorplastiken.

Etwa eine Woche nach dem Brand besuchte mich Salvador in meinem Büro im Theater. ›Was ist mit meinen Bildern geschehen?‹ wollte er wissen. Ich sagte ihm, daß sie mit allem andern im Haus verbrannt seien, und Dali war, um einmal einen neuen Ausdruck zu prägen, sichtlich bewegt. ›Warum nehmen Sie's so schwer, Maestro?‹ fragte ich. Dali erwiderte, die Bilder stellten eine bedeutende Periode seines Lebens dar, viele Menschen hätten sie gesehen, sie seien oft reproduziert worden und der Verlust sei ein ideeller für ihn.

›Wenn Ihnen die Bilder so viel bedeutet haben‹, sagte ich, ›malen Sie doch einfach eine neue Gruppe. Hier ist meine Versicherungspolice. Die Höhe der Versicherungssumme entspricht dem Kaufpreis von 1943. Ich würde Ihnen nur zu gern die Entschädigung der Versicherung für eine neue Gruppe von Bildern zahlen.

Ich weiß natürlich‹, fuhr ich fort, ›daß Ihre Preise heute weit höher liegen als im Jahre 1943. Aber offengestanden könnte ich nach diesem schrecklichen Verlust nicht auf die heutigen, durchaus berechtigten Forderungen für Ihre Werke eingehen.‹ Salvador Dali grinste. ›Sie

[1] Über die Bilder sagte das Magazin *Life*: »Harmlose Besucher des Foyers und der Erfrischungsräume sind bisweilen so verblüfft, daß sie zeitweise das Bewußtsein verlieren. Das erfüllt Dali, dessen Hauptbestreben dahin geht, ›die Massen zu kretinisieren‹ – d. h. alle Leute um den Verstand zu bringen –, mit Entzücken.«

waren 1943 mein Freund‹, sagte er. ›Sie haben an mich geglaubt, als viele Leute es noch nicht taten. Ich will Ihnen die neue Bildergruppe gern für den gleichen Preis malen wie damals, da Ihre Verhältnisse jetzt nicht so gut sind.‹

Wir schüttelten uns die Hand, und einige Tage später reiste Dali nach Spanien. Natürlich wußte ich nicht, wieviel ein Handschlag für Dali bedeutete. Drei Monate später sollte ich es erfahren. Es klingelte, und Salvador stand vor mir, ein Zentimetermaß in der Hand. ›In welches Zimmer wollen Sie die neuen Bilder hängen?‹ fragte er. Ich zeigte ihm den ziemlich großen Raum – weiße schalldämpfende Decke, schwarzer Fliesenboden und die Wände mit smaragdgrünem Billardtuch bezogen. Dali sagte, er sei von dem Raum entzückt. Er maß sorgfältig. Dann zog er sich in sein Zwei-Zimmer-Appartement im St.-Regis-Hotel zurück und begann mit der Arbeit. Ich sprach mehrmals während der nächsten zwei Monate bei ihm vor. Am Tag bevor er nach Spanien zurückfahren sollte, wurden die Bilder unter Aufsicht des Maestro abgeliefert und aufgehängt.

Im allgemeinen halten die Leute Dali für ein geldgieriges, reklamesüchtiges Schachtelmännchen. Ich kenne ihn seit 1939. Gewiß erregt er gern Aufsehen, aber ich bin fest überzeugt, daß das ganze Theater nur dazu dienen soll, seine Bilder bekannt und verkäuflich zu machen. Der Künstler, der dazu geboren ist, im verborgenen zu blühen, ißt im allgemeinen nicht einmal regelmäßig, und ich halte Dali für einen Mann, der genau wie Joe E. Lewis sagt: ›Ich bin reich und ich bin arm gewesen; und glauben Sie mir, reich ist besser.‹

Mir gefällt Dali. Sein Wort ist ebenso gut wie seine Brünette (seine Frau), und seine Frau ist ein nettes Ding.«

Die ursprünglichen Bilder hatten die Künste auf folgende Weise dargestellt:

Das Ballett: Tänzer und Tänzerinnen, zur Hälfte in Flußkrebse verwandelt, mit wohlgestalteten Gliedern – ein Hummer klatscht ihnen Beifall.

Das Kino: eine nackte Blondine, die auf die Lockungen von Telefonen und der Greifarme Hollywoods reagiert.

Das Radio: dargestellt in Form gliedloser Torsos und wurmstichiger Äpfel, die vor einem Mikrofon schweben.

Das Theater: Komödie und Tragödie sind verzerrte und aufgeblähte Gesichter, die von Dali-Krücken gestützt werden (mit vielen anderen Dali-Symbolen).

Der Boogie-Woogie: zur Schau gestellte Eingeweide und zerstückelte Körper (in einer Unterpflasterstraße), an denen wahnsinnige, verrenkte Tänzer und Tänzerinnen zerren.
Die Oper: Aus einem Walküren-Roß, das aus dem Mund einer Sängerin springt, wächst – mitten in der Luft – ein Dirigent.
Das Konzert: Die Musik liegt flüssig im Innern von Konzertflügeln – beschwört Bilder von Fledermäusen etc. –, und die Streichinstrumente sind schwarze Menschen (von weißen gespielt).
Der neue Satz Bilder, der nun auf den grünen Frieswänden in Billy Roses Haus hängt, kann das Irrationale dieser ursprünglichen Gemälde – die die besonderen Phantasmagorien des Dalischen Geistes der frühen vierziger Jahre widerspiegelten – kaum verstärkt haben.

Mr. Cellini

Die heißersehnte Gelegenheit, Schmuck zu entwerfen, erhielt Dali durch eine Reihe von Umständen, die an eine dali-eske Operette mit internationaler Besetzung erinnern.
Es waren mehrere *entrepreneurs* daran beteiligt, doch durch die Bemühungen der Hauptdarstellerin, Mrs. Mafalda Davis, fiel die Rolle des Juweliermeisters dem allzeit bereiten und hoffnungsvollen Dali genau in den Schoß. Mrs. Davis beschrieb mir die Vorgänge in einem amüsanten Brief.
Mrs. Davis lernte Dali 1944 im Haus des Marqués George de Cuevas kennen. Jahre nach dieser Begegnung führte sie die Mutter des Ex-Königs Faruk, Königinmutter Nazli von Ägypten, im Haus des Marqués in New York ein. Als geborene Ägypterin – und ebensogut in Amerika wie im Ausland zu Haus – war Mrs. Davis gebeten worden, die Königinmutter bei ihrem Besuch in New York zu begleiten.
Carlos Alemany, ein Argentinier, der in New York auf der Suche nach einem Menschen mit dem nötigen Geld war, um den Dali-Schmuck produzieren zu können, bemühte sich um die Verbindung zu der steinreichen ägyptischen Königin. Alemany hatte einmal für ein elegantes amerikanisches Magazin gearbeitet, versuchte jedoch schon seit langem, eine Möglichkeit zu finden, renaissanceähnlichen Schmuck zu handeln. Ihm kam der Gedanke, daß eine juwelengewohnte ägyptische Königin, der Mrs. Davis aufwartete, vielleicht die Lösung sei.
Mr. Alemany brachte Mrs. Davis einen mächtigen Folianten mit Entwürfen Dalis für phantastische Schmuckstücke. Ob sie den

der Königinmutter einmal vorlegen würde? Ob vielleicht Ihre Königliche Hoheit die Herstellung finanzieren wolle?
Mrs. Davis lehnte es ab, die Angelegenheit mit Königinmutter Nazli zu besprechen – behielt die Entwürfe jedoch zurück, um darüber nachzudenken. Von einer Ahnung getrieben, nahm sie sie zu einer Lunchverabredung mit zu dem verstorbenen reichen Carl Byoir, damals einer der angesehensten Vertreter für *public relations*. Der einflußreiche Mr. Byoir nahm sich der Entwürfe an. Bald war ein Vertrag geschlossen, Kapital eingezahlt, eine Gesellschaft gegründet. Jetzt trägt Mrs. Davis einen von Dali entworfenen diamantbesetzten Lebensbaum als Armband – zum Andenken (sie empfindet es als ein recht unbedeutendes Andenken) für diese Dienste[1].
Carlos Alemany, der Dali bereits achtzehn Jahre kannte, ehe er sein Juwelen-Produzent wurde, erklärte, Gala habe Dali dazu ermuntert, Schmucksachen zu entwerfen. »Als Russin war sie eine große Bewunderin von Fabergé«, sagt er. Aber den ersten Versuch, Dali-Schmuck auf den Markt zu bringen, machte Caresse Crosby im Jahre 1937.
Damals lebten die Dalis unter erheiternden Umständen in Caresse Crosbys Haus. Eines Tages fuhr Mrs. Crosby nach New York, um ihre Mutter besuchsweise nach Virginia zu holen: In New York entschloß sie sich impulsiv, mit dem Herzog de Verdura darüber zu sprechen, ob er nicht Dalis Entwürfe für seine Schmucksachen verwenden wolle. Dieser fürstliche Juwelier – bekannt für seinen hervorragenden Geschmack und seine handwerkliche Kunst – ging auf den Vorschlag ein und reiste nach Virginia, um mit Dali darüber zu sprechen. Nach einer surrealistischen Begrüßung in Virginia, die auch den stärksten Mann umgeworfen hätte, umriß Dali einen Plan, nach dem Verdura eine Reihe sonderbarer und schöner Schmuckstücke anfertigen wollte, die im nächsten Frühjahr in New York ausgestellt werden sollten: die Stücke, deren man sich noch besonders erinnert, waren eine Eule aus Gold und Onyx und eine kostbare goldene Spinne in einem surrealistischen Netz.
Doch erst 1949 konnte Carlos Alemany mit Hilfe von Mafalda Davis solche Metaphern Dalis ausführen wie den »Baum des Lebens«, die »geschmolzene Uhr« und die »blattadrigen Hände« – sorgfältig gearbeitete, edelsteinbesetzte Stücke.

[1] Sie hatte noch andere Verbindungen mit Dali, vor allem was Dalis Rock'n'-Roll-Parfüm, die Herstellung von Dali-Stoffen und die Werbung für Dalis Kosmetika für Männer anging.

Sein Vertrag mit Dali – von Gala gebilligt – für die Weltrechte an jährlich fünf Entwürfen läuft bis Ende 1960. Das Wagnis ist (vor allem seit im Mai 1954 die Juwelen aus Wohltätigkeitsgründen für eine Viertelmillion Dollar, wie das Gerücht geht, an eine Stiftung verkauft wurden) entschieden einträglich gewesen.
Aber trotzdem war es nicht ganz einfach: die Herstellung der Schmuckstücke erwies sich als schwierig. Kunsthandwerker sind rar, und es ist nicht leicht, sie von Fall zu Fall einzustellen. Die Arbeit konnte erst beginnen, als man einen ständigen Handwerkerstamm gefunden hatte – und selbst dann ging sie noch mit schneckenhafter Langsamkeit vonstatten. Allein das Meisterstück der Kollektion, »Das Licht Christi«, brauchte bis zur Vollendung ein Vierteljahr.
Den Handwerkern mußte erst wieder beigebracht werden, daß künstlerischer Entwurf und kunstfertige Ausführung höher stehen als der Materialwert: die fast vergessene Kunst des Emaillierens mußte wiederbelebt werden (obwohl es sich dabei nicht um hohen finanziellen Einsatz handelt). Steine und Gemmen mußten ausgewählt und der *Idee* des Schmuckstückes entsprechend verwendet werden – doch spielten bei der Auswahl auch Farbe, Gewicht und Kosten eine Rolle. Das Gold mußte geschmiedet, nicht gegossen werden.
Nach Karatzahl und Goldgewicht stellt dieser Dali-Schmuck nicht den Materialwert moderner Stücke dar, die vor allem als Kapitalanlage erworben werden. Doch als kunstvolles Ornament, als sinnliche Dekoration zur Betonung der Frauenschönheit (genau wie Frisur und Toilette) sind es ungewöhnliche Kunstwerke – mit der sehr realen Möglichkeit, in der Zukunft als wirkliche Meisterwerke anerkannt zu werden. Sie stellen phantastische Urkunden unserer Kultur und unserer Zeit dar – die in mancherlei Hinsicht ebensogut eine Zukunft haben wie ihre teuersten Konkurrenten aus bläulichweißen Diamanten an Hals und Armen der Schönen der Welt.
Die ursprüngliche Kollektion bestand aus drei Typen: dem *sakralen*, dem *profanen* und dem *mechanischen*.
Im »Licht Christi« wird ein flaches Goldkreuz mit einer leichten Ziselierung, die die Holzmaserung darstellt, in ungewöhnlichem Realismus durch einen blitzenden Sonnendurchbruch von sechshundert Diamanten aufgerissen. Drei große Blutstropfen bestehen aus tiefglühenden Rubinen.
Dali entwarf es – wie jedes Stück seines sakralen Schmucks – als Zeichen seiner kürzlichen Rückkehr zur Kirche; doch als man ihn fragte, ob diese radikale, »wunderliche« Interpretation des zer-

schmetterten Kreuzes nicht lästerlich sei und »die Gläubigen veranlassen werde, Alemany mit dem Dolch anzugreifen«, kicherte er fröhlich und erklärte: »Wundervoll! Das wäre die beste Reklame, die ich mir wünschen könnte!«

Die *profane* oder surrealistische Gruppe ist die größte und vielseitigste. Sehr bekannt wurden: »Rubin-Lippen«: ein realistisches Faksimile mit Perlen als Zähnen; »Blattadrige Hände«: realistische Hände, deren Finger Blattadern und Rubine als Nägel besitzen; »Gebrochenes Herz«: Rubine mit einer goldenen Träne, in deren geöffnetem Innern sich eine Wabe aus Diamanten befindet (um anzudeuten, daß das gebrochene Herz einer jeden Frau seine Süße behält!); »Geschmolzene Uhr«: eine nach seinem Gemälde »Die Beharrlichkeit der Erinnerung« kopierte, geschmolzene Uhr in Emailarbeit; »Auge der Zeit«: ein Schmuck in Form eines Auges (das eine Uhr ist) aus Diamanten, Email und Rubinen; »Daphne«: eine goldene Baumfrau mit Ästen als Händen und Haaren und Wurzeln als Füßen, die zu umarmen Apollo herbeieilt; »Surrealistische Frau«: ein aus einem riesigen Topas geschnittenes Gesicht.

Die *mechanische* Gruppe begann und endete mit dem »Königlichen Herzen« – eigentlich zwei Herzen; das eine ist aus Gold und zeigt in seinem Innern ein kleines Herz – aus sechzig Rubinen. Dieses Herz »schlägt« mit Hilfe eines winzigen elektrischen Apparates, der im Innern eines Samtetuis verborgen ist, zweiundsiebzigmal in der Minute. Darüber befindet sich eine zwei Zoll große genaue Nachbildung der Krone von Queen Elizabeths Krönung. Alemany beschreibt das Stück als ein großes Herz (»für die Menschen des britischen Empire«), das das kleinere Herz der Königin umgibt (»das voll Liebe und Zuneigung für sie schlägt«).

Ich erinnere mich dieses Juwels nur allzu lebhaft, da ich Gelegenheit hatte, es mir anzusehen. Als ich von Präsident Eisenhower zu einem seiner Botschafter bei der Krönung der Königin ernannt wurde, fragte mich Alemany, ob ich es der Königin als Geschenk anbieten wolle. Es war sehr einfach, die Bitte abzuschlagen; die Anordnungen lauteten, daß es den Delegierten untersagt sei, Geschenke zu machen[1].

Von Kritikern sind diese Schmuckstücke grenzenlos gerühmt worden. Philip C. Johnson vom Museum of Modern Art nennt sie »von großem historischem Wert«; Henry da Farge von den *Art News* sagt, Dali »komme in der handwerklichen Kunst den Renaissance-

[1] Später schrieb Alemany, es sei »Dalis Einfall gewesen, daß ich das ›Schlagende Herz‹ für die Königin kaufen solle«.

Juwelieren gleich und übertreffe sie sogar in der Extravaganz der Motive und in der mechanischen Erfindung«. *The Times* zieht die Juwelen offen Dalis Gemälden vor: »Nun, da er seine Aufmerksamkeit der Goldschmiedekunst zugewendet hat, bin ich überzeugt, daß wir die Geburt eines Fabergé erleben.«

Es ist schwierig, einen Menschen zu finden, der bereit ist, darüber zu sprechen, wie es kam, daß die gesamte erste Kollektion an die Catherwood-Stiftung in Philadelphia verkauft wurde. Über die Transaktion wird taktvolles Schweigen gewahrt, doch über das Ergebnis sind alle entzückt. Die zweiundzwanzig Stücke, die seit 1954 durch die ganze Welt reisen, gereichen Amerikas Ruf keineswegs zum Schaden, ganz gleich wo sie erschienen. Amerika (mit seinen Waffen, seinen Schiffen, seinen Cadillacs und Kühlschränken das Land, wo es »alles in Büchsen« gibt) beweist durch diese Kollektion, daß es der erlesensten kunsthandwerklichen Arbeit unserer Zeit fähig ist.

Cummins Catherwood und seine Gattin Ellengown haben die Ausstellung der Dali-Juwelen als Mittel benutzt, Europäern Stipendien für einen Studienaufenthalt in den USA zu geben oder umgekehrt. In jedem Land, in dem der Schmuck gezeigt wird, erhält ein verdienter Künstler einen bestimmten Betrag. Damit kommt er nach den USA, nicht nur um amerikanische Kunst zu studieren, sondern auch um die Amerikaner kennenzulernen. Das gleiche geschieht in jedem Staat der USA, wo die Sammlung gezeigt wird – und diese Amerikaner werden ins Ausland geschickt.

Die Catherwoods reisen häufig gemeinsam mit den Juwelen. Sie hatten ihre Schwierigkeiten, wie Art Buchwald einmal berichtete, die Schmuckstücke durch den Zoll in die europäischen Hauptstädte zu bringen[1]. Buchwald begleitete Mrs. Catherwood zum Zollbüro am Flughafen Le Bourget in Paris, um die Juwelen zu holen. Mit ihnen fuhr Baron R. C. von Ripper, der europäische Repräsentant der Stiftung.

Wie Buchwald berichtet, erzählte ihm Ripper, während sie im Taxi hinausfuhren: »Zollbeamte sind eine besondere Menschenrasse. Sie werden nicht zu Zollinspektoren gemacht, sie werden dazu geboren. Für mich ist ein Zollbeamter eine Kafkagestalt. Man muß ihn damit beeindrucken, daß man ihm erklärt, was für ein großer Mann er ist. Und ganz gleich, wie gut alle Papiere vorbereitet sind, der einzige Weg, sein Zeug aus dem Zollbüro herauszubekommen, ist der, daß man ihm dabei hilft, den Fehler zu finden. Je eher man feststellt, daß

[1] *Herald Tribune*, Paris, 6. Dezember 1954.

man einen Fehler gemacht hat, desto glücklicher ist er und desto rascher erhält man sein Paket. Die einzige richtige Verhaltensweise in seiner Gegenwart ist, sich ihm auf Gnade und Ungnade zu ergeben und dauernd zu wiederholen, was für ein kompletter Idiot man selber und was für ein brillanter Mann er ist. In Italien mußten wir fünf Tage warten, ehe wir die Juwelen vom Zoll herausbekamen, obwohl die italienische Regierung uns aufgefordert hatte, sie auszustellen. In Spanien mußten wir beim Verlassen des Landes jedes einzelne Päckchen öffnen, weil einer der Zollbeamten die Ausstellung nicht besucht hatte und nun die Juwelen sehen wollte...«

In *Hidden Faces* beschrieb Dali Schmuckstücke seiner Phantasie. Die Heldin, Madame Cleda, hatte eben ein neues Spiel ersonnen: »Mit den drei Diamanten ihrer Ohrringe, die an den Enden von drei zitternden Stielen gehalten wurden, hatte sie eine Blume von überraschender Wirkung zusammengestellt, indem sie eine Lilie von mauve Färbung nahm und die drei echten Blütenstempel durch die drei Diamanten ersetzte.« Und ein andermal: »Solange legte zwischen ihre Brüste eine gelbe Rose, in die sie ein wenig seitlich vom Mittelpunkt einen großen Käfer von Fabergé aus Rubinen und Diamanten gesteckt hatte. Die unerwartete Wirkung dieser Kombination war, daß die Rose sofort künstlich aussah, während der Käfer lebendig und wirklich erschien.«

Rock'n'Roll mit Mafalda Davis

Durch Mafalda Davis, die *entrepreneuse-extraordinaire* des Dali-Schmucks, verspürte er auch den ersten Hauch des Parfüm-Geldes. Sie lernte Ende 1956 den verhältnismäßig unbekannten Direktor einer verhältnismäßig unbekannten französischen Parfümfirma kennen, veranlaßte Dali, sich für diese Gesellschaft zu interessieren – und alle drei zogen ihren Vorteil daraus. Mrs. Davis stellt es so dar: »Heute verkauft diese Gesellschaft ihr Rock'n'Roll-Parfüm teurer als Dior-Parfüms. In der Geschichte der Parfüm-Industrie Frankreichs ist ein solcher Erfolg noch nicht erlebt worden.«

Als das Parfüm in Paris gestartet werden sollte, ruinierte Dali beinahe seine Chance zu einem lärmenden Début dadurch, daß er schon vorher Schlagzeilen für sich persönlich lancierte. Doch so groß ist das Interesse der Zeitungen an Dali nun einmal, daß die

[1] Das ist 1947 geschrieben. Anfang der fünfziger Jahre kamen echte Blumen, von diamantenen Blütenstempeln durchbohrt, in New York in Mode.

Journalisten trotzdem geströmt kamen, als Mrs. Davis telegrafierte: »Kommt zum Cocktail ins Hotel Georges V. und hört Salvador Dalis Ansichten über Rock'n' Roll.« Parfüm oder geschäftliche Dinge wurden nicht erwähnt.

Etwa sechzig Leute waren eingeladen worden – vor allem Journalisten, Rundfunk- und Fernsehreporter, doch »außerdem ein paar Botschafter und Gary Cooper«[1].

Es erschienen einhundertzwanzig Gäste. Als sie eintraten, wurden sie von Dali mit einer Flitspritze – mit Rock'n' Roll-Parfüm gefüllt – besprüht. Eine Frau versuchte sich zu rächen und Dali den Schnurrbart abzuschneiden; doch Dali war schneller, bückte sich und schnitt ihr die Reiherfedern ab.

Dali enthüllte sein Rock'n'Roll-Gemälde, um das Ereignis zu verewigen. Er betastete seinen noch unbeschädigten Antennenschnurrbart und zog das Tuch von dem Bild weg, auf dem zwei Flammen auf einem schwarzen Hintergrund tanzten. »Sie springen wie Tänzer aufeinander zu, krachen gegeneinander und explodieren. Der Tanz, den die Menschheit braucht«, erklärte er.

»Ich liebe den Rock'n' Roll, wie ich alles Dionysische, Heftige und Aphrodisische liebe«, schloß er, als seine Stimme von dem Lärm der Rock'n'Roll-Musik einer Schallplatte übertönt wurde. Vermutlich hat er Rekordeinnahmen aus seinen Rock'n'Roll-Tantiemen.

Doch Mrs. Davis erwartet, noch weitere Tantiemen mit Dali zu teilen. Sie veranlaßte ihn dazu, eine Reihe von Stoffen zu bemalen, für die sie auf weltweiter Basis Lizenzen zu vergeben hofft. *Don Quixote*, das Buch, das mit den Dali-Illustrationen so großes Aufsehen erregte und für fünfundzwanzigtausend Dollar verkauft wurde, ehe es noch gedruckt war, sollte auch die Grundlage für die Don-Quixote-Stoffdrucke bilden. Ende 1957 brachte Mrs. Davis Dali dazu, eine Zeichnung seines berühmten Schnurrbartes für die Packung des *eau de toilette* »Don Quixote« für Männer zu machen. An diesem Projekt arbeitet sie noch.

Die Mischung Kunst und Glas

Ein sehr viel vornehmeres Angebot kam von den Corning Glass Works in New York für eine der erregendsten kommerziellen Aus-

[1] »Vergessen Sie nicht die Eröffnung meiner Ausstellung im Palast der Fürstin Plavierni in Rom – der unvergleichliche Empfang war wirklich fabelhaft!« schrieb Dali an F. C. (Vermutlich meint Dali die Fürstin *Pallavicini*)

stellungen des Kunstgewerbes, die je geplant wurden. Dali und sechsundzwanzig andere Künstler wurden gebeten, Gegenstände aus dem neuen mundgeblasenen Steuben-Glas zu dekorieren und in einigen Fällen zu entwerfen. Die Auswahl der Künstler war recht umfassend; sie reichte von Akademikern bis zum surrealistischen Dali; es gab Kubisten wie berühmte »realistische« Maler amerikanischer Landschaften. Die Liste enthielt Bildhauer, Maler und einen Graphiker.
Die Ausstellung zeigte Gläser, die weithin auf großen Beifall stießen. Künstler und Handwerker stifteten eine einzigartige Ehe von Glas und Design, die auffallende *objets d'art* ergab.
John Gates, dem Vizepräsidenten der Steuben-Glass, war der Gedanke gekommen, als er sich eine Matinee des Ballettes *Symphonie fantastique* in der New Yorker Metropolitan Opera ansah. Während er über »die sichere Kombination von Musik, Tanz und Bühnenbild, in einer einzigen ›Ballett-Packung‹ zusammengestellt« nachsann, entschloß er sich, das gleiche auf Kristall auszuprobieren. Es brauchte Jahre, um die Einzelheiten mit den siebenundzwanzig beteiligten Malern auszuarbeiten – »dabei hatte ich manchen künstlerischen Acker zu durchpflügen«, sagt Mr. Gates. In einem Atelier irgendwo am Linken Ufer in Paris fand er 1938 Dali, der schließlich zwei Entwürfe machte.
Mr. Gates erinnert sich der ersten Begegnung: »Madame Dali war da, und wir tranken Tee. Ich sah mir eine Menge Skizzen und Zeichnungen an und erklärte Dali in ziemlich schlechtem Französisch den Vorgang des Kupferrad-Schliffs und erörterte die Möglichkeiten wie die Grenzen für den Kristallschliff. Ich erinnere mich, daß er sehr schnell begriff, was sich machen lasse und was nicht. Ich verabschiedete mich und erhielt etwa einen Monat später eine Zeichnung, die zwei verschiedene Entwürfe enthielt. Wir konnten wählen und entschieden uns für den Entwurf mit dem halb sich zurückneigenden Mädchen, deren anatomische Elemente zum Teil aus Schreibtischschubladen bestanden. Der andere Entwurf stellte eine Figur neben dem Hinterteil eines Pferdes dar.« Ein zweiter Auftrag wurde 1940 durch Julien Levy vermittelt und rechtzeitig für eine Dali-Ausstellung in der Levy-Gallery fertiggestellt.

Von jedem der Entwürfe der siebenundzwanzig Künstler wurden sechs Stücke hergestellt. Eins davon behielt Steuben für die eigene große Sammlung; die andern fünf wurden verkauft – zu Preisen, an denen man bis zu einem gewissen Grad Dalis Bewertung im Jahr

1938 ablesen kann: Benton 800 $; Berard 500 $; Bone 750 $; Cocteau 500 $; Curry 500 $; de Chirico 750 $; Derain 900 $; Dufy 600 $; Gill (für das einzige Paar Vasen) 800 $; Grant 400 $; Gregory 500 $; Hugo 400 $; Hurd 500 $; Kisling 400 $; Kroll 750 $; Laurencin 750 $; Maillol 900 $; Manship 1000 $; Matisse 1000 $; Noguchi 400 $; O'Keeffe 500 $; Sert 600 $; Tschelitscheff 750 $; Waugh 750 $; Wood 800 $.

Dalis Stück wurde für 900 $ verkauft. Nur Henri Matisse und der Bildhauer Paul Manship lagen höher – bei 1000 $.

DER MALER

Welchen Geschmack hat Dali in der Kunst? Auf die Frage »Welches sind Ihre Lieblingsgemälde?« erwiderte Dali: »›*Meninas*‹ von Velasquez, ›*Marriage de la Vierge*‹ von Raffael, ›Atelier des Künstlers‹ von Vermeer (dieses ist das ungewöhnlichste). Von modernen Malern ist wahrscheinlich Matisse der beste. Er ist ein sanfter Mensch und ein großer Maler. Picasso ist als Maler geringer, aber er ist das zerstörerischste Genie der modernen Zeit – genau wie Nietzsche.«

Dali, der Arbeiter

In der geheimnisvollen Einöde von Port Lligat, den Zauber des Meeres vor der Tür, arbeitet Dali mit der spartanischen Hingabe eines Mönchs in einsamer Zelle. Er hat ungewöhnliche Tages- und Arbeitseinteilung, die ihm die Erfüllung des masochistischen Wunsches erlaubt, selber ohne Unterlaß zu arbeiten und trotzdem Gala nahe zu sein – wie Vögel in einem einsamen, aber reizvollen Kafig. Jeder fliegt davon, um den Tag auf seine eigene Weise zu nutzen; doch zu den Mahlzeiten treffen sie sich wieder und verbringen den Abend zusammen.

Der Stundenplan sieht etwa so aus: Er wacht vor halb sechs auf (»Jeden Tag sehe ich die Sonne aufgehen«), liest bis halb acht, badet und zieht sich nach dem Frühstück zurück, um bis zum späten Mittagessen ununterbrochen zu malen; dann ruht er eine Stunde und kehrt abermals an die Staffelei zurück[1].

Gala, die sich vielleicht am Morgen auf einen ihrer geliebten Angelausflüge begeben hat, liest Dali nachmittags, wenn sie zurückkehrt,

[1] Kürzlich schickte mir Dali die Beschreibung seiner überraschenden Methode (die übrigens von Sir Winston Churchill geteilt wird): »Manchmal benutze ich

häufig vor. Oder sie sitzt ihm tagelang Modell, wie zahlreiche Bilder beweisen. Sie gehen frühzeitig zu Bett, außer wenn Dali schreibt. Die Arbeit kommt immer zuerst.

Besucher sehen den Einsiedler selten. Er erscheint erst zur späten Cocktailstunde, um sie zu begrüßen. Er hat es gern, die richtigen Gäste bei sich zu sehen – doch nicht zu oft. An Menschen wie Luis Miguel Dominguin, Sert, Mdivani, Bestigui, Chester Dale, Serge Lifar und Philippe de Rothschild hat er besondere Freude – und dafür gibt er bereitwillig eine Erklärung: »Leute, die mit ihrem Rolls-Royce nach Port Lligat kamen, machten großen Eindruck auf meinen Vater. Als er hörte, daß ich schon dreimal in solchen Wagen nach Paris gefahren sei, hielt er das für eine schreckliche Lüge. Er war überzeugt, ich schmuggelte Opium oder so etwas, und prophezeite mir, daß ich im Gefängnis enden würde.«

Er findet es immer noch sehr traurig, daß sein Vater ihm nie recht geglaubt hatte. Erst als Dali ihn nach dem Krieg im Cadillac besuchte, fing der alte Mann an, die Geschichten über ihn für wahr zu halten. »Als er die Zeitungen und Magazine sah, fand er sich schließlich mit der Tatsache ab, einen Sohn zu haben, der Maler und nicht verrückt war.«

Noch glücklicher als über die prächtigen Wagen, die es gelegentlich fertigbringen, sich bis Port Lligat durchzumanövrieren, mit entsetzlichen Auswirkungen auf ihre Achsen, ist Dali, wenn jemand so großartig ist, auf dem Seeweg zu kommen und in seinem kleinen Hafen Anker zu werfen (Stavros Niarchos schoß den Vogel ab, als er in seiner eleganten *Creole* eintraf). Es schmeichelt seinem Ego und

Fotografien für meine Gemälde. Die unsterblichen Griechen taten bei ihren göttlichen Skulpturen etwas Ähnliches, indem sie gewisse Teile, ohne sie vorher zu zeichnen, modellierten; natürlich ist es trotzdem günstig, ein klein wenig vom Zeichnen zu verstehen.«

Eine weitere Information, über die man die Brauen hochziehen möchte, kommt von Dalis Freund, dem amerikanischen Maler Constantin Alajalov: »Wie Sie sehr wahrscheinlich wissen, sind Künstler ungemein an technischen Fragen interessiert, den Medien (Malen), dem Grundieren der Leinwand usw. usw. Eines Tages sprachen Dali und ich über verschiedene Bindemittel, und ich fragte ihn, was er zum Mischen seiner Farben benutzt, und er erwiderte mit völlig unbewegtem Gesicht und äußerstem Ernst, daß er nichts anderes als Leinöl benutze, doch lasse er es, wie er hinzufügte, ein paar Tage in einer offenen Schüssel stehen, bis Fliegen hineingefallen seien; dann ›warte ich, bis sie sich darin zersetzen und ihre Säfte dem Öl zufügen, und mache noch ein wenig Pipi hinein; das gibt mir das beste Medium zum Malen!‹«

seiner Prachtliebe, daß eine Jacht den weiten Weg zurückgelegt hat, um das Vorrecht zu genießen, vor seiner Haustür festzumachen. Ihm imponiert der Reichtum, der sich darin ausdrückt. Wenn er auch automatisch »König« in Port Lligat ist, erhöhen diese glanzvollen Besuche doch in den Augen der Fischer die Pracht des »fürstlichen Hofes«. Außerdem bedeutet die Ankunft in einer Jacht, in der man sein Schlafzimmer mit sich führt, eine große Erleichterung für Gala (die Dalis haben den Eindruck, es sei nicht ihre Aufgabe, für ein Fremdenzimmer zu sorgen – und sie tun es auch nicht). Niemals beherbergen sie einen Besucher. Das winzige Gasthaus, sauber und billig, wenn auch ein bißchen primitiv, nur fünfzig Meter von ihrem Haus entfernt, bietet Unterkunft für jeden, der mit der Eisenbahn oder motorisiert eintrifft – ob es nun eine Vespa[1] oder ein Rolls-Royce sein mag.

Das alles ist nicht mehr als recht und billig bei einem Mann, der überzeugt ist, daß seine Arbeit für ihn und die Welt wichtiger ist als die Unterhaltung von Besuchern. Das gleiche gilt für den Aufenthalt der Dalis in New York. Fünf Monate im Jahr leben sie im Hotel St. Regis auf der Fifth Avenue. Dali malt unerbittlich. Das winzige Schlafzimmer wird zum vollgestopften Atelier. Abermals begegnet man dem absichtlichen Bemühen, »ohne überflüssigen Raum – für Besucher« auszukommen.

Für den nicht informierten Reisenden, der in Port Lligat ankommt, erweist sich der eiserne Vorhang eifriger Arbeit, der das Ehepaar Dali umgibt, als sehr anstrengend. Es ist schon alles andere als einfach, überhaupt dorthin zu gelangen; doch nach dieser schwierigen Fahrt träumt man wenigstens von einem üppigen Bett in dalieskem Milieu und von Bequemlichkeiten, mögen sie auch surrealistisch sein, für die ein Druck auf einen Knopf genügt. Doch solchen Luxus gibt es nur für die Dalis – für Gäste bleibt nicht ein Zollbreit davon übrig.

Die gesellschaftlichen Ereignisse, bei denen sich die Dalis rar machen, als handle es sich um ein Almosen, bestehen aus seltenen Besuchen von Journalisten und Freunden und ebenso seltenen Besuchen, die sie ihren Bekannten in der Nähe abstatten. Dali fährt gern nach Madrid, aus geschäftlichen Gründen ist er sogar häufig dazu gezwungen, und stets macht er in seinem geliebten Barcelona Station. Doch der größte Teil der Zeit in Spanien ist der Arbeit vorbehalten.

[1] Mit der ich das erste Mal ankam, weil meine Taxe Panne gehabt hatte.

Dalis Leistungsvermögen – seine Gesamtproduktion – ist kein Geheimnis; im Gegenteil, er sorgt persönlich dafür, daß die Presse genau unterrichtet wird. Das ist nicht nur »gut fürs Geschäft«, sondern außerdem beste Schaustellerei. So produktiv zu sein wie er, hat die Wirkung, daß jede Minute, die er mit gewöhnlichen Sterblichen zubringt, als Verschwendung erscheint.
Wenn man das »*Journal of Progress*« liest, das Dali vor Jahren für den Katalog seiner Ausstellung in der Knoedler Gallery auf der Siebenundfünfzigsten Straße in New York geschrieben hat, beginnt man ernsthaft daran zu zweifeln, ob es sich da überhaupt noch um die Leistungen eines gewöhnlichen Menschen handeln kann. In einem Prospekt mit dem einfachen Titel *Dali an den Leser* läßt er keinerlei Einzelheiten seiner Produktion aus, die unter den Zeitgenossen kaum ihresgleichen hat.

Der hemmungslose Porträtmaler

Wenn es stimmt, daß Mut dazu gehört, sich von Dali malen zu lassen, so ist das nicht immer der Fall gewesen. Schon als Kind vermochte er dem Drang, die Menschen seiner Umgebung zu malen, nie zu widerstehen; weder Mutter, Vater, Schwester, Onkel, Großmutter, Kinderfrau noch Freund setzten sich in seiner Anfängerzeit mit Befürchtungen in Pose; damals waren die Porträts gute Darstellungen von wirklicher Ähnlichkeit. Oft waren es Zeichnungen von erlesener Sorgfalt in dem frühen Realismus des Picasso, den er verehrte; doch zwischendurch pflegte er auch fieberhaftere Techniken anzuwenden.
Zu den empfindsamsten gehören die, die er von 1933 bis 1935 malte, lange nach dem Tod seiner Lieblingscousine Carolinetta, deren schwindsüchtiges Gesicht und zerbrechliche Gestalt ihn anscheinend jahrelang verfolgt haben. Das Porträt, das er 1938 nach einem kurzen Besuch bei Sigmund Freud von diesem zeichnete, ist ein hervorragender Beweis für die Intuition und die Genauigkeit seines Auges. Diese Zeichnung war so sehr ein Omen des Todes, daß Stefan Zweig dem kränkelnden Freud niemals erlaubte, sie zu sehen. Fast schon eine Totenmaske, ist sie eine von Dalis treffendsten Leistungen.
Doch erst 1942 gelang es Dali, auch in der großen Welt mit seinen Porträts das Feld zu erobern; daß er internationale Berühmtheiten veranlassen konnte, ihm zu sitzen, trug ihm drei sehr erwünschte Dinge ein: Reichtum, Publicity und einen ständigen Platz in eben-

dieser kleinen Gruppe; den Anfang dazu hatte er bereits mit seinem Porträt von Marie de Noailles im Jahre 1932 gemacht.
Doch viele von denen, die er seither gemalt hat, haben sich erst hartnäckig geweigert, ehe sie sich bereit fanden, den teuren Preis für ein Porträt von Dali zu bezahlen. Von denen, die mit seiner Arbeit zufrieden sind, hört man selten, obwohl es nicht wenige sind, denn nur wirklich schockierende Bilder bieten Stoff für Schlagzeilen – beredte Schlagzeilen, um es gelinde auszudrücken. Aber von den in den Katalog aufgenommenen fünfunddreißig Ölporträts hat wahrscheinlich das der mutigen Kunstkennerin Fürstin Gourielli, besser bekannt als Helena Rubinstein, das größte Aufsehen erregt.
Ihre Gemäldesammlung und ihr Scharfblick bei der Erwerbung sind in der ganzen Welt fast ebenso bekannt wie ihr ungeheures kosmetisches Reich, ihre prächtigen Kugelhäuser und ihr erstaunlicher Schmuck. Sie erwarb Dalis Arbeiten in der ersten Erregung seiner Einführung in Amerika, und ihre Freundschaft mit ihm sowie ihre Achtung für sein Werk sind seit Ende der dreißiger Jahre beständig geblieben. Sie besitzt vier Dali-Bilder, dazu zwei Porträts und Wandgemälde.
Madame Rubinstein ist es gewohnt, sich malen zu lassen, und die Großen des Pinsels sind ihr nicht unbekannt. In ihren Häusern hängen in einer riesigen Sammlung von gemalten Kostbarkeiten und museumsreifen Wertgegenständen ihre Porträts von Modigliani, Berard, Raoul Dufy, Tchelitchew, Marie Laurencin und neuerdings auch von Graham Sutherland[1] – um nur einige Beispiele zu nennen. Wenn sie Dalis Porträt mit zufriedenem Auge betrachtet, ist es Lobes genug.
Seit vielen Jahren bin ich mit Madame Rubinstein befreundet, und ich habe ihr zahllose Fragen über Dali gestellt: wie ihr seine Arbeiten gefallen, wie teuer sie waren, wie es ist, von ihm gemalt zu werden, was sie von Dali als Mann hält. Sie antwortete bereitwillig und gab ihre Ansichten über Dali in folgenden Worten wieder:
»Zum erstenmal begegnete ich Dali vor dem Krieg in Paris, 1937 oder 1938. Er war voller Feuer und Mutwillen. Er sprach kaum Englisch und gebrochen Französisch. Er sprach viel über sich selbst. Ich hörte zu. Dali hatte damals gerade eine Ausstellung und bat mich, zu kommen und sie mir anzusehen, doch leider mußte ich nach Amerika zurückfahren.

[1] Diese beiden erstaunlichen Ganzporträts wurden dem Publikum (das überschwenglich in seinem Lob war) durch die Tate Gallery in London zugänglich gemacht; Lord Beaverbrook kaufte eines davon für seine Sammlung.

Gegen Ende des Krieges begegnete ich Dali abermals – bei meiner Freundin Grace de Munn. Sie nahm mich mit zu seiner Ausstellung in den Julien Levy Galleries. Es handelte sich um eine Ausstellung von Juwelen, die er gemeinsam mit dem Herzog von Verdura gemacht hatte. Ich war von dieser Ausstellung sehr beeindruckt und lud Dali zum Dinner ein. Er kam mit seiner Frau Gala, die nie viel sagte. Dali schlug vor, mein Porträt zu malen, und ich stimmte gleich zu. Er bat mich, in sein Hotel zu kommen, damit er eine Skizze von mir machen könne. Nach drei Sitzungen erklärte er, es genüge ihm, obwohl es noch einen Monat dauerte, ehe das Bild fertig war. Dali rief mich wieder an und sagte, er habe einen Rahmen ausgesucht und sei bereit, mir das Porträt zu zeigen. Dali hat ungeheuren Charme; und wenn das Porträt selbst auch wunderbar war, ließ er es einem noch wunderbarer erscheinen.

Es läßt sich schwer beschreiben. Ich bin mit einem Kopf dargestellt, der aus Felsen hervorspringt, mit Smaragdketten um den Hals, als sollte ich von ihnen festgehalten werden. Dali hatte viele Erklärungen für die Symbole auf diesem Porträt. Er hatte inzwischen Englisch gelernt. Er spricht wundervoll und ist ein guter Kaufmann. Es gab viele Mißverständnisse, aber es war sehr interessant.

Als das Porträt beendet war, zeigte ich Dali meine Wohnung und sagte ihm, ich hätte gern in einem der Räume einige Wandgemälde von ihm. Er erklärte sich bereit. Innerhalb von drei Monaten malte er drei große in langem, schmalem Format, die Morgen, Mittag und Abend darstellten. Sie sind elegant und werden sehr bewundert. Gleichzeitig (es war 1945) kaufte ich andere Ölbilder von Dali, »Der durchschnittliche Bürokrat« und »Opalenes Mondlicht«, beide im Jahr 1930 gemalt.

Ich sehe Dali häufig, wenn er in New York ist. Ich finde seine Gesellschaft anregend, bisweilen vielleicht ein wenig allzu anregend. Er steckt immer voller Ideen, die neueste ist, einen Konzertflügel für mich zu malen, aus dem sich ein Wasserfall auf die Tasten ergießt – der Flügel soll an der Decke aufgehängt werden. Wir haben über dieses Projekt gesprochen, doch Dali ist immer sehr beschäftigt. Aber ich hoffe, daß er irgendwann einmal dazu kommt[1].

[1] Der gleiche Flügel mit dem Wasserfall, den er für Edward James zeichnete. (Dali hat Madame Rubinstein den endgültigen Entwurf noch nicht geliefert. »Wir haben viel darüber geredet, aber es ist noch nichts unternommen worden«, sagte sie.)

Im Jahr 1954 malte Dali ein Porträt meines verstorbenen Mannes, des Fürsten Artchil Gourielli[1]. Es gefiel mir nicht ganz so gut wie seine früheren Arbeiten, obwohl ich nicht glaube, daß das seine Schuld ist. Ich finde, Dali ist ein brillanter Regisseur und, wenn er nicht gedrängt wird, ein handwerklich wunderbarer Künstler. Ich bin überzeugt, daß ein Teil seines Werkes am Leben bleiben wird. Ich schätze seine Freundschaft und bewundere seine Energie.«

Vielleicht der bekannteste Ausbruch gegen den Porträtmaler Dali kam im Jahr 1954 von Mrs. William Woodward in New York. Obwohl sie ihm ein Jahr lang immer wieder einmal gesessen hatte, sah sie, wie sie behauptet, das Porträt nicht ein einziges Mal, ehe es geliefert wurde; sie kannte auch den Hintergrund nicht. Nach ihrem ersten (und letzten) Blick auf das angeblich unkenntliche Bild »ging sie verstört davon... wie man vor einem Ungeheuer zurückweicht«, berichtet *Newsweek*[2].

Dali klagte prompt, zog die Klage jedoch zurück, als ihm sein »mäßiges« Honorar von siebentausend Dollar ausgezahlt wurde. Er bestritt, daß Ann Woodward das Porträt nie gesehen habe. Unerschütterlich und selbstzufrieden lächelte er zu allen Fragen, die man ihm stellte, als der Fall ihm die fruchtbarsten Schlagzeilen einbrachte.

Doch Dalis Porträts bedurften im Grunde keiner Gerichtsprozesse, um in den Zeitungen Beachtung zu finden: Seine Porträtausstellung am 14. April 1943 in den Knoedler's Galleries begann mit erheblichem Lärm. Da fanden sich die gleiche samtige Oberfläche, die Miniaturentechnik und die surrealistischen Objekte – die Krücken und die geisterhaften Landschaften –, die sein übriges Werk kennzeichnen; doch selbst die fotografische Ähnlichkeit vermochte die neue Art allegorischer Illusion und Erfindung der meisten Porträts nicht aufzuwiegen.

Helena Rubinsteins Porträt und das der barfüßigen, bestangezogenen, blauhaarigen, blauäugigen Multimillionärin Mona Williams (damals Mrs. Harrison Williams, jetzt Fürstin Bismarck) und jenes der Lady Louis Mountbatten – mit einer grünen Schlange im Haar – erregten größtes Aufsehen. Doch auch die Bilder von Mrs. Luther Green und Mrs. Dorothy Spraeckles, Mrs. Charles Swift und Mrs. Ortis de Linares waren alles andere als sanft. Während der geräuschvollen

[1] Es soll etwa siebentausend Dollar gekostet haben.
[2] 6. September 1954.

Eröffnung fielen den meisten Besuchern vor jedem Gemälde fast die Augen aus dem Kopf; noch lange Zeit später sprach die Kaffeehausgesellschaft kaum über etwas anderes.

Etwa ein Drittel der Porträts von Dali stellen Männer dar. In der erwähnten Ausstellung war das einzige verhältnismäßig unsurrealistische und nicht schockierende Bild das eines ruhigen Herrn, des Marqués de Cuevas. Darauf fehlten alle erschreckenden Symbole; es war einfach ein schönes, reflexives Bild, das Dali von einem guten Freund gemalt hatte; der schwermütige Hintergrund hatte etwas von den atmosphärischen Rundhorizonten, die de Cuevas für seine Ballett-Gesellschaft malen läßt[1].

Zu den anderen von Dali gemalten Männern (abgesehen von Verwandten und Bekannten an der Costa Brava) gehören drei so verschiedene Persönlichkeiten wie Exzellenz Don Juan Cardenas, Jack H. Warner und Sir James Dunn.

Seine beiden allerersten Porträts malte er 1918 als Junge von vierzehn Jahren. Beides feinfühlige Ölstudien von seinem Freund Jaume Miravittles. Im nächsten Jahr malte er ein Ölporträt von seinem Vater[2].

Im Jahr 1929 malte er den Barden des Surrealismus, Paul Eluard (das Porträt ist in dem reizenden kleinen Buch, *Poètes d'aujourd'hui*, von Louis Parrot[3] reproduziert – neben Zeichnungen von Picasso, George Grosz und Valentine Hugo). Im gleichen Jahr wie Eluards Porträt entstanden Dalis Bilder »Anpassung der Begierden« und »Erleuchtete Lüste«; auf allen drei Gemälden ähneln sich die Fetische und Symbole: der Kopf eines brüllenden Löwen in der Luft, bereit, ein schwebendes Männerhaupt zu verschlingen, dessen Haar als Krughenkel endet; die Hand einer Frau um einen Hals oder Stirn gelegt – oder auch darüber schwebend (alles sind Inbilder der Begierde); das weiche Spiegelei, krabbelnde Ameisen, trostlose Landschaft (das Rätsel des Raums), das gespenstische Gesicht im Profil (auf Eluards Porträt

[1] Der Krieg hinderte Dali daran, Fernandel zu malen, den er als den realistischsten und besten aller Komiker betrachtet. Er wollte ihn in der Maske eines Velasquez-Zwerges darstellen.

[2] Wenn auch nichts über ein Ölgemälde von seiner Mutter bekannt ist, gab es wahrscheinlich doch zahlreiche Zeichnungen von der Frau, die er verehrte. Diese Familienporträts bleiben unkatalogisiert in Spanien.
Dali erklärte dem Verfasser seines offiziellen Katalogs, Albert Field, ein Bild, auf dem Gala erscheine, niemals als *Porträt* zu verzeichnen: »Sie ist mein Modell, kein Porträtkäufer.«

[3] Editions Pierre Seghers, Paris 1946.

erscheint es als Teil des Doppelgesichts eines Fisches) – und natürlich die winzigen Gestalten in der ungeheuren Landschaft, die langen Schatten. Im Hinblick darauf, daß es sich um das Porträt des Mannes handelt, dem Dali die Frau wegnahm, sollten die Psychoanalytiker darauf mancherlei zu entdecken haben.

Dann gibt es ein Porträt von Harpo Marx im Stil von Frans Hals, den Dali Mitte der dreißiger Jahre als »Lachenden Kavalier« malte – mit Spitzenkrause, Seidenhemd, riesigem Hut und zwei pechschwarzen Punkten als lachende Augen. Außerdem eine Zeichnung von Harpo an seiner Harfe. Diese wirkt auf den ersten Blick recht traditionell – jedoch bei genauerem Hinsehen findet man auf Harpos Kopf einen Hummer, der einen Apfel hält – und die Harfe trägt ein erotisches Objekt, das schlaff und zusammengefaltet über dem Rahmen hängt.

Im Jahr 1955 wurden Dali dreitausend Pfund Sterling für ein Porträt von Sir Laurence Olivier geboten; das Bild sollte zur Werbung für den Film *Richard III.* benutzt werden. Dali kam für eine kurze Sitzung von einer Stunde Dauer nach London, um Olivier in seinem Kostüm zu skizzieren; dann fuhr er nach Spanien zurück, um das Porträt zu malen. Dort stießen dem Bild die üblichen Mißgeschicke zu. Es war im August fertig, wurde jedoch wochenlang im Flughafen Barcelona zurückgehalten – »da man es für ein zu bedeutendes Werk der nationalen Kunst hielt, als daß man es außer Land bringen lassen wollte«.

Voller Wut und Enttäuschung schickte der verstorbene Sir Alexander Korda einen Regisseur nach Barcelona, um es zu holen, doch als er zurückkam, war es zu spät; die Werbeabteilung der Filmgesellschaft hatte nicht so lange warten können und andere Plakate, Handzettel und Programmhefte machen lassen – so wurde das Porträt das teuerste nicht verwendete Plakat der Filmgeschichte.

Dennoch war es faszinierend: Olivier war mit zwei ineinander übergehenden Köpfen gemalt, der eine im Profil, der andere *en face*, um die beiden Seiten des Charakters von Richard III. darzustellen. Ehe Dali nach Spanien zurückkehrte, um das Bild zu malen, beschrieb er es ausführlich:

»Ich sehe das Rhinozeros in Sir Laurence, deshalb werde ich es wahrscheinlich malen. Er ist zweigesichtig, eine gespaltene Persönlichkeit, ein ideales Subjekt, um die Meteorologie des Rhinozeros auszudrücken. Aber ich habe meine Hummernphase noch keineswegs hinter mir, deshalb werden sie vielleicht erscheinen. Ich kann es nicht sagen. Ich sage nichts vorher, ehe ich male. Kein Genie kann das. Sehen Sie, der Krebs steht im Aszendenten und darf nicht übersehen werden. Er könnte in einer von Sir Laurences vielen Facetten auftauchen.«[1]

Die Kritiker schenken seinen Porträts die gleiche verwirrte Aufmerksamkeit wie all seinen anderen Bildern; die meisten geben zu, daß sie zur Zeit der surrealistischen Blüte bestimmt bahnbrechend waren; wenige bestreiten die außergewöhnliche Qualität ihrer bildlichen Darstellung – selbst wenn ihnen die »leblose Technik« mißfällt.

Häufig werden seine Porträts mit denen von Signor Pietro Annigoni verglichen – und ich habe den Verdacht, daß beiden unbehaglich dabei zumute ist. Annigoni, den seine Porträts von Königin Elizabeth, dem Herzog von Edinburgh, Prinzessin Margaret und Lady Margot Fonteyn berühmt gemacht haben, hält sich jedoch nicht in erster Linie für einen Porträtisten. Als ich ihn Ende 1957 nach seiner Ansicht über Dalis Werk fragte, erwiderte er: »Ich glaube, daß er bereits in seinem Panzer erstickt, das mag außen amüsant zu sehen sein, doch innen ist es erbärmlich. Er erscheint mir als eine Art von Don Quixote – doch ohne Seele.«

John R. Merton, der englische Maler, dessen Porträt von der Countess of Dalkeith Furore machte, als es 1958 bei der Sommerausstellung der Königlichen Akademie enthüllt wurde, gab mir für dieses Buch ebenfalls eine interessante Würdigung Dalis: »Da ich zu den Menschen gehöre, die Breughel dem Hieronymus Bosch vorziehen, wünschte ich, daß Dali andere Themen malte; zweifellos würde er von mir das gleiche sagen. Über den Surrealismus kann ich mich nicht äußern, da er nicht die Wirkung auf mich ausübt, die er ausüben sollte. Doch die Fremdartigkeit von Dalis Erfindungen, die mit so meisterhafter Klarheit ausgedrückt werden, wirkt stark auf mich, wenn sie mein Interesse auch nicht lange zu fesseln vermag. Ich glaube nicht, daß er ein so großer Maler wie Bosch ist.«

»Mr. Warner Brothers« über Dali

Da gibt es eine ununterdrückbare Geschichte von einem Herrn, der über sein Porträt von Dali von Herzen zufrieden zu sein scheint – wenn er es auch in den luxuriösen Zwinger seines Hundes hängt! Jack Warner aus Hollywood redet sehr freimütig über das, was

[1] *Sketch*, April 1955.

man durchmacht, wenn man gemalt wird; seine Erinnerungen sprudeln über von Scherzen und Wohlwollen und sind außerdem ein Beweis für seine bemerkenswerte Geduld. Warner und seine Frau Anne sind seit Jahren Freunde der Dalis.

»Als Dali ein fabelhaftes Porträt von Anne beendet hatte, wollte er von mir auch eins machen.« Obwohl Mr. Warner schrecklich viel zu tun hatte, willigte er eines Tages ein, und beide Dalis erschienen im Haus Warners in Beverley Hills, um zu beginnen. »Ich glaubte, er werde das Porträt im Handumdrehen beenden – doch ich hatte mich geirrt, er brauchte fünf Jahre!

Natürlich wohnte er nicht die ganze Zeit als Gast im Haus. Er machte mehrere brillante Federskizzen von meinen Augenbrauen, meinem Schnurrbart und meinem kleinen Finger, dann eilte er davon in sein geliebtes Spanien. So ging es die ganzen Jahre. Doch während dieser Zeit hatte ich viel Spaß mit Salvador...«

Im dritten Jahr begann Dali, nachdem er Hunderte von Federzeichnungen von Teilen des Gesichts angefertigt hatte, tatsächlich an der Leinwand zu arbeiten. Wenn Mr. Warner ihn am Ende einer jeden Sitzung fragte, wie das Porträt aussehe, pflegte Dali zu erwidern, daß Dragon, Warners Riesenschnauzer, der ebenfalls auf dem Bild war, »sehr gut gelungen« sei.

»Und ich glaube«, erklärt Mr. Warner heute, »daß er damit etwas Wahreres sagte, als er selber wußte. Dragon wird bestimmt unsterblich werden, während ich keineswegs überzeugt bin, daß ich erwarten darf, so hoch aufzusteigen. Um Dali Gerechtigkeit widerfahren zu lassen, muß ich sagen, daß dieses Porträt nur hervorragende Besprechungen gefunden hat. Viele bedeutende Ausstellungen haben darum gebeten, es zeigen zu dürfen.«

Als Mr. Warner das beendete Porträt zum erstenmal sah, wünschte er einige Änderungen – seine Hand, die Mauer usw. Dali erinnerte ihn daran, daß es ganz in Ordnung sei, wenn er Filme redigiere – aber nicht Dalis Bilder. »Er nahm die Veränderungen trotzdem vor, und das Gemälde hängt jetzt im Zwinger!«

Während Dali sein Gast war, hatte Mr. Warner Gelegenheit, Dalis Humor kennenzulernen; dabei wurde er zum Ziel mancher handgreiflicher Scherze. Dali kannte Jack Warners heftige Abneigung gegen Schnecken; Warner liebte es, nach dem Abendessen mit Taschenlampe und Spazierstock zu einem Kreuzzug gegen die Schnecken in den Garten zu gehen. »Dali, den mein nächtlicher heiliger Krieg belustigte, begleitete mich gern. Eines Abends waren anscheinend buchstäblich Tausende von Schnecken da – wohin wir auch traten –, auf den Blumenbeeten, um die Schmuckteiche, am Fuße der Statuen! Dali bat mich leidenschaftlich, sie mit meinem Spazierstock aufzuspießen – was ich mit der gleichen grimmigen Entschlossenheit besorgte, mit der Cheyenne oder Maverick die Schurken im Wilden Westen auslöschen!

Nach einem langen und heftigen Feldzug, in dem ich wütend Schnecke um Schnecke zermalmte, brach Dali in schallendes Lachen aus. Er konnte sich gar nicht beruhigen. ›Aber petite Marmite‹[1], rief er, ›das sind doch gar keine richtigen Schnecken!‹ Er hatte über den ganzen Garten Schneckenimitationen verteilt – sogar an und auf der Haustür.«

Dali après Vermeer

Bei der Erwähnung Vermeers steigt Dalis Temperatur stets um mehrere Grade – das war schon in seiner Jugendzeit so. Es ist das das Fieber eines Anbeters für seinen Gott. Dafür erhielt ich eine kräftige Bestätigung von ganz unerwarteter Seite, von dem amerikanischen Bankier Robert Lehman, dessen weltberühmte Renaissance-Sammlung kürzlich in Paris zu sehen war.[2]

Dieser noch jüngere Grandseigneur der Kunst lernte Dali kennen, als dieser zum erstenmal nach Amerika kam und einen Empfehlungsbrief von einem Freund mitbrachte, der wußte, daß es Dali viel

[1] Als Warner vor Jahren bei seinem ersten Besuch in Paris mit Dali aß, betrachtete er die eindrucksvolle Speisekarte in *La tour d'argent*. Er bestellte das einzige Gericht, das er im Französischen erkannte. »Seit jener Zeit nennt mich Dali, der noch immer fast ebensoviel Schwierigkeiten mit dem Englischen hat wie ich mit dem Französischen, petite Marmite.«

[2] Diese Schätze wurden in der Orangerie ausgestellt und bildeten eine auffallende Umkehrung der Vorstellung »Die Kultur kommt aus Europa«. Zweihundertdreiundneunzig Stücke im Wert von etwa vierzehn Millionen Dollar, die aus der Gesamtmenge von tausend Kunstwerken ausgewählt worden waren, wurden aus seinem Haus in der Stadt New York dorthingeschickt – seine Familie hatte sie in einem solchen Ausmaß gesammelt,wie es in der Geschichte vielleicht nie wiederkehren wird. Wandteppiche, Juwelen, Möbel, Bronzen, Emaillen und bronzebeschlagene Truhen wurden ebenso ausgewählt wie Meisterwerke der Malerei. Ein Leitartikel im *Carrefour* faßte die Reaktion auf diese Ausstellung in der Pariser Orangerie zusammen und schrieb, darin zeige sich ein so strenger Geschmack, daß man nur hoffen könne, die französischen Museen würden von ihm inspiriert; das ist wirklich ein seltenes Lob.

bedeuten würde, die Lehmansche Sammlung zu sehen. Und tatsächlich war er von dem Goya ungemein beeindruckt, wie Mr. Lehman sich noch erinnert.

»Würden Sie einen Vermeer für mich kopieren?« fragte der Bankier impulsiv.

»Das ist unmöglich«, erwiderte Dali. »Es läßt sich nicht machen.«

Während der zwanzig folgenden Jahre trafen sich die beiden Männer häufig. Vor etwa zwei Jahren erinnerte ihn Lehman an sein Angebot.

»Ich kopiere jetzt gerade Vermeers ›Spitzenklöpplerin‹ – eins der schönsten Bilder, die je gemalt worden sind!« entgegnete Dali aufgeregt.

»Ich möchte es kaufen, wenn ich es vorher sehen kann«, erklärte Lehman.[1]

»Natürlich zeige ich es Ihnen«, rief Dali entzückt aus. »Ich tue es sofort! *Doch nur unter einer Bedingung: Sie müssen mir für diese Kopie ebensoviel zahlen wie für ein Dali-Original – zehntausend Dollar. Ich werde Ihnen eine vollendete Kopie machen*...«

»Dali arbeitete an einer getreuen, peinlich genauen Kopie in einem kleinen Raum, der ihm im Louvre in Paris zur Verfügung gestellt worden war. Dem Gerücht nach hat er verlangt:

Zunächst die Farben Vermeers zu analysieren...

Dann den Louvre um eine Analyse der Pigmente zu bitten...

Danach eine Leinwand, genau wie die von Vermeer verwendete, weben zu lassen...«

Als Dali überzeugt war, eine vollendete Kopie von Vermeers Meisterwerk geschaffen zu haben, machte er es mit seiner üblichen Prahlerei bekannt, und Mr. Lehman kaufte das Gemälde. Er erklärte, die Kopie sei prächtig. Andere, die sie gesehen haben, halten sie für einen gelungenen Beweis für die Fertigkeiten des Malers. Vermutlich weiß auf der ganzen Welt kein Gelehrter oder Maler so viel über Vermeer wie Dali.

Bevor Dali mit dem Bild begann, soll er sich erkundigt haben, welche zehn Bücher Vermeer am meisten geliebt habe, um jedes davon zu lesen. Er nahm alles auf, was er über das jesuitische Ritual von Vermeers Zeit in Erfahrung bringen konnte. Er las alle Bücher

[1] A. Reynolds Morse erinnert sich, mit Dali über van Meegeren, den berühmten holländischen Fälscher, gesprochen zu haben, der Vermeers kopierte – sowohl vor als auch nach van Meegerens Entlarvung. Er behauptet, Dali habe die Kopien von Anfang an als Fälschungen erkannt und sei nun in der Lage, zu erklären: »Ich habe es euch ja gleich gesagt!«

über Perspektive, die Vermeer kannte. Dann studierte er – *mikroskopisch* – die Art, wie Vermeer die Farbe auftrug, und bestimmte danach, welche Pinsel und welche Haardichte er brauchen würde, um genau so zu malen, wie Vermeer es getan haben mußte. Er ging sogar so weit, sich zu fragen, weshalb Vermeer so häufig Landkarten auf seine Bilder brachte; dann las er die Geographiebücher aus Vermeers Zeit.

Mr. Lehman wunderte sich darüber, daß die Leinwand selbst so rauh war. Das war auch Dali ein Rätsel, da er die Leinwand hatte weben lassen »nach der genauen Spezifizierung des Louvre von Vermeers Original«.

Ted Rousseau vom Metropolitan Museum of Art gelang es, festzustellen, daß die Leinwand im Louvre einfach dadurch, daß sie gespannt war, glatt geworden sei – daß die Zeit im Lauf der Jahrhunderte, seit das Bild gemalt worden war, das hervorgerufen habe. Daraufhin ließ Dali die Leinwand neu spannen, pressen und glätten.

Die göttliche Proportion

Wenn Dali von der göttlichen Proportion spricht, denkt er an Plato, nicht an Marilyn Monroe oder Marlene Dietrich. Für den wirklich gebildeten Menschen handelt es sich bei diesem Ausdruck um Philosophie, keineswegs um Anatomie – wenn es auch zutrifft, daß Dalis Begeisterung für die göttliche Proportion in jener Heimat des Torsos, Hollywood, aufs neue belebt wurde.

Auf einer Dinner-Party bei einem der Filmkönige saß er neben einem rumänischen Fürsten, Matila Ghyka, der damals Gastprofessor für Ästhetik an der Universität von Südkalifornien war.

Sie vergaßen alle andern und waren bald bei Themen angelangt wie »Raumdimension«, »Geometrie der regelmäßigen Körper« und »korrespondierende Wechselwirkungen der Proportionen« (und wie ihr Gebrauch – besonders bei den Dodekaedern – geometrische Kompositionen auf der Leinwand erzeugen könne). Jeder, der dieses Gespräch hörte, hätte Dali für einen anmaßenden Blender halten können.

Nicht so Ghyka. Tief beeindruckt von Dalis Wissen, schickte er ihm am nächsten Tag ein Exemplar seines Buches *Geometry of Art and Life*[1], das ehrfurchterregende Kenntnisse in Geometrie und Algebra

[1] Sheed & Ward, New York.

Dalis Bewertung von Malern, 1948 (er selbst eingeschlossen)

Nach Dalis *Fifty Secrets of Craftsmanship*

	Können	*Inspiration*	*Farbe*	*Zeichnung*	*Genie*	*Komposition*	*Originalität*	*Mysterium*	*Authentizität*
Vermeer van Delft	20	20	20	20	20	20	19	20	20
Velasquez	20	19	20	19	20	20	20	15	20
Raffael	19	19	18	20	20	20	20	20	20
Leonardo da Vinci	17	18	15	19	20	18	19	20	20
Ingres	15	12	11	15	0	6	6	10	20
Dali	12	17	10	17	19	18	17	19	19
Picasso	9	19	9	18	20	16	7	2	7
Manet	3	1	6	4	0	4	5	0	14
Mondrian	0	0	0	0	0	1	1/2	0	3 1/2

voraussetzt[1]. Bald darauf half Ghyka Dali dabei, seine große Achtung vor dem Vater der Göttlichen Proportion, Fra Luca Pacioli, in sein Werk zu übertragen.
Fra Luca, ein Freund von Leonardo da Vinci, gab einem gewissen geometrischen Verhältnis den Namen Göttliche Proportion.
Vor Luca Paciolis Zeit schufen Plato und seine Geometer dieselbe Wissenschaft vom Raum und gaben den so entstehenden erstaunlichen algebraischen Eigenschaften den Namen Goldener Schnitt. Plato schloß, daß es unmöglich sei, zwei Dinge befriedigend miteinander zu verbinden ohne Hinzutreten eines dritten (zwischen den beiden müsse es ein verbindendes Glied geben). Das entsprechende beständige Verhältnis war für ihn der Goldene Schnitt.
Ghyka half Dali dabei, dieses Prinzip in seinen Gemälden zu verkörpern, vor allem in dem pythagoräischen Pentagramm auf dem Bild »Leda«, doch auch auf Dalis »Madonna und Kind« und dem »Sakrament des Letzten Abendmahls«. »Die Kreuzigung« beruht auf der harmonischen Einteilung in einem besonderen Dreieck nach dem Goldenen Schnitt. Dali malte einen bartlosen Christus, der in der Luft hängt; vor Ihm schweben vier unerklärliche Würfel, die Dali die vollkommensten aller geometrischen Körper nennt. Das Bild hatte ursprünglich den Titel »Corpus Hipercubus«, doch das Metropolitan Museum of Art, dem Chester Dale es stiftete, änderte den Namen. »Das Sakrament des Letzten Abendmahls« (für Mr. Dale gemalt) enthält viele geometrische Zeugnisse – alles ist auf der Zahl zwölf aufgebaut: zwölf Stunden des Tages, zwölf Monate des Jahres, zwölf Fünfecke des Dodekaeders, zwölf Zeichen des Tierkreises, zwölf Apostel um Christus. »Das Gemälde wird bei näherer Prüfung durch die architektonische Form des Dodekaeders zusammengehalten«, erklärt Dali.
Die Tatsache, daß er von der Göttlichen Proportion so fasziniert ist, erklärt auch sein Interesse an allen Form-Themen – den logarithmischen Spiralen der Seemuscheln, der pentagonalen Symmetrie der schön komponierten Seesterne, die er sammelte...
Nach Ansicht Ghykas haben auch andere Künstler von Zeit zu Zeit die Göttliche Proportion oder den Goldenen Schnitt wiederentdeckt. Die jetzt berühmten Bilder von Seurat – *»Dimanche d'été à la grande*

[1] Dalis Liebe zur Geometrie und zum Studium des Universums geht auf seinen gebildeten Vater zurück. In klaren Nächten unterrichtete er Dali und seine kleine Schwester in Astronomie und benutzte starke Ferngläser, um ihnen die Sterne zu zeigen. An andern Abenden lernten sie die Fabeln von Samaniego.

jette«, *»Parade«* und *»Le circus«* – verdanken ihren fast hypnotischen Zauber und ihre Kraft, wie er behauptet, einer streng geometrischen Kompositionstechnik (die er »Divisionismus« nennt) und weniger der »pointillistischen« Pigmentbehandlung. André Lhote bestätige seine Theorie, sagt Ghyka, daß die Beherrschung des Goldenen Schnitts Seurats wirkliche Meisterschaft, seine Trumpfkarte darstelle. Ghyka sucht und findet die unterbewußte und trotzdem gelungene Anwendung des Goldenen Schnitts an so merkwürdigen Orten wie einem typischen Bild von Guardi oder auf Fotografien von Menschengesichtern und -körpern. Er hat Helen Wills' Gesicht analysiert-das er zu einem vollendeten Beispiel für die Göttliche Proportion aufteilen kann; ebenso hat er das Profil der Isabella d'Este und den Torso eines Wiener Athleten diagrammiert – und das Vorhandensein der geometrischen Regel bei beiden bewiesen.
Nach Ansicht des Fürsten passen die Maße der Veronica Lake, die er veröffentlicht fand, in dasselbe platonische Ideal: »Ich notiere 34 Zoll für Brust- und 21 Zoll für Taillenumfang. Beide sind Zahlen der Fibonacci-Reihe und stehen zueinander im Verhältnis 1,619.«

Auch Vortragsredner

Irgendeine perverse Furcht, er könne ein riesiges, noch nicht erobertes Publikum vergessen, führte Dali im Jahr 1952 ans Vortragspult. Zunächst fand er sich bereit, in zwölf Großstädten des nordamerikanischen Kontinents zu erscheinen (bei Vertragsabschluß standen die Orte noch nicht fest), um erst einmal zu sehen, wie ihm diese Sache gefiel. Er sagte mir, er wisse nicht genau, wo die Städte lägen, aber er glaube, sie seien alle »irgendwo in Texas«. Jedenfalls war er davon überzeugt, daß Städte wie Cedar Falls in Iowa, Kansas City in Missouri und Housten in Texas von seinem geliebten New York aus in bequemen Ausflügen zu erreichen seien. Es kam ihm gar nicht in den Sinn, sich einmal eine Landkarte anzusehen.
Und ebensowenig hielt er alle Verträge ein; die Sache verlor ihren Reiz, oder er hatte andere Verpflichtungen – doch immerhin genehmigte er sich eine Kostprobe dieser neuen Art von Ruhm aus einer bisher unerforschten amerikanischen Quelle, indem er in mehreren Städten erschien.
Er hielt die Vorträge in seiner besonderen Form der englischen Sprache und mordete sie mit Peitschenhieben verworrener Metaphern,

verwechselter Zeiten und eingestreuter Brocken seiner Muttersprache; doch ehe er die Tournee begann, machte er sich deswegen keine Sorgen. »Einige Leute werden etwas davon verstehen, andere Leute verstehen vielleicht das übrige – und alle haben ihr Vergnügen daran.«

Seine wenigen Vorträge waren keineswegs Fehlschläge; berechnend nahm er an, daß er Tausende von persönlichen Begegnungen haben und ein paar neue Käufer in seine Listen aufnehmen werde. Und außerdem würden diesmal die vielen Spalten in den Zeitungen auf der *Nachrichten*- und nicht nur auf der Kunstseite stehen.

Daß er nicht viele Proselyten gewann, ist verständlich; er befand sich im Frühstadium seiner Kernphysik-Mystik – einer Technik und einer Philosophie, die das große Publikum kaum zu fassen vermag. Trotzdem trug er seinen Namen in einige neue ferne Winkel und hatte selber ungetrübten Spaß dabei.

In Florida, wie in allen amerikanischen Reisegegenden, wo sich Universitätsstudenten, Pensionäre, die sehr Reichen und die Liebchen der Gangster in fröhlichem Durcheinander mischen, machte er eine ziemlich harte Zeit vor einer unvereinbaren Zuhörerschaft durch. Eine Frau, die ihn hörte, Witwe eines Malers und selbst stark an Kunst interessiert, schickte mir einen Bericht über den Abend:

»Dalis Vortrag war eine Enttäuschung – und das ist sehr bedauerlich, weil er offensichtlich ein großes mystisches Erlebnis durchgemacht hat, das seine gesamte Weltanschauung und Malweise verändert. Doch leider beherrscht er die englische Sprache so mangelhaft, daß er seine Gedanken überhaupt nicht auszudrücken vermochte; selbst wenn er deutlicher spräche, wäre das, was er sagte, immer noch über die Köpfe seiner Zuhörer hinweggegangen, wie ich meine; sie hielten ihn einfach für verrückt (mehrere gingen während des Vortrags weg). Ich glaube, er ist nicht verrückter als jeder andere Mystiker. Für praktische, phantasiearme Menschen ist es immer schwer, einen Mystiker zu verstehen; aber ich bin überzeugt, er glaubt; einen Traum oder eine Vision von dem gehabt zu haben, was die Kernspaltung der natürlichen Welt antun wird – daher seine schmelzenden Uhren etc. –, sie verlieren ihre Form und ihre Substanz. Seine Frau saß neben ihm auf dem Podium, und er zeigte ein paar Lichtbilder, doch so klein, daß ich sie nicht erkennen konnte. Außerdem hatte er eine Tafel, auf der er, wie ich hoffte, einige seiner Ideen demonstrieren würde, doch er machte nur eine einzige Kreideskizze.

In einer Stunde war alles vorbei. Von den Zuhörern wurden Fragen gestellt, aber sie waren töricht. Der Vortrag hätte in einem Atelier vor Künstlern gehalten werden sollen. Diese Leute wußten nicht, worüber er redete – und machten sich nichts aus dem, was er sagte.«

Eine andere Reaktion auf Dalis Vortrag findet sich in einem Zeitungsbericht nach seiner Rede vor der Lehrerbildungsanstalt des Staates Iowa in Cedar Falls. Wenn nicht am gleichen Abend in einem Hörsaal der Anstalt fünf japanische Olympia-Ringer gekämpft hätten, die eine gewisse Konkurrenz für Dalis Vortrag bildeten, hätten die Besucher kaum Platz zum Stehen gefunden. Eintausenddreihundert Studenten und Bewohner der Stadt waren gekommen, um sich Dalis persönliche Vorhersage über die Kunst der Zukunft anzuhören. Die Zeitung *Des Moines Register* faßte den Abend in sieben Worte zusammen: »Massenbegeisterung für Dali, Interesselosigkeit für ›nukleare‹ Kunst.«

Er sagte eine nukleare Mystik voraus, die der abstrakten Kunst ziemlich das Wasser abgraben werde (darauf reagierte das Publikum beifällig). Als er jedoch seine Abneigung gegen die abstrakte Kunst erläuterte und seine eigenen nuklearen Surrogate dafür zeigte, erregten diese keineswegs die gleiche Begeisterung.

Erst als er überzeugt äußerte, wie wichtig die Religion in modernen Zeiten sei, reagierten Männer und Frauen herzlich. »Physiker haben die Wahrheit der Religion bewiesen. Wir wissen jetzt, wie Materie verwandelt werden kann, und es ist für den wissenschaftlichen Geist nicht mehr schwer, zu verstehen, wie die heilige Jungfrau leiblich in den Himmel aufgenommen worden ist« – das war die Quintessenz seines religiösen Beitrags. Er gestand den Materialismus seines Lebens während der surrealistischen Kunstrichtung ein, rühmte sich jedoch zum höchsten Entzücken des bibelbewußten Publikums in Iowa, daß er in den letzten zehn Jahren den Weg zurück in die Kirche gefunden habe. »Ja, jetzt bin ich Ex-Surrealist«, kicherte er, während er Lichtbilder und Reproduktionen zeigte, um seine Behauptung zu beweisen. Doch das Mysterium wurde durch die Titel seiner Gemälde nicht recht geklärt. »Raffaeleskes Haupt, harmonisch zerfallend« half einem gar nicht weiter.

»Die Lehrerbildungsanstalt des Staates Iowa machte Geschichte«, schrieb Georges Shane im *Des Moines Register*, »als sie Dali nach Iowa holte. Offenbar muß man bis März 1882 zurückgehen, als Oscar Wilde diesen Staat besuchte, um eine Parallele zu Salvador Dalis Erscheinen in Cedar Falls und Waterloo zu finden.

Seit Wilde mit seinen langen haarfeinen Spitzenmanschetten und seinem Parfümfläschchen für mehrere Vorträge nach Iowa kam, ist in diesem Staat noch niemals eine so ungewöhnliche kulturelle Berühmtheit erschienen.«

Dalis Fehde mit Picasso

Diese kosmische Gestalt Picasso regt – wie alle großen Neuerer – einige zu hysterischer Schmeichelei an und andere zu Gewalttat und Haß, weil ihnen sein Bruch mit den akademischen Formen nicht gefällt. Die in Dali aufwallenden Emotionen beschränken sich nicht auf Meinungsverschiedenheiten über das Malen.

Eifersucht auf den Kometen, der so viele Sterne vernichtete? Ja – aber es ist viel komplizierter als bloßer Neid. Es fängt schon mit ihrer gemeinsamen Nationalität an: Spricht man vom Malen und von Spanien, dann denkt man immer *zuerst* an Picasso, und Dali könnte der *Zweite* sein – wahrscheinlich liegt in dieser unangenehmen Tatsache der Hauptschmerz, der tiefste Grund für die Fehde.

Es ist die Ironie dieser Situation, die Dali gepackt hat. Picasso ist ein Mann, der sein Vaterland aufgegeben hat. Seit 1904, als er mit dreiundzwanzig Jahren nach Paris zog, lebt er dauernd in Frankreich; daß er trotzdem immer noch *Spaniens* größter lebender Maler ist (wenn nicht der der Welt), ist nach vierundfünfzigjähriger Abwesenheit bemerkenswert. Dali dagegen betrachtet sich als einen aufrechten Spanier, weil er jedes Jahr sechs Monate in seiner Heimat zubringt; er brüstet sich mit seinem maurischen Blut und geht keinerlei Bindungen, nicht einmal vorübergehende, mit einem andern Land ein. Er ist Spanier. Für ihn ist Picasso das nicht mehr. Auch Picassos Kommunismus verdrießt Dali. Für einen Franco-Monarchisten ist es eine bittere Pille, daß ein ausgebürgerter Kommunist für die Welt der größte spanische Maler seiner Zeit ist – oder gar überhaupt der größte Maler.

Es ist interessant, ihre Anfänge miteinander zu vergleichen. Picasso, 1881 in Malaga geboren, malte sein erstes bekanntes Bild »Der Matador« im Alter von acht Jahren. Dali, 1904 geboren, malte sein erstes mit sechs Jahren (es ist in diesem Buch reproduziert). Wenn auch beide schon als Kinder wußten, daß die Malerei ihr Lebenswerk sein werde, war Dali nicht frühreif; Picasso dagegen schon. Mit zweiundzwanzig Jahren, als Dali noch in Madrid auf der Akademie studierte, hatte Picasso bereits eine seiner überaus ruhmreichen Malperioden – die »blaue« – hinter sich.

Picassos Vater wünschte wie der Notar Dali, daß sein Sohn Lehrer an einer Kunstakademie würde. Picassos Vater war selber Akademiemaler, erkannte jedoch, daß sein Sohn schon mit dreizehn Jahren mehr Talent hatte als er selbst; deshalb überließ er ihm für alle Zeiten seine Farben und Pinsel. Dieses Talent entwickelte sich mit verblüffender Geschwindigkeit.

Beide jungen Männer beachteten nicht den Rat ihrer Familie und entschlossen sich, *enfants terribles* zu werden. Ihre Erfolge gehören heute der Kunstgeschichte an.

Alfred Barr, der Picasso im Vorwort zu Roland Penroses Buch *Portrait of Picasso*[1] vorstellt, sagt von seiner Persönlichkeit und seinem Erscheinungsbild: »Wenn er heiter ist, hat er unwiderstehlichen Charme; ist er ärgerlich, wirken seine Augen diabolisch; doch selbst wenn er mürrisch oder gelangweilt ist, bleibt sein Gesicht fesselnd.« In dieser Beschreibung kann man auch Dali sehen.

Beide Männer lieben die Bühne; beide genießen es, fotografiert zu werden. Barr sagt, Picasso sei sogar bereit, eine komische Vorstellung mit angeklebtem Schnurrbart, Juxbrille und verrückten Hüten zu geben – »als ob er den Eindruck hätte, seine gewöhnliche Erscheinung reiche nicht aus. Doch Picasso bedarf der Publicity nicht, und seine Selbstachtung wird überreich auf ein Dutzend andere Arten genährt«. Könnten diese Zeilen nicht ebensogut über Dali geschrieben sein? Wer sähe nicht den clownhaften Dali in Cowboytracht vor der Kamera, eine Narzisse hinterm Ohr, in den komischsten Posen vor den Fotografen?

Obwohl man Picasso und Dali katalanische Brüder nennt, ist der Ältere doch an der äußersten Spitze Südspaniens geboren und wurde erst Katalane, als er nach Barcelona ging, wo er als junger Maler Kunstunterricht gab. Er wollte den intellektuellen Bewegungen Europas näher sein und die Kameradschaft der kleinen Gruppe anarchistischer Rebellen genießen, die es in der gebildeten Gesellschaft Barcelonas gab. Gemeinsam lehnten sie sich gegen die bestehende Ordnung auf, genau wie es Dali zwanzig Jahre später tat.

Ramon Pitchot wurde ein enger Freund von Picasso: das war der Maler, zu dem der Notar Dali den neunjährigen Salvador schickte, um ihm die »richtigen künstlerischen Einflüsse zugänglich zu machen«.

Alle Dichter und Maler in Barcelona beobachteten die Leistungen in anderen Teilen Europas voller Neid – bis sich schließlich einer nach

[1] Anläßlich einer Picasso-Ausstellung von Roland Penrose im Institute of Contemporary Art, London, 1957, herausgegeben.

dem andern losriß: Picasso fuhr zu seinem ersten Besuch nach Paris, als er erst neunzehn war. Dreiundzwanzig Jahre später machte sich der kaum ältere Dali auf den gleichen Weg. Beide jungen Männer erkannten bei ihrem zweiten Besuch, daß Paris ihre geistige Heimat war, und beide fanden dort – jeder auf seine Weise – ein Leben intensiver schöpferischer Tätigkeit.

Dali überhäufte auf seinen Bildern die Technik des Geschichtenerzählens mit paranoischen Gedankenprozessen, und Picasso verbannte die Literatur und Geschichte völlig aus dem Inhalt der Gemälde. Jeder erzeugte eine andere Explosion, aber Explosionen waren es bei beiden.

Dali hat sich auf eine besonders rühmliche Art verdient gemacht: er war der einzige ergebene Bewunderer Picassos, dem es gelang, stärker zu bleiben als Picassos Einfluß. Dali schuf eine eigene Kunst; viele andere Maler wurden nichts als blasser Abklatsch von Picassos Genie. Dali – das bedeutet völlige Abkehr vom Kubismus; dadurch wurden zahlreiche andere Surrealisten gerettet, die bloß deshalb Kopisten Picassos waren, weil sie seine Verachtung für Wirklichkeitstreue bewunderten. Nur durch Dali vermochten sie sich – ob zu Recht oder zu Unrecht – aus den abstrakten Techniken loszureißen; und sie folgten Dalis Art, den Stil der Künstler des neunzehnten Jahrhunderts zu kopieren, um darin ihre eigenen paranoischen Symbole zu malen. Dali war es, der dem Versuch der Surrealisten, die logische Ordnung durch die alogische Kunst zu ersetzen, Leben verlieh.

Bei seinem ersten kurzen Besuch in Paris – bevor er für längere Zeit dorthin zurückkehrte – tat Dali innerhalb einer Woche nur drei wichtige Dinge: er sah Versailles, er besuchte das Musée Grevin, und er lernte Picasso kennen. Als er Picassos Atelier in der Rue de la Boëtie betrat, war er tief bewegt und voller Respekt, als hätte er eine Audienz beim Papst. »Ich wollte zu Ihnen kommen«, sagte er, »ehe ich den Louvre besuche.«

»Sie haben recht getan«, erwiderte Picasso.

Picasso starrte lange, lange Zeit auf das kleine Gemälde, das Dali mitgebracht hatte – ohne ein Wort dazu zu sagen. Im Obergeschoß betrachtete Dali dann zwei Stunden lang ehrfürchtig Picassos Bilder. Er ging, ohne die geringste Erklärung abgegeben zu haben.

Erst als Dali im Begriff war zu gehen, wechselten die beiden auf dem Treppenabsatz einen Blick, der bedeutete:

»Haben Sie's begriffen?«

»Ich habe es begriffen.«

Es war natürlich, daß Dali nach diesem Besuch von der Größe der kubistischen Ideen seines spanischen Landsmanns angezogen war. Nachdem er die ungeheure Sammlung der riesigen Bilder in Picassos Atelier in sich aufgenommen hatte, führte er, nach Figueras zurückgekehrt, große abstrakte Gemälde aus, die an Picasso erinnerten. Doch es war eine kurzlebige Phase abstrakter Kunst; bald wandte sich Dali heftig von ihr ab und geriet in den Bann von Miró, der in seinem Werk die Anekdote wieder einführte und die Theorie von der Malerei als illustrativem Medium neu belebte – und gerade diese Idee fanden die Kubisten so widerwärtig. Dali tat das mit solcher Leidenschaft und Phantasie, daß Picasso sagte, er erinnere ihn »an einen Außenbordmotor, der dauernd läuft«.

Picasso half Dali weiter, als dieser wieder nach Paris kam; er »begönnerte« ihn durch seinen Enthusiasmus und stellte ihn seiner berühmten Freundin Gertrude Stein vor, was an sich schon eine Ehre war; denn Gertrude Steins Einfluß in Kunstkreisen war bereits ungeheuer groß. Die Autorin des »eine Rose ist eine Rose ist eine Rose« widmet dieser Begegnung in ihrem Buch *Everybody's Autobiography* [1] viele Seiten, die nicht alle schmeichelhaft sind.

Doch Picassos Freundlichkeit wurde zu Eis, als Dali zu den Surrealisten stieß und dabei höchstes Ansehen gewann; Dali wiederum ließ daraufhin keine Gelegenheit verstreichen, Picasso zu schmähen. Anscheinend beschäftigte er sich dauernd mit ihm. Sobald sich eine Möglichkeit bietet, zieht er vor Zeitungsreportern[2], Freunden und in seinen Büchern über ihn her; bisweilen ist das recht belustigend.

Im Jahr 1951 verkündete er in einem besonders gelungenen Wortspiel, daß er zu einer offiziellen Trennung von Picasso gelangt sei:

»Ich verschmelze den Surrealismus mit dem Mystizismus. Dali bedeutete Fusion, Picasso Konfusion. Wir sind beide Genies. Spanien, das ist ein Land der Gegensätze – Sonne und Schatten. Picasso steht mit einundsiebzig im Schatten einer überholten Kunst; Dali, viel jünger, sechsundvierzig, ist in die heilsame Sonne getreten.«

Im Jahr 1953 legte er sein »Friedenskreuz« als Erwiderung auf die berühmte Taube vor, die Picasso für den kommunistisch inspirierten

[1] Heinemann, London, 1938. Kap. I, p. 11-25.

[2] Bezeichnendes Beispiel einem Reporter des *World Telegram* New York gegenüber: »Heutige Kunst Dekadenz, Folge Materialismus. Letzte Konsequenz, in modernen Künstlern kristallisiert, werden Kommunisten wie Rivera und Picasso – oder völlig abstrakt. Meine eigene bescheidene Meinung, abstrakter Maler glaubt an nichts. Nichts glauben absolut natürlich, wenn man Nichts malt.«

Friedenskongreß in Wien gemalt hatte, und sagte, er habe den Eindruck, daß Picassos Taube alles travestiere, was der Vogel bedeute; er veröffentlichte sein eigenes neues Symbol: zum Gebet zusammengelegte Hände, von zwei andern gefalteten Händen gekreuzt.
Ende 1958 machte er sich über Picasso lustig: »Für das Genie Picasso empfinde ich nichts als Dankbarkeit; wegen seines Kubismus – entscheidend für meinen Ästhetizismus; weil er mir Geld für meine erste Reise nach Amerika geliehen hat – entscheidend für mein Glück; wegen seiner Anarchie, entscheidend für meine Monarchie.« Dieser Brief an mich war unterschrieben: »S. Dali, Streng Historisch.«
Dali schreibt dauernd an Picasso und drängt ihn, den Kommunismus aufzugeben. Einmal telegrafierte er und drängte ihn, nach Spanien zurückzukehren und zu malen. Das Telegramm lautete: »Pablo, Dank! Ihre letzten schändlichen Gemälde haben die moderne Kunst getötet. Wären Sie nicht, dann hätten wir bei dem Geschmack und der Mäßigung, den Grundkräften der französischen Klugheit, eine Malerei, die mindestens ein Jahrhundert lang immer häßlicher würde, ehe wir Ihre erhabenen *adeserios y/o esperpentos*[1] erreichten. Sie haben mit all der Heftigkeit Ihrer iberischen Anarchie die Grenzen und die letzten Konsequenzen erreicht, die Sie sich wünschten, indem Sie sie mit Ihrem eigenen Blut besiegelten. Nun bleibt uns nur noch eins: unsere Augen wieder Raffael zuzuwenden. Gott beschütze Sie! Salvador Dali.«
Er erhält niemals eine Antwort. Nicht das leiseste Zeichen deutet darauf hin, ob Picasso weiß, daß heute ein Dali lebt; seit den Tagen des Surrealismus hat er Dalis Namen nie mehr erwähnt. Er verweigert jegliches Gespräch über ihn[2].
Der vielleicht eindrucksvollste Angriff Dalis fand 1951 in Madrid statt, als er in einem Theater einen Vortrag mit dem Titel »Picasso und ich«[3] hielt. Zu Dalis Entzücken, doch zur Verlegenheit einiger seiner Freunde waren die Zeitungen voll davon. Diese Attacke gegen Picasso mag ihm viele Schlagzeilen eingetragen und Tausende von Madridern amüsiert haben; sie mag ein einzigartiges Dokument in der wachsen-

[1] Laut Dali stammt diese Phrase von Picasso selbst. Sie bedeutet: »Spottgestalten und / oder Vogelscheuchen.«

[2] Ich fragte Picasso, ob ein unbeschriebenes Blatt Papier wohl seine Reaktion auf Dali darstellen könne. Picasso versagte sich sogar diese Methode der Bestätigung von Dalis Existenz.

[3] Autobiographische Notizen, die er am 11. November 1951 im Maria-Guerrero-Theater, Madrid, verlas.

den Sammlung von Literatur Dalis gegen seinen »Landsmann« sein, doch einen seiner ältesten Freunde, Gregorio Prieto[1], hat sie mit Kummer erfüllt. Prieto war empört über die schockierende Selbstentblößung und die Aufreizung des Publikums. Er fühlte sich verwirrt. Diese Orgie der Publizität ärgerte ihn. Und das alles veranlaßte ihn zum Handeln; er schrieb zunächst zwei »freundliche« ablehnende Urteile für zwei Madrider Zeitungen – freundliche, im Gegensatz zu manchen andern, recht bissigen Äußerungen – und darauf einen Brief an Dali. Zur Veröffentlichung in diesem Buch schickte mir Prieto Durchschläge seiner Kritiken.

»Mein geschätzter Salvador Dali,

Nach meinen kürzlich in den Zeitungen *Pueblo* und *Informaciones*, Madrid, erschienenen Presseerklärungen könnte ein gleichgültiger Beobachter meinen, ich sei in meinen Äußerungen über Ihr Werk und Ihr Verhalten zu weit gegangen. Indessen weiß ich, daß Ihnen nichts, was öffentlich über Sie gesagt wird, ganz gleich, was es ist, zu schaden vermag. In Ihrer Situation ist jede Publizität gute Publizität. Doch ich hatte ehrliche und – davon bin ich überzeugt – edle Absichten: Sie zu einer aufrichtigeren Einstellung zu Ihrer Malerei zu überreden.

Pflichtbewußtsein treibt mich, jedem Übel abzuhelfen, soweit ich es aus eigenen Kräften vermag, und, wenn nicht, es andern dringend ans Herz zu legen, Abhilfe zu schaffen. Ich würde sogar wagen, andere dadurch zu verletzen, solange ich überzeugt bin, in gutem Glauben zu handeln. Jede Seele besitzt etwas Transzendentes, das jedoch leicht zerstört werden kann, wenn man das Gefühl für die Richtung verliert.

Es ist unsere Pflicht, dieses Gefühl wiederzugewinnen und andern dabei zu helfen, es wiederzufinden. Jeder Künstler sollte wie eine Waage im Gleichgewicht sein, voller Harmonie und sorgsam darauf bedacht, sich selbst aufs äußerste treu zu bleiben. Wenn die künstlerische Produktion die Propaganda und Publizität, mit der sie umgeben wird, übertrifft, gut; aber wenn der propagandistische Drang den schöpferischen übersteigt, dann besteht wenig Hoffnung. Ich bin nicht der Mann, Ihren Drang zu kritisieren, der Sie zwingt, alle Möglichkeiten der Propaganda auszuschöpfen, die bisweilen dem

[1] Ein 1897 in Valpenas geborener Maler – wie Dali berühmt wegen seines »mediterranen Surrealismus«, der sich auf klassische Formen, Ruinen usw. stützt und häufig mit dem Chiricos verglichen wird. Seine Ölgemälde sind wegen ihrer primitiven Farbschroffheit bekannt. Er wird als einer der führenden zeitgenössischen Künstler Spaniens betrachtet.

Skandalösen so nahe kommen. Doch als Freund, der Ihr Genie in der Kunst und Ihre Intelligenz anerkennt, versuche ich zu warnen.
Spanien, ein Land, dessen Qualitäten Kraft, Nüchternheit und eine angeborene Widerstandsfähigkeit gegen neue und billige Kunstgriffe sind, ist nicht der Boden für künstlerischen Snobismus. Der tief religiöse Geist des Volkes verlangt, daß sakrale Themen mit Ernst und unbedingter Aufrichtigkeit behandelt werden.
Einen genialischen Lebenslauf zu verfolgen, ist stets interessant, welcher Art er auch sein mag. Doch in einem Fall wie dem unsern, in dem es sich nicht um eine Fertigkeit handelt, mit der man seinen Lebensunterhalt verdient, sondern um eine umfassende Einstellung zum Leben, wollen wir unbedingt dafür sorgen, daß wir uns unserer Verantwortung bewußt bleiben. Welchen Wert stellt das oberflächliche Entzücken an einer barocken und schwächenden Popularität dar, verglichen mit der Befriedigung des echten schöpferischen Erlebnisses? Falls jedoch der vorherrschende Trieb in Ihnen auf diese propagandistischen Versuche gerichtet ist, warum gründen Sie dann nicht ein Unternehmen der Public Relations, das in diesem Fall einzigartig sein könnte? Wenn Sie diesen Trieb nicht länger verhehlen wollten, könnten Sie in der Propaganda, die bisher einfaches Handwerk war, zu einer Kunstform gelangen.
Ich spreche in unbedingter Aufrichtigkeit und ohne jede Spur von Ironie. Wenn Sie zur Erfüllung Ihrer transzendentalen Qualitäten keinen Weg für sich mehr sehen, dann errichten Sie diese Akademie der Publizität, und Sie werden den Ruhm, den eine Tätigkeit mit genau bestimmten Grenzen und ohne mystische Eigenschaften verdient, und den Lohn eines beachtlichen Einkommens erzielen.
Ebenso bemerke ich, daß Sie Pablo Picasso in Ihrer Propaganda erheblichen Raum widmen, und zwar in einer Weise, die man für Besessenheit halten könnte. Der Feldzug wirkt sinnlos, denn Picasso hat nicht eine einzige Ihrer Annäherungen zur Kenntnis genommen. Lassen Sie ihn in Ruhe! Ihre Botschaften erwecken den Anschein einer Einladung, doch man könnte auch eine machiavellistische List daraus konstruieren. Dieser großmütige Ruf kann den Kummer eines Verbannten nur verstärken – einen Kummer, der um so bitterer ist, als es sich um eine selbstauferlegte Verbannung handelt. Er müßte von ihm als Hohn aufgefaßt werden und könnte nur dazu dienen, seiner Rückkehr die Tür zu versperren, die er jetzt immer noch öffnen kann, wenn er es wünscht. Die Welt ist groß, und selbst Spanien ist groß genug für zwei Maler!

Ich möchte mit der Wiederholung schließen, daß es sich lohnt, ein Werk mit dem Stempel der Ewigkeit zu schaffen; vergängliche Eitelkeiten müssen ihm geopfert werden, sonst fordert es noch größere Opfer.

Sie sind im Leben überaus glücklich gewesen, daß Sie dieses bevorzugte Wesen Gala gefunden haben, es ist ein Glück, zu dem ich Ihnen gratuliere. Sie hat Sie durch ihre anregende Mitarbeit angespornt. Bitte, übermitteln Sie ihr die Versicherung meiner aufrichtigen Bewunderung.

Ihr

GREGORIO PRIETO.«

Picassos Talent ist zu groß, als daß irgend jemand es schmälern könnte; doch unerschrocken versucht es Dali weiter.

DER KRITIKER

Die Kritiker nehmen zu Dali Stellung

»Witz, Spucke und Schuhwichse, das ist Dalis Handwerkszeug. An der Oberfläche altmeisterlich, ist seine Kunst äußerst modern; oder sagen wir, so modern wie die van Meegerens, der Vermeers fälschte. Aber Dali fälscht nur Dalis. Alte Busenkommoden, Meeresoberflächen, schwarze Ameisen, Nasenkrücken... alles steigt poliert aus der vergrabenen Werkstatt seiner Seele hervor. Und alles hat Platz auf dem modernen Altar von Hochmut und Verlorenheit. Es gibt eine sehnsüchtige Selbstvergottung, die nicht darauf angelegt ist, irgend jemand zum Narren zu halten. Da Dali wenig Glauben und noch weniger Falsch besitzt, womit er sich verhüllen könnte, stolziert er nackt einher und trägt eine königliche Zuckermaske zur Schau.«[1]

Eines ist bei Dalis Bildern inzwischen gewiß: sie haben selten freundliche Töne in den Herzen der Kritiker ausgelöst; der vom Schlagfluß bedrohte Kritiker ist wahrlich nichts Neues mehr. Mit jedem Mal, da einer gegen Schlamm-Malerei, Zirkusmätzchen, Reklamerummel, allzu gekonnte Zeichnung und technische Gewandtheit wütet, nutzt er seine Waffen gegen Dali ab.

Ein paar neugeprägte Ohrfeigen fand man jedoch 1956 in den *Art News*, in denen Parker Tyler Dalis Jahresschluß-Ausstellung in der

1 ALEXANDER ELIOT, 1958.

New Yorker Carstairs Gallery besprach: Da las man von »edel-pornographischen Phantasien, mit fürstlicher Unparteilichkeit an einem To-Mädchen und der heiligen Jungfrau verwirklicht«, »der teuflisch genialen Gewohnheit, die Dali jetzt hat, Vermeers in ein stereoptisches Schauerkabinett zu hängen«, »einer Marienlilie mit dem Aussehen eines Instrumentes zur Notzucht in der Hand eines Zyklons«, einer Madonna, die »mit der Ungeduld eines Raumschiffes, das zum Mond startet, zum Himmel aufzusteigen scheint«. Nach weiteren, phantastisch originellen Hieben »erwärmte« sich Mr. Tyler ein wenig. Er schloß: »Vielleicht ist Dali doch gar kein so schlechter Katholik. Er liebt das Raffaeleske, und die Liebe ist eine unfehlbare Erlöserin. Sie befreite ihn sogar von seiner überreichen Miniaturenmalerei, die er sich von Meissonier aneignete, und von dem linearen *delirium tremens*, das er kürzlich bei Mathieu auflas.«

Nicht alle Besprechungen springen so hart mit Dali um; die *Time* (dort redigiert Alexander Eliot, dessen Würdigung dieses Kapitel eröffnet, die Kunstseite) sorgte dafür, daß ihr Ordner über Dali sich farbenfreudig und dick füllte; und mindestens in einem Fall klatschte sie Beifall. In ihrem Hauptartikel vom 14. Dezember 1946 über die Einführung dadaistischer und surrealistischer Objekte aus Paris durch das Museum of Modern Art hob sie ihn besonders hervor; vielleicht erwog sie dabei ebensogut seine Anziehungskraft wie sein Talent.

Doch was auch der Grund gewesen sein mag, die Zeitschrift widmete Dali einen großen Teil ihrer Abhandlungen über das »Wunderbare und Phantastische« in der Kunst – aus einer ungeheuren Liste von Namen würdigte sie ihn als einzigen Maler einer umfassenden Darstellung: »...Der Surrealismus fände in den Vereinigten Staaten niemals die jetzige Beachtung, wenn es den gutaussehenden zweiundvierzigjährigen Katalanen mit der weichen Stimme und dem kurzgeschnittenen Filmschauspielerschnurrbart Salvador Dali nicht gäbe.« Die dann folgende pikante Biographie war an sich schon eine Huldigung.

Diese Akkolade kam genau ein Jahr, nachdem die Zeitschrift sein Werk uneingeschränkt verrissen und es »feinfühlig erschuftet, genial verworren und kunstvoll inkonsequent« genannt hatte und ihn selber zu einem »Schlamm-Maler und berechnenden Schausteller, der den Surrealismus zu einer lukrativen Reklameschau gemacht hat« gestempelt hatte.

Andere Kritiker haben – dauernd zu scharfen Äußerungen angereizt – manches zu sagen gewußt. Hier einige Beispiele, willkürlich aus mehreren Jahren gewählt:
James Thrall Soby, der eine so schöne Monographie über Dali geschrieben hat, erwähnt ihn außerdem in seinem 1935 veröffentlichten *After Picasso*: »Selbst für jene, die der anstrengenden Theorie hinter seiner Malerei überdrüssig sind und festgestellt haben, daß die mühevolle Lasterhaftigkeit aller Surrealisten mit der Zeit fade und schal wird, gibt es sehr viele Dali-Bilder, in denen das weniger komplizierte Thema mit Geschick und Charme behandelt ist...«
Im Jahr 1958 schrieb ich an Mr. Soby und bat ihn, mir für dieses Buch seine jetzige Ansicht über Dali mitzuteilen; er erwiderte: »Von Dalis neueren Arbeiten habe ich nicht genügend gesehen, um mir ein gerechtes Urteil bilden zu können; ich muß allerdings gestehen, daß ich die großen religiösen Bilder nicht schätze. Seine surrealistischen Werke bewundere ich noch immer sehr; ich glaube, sie haben ihm einen bedeutenden Platz in der Kunst unserer Zeit gesichert. Ich stimme auch mit jenen nicht überein, die ihn als nicht ernsthaften Künstler abtun wollen, weil er sich auffallend benimmt. Schließlich haben viele Leute auch lange nicht an Lord Byron als Dichter glauben wollen – wegen seines Verhaltens. Und dennoch wird er immer noch gelesen, und in seinem Werk finden sich wunderbare Stellen und Gedichte, die ihn als einen Schriftsteller von immenser Begabung ausweisen.«
Chester Dale, Präsident der National Gallery in Washington, der für den Epilog dieses Buches einen reizvollen Essay über Dali beigesteuert hat, erweist Dali die höchste Ehre, ihn mit Picasso zu vergleichen: »Ich halte Picasso für einen sehr großen Maler. Ich habe fünfzehn seiner Bilder in meiner Sammlung; doch er wird nie ein Bild malen, das Dalis ›*Cena*‹ gleichkäme – aus dem einfachen Grund, weil er dazu nicht fähig ist.«
Alain Bosquet, der bekannte französische Dichter, erklärte mir 1957: »Dalis Methode läuft darauf hinaus, die imaginäre Welt zu fotografieren – eine dauernd wechselnde, immer neue Fotografie.«
Für George Orwell[1] waren Dalis Gemälde ein Alpdruck unzumutbaren Entsetzens: »Sie sind krank und geschmacklos, und jede Untersuchung sollte von dieser Tatsache ausgehen.«
Eine sehr kluge Bemerkung stammt von Alfred Frankfurter, der von dem Maler sagte: »Dali macht das Unmögliche plausibel – indem er es fast fotografisch getreu darstellt. Er beeinflußte die Reklame und alle

[1] *Dickens, Dali & Others*, Reynal & Hitchcock, London.

andern modernen kommerziellen Verbreitungsmethoden. Das beste Beispiel für diese neue Werbetechnik war die Reklame für den Whisky ›Four Roses‹: vier Rosen, in einem Eiswürfel eingefroren. Das war – wie Dalis Gemälde – das Unmögliche, durch fotografische Schilderung plausibel gemacht.«

»Wäre Dali mit sechsunddreißig gestorben, dann hätte der kurze, aber bemerkenswerte Bericht über ihn gelautet, daß er gerade all seine Probleme gelöst habe – genau wie seine Idole, die Raffaels und Vermeers, es vor ihm getan hatten.

Meiner Ansicht nach ist Dali ein Anthologien-Maler geworden, ähnlich wie es bei einem so guten Schriftsteller wie Kipling der Fall war – und bei vielen andern, die sehr jung ausbrannten. Daß Dali Vermeer und Leonardo dauernd erwähnt, ist kein Zufall. Es ist, als lege er auf seinen eigenen Bildern eine Sammlung ihrer Techniken, ja sogar ihrer Themen an.

Und auch das ist nichts Einzigartiges: Cézanne interpretierte Chardin neu; Renoir interpretierte Watteau neu; Rubens interpretierte Tizian neu. Und Dali versteht mehr als sie von der Kunst der Vergangenheit und von Tradition – und davon, weshalb diese Männer malten. Dali weiß sogar, *wie* sie malten. So viel von der Malerei der Renaissance zu wissen, ist phantastisch! In der Musik hat es Variationen über ein Thema von Mozart gegeben. Warum nicht Dali über Vermeer?« lautet die abschließende Frage, die Frankfurter stellt.

Die Zeitschrift *Apollo* sah Dali im Jahr 1934 als eine Art Isaak Walton – einen Maler, der »in den Tiefen seines Ichs fischte und die abgründigen Geschöpfe seiner unheimlichen Gehirntätigkeit an die Oberfläche brachte«.

Sieben Jahre später erhob sich in der amerikanischen Kunstzeitschrift *Pinacotheca* die sarkastische Stimme ihres Herausgebers, des Malers Walter Quirt[1], der jene tadelte, die Dalis Technik priesen: »Die kritische Würdigung Dalis bestand aus der hypnotischen Bewunderung seiner technischen Brillanz; seine Philosophie wurde kaum oder gar nicht erwähnt. Doch bei Dali ist der Inhalt wichtiger als seine technische Brillanz, die in schöpferischer Hinsicht nicht höher zu werten ist als die eines drittklassigen Imitators von Leonardo da Vinci im sechzehnten Jahrhundert.«

Ein weiterer Hieb gegen Dalis technische Geschicklichkeit kam von Edward Alden Jewel, der in der *New York Times* schrieb[2]: »Salvador

[1] »*Wake over Surrealism*«, zitiert nach *Art Digest*, 1. Dezember 1941.

[2] 21. November 1945.

23 Dali als Initiator eines nicht ganz ungefährlichen Happenings in Paris: er ließ eine Bombe explodieren, bei der größere und kleinere Gegenstände durch die Luft flogen (1959).

24 Dali mit einem von Jean Cocteau überreichten kupfernen Meißel. Neben Dali der Tänzer Serge Lifar (1955)

25 Der Schuhfetischist

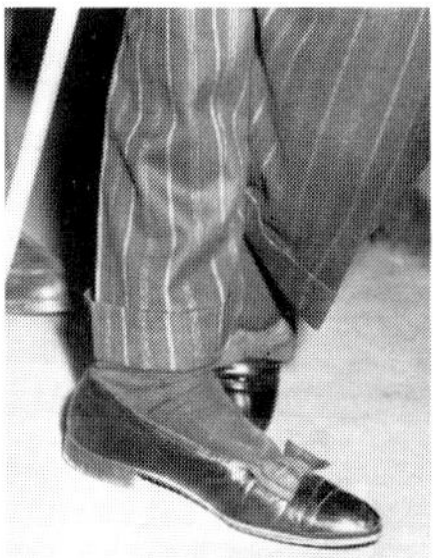

26 Dali während seines London-Besuches anläßlich der Buchpremiere »The Case of Salvador Dali« von Fleur Cowles (1959). Dalis Erklärung zu diesem Foto: »Diese Fruchtschale stellt mich dar, deshalb muß ich mich darunter setzen.«

27 Dali 1956 in Paris. Er prüft eine Lithographie zu seinen Don-Quichote-Illustrationen. Er läßt einen Faden aufs Pergament fallen, der zuvor in Druckerschwärze

getaucht wurde. Dann, so ist er überzeugt, wird das Werk verkauft werden. Dieses Mal ging es um 10 Millionen Francs.

28 Dali präsentiert in Paris »Das teuerste Buch der Welt« – seine Illustrationen zu »Don Quichote«.

Dali malt weiter mit erstaunlicher Gewandtheit. Doch Technik allein führt eher zur Fadheit; es ist unwahrscheinlich, daß sie ohne die Unterstützung des ›fetischistischen‹ Firlefanzes einen *succès fou* in der großen Welt hervorgerufen hätte.«

Emily Genauer, Kunstredakteurin der *New York Herald Tribune*, der Dalis »Santiago el grande« mißfiel, schrieb am 2. Februar 1958: »Dali hat einen unnachahmbaren, völlig eigenen Stil. Er zeigt sich in der jetzigen Ausstellung mit all seinen erheblichen Vorzügen und Mängeln. Natürlich zeichnet Dali mit fabelhafter Geschicklichkeit. Er kann ein Himmelspanorama von erlesener Zartheit und tonlicher Feinheit malen. Aber er vermag Formen nicht zu modellieren (zum Beispiel sind die erhobenen Vorderbeine des aus dem Bild springenden Pferdes geradezu schwammig). Und seine Farbgebung ist nüchtern. Vielleicht ist es unlogisch, bei einem Maler, der das Irrationale zum Fetisch macht, nach Logik zu suchen. Und doch bin ich von einem Gemälde erschüttert, das ›Santiago el grande‹, den Schutzheiligen Spaniens, darstellen soll und bei dem der Nachdruck auf die Unterseite eines riesigen, sich bäumenden Pferdes gelegt ist, das eine weiße Jasminblüte zwischen den Hinterbeinen trägt; der Maler bezeichnet sie als ›Zentrum einer Atomwolke, die Santiagos Schimmel zum Himmel hinaufträgt‹. Wahrscheinlich ist es hauptsächlich Dalis Geschmack, gegen den ich mich auflehne, und vielleicht ist ein Streit um Geschmacksfragen am allerunlogischsten.«

In Madrid, wo Dali mit besonderer Freimütigkeit beurteilt wird, wählte die Kunstzeitschrift *Clavileno*[1] Worte und Gedanken sehr sorgfältig; sie findet eigene Gründe dafür, ihn kühn und verwegen zu nennen: »Er versteht sein Schlachtfeld gut zu wählen, und dort, auf seinem eigenen Gebiet, wo es ihm gefällt, ist er Meister ... Die Eigenschaften, die Dali einsetzt, sind, wenn wir uns recht erinnern, alle von akademischer Ordnung: Intelligenz, kritischer Scharfblick und eine Fähigkeit der Berechnung und Nachahmung wie bei kaum einem andern.«

In der gleichen Ausgabe des *Clavileno* faßte Surique Lafuente Ferrari die Reaktion der Besucher auf einer Madrider Dali-Ausstellung in einem zweiten Artikel[2] über Dali zusammen:

»*Die Masse :* Verblüffung, Bewunderung und Verwirrung.

Literaten : schätzen die Phantasie und den Geist der Willkür.

Junge Menschen : unberührt, soweit es sich um Ismen und Einflüsse handelt, werden hingerissen!

[1] »Dali, der neue Akademiker«, Februar 1957.

[2] »Die Zaubergegenwart Dalis«.

Die Älteren : verächtlich grimassierend.
Künstler oder Kritiker (soweit sie bereits Geld auf der Bank haben): gehen in ihrer Feindschaft und Heftigkeit bis zum äußersten ... «
Für Alain Jouffroy, der 1956 in den *Arts*, Paris, schrieb, »faßt er das zwanzigste Jahrhundert zusammen«. Für ihn ist er der Archetyp des modernen Künstlers – »bei dem man all die Sehnsüchte, all die Revolten finden kann, die einen Picasso, einen Braques, einen Max Ernst erregten – in jener schwindelerregenden Raumzeit, in der museale Phantasie und die entgegengesetztesten Empfindungen sich zusammendrängen wie der Verkehr bei Geschäftsschluß«.
Michel Georges-Michel nimmt Dali in sein Buch *From Renoir to Picasso*[1] auf, in dem er seine Erinnerungen an Maler wiedergibt. Er hatte Dali in Amerika kennengelernt und sofort Abscheu vor seinem Exhibitionismus empfunden. »Wenn ich an ihn denke, fällt mir immer das Witzwort ein, das Vauxcelles von einem andern talentierten Imitator namens Sarlius prägte, einem viel einfacheren Künstler, den er ›Zwei-Groschen-Leonardo‹ nannte. Ein amüsantes Streiflicht.« Als dieser Schriftsteller Dali kennenlernte, zeigte man dem Maler einen nicht allzu strengen Artikel über ihn – Dali rollte ihn zu einer Kugel zusammen, die er mehrere Minuten an die Stirn drückte. »Ich brauche ihn nicht zu lesen«, sagte Dali. »Der Inhalt dringt auf diese Weise in mein Gehirn ein, und ich vermag seine Sympathie oder Antipathie geistig einzusaugen.«
Als 1939 eine Ausstellung moderner Maler nach Melbourne in Australien geschickt wurde, rief nicht Picassos Abstraktion oder ein neuer Matisse ein Feuerwerk hervor – sondern der einsame Nachtmahr von Salvador Dali. Wie es noch heute in Glasgow vor seiner »Kreuzigung« der Fall ist, versammelte sich dort die Menge vor seinem Gemälde und ging über die Fauves als bekannte Mitglieder der Kunstgesellschaft hinweg. »Hier geht es darum«, schrieb W. S. im *Melbourne Herald*[2], »daß der Reiz der Neuheit und der Reiz einer Zirkusnummer zusammenwirken.«
Eine lange und unterhaltsame Tirade erhielt Dali von völlig unerwarteter englischer Seite. Osbert Lancaster (dessen Feuilletons – bemerkenswerte soziale Kommentare – täglich im *Daily Express* erscheinen) stellte am 5. Dezember 1951 die Frage, deren man sich noch lange erinnerte: »Malt Salvador Dali immer noch für die Galerie?«

[1] Gollancz, London, 1957.
[2] 15. November 1939.

Der Essay, als Kritik der Daliausstellung geschrieben, die am Tag zuvor in der Lefevre Gallery eröffnet worden war, ist wert, daß man ihn vollständig zitiert:
»Seit der letzte Briefträger, der ein Albino war und mit den Füßen malte, ein Bild an die Royal Academy verkaufen konnte, hat nie wieder ein Künstler solche Publizität genossen wie Salvador Dali. Sein Schnurrbart, sein Spazierstock, seine Frau, seine Träume – das alles ist ausführlich erörtert worden. Nur seine Bilder scheint man ein wenig übersehen zu haben. Ein Besuch in den Lefevre Galleries macht dieses Versäumnis durchaus verständlich.
In den viktorianischen Zeiten war das Burlington House regelmäßig mit einer großen Zahl simpler, anheimelnder Szenen angefüllt, die mit peinlicher Genauigkeit und mühevoller Hingabe an das Detail gemalt waren.
Selbst zu jener Zeit betrachteten nur wenige Menschen sie ernstlich als Kunstwerke; aber sie machten sich gut auf den Kekskartons zu Weihnachten und riefen das gleiche gemütliche Behagen hervor wie Fotografien von Kätzchen und alten Frauen, die vor der Tür ihrer Hütte saßen.
Auf einem leicht gehobenen Niveau wurde die gleiche Technik für die Darstellung klassischer Themen angewandt – römische Damen in den Bädern oder Pygmalion und Galatea.
Im Lauf der Zeit wandelte sich die Mode, und dieser Stil verschwand schließlich sogar von den Wänden der Königlichen Akademie. Beibehalten wurde er nur von den Zeichnern altmodischer Zahnpastaplakate und auf den Kalendern, die Provinzfirmen zu Weihnachten an ihre Kunden schicken. Bis Dali kam.
Mit der ganzen technischen Ausrüstung eines vielversprechenden Akademiestudenten aus der Zeit Lord Leightons belebte dieser spanische Exhibitionist die alte Methode der Darstellung wieder, änderte die Themen und wurde von dem vergeßlichen Publikum als neues Genie bejubelt.
Gescheit kombinierte er das Klassische mit dem Anheimelnden, malte nackte Göttinnen und markige Stilleben mit dem ganzen läppischen Realismus der Mitglieder der viktorianischen Königlichen Akademie.
Der einzige Unterschied ist der: Wo jene Akademiker zweier Leinwände bedurften, kam er mit einer aus.
Er entfernte das Gesicht der Göttin und ersetzte es durch den Sonntagsbraten; als Zugabe schob er ihr noch eine Kommode in den Magen.

Während jene Akademiker ihre Inspirationen aus der Bibel oder dem Märchenbuch schöpften, stützte sich Dali auf das Evangelium nach Freud. In beiden Fällen schmeckt das Ergebnis nach Literatur.
Jetzt wird uns erzählt, all das sei vorbei. Mit der Kirche versöhnt, bietet uns der neue und regenerierte Dali eine Reihe von Bildern, die den höchsten einem Maler offenstehenden Themen gewidmet sind. Das ist so, als ob ein Anreißer, der bislang ›künstlerische Aktfotos‹ feilbot, seine Kollektion durch bunte Heiligenbildchen ersetzen wollte. Jedoch von der gleichen Firma hergestellt.
Die gleiche willkürliche Komposition, der gleiche, unvermeidlich niedrige Horizont, die gleiche öldruckhafte Vollkommenheit. Und etwa ebensoviel religiöses Gefühl, als wenn man in der Pause einer Girl-Show ›Durch die Nacht der Qual und Zweifel‹ auf der Wurlitzer-Orgel spielte.
Die einzige Neuheit in der jetzigen Ausstellung – abgesehen von einem Porträt der Lady Mountbatten mit Schlangen im Haar, das mit geringerem als dem üblichen Realismus des Meisters gemalt ist – bilden einige Sepiaskizzen nach italienischen Meistern des siebzehnten Jahrhunderts.
Wenn diese Skizzen auch für Leute, die die Quellen nicht kennen, vielleicht einen gewissen flimmernden Reiz besitzen mögen, ist es, vom künstlerischen Standpunkt aus betrachtet, unglücklich, sie zu zeigen.
Wenn Dali sich neben den geringeren Meistern der viktorianischen Akademie eben noch zu behaupten vermag, fällt er selbst gegen so ›kleine Riesen‹ wie Tiepolo oder Luca Giordano erbärmlich ab.
Falls immer noch einer an die Qualitäten von Dalis vielgerühmter akademischer Zeichenkunst glauben sollte, mag er einen Blick auf die

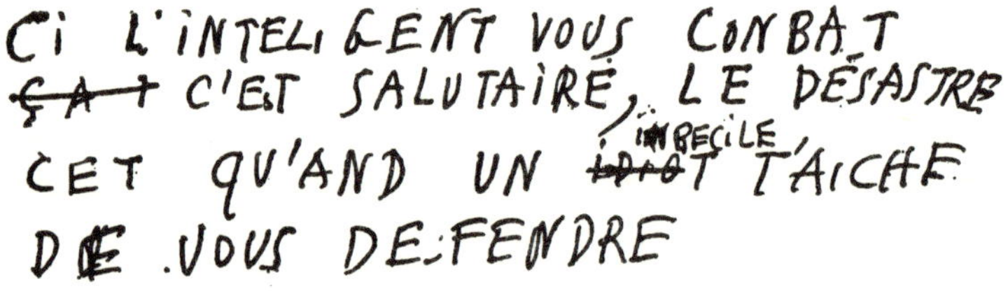
CI L'INTELIGENT VOUS CONBAT
~~ÇA~~ C'EST SALUTAIRE, LE DÉSASTRE
CET QU'AND UN ~~IDIOT~~ IMBECILE T'AICHE
DE VOUS DEFENDRE

Wenn die Intellegenz einen angreift, ist das gesund; das Verhängnis ist es, von einem Narren verteidigt zu werden. (Dali an die Autorin)

Arme der Rötelstudie zur Kreuzigung werfen und dann hingehen und die Reproduktion irgendeiner Zeichnung – und sei es die von einem Schüler Michelangelos – betrachten.
Nur in den humorlosen dreißiger Jahren konnte Dali seinen kolossalen Ruf aufbauen.
Und nur die Tatsache, daß damals seinen vielen öffentlich zergliederten Leichen und den in der Luft aufgehängten häuslichen Möbelstücken eine gewisse Bedeutung zukam, versetzte ihn in die Lage, diesen Ruf in den vierziger Jahren aufrechtzuerhalten.
In den fünfziger Jahren erscheint er als der Lord Leighton vom Sunset Boulevard.«

Äußerungen, die Dali überleben werden

Nach Shaws Überzeugung läßt sich jeder Mensch an Hand von drei gut ausgesuchten Anekdoten beschreiben; es wäre interessant, zu erproben, ob die Äußerungen, die man einem Menschen zuschreibt, die gleiche Möglichkeit bieten.
Es gibt einen ungeheuren Vorrat an solchen Äußerungen in den »Leichenhallen« der Zeitschriften, Zeitungen und Buchverlage – ebenso in den abgelegten Manuskripten der Fernseh- und Rundfunkkommentare über berühmte Künstler. Meilenlange Zeitungspapierrollen und viele Hektar leerer Luft sind mit den geschwätzigen Bemühungen des Menschen gefüllt worden; nur die Schweigsamen verstummen vor den Forderungen der Millionen Leser und Hörer. Zu den Schweigsamen hat Dali niemals gehört.
Er hat sein Publikum nie unversorgt gelassen, davon bin ich fest überzeugt. Abgesehen von den berufsmäßigen Improvisatoren aller Sparten sind wohl nur wenige Menschen lohnendere Objekte für die Reporter, wenige liefern besseren Stoff für Zeitungen und andere Nachrichtenmittel, und kaum einer weiß besser, wie man solche Reportagen inszeniert, als er. Wenn Dali gewöhnlich auch so sehr zur Geschwätzigkeit neigt, daß seine Äußerungen verschwimmen, gibt es doch gelegentliche Ausfälle und Papierparaden, die weite Aufmerksamkeit gefunden haben. Einige der besten Beispiele bieten seine Kurzkommentare über die Kunst im allgemeinen und seine Malerkollegen im besonderen:
Über Ingres: »Der letzte Maler, der wußte, wie man malt.«
Über Mondrian: »Piet, niet.«
Über chinesische Kunst: »Gott weiß, wie wenig ich dafür übrig habe.«

Über Jackson Pollock : »Die Verdauungsstörung, die einem Fischsuppe einbringt.«
Über Picasso : »Picasso zerstört. Ich bin ein Baumeister. Wir sind die beiden Pole der spanischen Anarchie.
Er malt zuviel. Wohin man auch kommt, sieht man einen Picasso. Er zeichnet sogar für die Touristen. Ich dagegen begnüge mich damit, ein einziges Meisterwerk im Jahr zu malen.«
Über Turner : »Ohne das leiseste Zögern, ohne jeden Zweifel der schlechteste Maler der Welt.«
Über Braque : »Genau wie Voltaire und der Himmlische Vater, so verneigen Braque und ich uns voreinander, aber wir sprechen nicht miteinander.«
Über Juan Gris : »Ich liebe Sie sehr! Zusammen mit Seurat sind Sie der Klassischste der Modernen.«[1]
Über Miró : »Er, der gemein versuchte, die Malerei zu morden, hatte den Mut, sich von der Folklore fressen zu lassen. Dennoch ist er der Beste auf seinem Gebiet, weil er Katalane ist.«
Über Rembrandt : »Er ist theatralisch. Er richtet die Scheinwerfer auf seine Gestalten wie die Bühnendirektoren auf die Ballett-Tänzerinnen.«[2]
Über Imitatoren in der Kunst : »Jean Cocteau hat mir einmal gesagt, der Mann, der als erster ausgesprochen habe: ihre Wange ist wie das Blütenblatt einer Rose, sei ein echter Dichter gewesen. Ich sagte, der zweite, der es aussprach, war ein Idiot.«
Über die Tatsache, ein moderner Maler zu sein : »Leider ist das das einzige, das zu sein man nicht vermeiden kann, was man auch tun mag[2].«
Über Mobiles : »Das mindeste, was man von ihnen verlangen könnte, wäre, daß sie sich nicht bewegen.«
Über das Häßliche in der modernen Kunst : »Es wurde mit der romantischen Pubertäts-Naivität von Rimbaud eingeführt, als er sagte: ›Die Schönheit setzte sich mir auf die Knie, und ich wurde ihrer überdrüssig.‹«
Über das Malermodell : »Nur eine fleischige und gallerthafte, ›panierte Schweinskeule‹.«
Über die Kunstkritiker im allgemeinen (wenige waren seine Verbündeten) : »Die reinen Kritiker, die das Geld stets verachtet und sich gefürchtet haben, die Hände durch seine Berührung zu beschmutzen, dürfen

[1] Aus *Les cocus du vieil Art Moderne* (Die Hahnreie der alten Modernen Malerei), Fasquelles Editeurs, Paris, 1956.

[2] Nach S. J. Woolf, *New York Times Magazine*, 12. März 1939.

ruhig bleiben: Der abstrakte Wert, den sie bei modernen Bildern verteidigen, wird unvermeidlich in absolut reines, völlig harmloses und immaterielles Geld verwandelt werden. Es wird rein abstraktes Geld sein.«[1]

Über die eigenen feindlichen Kritiker: »In meinen Schriften zitiere ich immer die Sätze der feindlichen Kritiker, damit sie am Tage meiner bevorstehenden Anerkennung als Genie nicht behaupten können, sie seien die ersten gewesen, die es erkannt hätten. Doch sie werden es trotzdem tun!«

Über die Nachwelt: »Wissen Sie, genau genommen ist das, was wirklich zählt, nicht so sehr der Kopf als der Lorbeer.«[2]

Über Flandern: »Flandern hat eine Art von Licht, die große Künstler schafft. Sie können nur in Gebieten existieren, wo das Licht bestimmte undefinierbare Eigenschaften besitzt, die für einen begabten Maler unerläßlich sind. In England haben Sie auch gute Maler, und immer welche gehabt – doch keine großen Maler, weil Sie nicht das richtige Licht haben. Alle wirklich großen Maler lebten am Mittelmeer oder in Flandern.«

Über sein Gemälde »Die Madonna«: »Das Bild soll einen Begriff von dem klaren Licht und dem allgemeinen Geist des Fischerdorfes geben, in dem ich wohne.«[3]

Als ich ihn einmal fragte, weshalb er die Publizität so sehr liebe, erwiderte er sofort: »Weil die Publizität mich liebt!« Daran ist kaum zu zweifeln, wenn man nach der Art und Weise urteilt, wie seine Ansichten zitiert werden. Ich habe einige Beispiele zusammengetragen:

Über das Weh der Welt und wie man es vergißt: »Das ist doch wirklich ganz einfach; man zieht einfach zu enge Schuhe an.«

Über die Einfachheit: »Eins ist gewiß – ich hasse sie in allen ihren Formen.«

Über Baseball: Als Dali mit Lou Boudreau, dem Chef der Mannschaft »Red Sox«, bekannt gemacht wurde, sagte er, sie hätten vieles gemeinsam. »Natürlich verstehe ich Baseball genau«, versicherte er

[1] *Hidden Faces.*

[2] »Am besten gefällt mir in allen philosophischen Schriften von Auguste Comte gerade der Moment, wo er, bevor er seine neue positivistische Religion begründet, die Bankiers, die er für überaus wichtig hält, an die Spitze seiner Hierarchie stellt. Vielleicht ist das die phönizische Seite meines ampurdánischen Blutes, aber Gold, in welcher Form es auch erscheint, hat mich immer geblendet.« *Les cocus du vieil Art Moderne*, Fasquelles Editeurs, Paris, 1956.

[3] *Picture Post*, 17. November 1951.

Boudreau. »Es unterscheidet sich gar nicht so sehr von meinen Gemälden. Im Baseball liegt auch Surrealismus – die Männer tragen eine seltsame Kleidung. Die meisten von ihnen ducken sich... und greifen nach Gegenständen, die häufig unerreichbar und auf den Mond geflogen sind.«

Über Geographie: »New York zur Inspiration. Port Lligat zur Ausführung. Kalifornien für nichts.«[1]

Über sein Einkommen: »Ich mache keine Überstunden. Auf diese Weise wird mein Werk nicht entwertet. Das Honorar beträgt fünfundzwanzigtausend Dollar, am liebsten in harter Währung.«[2]

Zur Verteidigung des Stierkampfes: »Es ist viel trauriger für den Stier, ohne Fanfaren zu sterben – in einem winzigen Raum geschlachtet zu werden ohne irgend etwas von der Schönheit religiöser Riten.«

Über seine Scharlatanerie: »Absolut das Gegenteil, weil ich selbst das echtere Beispiel des Genies bin.«

Über die demokratische Lebensweise: »Die Demokratie ist der Monarchie nicht entgegengesetzt, im Gegenteil.«

Über Angriffe gegen ihn: »Nichts in meinem Leben ist Scherz. Alles ist erfüllt von einem wirklich tragischen Inhalt.«

Über den Tod: »Ich bin zu glücklich, und das beste ist, nicht darüber zu sprechen. Wissen Sie, ich fürchte mich vor dem Tod. Ich habe immer Angst vor Katastrophen in Zügen, Autos und Schiffen.«[3]

Über Affen als Maler: Ein Pinsel in den Händen eines siebenjährigen Schimpansenfräuleins namens Betsy rief im Jahr 1956 einiges Aufsehen in Kunstkreisen hervor – sie verdiente genug Geld (fünfzig Pfund Sterling), um sich einen Bräutigam zu kaufen. Es gab Meinungsverschiedenheiten. Kunstliebhaber bedauerten die Sensationsnummer, weil sie nachteilig für die moderne Kunst sei, insbesondere für die neue Schule der Flecken, Spritzer und Tupfer, die Jackson Pollock populär gemacht hatte. Andern gefiel der Spaß, manche fanden sogar, daß Betsy Talent habe.

Nur Dali und die Sowjetunion nahmen Betsys Arbeit ernst. Die Sowjets stürzten sich darauf als einen Beweis für die Dekadenz der Bourgeoisie. Und Dali hielt es für richtig, eine Pressekonferenz einzuberufen. Mit einer gegenüber den oben zitierten bündigen Bemerkungen ganz unähnlichen Langatmigkeit verkündete er in prächtigem Ernst:

[1] Leonard Lyons, *New York Post*, 23. Juli 1956 und 3. Februar 1953.

[2] Anthony Neal, *Evening Citizen*, Ottawa, 30. November 1957.

[3] *The Scotsman*, 5. Dezember 1951.

»Der Wert des Akzidentellen in der Kunst kann ungewöhnlich sein. Der von Protagoras geworfene Schwamm gehört der Geschichte an. Ein Esel mag mit dem Schwanz, ein Schimpanse mit den Händen zufällig wunderbare Formen schaffen.
Doch selbst in der Technik der Zufälle gibt es Gradunterschiede: die Zufälle Pollocks sind fast animalistisch; die Zufälle Betsys sind beinah menschlich: ein Mensch kann einen Zufall schaffen, der fast tierisch ist. Aber Raffael – oder Dali – erzeugt Zufälle, die beinahe göttlich sind...
Betsys Gemälde haben eine Idee geweckt, die seit langem in meinem Unterbewußtsein schlummerte. Ich habe immer geglaubt, der Seeigel sei der vollkommenste Organismus der Schöpfung. Sein Verhalten, seine Biologie, seine Bewegungen, sie alle deuten auf ein tiefes und undurchdringliches Geheimnis. Millionen von Dollar sollen während des jetzigen geophysikalischen Jahres ausgegeben werden, um in das Geheimnis der Schöpfung einzudringen. Der Seeigel könnte uns zweifellos mehr Geheimnisse offenbaren als all die teuren und komplizierten Satelliten, die während dieses Jahres in die Stratosphäre geschossen werden sollen.
Pollock ist ein tierischer Zufall; Betsy ist ein menschlicher Zufall; der Seeigel ist wie Raffael – vielleicht sogar noch mehr als Raffael – ein angelischer Zufall. Von einem Pollock, einem Schimpansen oder einem Seeigel kann man alles erwarten. Anderseits läßt sich nicht das allergeringste von der bürokratischen Kunst erwarten, der blinden, tauben und stummen Kunst, die aus der Sowjetunion kommt.«
Über Seemalerei: »Den klarsten Unterricht über Ästhetik und Klassizismus gab mir Enriquet, ein Fischer von der katalanischen Küste, der mir zusah, wie ich als junger Mann das Mittelmeer peinlich genau malte, Welle für Welle, und dann ausrief: ›Das ist genau wie die Natur, nur ist es auf Ihrem Bild besser, weil man die Wellen zählen kann!‹«[1]
Über die Geburt der modernen Kunst: Als Dali Anfang der dreißiger Jahre gebeten wurde, im Museum of Modern Art in New York vor der Welturaufführung eines surrealistischen Films »8 × 8« zu sprechen, wurde er im letzten Augenblick krank und beauftragte Jaume Miravittles, ihn zu vertreten. Dazu erhielt dieser einen riesigen Kartenbogen, den Dali mit hingekritzelten Skizzen und ein paar Notizen bedeckt hatte; mit Hilfe dieses Bogens sollte Miravittles erklären, wie Dali sich die Geburt der modernen Kunst vorstelle:

[1] *Dali News*, 25. November 1947.

»In der Französischen Revolution wurden die aristokratischen Ideen der Renaissance durch den Materialismus der *Bourgeoisie* ersetzt. Henri Matisse stellte die Apotheose des bourgeoisen Geschmacks dar. Später, nach dem ideologischen Zusammenbruch der *Bourgeoisie*, glaubt die neue Generation an nichts. Wenn man an nichts glaubt, kommt man natürlich am Ende dazu, Nichts zu malen. Deshalb ist die abstrakte Kunst von heutzutage: *Nichts.*«

DER MYSTIKER

Dali »erklärt« seine Mystik

Wenn man sich wirklich in das Labyrinth Dali begeben will, dann ist der beste Weg dazu die gemalte und gedruckte Erklärung seiner Mystik und seiner erneuerten religiösen Verzückung. Die Spur beginnt am 19. Juni 1951, als er der verblüfften Presse sein *Manifeste mystique* vorlegte, das in beschränkter Auflage soeben erschienen war – um das Interesse für sein Gemälde »Der Christus des heiligen Johannes vom Kreuz«[1] zu erhöhen. Das erstaunliche Bild bedurfte keiner Reklamefanfaren, erhielt sie jedoch noch auf andere Weise, als zwei Männer bei der Enthüllung so erbittert darüber stritten, daß sie sich zum Duell forderten.

Dennoch war das *Manifeste* ein würdiges Dokument. Prunkvoll in seinem mittelalterlichen Charakter, schon in der Größe (etwa

[1] Es hängt jetzt im Museum Glasgow und ist sicher eine der teuersten Erwerbungen (achttausendzweihundert Pfund Sterling); gewiß wird kaum gegen den Ankauf eines andern zeitgenössischen Bildes so viel Protest laut geworden sein. Doch es machte sich sehr bald bezahlt, denn es zieht noch immer Besuchermassen an und bringt hohe Eintrittsgelder und Tantiemen für Postkarten-Reproduktionen ein.

Ein großer Teil der Faszination rührt von der erstaunlichen Perspektive her; Dali hat seinen Christus so gemalt, daß wir sein Haupt schwer herabsinken sehen – Kreuz und Kruzifix sind schräg vorwärtsgeneigt und von oben her gemalt. Dali gibt zu, daß er dazu durch eine rohe Skizze angeregt wurde, die er in einem französischen Buch über spanische Mystiker fand. Darin stellt der heilige Johannes vom Kreuz Christus dar, wie er an einem Kreuz hängt, das nach vorn zu Boden sinkt.

Als diese Zeichnung des heiligen Johannes dem verstorbenen Maler José-Maria Sert gezeigt wurde, reagierte er automatisch und ohne nachzudenken, indem er das Bild so hielt, wie man das Kruxifix den Lippen eines Sterbenden darbietet.

30 x 38 cm) eindrucksvoll, in königlich roten Samt gebunden, goldgeprägt, mit schwarzem Band geheftet und zugebunden, bot das fürstliche Äußere kaum eine Andeutung für die visuelle und spirituelle Explosion in seinem Innern. Der Inhalt war auf einen bestimmten französischen inneren Kreis von besonderer Mentalität zugeschnitten, doch jeder andere, der dieses Buch zu Gesicht bekam, war verwirrt und beeindruckt. Dalis erste wirkliche Erklärung als eben in die Kirche zurückgekehrter Katholik ist zwar äußerst schwierig, besitzt jedoch genügend visuellen Glanz, um dazu beizutragen, daß man den verwirrenden Stich überwindet.

Es wurde unter Leitung von Robert J. Godet und Michel Tapie de Celeyran in Paris hergestellt – mit Sonderanfertigungen für viele von Dalis besten Freunden, besonders für Georges Mathieu, den berühmten tachistischen Maler[1]. Die Veröffentlichung führte zu den typischen Zeitungsberichten über Dali. *Le Parisien libéré* machte sich mit kaustischem Spott über die Pressekonferenz am 19. Juni im Haus von Arturo Lopez in Neuilly lustig: »Bescheiden auf drei Leopardenfelle placiert, begann Salvador Dali inmitten respektvollen Schweigens, das nur bisweilen vom Schrei des Tukans im Käfig unterbrochen wurde, mit geschwungenem Schnurrbart sein mystisches Manifest zu erklären. Es war ein wenig kompliziert. Doch immerhin ist sein *Manifeste mystique* heute auf schönem Papier in großem Format publiziert worden. Es gibt davon auch eine Übersetzung ins Lateinische, da die Interpretation in dieser ›in Stein gehauenen und rituellen Sprache‹ leichter sei. Während der ganzen Zeit leckte sich eine junge Katze auf den Treppenstufen ohne jede Malice oder Mystik das Fell – ein sehr glückliches und unschuldiges Tier, das weder Latein verstand noch irgendwelche manischen Passionen verspürte.«

Über den Text des Manifestes zu sprechen, den mir ein vertrauter Freund Dalis aus dem dalinischen Französisch mit großer Sorgfalt übersetzt hat, reichen Worte nicht aus. Dali kann es sich nicht versagen, mit der üblichen Prahlerei zu beginnen, die anscheinend nicht

[1] Dalis Lob für Mathieus wütende »action«-Malerei im *Manifeste*: »Und hier haben wir tatsächlich das einzigartige Drama, in dem wir modernen Maler den Künstlern jeder früheren Epoche entschieden überlegen sind! Nur antiakademische abstrakte Experimente wie die Mathieus sind, vom Standpunkt der Erkenntnis aus gesehen, wegen ihres konzentrierten Hinzielens auf die Ekstase, gültig; allerdings ist die Elektronenfotografie mittlerweile so weit, den Menschen von solcher Art Tätigkeit zu befreien und dem menschlichen Auge seine vollkommene und kaiserliche Eigenschaft des Realismus zurückzugeben.«

das geringste mit dem Thema zu tun hat: »Die beiden schlimmsten Dinge, die einem ehemaligen Surrealisten heute zustoßen können, sind erstens, ein Mystiker zu werden, und zweitens, zeichnen zu können. Diese beiden Formen der Lebenskraft haben mich kürzlich gleichzeitig befallen.«

Dann stellt er eine neue anspruchsvolle Behauptung auf: »Katalonien hat drei überragende Genies hervorgebracht: Raymond de Sebonde, den Verfasser der *Natürlichen Theologie;* Gaudi, den Schöpfer der mediterranen Gotik; und Salvador Dali, den Erfinder der neuen kritisch-paranoischen Mystik und den Erlöser (wie schon sein Name andeutet) der modernen Malerei.«

Von hier an vermag nur noch ein Gelehrter auf den Gebieten der Kosmologie, Morphologie, der Theorien Bramantes und der »inquisitorisch-kritisch-paranoischen Disziplin« seinen Gedanken zu folgen[1]. Doch da das *Manifeste* nun einmal seine Mystik erklären soll, könnte ein kurzer Auszug vielleicht hilfreich sein: »Der mystische Künstler muß ästhetisch für sich selbst gestalten – durch die grimmige Selbst-Inquisition der mystischen Träumerei (den strengsten, architektonischsten, pythagoräischsten und erschöpfendsten aller Prozesse), durch die tägliche Erforschung dieser mystischen Träumereien, eine dermo-skelettale Seele – die Knochen außen, das überzarte Fleisch innen – wie jene, die Unamuno Kastilien zuschreibt, wo die Substanz der Seele nur aufwärts wachsen kann.«

Obwohl er ein Wort des Lobes für die abstrakte Malerei findet, wenn der Maler Georges Mathieu heißt, verreißt er sie in dem ganzen Dokument unbarmherzig. St. Johannes vom Kreuz, Pythagoras, Heraklit und Luca Pacioli werden gepriesen als die Vorbilder des höchsten poetischen Ausdrucks militanter spanischer Mystik, die sein *Manifeste* modernisieren sollte.

»Hinweg mit Negation und Rückschritt, hinweg mit der surrealistischen Malaise und den existenzialistischen Zweifeln. Mystik ist der Paroxysmus der Freude in der hyperindividualistischen Bestätigung aller heterogenen Tendenzen des Menschen auf die absolute Einheit der Ekstase hin.

[1] Ein Beispiel: »Die paroxysmale Krisis der dalinischen Mystik beruht fundamental auf den Fortschritten der heutigen Naturwissenschaft, insbesondere auf der metaphysischen Spiritualität der Substantialität der Quantenphysik und – auf der Ebene weniger substantieller Bildsprache – auf den schmählichsten hypergelatinösen Ergebnissen (und ihren Koeffizienten für monarchische Viskosität) der allgemeinen Morphologie als Ganzem.«

Ich möchte, daß mein nächster Christus ein Bild wird, das mehr Schönheit und Freude enthält als alles, was bis zum heutigen Tag gemalt worden ist; ich möchte einen Christus malen, der in jeder Hinsicht dem materialistischen und barbarisch antimystischen Christus von Grünewald absolut entgegengesetzt ist!
Ursprünglich war ich Atheist, ein frevelhafter Mystiker. In Spanien geht jeder bis zum Extrem – zum einen oder andern.«

Was für ein Katholik ist Dali?

Die Antwort auf diese Frage überläßt man am besten einem Kleriker, und aus diesem Grund habe ich die folgenden Ausführungen einer hervorragenden Gestalt der katholischen Kirche überlassen, Père Bruno in Paris, dem mich Dalis Freund, Georges Mathieu, im Jahr 1958 vorstellte. Obwohl der ungewöhnliche Priester Dali noch nicht kennengelernt hatte, gefiel ihm dieser Gedanke. Er freute sich auf die Aussicht, für mich zu schreiben, und Georges Mathieu sorgte mit Père Brunos Erlaubnis auch dafür, daß ein Tonbandgerät zur Hand war, um ein Gespräch zwischen dem Priester und Dali aufzunehmen.
Ehe sie sich begegneten, studierte Pater Bruno Farbfotos von Dalis religiösen Gemälden; es überraschte ihn keineswegs, daß Dali den Christus in der ungewöhnlichen Perspektive von oben bei stark gesenktem Haupt am Kreuz malte. Dieses Bild war von einem andern inspiriert, das er bereits kannte – einer Zeichnung von St. Johannes vom Kreuz (obwohl im Profil gezeichnet, zeigt es das gleiche verkürzte, stark nach vorn hängende Haupt); Père Bruno ist der Autor einer Biographie des heiligen Johannes vom Kreuz.
»Dieser Heilige äußerte sich ebenfalls in der Sprache des Surrealismus«, betont Père Bruno und zitiert St. Johannes selbst:

»*Este saber no sabiendo*
Es de tan alto poder
Que los sabios arguyendo
James le pueden vencer
Que no llega su saber
A no entender entendiendo
Toda ciencia transiendo.«[1]

[1] Dieses Wissen, nichts zu wissen,
Ist von so großer Kraft,
Daß die Weisen mit ihren Schlüssen
Es niemals zu Fall bringen können,

Der gelehrte Pater, Autor des Bestsellers *Anthologie des Teufels*, schrieb seine Ansicht über Dali in einem Essay nieder, dem er den Titel »Der Wille zur angelischen Macht in Salvador Dali« gibt. Er erklärt:
»In einem Gespräch in diesem Jahr (1957), das mit seiner Zustimmung auf Band aufgenommen wurde, erzählte mir Salvador Dali, er finde nichts anregender als die Konzeption des Engels. Dali würde gern den Himmel malen, in die himmlischen Sphären eindringen, um mit Gott in Verbindung zu treten. Für ihn ist Gott ein Begriff, der sich nicht begreifen, der sich nicht in eine spezifische Form bringen läßt. Vielleicht könnte Gott – so denkt Dali – die ›Substanz‹ sein, die von der Kernphysik gesucht wird. Für ihn ist Gott jedoch nicht kosmisch, denn das würde, wie Dali sagt, eine Begrenzung beinhalten. Hier sieht Dali eine Reihe einander widersprechender Gedanken, die sich nicht zu einer strukturellen Vorstellung vereinigen lassen. Da er im Wesen Katalane ist, bedarf er nicht des Kontaktes mit Formen; und das bezieht sich auch auf Engel. ›In meiner frühen Jugend‹, erzählte mir Dali, ›habe ich ein Bild gemalt, in dessen Mittelpunkt Engel standen. Wenn ich mich einige Zeit auf die Himmelfahrt Mariens konzentriert habe, dann deshalb, weil sie, von Engeln getragen, zum Himmel aufgefahren ist.‹ Und nun sucht Dali nach dem Geheimnis dieser Elevation. Worum handelt es sich bei dieser Bewegung? Wir werden sehen, warum er ›Nuklear‹-Material bei seinen Himmelfahrtsgemälden benutzt. Er sieht die Protonen und Neutronen als angelische Elemente; denn in den himmlischen Körpern gebe es, wie er mir erklärte, Reste von Substanz. Gewisse Wesen wie Raffael und St. Johannes vom Kreuz scheinen ihm den Engeln sehr nahe zu stehen.
Um eine Erklärung für Dalis Vorliebe für Engel zu finden – eine Vorliebe, die lange Zeit dämonisch gewesen ist (denn der Teufel ist immer noch ein Engel) –, brauchen wir uns nur seines Kindheitsspiels zu erinnern, das er mit andern Knaben trieb und das darin bestand, daß man fest auf die Augäpfel drückte und so ›Phosphene‹ oder Druckbilder hervorrief[1]. Die Kinder nannten es: *Engel sehen*. Genügt die Erklärung eines Psychoanalytikers, der Dali sagte, das sei ein Mittel gewesen, um zu dem Verlorenen Paradies des Mutterschoßes zurückzukehren? In jedem Fall ist Dali vermutlich dadurch, daß er sich so zum Ausdruck brachte, wie er es tat, dem Wahnsinn entronnen,

Weil ihr Wissen nie dorthin gelangt,
Daß das Nichtbegreifen dessen, was man begreift,
Alle Wissenschaft übersteigt.

[1] Vergl. Glossar.

da er auf diese Weise nie den Kontakt mit den Erfordernissen der Kunst verloren hat. Doch was mehr ist, Dali glaubt wirklich an die Existenz von Engeln. Als ich ihn nach dem Grund fragte, erwiderte er: ›An einer Träumerei finde ich immer nur dann Genuß, wenn sie real ist. Infolgedessen mußte ich, wenn ich solche Freude daran finde, mir Engel vorzustellen, zu dem Glauben an die reale Existenz von Engeln geführt werden.‹

In dem Engel findet Dali sich selbst – wird zum Herrn seiner selbst; vielleicht findet er jenen andern Teil des Ich, der Gott bekannt ist und den wir aufgerufen sind zur Wirkung zu bringen.

Wir sind voller psychischer und künstlerischer Schaffenskraft. Näher dem menschlichen Wesen, als das menschliche Wesen sich selbst ist, steht der schöpferische Geist, der aus einem Unbekannten kommt und uns in ein Unbekanntes führt, der den Anstoß gibt zu jener ungewöhnlichen schöpferischen Kraft, der Phantasie, die Baudelaire nannte: ›bedingungslos mit dem Unendlichen verbunden‹.

Die Kunst ist ein Mittel, um zu einem höheren Gleichgewicht emporzuschreiten, genau wie die Liebe. Dieses Gleichgewicht, mag es auch labil sein, wird stets durch ein solches Vorankommen erreicht. Man hat häufig gesagt, daß die Labilität der Preis des Genies sei, und deshalb sollte man Denker und Dichter nicht analysieren – sonst könnten sie vielleicht als Dutzendmenschen erscheinen. Sie haben ihre eigenen ›Dunkelheiten‹, durch die sie gehalten werden und die in ihren Höhepunkten eine Qual bilden, vergleichbar der, die man bei der Psychoanalyse oder im Beinahe-Tod der Insulinbehandlung erlebt. Dali hat diese Augenblicke der Revolte gehabt und vielleicht auch seine ›Dunkelheiten‹.

Es ist weder meine Absicht, hier im Hinblick auf diesen früheren Rebellen die katholische Sache zu fördern, noch seine ›Dunkelheiten‹ als die eines Mystikers zu modifizieren. Wie könnte ich das? Man ist erschüttert von der Zweideutigkeit seines ›Nuklearen Kreuzes‹, das Professor Enrico Castelli von der Universität Rom als dämonisch und antidämonisch zugleich bezeichnet. Könnte Dali seine Seele irgendwann in der Vergangenheit dem Teufel verschrieben haben? Ist das eine ›religiöse‹ Komposition? Wer hat diese Gegenstände wirklich herumliegen lassen?

Eine Zeitlang malte Dali Christus- und Madonnenbilder. ›Er hat seine Seele Gott und dem Menschen verkauft!‹ schreien die Surrealisten. Ich glaube nicht, daß Dali seine Seele im Austausch gegen übernatürliche Kräfte verhandelt hat. Das Charisma ist nicht käuflich.

Dali selbst erzählt mir: ›Ich bin kein Mystiker. Vielleicht bin ich ein Vormystiker, denn ich bin seit meiner Kindheit im Stadium der Vormystik. Ich wurde zu himmlischen Dingen getrieben, sogar auf dem Weg über das Böse.‹

Salvador kann also als Prämystiker von Natur aus betrachtet werden, der den ›Willen zur angelischen Macht‹ besitzt, um seinen eigenen Ausdruck zu benutzen. Dieser große Bewunderer der heiligen Teresa von Avila und des heiligen Johannes vom Kreuz, den er auf dem Höhepunkt seiner materialistischen Epoche las, hat das Gefühl, daß jenseits des Surrealismus auch die christliche Mystik den Weg zum Unbekannten und Unermeßlichen bahnt.«

DRITTER TEIL

DER PARANOIKER

Ein Paranoiker befindet sich in normalem Gesundheitszustand. Man braucht nicht nach organischen Störungen zu suchen. Dennoch lebt und handelt er dauernd in einer von der von uns als normal bezeichneten getrennten und verschiedenen Welt.

DIE »KLINISCHEN« DATEN

Es mag sein, daß Dali ein vereinzeltes Phänomen ist, für das Freuds Ausruf »Welch ein Fanatiker!« zutrifft und ausreicht, wie Dali stolz erklärt. Wenn das stimmt, dann muß man zu Dali sagen, was Victor Hugo voller Respekt an keinen Geringeren als den Dichter Charles Baudelaire schrieb: »Sie schaffen einen neuen Schauer.«
JAMES THRALL SOBY, *Salvador Dali*, für das Museum of Modern Art, New York.

Der Stempel Freuds

Einer der außerordentlichsten Fernsehleute von New York, Mike Wallace, trat seinem berühmten Gast eines Abends im Jahr 1956 im Fernsehstudio der WABC überaus freimütig entgegen und fragte ihn nach dem Einfluß Sigmund Freuds auf sein Leben. »Sie malen nach einem Traum. Haben Sie sich selber einmal einer Psychoanalyse unterzogen, Mr. Dali?« fragte er.

Darauf erwiderte der unerschütterliche, wildäugige, spitz-schnurrbärtige, selbstbewußte, das Publikum genießende Dali:

»Ich begegnete Sigmund Freud zwei Jahre vor seinem Tod in London. Meine erste Periode ist völlig von Freud beeinflußt. Jetzt bin ich an der Psychoanalyse nicht mehr interessiert, weil ich nur an Kernphysik und dem außerordentlichen Himmel der Metaphysik interessiert bin. Sie verstehen, meine Art von Verrücktheit ist eine Verrücktheit der Genauigkeit und Klarheit im Gegensatz zur Verrücktheit eines Psychopathologen.«

Damit spielte Dali leise auf eine der umstrittensten seiner Behauptungen über sich selbst an. Nur sehr wenige glauben, daß Dali Sigmund Freud wirklich begegnet sei. Freuds Aufzeichnungen enthalten nichts über das von Dali bekanntgemachte Ereignis; nicht einmal Dr. Ernest Jones, der Freud-Biograph und eine Autorität im Hinblick auf den Mann und sein Werk, erwähnt in seinem zweibändigen Bericht über Freuds Leben Dali oder diese Begegnung oder auch nur eine Äußerung über den Surrealismus. Auch Freuds Familie kann sich nicht erinnern. Und trotzdem brüstet sich Dali beständig und voller Stolz, daß er Freud besucht und daß der große Mann schmeichelhaft darauf reagiert habe.

Dalis Feinde tun das einfach als eine Erfindung Dalis ab. Es steht jedem frei, sich sein Idol zu wählen, aber wenn das Idol Sigmund

Freud heißt und der Mann zu seinen Füßen der selbsternannte König paranoischen Verhaltens ist, der von seinem Götzen nicht einmal erwähnt oder sonstwie anerkannt wurde, dann sind sie nicht bereit, das hinzunehmen. Als ich Dali geradezu nach Beweisen für die Begegnung fragte, zuckte er unerschütterlich mit den Schultern und erwiderte: »Das können Sie alles in meiner Autobiographie nachlesen.«

In diesem Buch beschreibt er tatsächlich, wie er dreimal nach Wien fuhr, um Freud zu sehen – doch der Wissenschaftler sei immer »aus gesundheitlichen Gründen verreist gewesen«. Später behauptet er mehr Glück gehabt zu haben, denn er schreibt:

»Endlich sollte ich Freud in London treffen. Ich wurde von dem Schriftsteller Stefan Zweig und dem Dichter Edward James begleitet[1]. Im Gegensatz zu meinen Hoffnungen sprachen wir wenig, doch wir verschlangen einander mit den Augen. Freud kannte mein Bild, das er bewunderte[2], sonst wußte er nichts von mir; aber plötzlich überkam mich die Laune, in seinen Augen als eine Art Dandy von ›universellem Intellektualismus‹ zu erscheinen. Später erfuhr ich, daß die Wirkung, die ich damit hervorrief, genau entgegengesetzt war.

Ehe wir gingen, wollte ich ihm eine Zeitschrift geben, in der ein Artikel von mir über Paranoia stand. Deshalb schlug ich die Zeitung auf der Seite meines Aufsatzes auf und bat ihn, wenn er einmal Zeit habe, ihn zu lesen. Freud starrte mich weiter an, ohne der Zeitschrift die geringste Aufmerksamkeit zu schenken. Um ihn zu interessieren, erklärte ich, es handle sich nicht um einen surrealistischen Zeitvertreib, sondern es sei wirklich ein ernsthafter wissenschaftlicher Aufsatz; dabei wiederholte ich den Titel und zeigte gleichzeitig mit dem Finger darauf. Bei seiner unerschütterlichen Gleichmütigkeit wurde meine Stimme unbeabsichtigt schärfer und drängender. Dann rief Freud, während er mich weiter mit einer Festigkeit anstarrte, in der sein ganzes Wesen zusammenzuströmen schien, zu Zweig gewandt, aus: ›Ich habe noch nie ein vollendeteres Exemplar eines Spaniers gesehen. Welch ein Fanatiker!‹«

Nach langer Spürarbeit und großzügiger Hilfe von Richard Friedenthal, der den literarischen Nachlaß von Freuds engem Freund Stefan

[1] Stefan Zweig ist nun tot, Edward James *incomunicado*.

[2] Das Bild war der Edward James gehörende »Narzissus«, den Dali mitgebracht hatte, um Freud ein Beispiel seiner Arbeit zu zeigen. Offenbar war die Grammophonplatte mit einem Gedicht von Dali – vorzuspielen bei Betrachtung des »Narzissus« – entweder noch nicht fertig, oder es erschien nicht passend, sie zu Freud mitzunehmen.

Zweig verwaltet, habe ich Beweise für diese Begegnung gefunden. Es besteht eine ungewöhnliche Korrespondenz (zum Teil in Freuds Handschrift), die sich auf diese Begegnung bezieht und Dalis Eindruck auf den Wissenschaftler wiedergibt.

Zweig war von Dalis Ideen und Werken so beeindruckt, daß er Freud in drei Briefen dringend um die Erlaubnis bat, den Surrealisten in Freuds Wohnung bringen zu dürfen, damit sie sich kennenlernten. Er hatte die ursprünglichen Bedenken überwunden, den müden und kränklichen alten Mann, den er verehrte, zu stören – eigentlich war Freud zu beschäftigt für Besucher.

Diese Tatsachen gehen aus Briefen hervor, die Zweigs Erbin[1] gehören. Richard Friedenthal war so liebenswürdig, sie durchzusehen, ob Dali vielleicht darin erwähnt sei. Die Briefe, die er fand, sind hier mit seiner Erlaubnis und der von Ernst L. Freud und seiner Schwester Anna abgedruckt.

Zweig hatte trotz seiner Besorgnis den Eindruck, daß Freud Dali kennenlernen wollte. Nach drei Briefen von Zweig willigte Freud ein. Hier folgt die gesamte Korrespondenz.

Im Juli 1938 schrieb Zweig:

49, Hallam Street
London W. 1
(ohne Datum)

»Verehrter Herr Professor!
Salvador Dali, der große Maler, der ein fanatischer Bewunderer Ihres Werks ist, möchte Sie gerne sehen, und ich weiß niemanden, der Ihnen interessanter sein könnte. Ich liebe sein Werk außerordentlich und wäre froh, wenn Sie mit ihm eine Stunde hätten.

In Verehrung getreu
Ihr
STEFAN ZWEIG«

Einige Tage später:

49, Hallam Street
London W. 1
19. Juli 38

»Lieber verehrter Professor,
hoffentlich haben wir Sie nicht zu lange gestört, aber Salvador Dali ist schon einmal – vergebens! – von Paris nach Wien gefahren, um Sie zu sehen.

[1] Mrs. Eva Alberman, durch seine zweite Ehe seine Nichte.

[Es folgt ein Absatz über Edward James, der nichts mit Dali zu tun hat und den ich deshalb weglasse. – F. C.]

Alles Gute und in Verehrung getreu

Ihr

STEFAN ZWEIG«

Und schließlich:

49, Hallam Street, London W. 1

»Lieber verehrter Herr Professor!

Nur noch ein Wort der Information. Sie wissen, daß ich immer ängstlich vermieden habe, Leute zu Ihnen zu bringen, aber morgen ist das wahrhaftig eine wichtige Ausnahme. Für mich ist Salvador Dali (so obstrus [sic] manche seiner Sachen auch sein mögen) das einzige Malergenie der Epoche und der einzige, der sie überdauern wird, ein Fanatiker seiner Überzeugung und der getreueste, der dankbarste Schüler, den Sie unter den Künstlern haben. Seit Jahren ist es der Wunsch dieses wirklichen Genies, Ihnen einmal zu begegnen (er behauptet, daß er niemandem so viel dankt in der Kunst als Ihnen). So kommen wir morgen, er und seine Frau, wobei er die Gelegenheit benutzen möchte, während wir sprechen, vielleicht eine Notizskizze zu machen – die wirklichen Portraits macht er immer aus der Erinnerung und inneren Gestaltung. Um ihn zu legitimieren, bringen wir Ihnen zum Ansehen sein letztes Werk mit, das Mr. Edward James besitzt. Ich glaube, daß seit den alten Meistern niemand solche Farben gefunden hat, und in den Einzelheiten, so symbolisch sie wirken mögen, finde ich eine Vollendung, gegen die alles Malerische dieser Zeit mir zu verblassen scheint. Das Bild heißt ›Narziß‹ und ist vielleicht auch unter Ihrem Einfluß entstanden.

Dies zur Entschuldigung, wenn wir als kleine Karawane kommen. Aber ich glaube, ein Mann wie Sie sollte einmal den Künstler sehen, auf den er wie kein anderer eingewirkt hat und den zu kennen und zu schätzen ich immer als Privileg betrachtet habe. Er ist nur auf zwei Tage aus Paris hier (er ist Katalane) und wird unser Zusammensein nicht stören. Ich bin nur glücklich, daß Sie einmal diesen vielleicht größten Ihrer Adepten kennenlernen. – Mögen Sie diese hohen Töne nicht ungeziemend finden. Das Bild wird Sie vielleicht zuerst überraschen, aber ich kann mir nicht denken, daß es Ihnen den Wert dieses Künstlers nicht offenbaren sollte.

Herzlichst und in inniger Verehrung

Ihr

STEFAN ZWEIG

Salvador Dali hätte Ihnen natürlich gerne seine Bilder hier in einer Ausstellung gezeigt, aber da wir wissen, daß Sie ungern oder gar nicht ausgehen, bringen wir Ihnen zur Ansicht dieses sein letztes und, wie mir scheint, schönstes Opus ins Haus.«

Ihre Begegnung war dramatisch: Freud war ein würdevoller, aber leidender Mann von dreiundachtzig Jahren, vollauf beschäftigt mit der Niederschrift eines Werkes, von dem er wußte, daß es sein letztes sein werde. Sein Geist war klar wie in seinen besten Zeiten, doch er litt entsetzliche Schmerzen. Er scheint während des Besuches alle Kraft, die er hierfür zu opfern bereit war, auf Dalis *äußeres* Verhalten gerichtet zu haben – und hielt weder den Mann noch die Begegnung der Erwähnung in seinen zahlreichen Aufzeichnungen wert.

Freud, dem das Sprechen eine Qual war, ersparte sich Kommentare und hörte nur aufmerksam zu. Während des Gesprächs machte Dali eine Zeichnung von Freud[1], die Zweig dem Älteren nicht zeigen wollte, da der hellsichtige Dali ein Bild des Todes dargestellt hatte.

Man sieht darauf all die physischen Einzelheiten eines unheilbar Kranken: die hohlen Wangen, den verzerrten Mund und das Auge, das den durchbohrenden Blick eines leidenden, aber geschärften Geistes hatte.

Freuds Reaktion auf Dalis Besuch ist überaus faszinierend. Als die »kleine Karawane« wieder gegangen war, schrieb er an Zweig, was er über Dali dachte, einschließlich einer einzeiligen Verurteilung der Surrealisten im allgemeinen und einer versteckten (gar nicht ablehnenden) Analyse Dalis im besonderen, den er aus der Gruppe heraushob. Es ist erstaunlich, wie Freud die Mitglieder einer Gruppe abschreibt, die ihn zum Schutzpatron ausersehen und viele Jahre als solchen betrachtet hatten, ohne je Zustimmung, Mitarbeit oder Anerkennung zu finden:

London N.W. 8
39, Elsworthy Rd.
20. 7. 38

»Lieber Herr Doktor,

Wirklich, ich darf Ihnen für die Einführung danken, die die gestrigen Besucher zu mir gebracht hat. Denn bis dahin war ich geneigt, die Surrealisten, die mich scheinbar zum Schutzpatron gewählt haben, für absolute ›sagen wir 95% wie beim Alkohol‹ Narren zu halten. Der junge Spanier, mit seinen treuherzig fanatischen Augen und

[1] Vergl. *The Secret Life of Salvador Dali*, p. 184.

seiner unleugbaren technischen Meisterschaft, hat mir eine andere Schätzung nahegelegt. Es wäre in der Tat sehr interessant, die Entstehung eines solchen Bildes analytisch zu erforschen. Kritisch könnte man doch noch immer sagen, der Begriff der Kunst verweigere sich einer Erweiterung, wenn das quantitative Verhältnis von unbewußtem Material und vorbewußter Verarbeitung nicht eine bestimmte Grenze einhält. Aber jedenfalls sind da ernsthafte psychologische Probleme.

Herzlich
Ihr
FREUD«

Dieser Brief bestätigt die Tatsache, daß nicht nur Freud, sondern die meisten seines Faches die Surrealisten ignoriert haben. Die überschwengliche Bewunderung und die ausgesprochene Verehrung der psychoanalytischen Wissenschaft durch die Gruppe scheint eine völlig einseitige Liebe gewesen zu sein. Das ist gewiß schwer zu belegen; von seiten der Psychoanalytiker gibt es weder die gleiche erschöpfende Literatur über den Surrealismus noch die Begeisterung für ihn, die die Surrealisten dieser Wissenschaft entgegenbrachten.
Dali hat sich ständig bemüht, dieser Gleichgültigkeit auf eigene Faust entgegenzutreten. Einmal hat er die Analytiker öffentlich eingeladen, seine Imagines zu untersuchen – doch ohne irgendwelche wesentliche Reaktion[1]. Ein andermal forderte er sie heraus, seine Bilder in der Alltagssprache zu erläutern. »Um sie zu erklären, ist es nötig, sie besonderen Analysen zu unterziehen, und zwar mit möglichst eifriger wissenschaftlicher Strenge. Schließlich ergibt sich jede Erklärung *a posteriori*, wenn nämlich das Bild als Phänomen bereits erschienen ist.«[2] Doch abermals erfolgte keine Erwiderung.
Wenn ihnen heute diese Frage – rein theoretisch – gestellt wird, erklären viele Fachleute, daß Dalis »Freudsche Bemühungen« widersprüchlich seien, daß man zwischen *Methode* und *Doktrin* unter-

[1] Père Bruno trifft eine erstaunliche Feststellung über Analysen für Künstler: »Die Kunst ist ein Mittel, um zu einem höheren Gleichgewicht emporzuschreiten, genau wie die Liebe. Dieses Gleichgewicht, mag es auch labil sein, wird stets durch ein solches Vorankommen erreicht. Man hat häufig gesagt, daß die Labilität der Preis des Genies sei und deshalb solle man Denker und Dichter nicht analysieren – sonst könnten sie vielleicht als Dutzendmenschen erscheinen.«

[2] *Conquest of the Irrational* (Eroberung des Irrationalen), Julien Levy, New York, 1935, p. 11 f.

scheiden müsse und daß Dali die Freudsche Methode niemals angewendet habe, jedoch überwältigend von seiner Doktrin beeinflußt worden sei – vielleicht gerade weil sie ihm so großartig gestattete, seine eigene Philosophie nach seinen Bedürfnissen zu formen, ohne dabei in Widersprüche zu geraten.

Dali wendet für seinen eigenen Fall eine Art Selbst-Analyse an und kontrolliert sein Unterbewußtsein auf eine Weise, wie sie nur von wenigen Psychoanalytikern anerkannt wird. Es ist schwierig, in seinem Werk zwischen Bewußtem und Unbewußtem zu unterscheiden; man hat den Eindruck, das Unbewußte auf seinen Bildern zu sehen – und selbst ihm ist die Bedeutung seiner Inbilder in dem Augenblick, da er sie malt, nicht klar –, doch gleichzeitig erkennt man, daß daneben eine bewußte und vorsätzliche Einstellung von ihm Besitz ergreift.

Diese wurde wirksam, als er einundzwanzigjähriger Student war. Auf der Akademie der Schönen Künste in Madrid las er Freuds *Traumdeutung* und klammerte sich daran wie an einen Freund. Das Ergebnis war, wie er selbst zugibt, ein richtiges Laster der Selbstinterpretation – nicht nur seiner Träume, sondern aller Dinge, die ihm begegneten, wie zufällig sie auch sein mochten. Als er erst einmal von Freuds Theorien gebrandmarkt und mit leidenschaftlicher Wut erfüllt war, konnte er es gar nicht erwarten, alle Inbilder und alle psychischen Störungen seines Geistes auf die Leinwand zu bringen; und er tat es mit entsetzenerregender wissenschaftlicher Genauigkeit und mit fotografisch getreuen Einzelheiten. Er malte das Irreale mit absolutem Realismus.

Seine Gemälde wurden bald zu Straßenkarten seines inneren Geisteszustandes; er wurde praktisch zu dem, was alle andern Künstler werden sollten (so predigte er ihnen): »Ein fleischfressender Fisch... der in zweierlei Wasser schwimmt, dem kalten Wasser der Kunst und dem warmen Wasser der Wissenschaft.«[1]

Später vervollkommnete er die Freudsche Methode der leidenschaftslosen Psychoanalyse durch seine Fähigkeit, verborgene Bedeutungen mit Hilfe von dem, was er seine paranoische Sensibilität nannte, zu erkennen. Daraus ergaben sich zwei vom Thema her berühmte fixe Ideen: 1. seine Interpretation des *Wilhelm Tell* (für ihn eine ungeheuerliche Legende inzestuöser Verstümmelung des Sohnes durch den Vater) und 2. seine Auffassung von Millets bekanntem Gemälde »L'angélus« (das er als Monument sexueller

[1] Julien Levy, *ibidem*.

Verdrängung bezeichnet). Beide Ideen werden an anderer Stelle ausführlich besprochen.
Bei beiden fixen Ideen folgt er einer von Freud stammenden Linie. Wie Freud den *Ödipus* neu belebte, so interpretierte Dali den *Wilhelm Tell* neu. Wie Freud in Leonardos »Die heilige Jungfrau auf dem Schoß der heiligen Anna« nach verborgenen Formeln suchte, so fand Dali in Millets frommem »Angélus« einen erotischen Ursprung.
Tatsächlich hat sich Freud nämlich sein Denkmal von den Dadaisten verdient; sie – und nicht die Surrealisten – bedurften dringend seiner wissenschaftlichen Begründung, um die unaussprechlichen Dinge zu erklären, die sie ihrer Überzeugung nach tun mußten, um die Empfindsamen zu erschrecken und bei den Stumpfen Alpdrücken zu verursachen. Als sie dann später Freud entdeckten, gaben sie den Dada auf und gründeten den Surrealismus. Freud hatte ihnen einfach geholfen, die dadaistischen Theorien unter die wissenschaftliche Guillotine zu legen.
Doch immerhin schenkte Freud Mitgliedern beider Richtungen etwas, worauf sie schwören konnten; er verlieh ihnen das Prestige einer Wissenschaft – und vor allem bot er ihnen eine neue und hochangesehene Theorie, die sich zu ihrem Entzücken auf ihre Epoche anwenden ließ. Indem er ihnen das Unterbewußtsein gab, bewies er, daß ihre Nachtmahre sinnvoll waren. Und die Surrealisten übernahmen es dann.
Als die Saat des Surrealismus keimte, war André Breton – genau wie Dali – intensiv mit Freud beschäftigt. Breton gab schon in seinem ersten *Manifeste du Surréalisme* zu, daß Freud alle Ehre bei den Entdeckungen der Surrealisten hinsichtlich einer neuen Seite des geistigen Lebens – und bei dem Sondieren ihres eigenen Geistes – zukomme. »Die Analytiker selber haben nichts zu verlieren«, schrieb er bei der Darstellung ihrer Arbeit.
Breton und Paul Eluard schrieben ein sehr aufschlußreiches Werk über die unbefleckte Empfängnis[1], eins der bedeutendsten Bücher, die von den Surrealisten veröffentlicht wurden. Diese Arbeit beweist, wie aufrichtig ihr Wunsch war, als geistig gesund zu gelten. Sie beschäftigten sich mit Darstellungen von Geisteskrankheiten – Schwachsinn, Paralyse, Irrereden, Dementia praecox, akuten Manien – und wendeten sich in ihren Essays sowohl an die Wissenschaftler wie an Laien.

[1] André Breton (mit Paul Eluard), *L'Immaculée Conception*, Paris, 1930.

Sie versuchten zu beweisen, daß »bei einem Zustand dichterischer Spannung der normale Geist fähig ist, Wortmaterial von höchst paradoxer und exzentrischer Natur zu liefern; ein solcher Geist vermag die wesentlichen Vorstellungen eines Deliriums zu beherbergen, ohne dadurch auf die Dauer beeinträchtigt oder in seiner Fähigkeit zum Gleichgewicht gefährdet zu werden«.
Solche Theorien wurden von Freud ebensowenig beachtet wie alle von Dali entwickelten – obwohl Freud selber einmal schrieb, daß sein Leben nur das einzige Ziel habe, zu erschließen oder abzuleiten, wie der geistige Apparat konstruiert sei und welche Kräfte darin aufeinander und gegeneinander einwirkten. Die Surrealisten im allgemeinen und Dali im besonderen hätten Freud für diesen Zweck ein faszinierendes Laboratorium geliefert. Es ist zu schade, daß dieses Material übersehen wurde. Doch es ist ebenso fesselnd, zu überlegen, was Freud zu sagen gehabt hätte, wenn diese vielen bereitwilligen Versuchskaninchen von ihm untersucht worden wären.

Ist Dali verrückt?

»Irgendwie – und ohne wahnsinnig zu werden – müssen wir also von diesen Wahnsinnigen lernen, Fanatismus und Heiterkeit in Einklang zu bringen. Beide sind, für sich allein genommen, unheilvoll; doch anders als durch die Integration dieser beiden Gegensätze kann es keine große Kunst und kein tiefes Glück geben – und was wäre sonst der Mühe wert? Denn ohne Fanatismus kann man nichts leisten und ohne Heiterkeit nichts genießen.«

PALINURUS, *The Unquiet Grave.*

Wenn man die Ansicht Cyril Connollys (er ist der oben zitierte Palinurus) teilt, daß sich Fanatismus und Heiterkeit miteinander verbinden müssen, um große Kunst und tiefes Glück zu erzeugen, dann gehört Dali zu den verschwindend wenigen, die diese Formel bestätigen. Verrücktheit und Fanatismus sind vorhanden, Heiterkeit ebenso (durch Galas Anwesenheit gesichert). Doch diesem allen liegt das Verhalten eines Menschen zugrunde, den die Welt nach seinen eigenen Worten für verrückt hält. Und dieses »verrückt« klappern die Schreibmaschinen in den Pressezimmern, plappern die Lippen in Empfangsräumen – und auch in Kunstkreisen –, sobald nur der Name Dali fällt.

Dadurch wird es so einfach, ihn einzuordnen, und selbst seine ergebensten und aufrichtigsten Bewunderer können kaum auf dieses Wort in ihren Unterhaltungen und Vorstellungen verzichten. Dali dagegen sagt, der einzige Unterschied zwischen ihm und einem Verrückten sei der, daß er nicht verrückt sei – und mit dieser Feststellung umreißt er seinen Fall recht bündig.
Seine Memoiren jedoch widersprechen dieser Behauptung: Das Buch ist angefüllt mit Geschichten, Anekdoten über seine geistige Anomalie und mit Zweifeln an seiner geistigen Gesundheit. Erscheinungen, die er in frühester Kindheit hatte, hinterließen ihre Narben; dauernd erwartete er, weitere zu sehen – wenn er auch die gleiche Erscheinung nie zweimal hatte. Und dennoch ist er sich noch heute bewußt, daß er irgend etwas Unnormales sehen könnte, sobald er nur eine Tür öffnet.
Ob verrückt oder nicht, ist eine Frage, die man in bezug auf ihn immer wieder gestellt hat. Sie begann bereits in der Schule, als er die Geige seines Mitschülers ohne jeden Anlaß, ohne jede Warnung und ohne jedes Nachdenken über die Folgen zertrampelte. Sofort wurde er zum Gegenstand überaus interessierter Meinungsverschiedenheiten in der Schule und in der Stadt, die er bis ins einzelne selbst darstellt: Ist er verrückt? Ist er nicht verrückt? Ist er halb verrückt? Zeigen sich bei ihm die Anfänge einer ungewöhnlichen, aber abnormen Persönlichkeit? Diese Fragen wurden damals gestellt und werden heute noch diskutiert.
Ein andermal beobachtete er, daß ihn – ganz gleich, wohin er ging – Wahnsinn und Selbstmorde erwarteten: wie eine Ehrenwache. »Sie wissen dunkel und intensiv, daß ich einer von ihnen bin.«
Auf der Akademie in Madrid hatte er einmal das Gefühl, etwas Phänomenales tun zu müssen; so schüttete er im Klassenzimmer säckeweise Bildhauergips über sich; darauf fragte er sich in seinem entsetzlich gemarterten Geisteszustand, ob er möglicherweise verrückt sein könnte. »Ich wußte genau, daß ich es nicht war. Aber warum hatte ich das dann getan?«
In der Mitte seines Buches unterbricht er seinen Bericht, um darauf hinzuweisen, daß noch viele Geheimnisse gewahrt, noch ungeschrieben seien und verstaut worden waren, um spätere Auflagen zu berichtigen und zu ergänzen – doch trotzdem sei es verdienstvoll von ihm, sich darzubieten, mit »Leib und Seele, in Fetzen gerissen, um der Neugier meiner Zeitgenossen ein einzigartiges Dokument zur wissenschaftlichen Forschung zu geben«.

In einer besonders schwierigen Periode Anfang Zwanzig vermochte Dali sein krampfhaftes Lachen nicht zu unterdrücken. Die Beschreibung nimmt viele Seiten in seinem Buch ein; es bedurfte einiger tausend Worte dazu (und damals erfüllte dieses Lachen all seine Freunde mit Furcht und Abscheu). Auch Gala erschreckte es bei ihrer ersten Begegnung, obwohl sie bald die zugrunde liegende Hysterie begriff: sie wußte genau wie er, daß sein Lachen purer Fanatismus war, eine Hysterie ohne jede Frivolität – und so aufwühlend, daß es den Abgrund des Entsetzens in seinem Wesen zur Schau stellte.

Zu solchen Zeiten war es leicht, zu sagen, Dali sei »verrückt«. Man fragt sich, ob er sich in den Tagen vor der Begegnung mit Gala insgeheim krank gefühlt haben könnte und aus Furcht keinen Arzt aufsuchte; denn in Behandlung ist er niemals gewesen, weder freiwillig noch unfreiwillig.

Als er und Gala allein, unerwünscht und arm in der Fischerhütte von Port Lligat eintrafen (nachdem sein Vater ihn aus dem Haus gewiesen hatte), war die Atmosphäre dem Wahnsinn durchaus förderlich. Die heftige *Tramontana* blies so unablässig, daß die Fischer wie Gespenster dahinschlichen und auf das Ende des Windes warteten; Dali und Gala waren immer allein, abgesehen von halbverhungert lauernden Katzen und einer Köchin, die wirklich verrückt war (und entlassen werden mußte). Dali wurde furchtsam. Seine Furcht vor dieser Furcht wurde zur Angst, wahnsinnig zu werden und zu sterben. Plötzlich konnte er nicht schlucken.

Gala riß ihn aus dieser entsetzlichen Angst, wie sie es später immer wieder tat. Sie half ihm, die geistige Stabilität dadurch zu bewahren, daß sie ihn daran erinnerte, er könne selbst seine wildesten Träume in der äußeren Welt verwirklichen und sie sei bereit, ihm dabei behilflich zu sein.

Oft tat er das, indem er niederschrieb, wie er seiner Ansicht nach befreit werden könnte. Unter ähnlichem geistigem Druck schrieb er seine *Declaration of Independence of the Imagination and of the Rights of Man to His Own Madness*[1], nachdem ihn die Ausführung seines »Traumes der Venus« für die New Yorker Weltausstellung sehr erregt hatte. »Alle Menschen sind ihrer Verrücktheit gegenüber gleich ... «

Peyton Boswell schrieb im Mai 1941 eine Erwiderung auf die *Declaration* für den *Art Digest* und fragte klipp und klar: »Ist Dali

[1] Erklärung der Unabhängigkeit der Phantasie und der Rechte des Menschen auf seine Verrücktheit.

verrückt?« Für ihn war das eine akademische Frage, denn »um heutzutage ein guter Geschäftsmann zu sein, muß man mindestens an der Grenze stehen«. Er war geneigt, Dalis Wort zu glauben (»Ich nicht verrückt, ich malen«).

Boswell kam zu der Feststellung, es finde sich, abgesehen von der Reklame, kein überzeugender Beweis dafür, daß Dalis Schädel »leckgesprungen« sei. Boswell fuhr fort: »Er malt einen Steinway, der mit Hilfe eines Fallschirms vom Himmel herniederkommt, und ein Geschäftsmann wie Harry Bull von *Town and Country* kauft das Bild. Er verstümmelt eine einstmals anmutige junge Dame, drapiert sie über einen Baum, murmelt der zerlaufenen Weiblichkeit ›Daddy Long Legs‹ zu, und die Leute strömen zusammen, um seinen widersinnigen Katalog für einen halben Dollar pro Stück zu kaufen. John Ringling North, der Geschäftsmann, macht ziemlich das gleiche, wenn er die Paarung zweier noch nicht erwachsener Gorillas für die Reklame benutzt.

Dalis Geheimnis ist natürlich die widersinnige Nebeneinanderstellung konventioneller Gegenstände. Ein Pferd und ein Telefon sind an sich nicht besonders aufregend. Doch wenn dieses Pferd nonchalant den Hörer abnimmt, dann passiert was in den Chromosomen des Betrachters.

Alles ist relativ. Und ein großer Teil der Schwierigkeit liegt in unserer willkürlichen Wortwahl bei der Benennung körperlicher Eigenschaften. Da wird einem gesagt, oben sei oben, und man verläßt sich darauf. Aber nehmen wir doch nur einmal an, oben wäre unten! Longfellow erklärte vor langer Zeit, warum man die Außenseite des Felles nach innen kehrt, warum man die Innenseite des Leders nach außen wendet, warum man alles umkrempelt. Wenn unsere Generation erst durch den Schornstein gejagt ist, werden unsere Kinder vielleicht zu der Feststellung kommen, daß Dali uns und unsere Zeit von allen Künstlern am besten dargestellt habe. Ganz bestimmt paßt er genausogut zum Heute wie die Schlagzeile von morgen.

›Ist Dali verrückt?‹ Es handelt sich nur darum, daß eine Überzahl gegen ihn steht – von denen, die uns ähnlich sind, gibt es mehr als von seinesgleichen.«

Peyton Boswell ist nicht der einzige Schriftsteller, der dieses Thema untersucht. Julien Levy vergleicht in seinem Buch *Surrealism* Dalis rasende Energie mit der Energie des Wahnsinns. »Er hat wie ein

Bruder mit der Verrücktheit gelebt und kann ihre Ekstasen mit weit größerer Leichtigkeit simulieren, als er das geistig sogenannte Gesunde zu imitieren vermag ... « Anderseits sagt Winthrop Sargeant in seiner ausführlichen Darstellung des Malers in der Zeitschrift *Life*, daß »Dali in einer Welt, in der sich glücklicherweise die meisten Menschen bemühen, so normal wie möglich zu reagieren, dieses Verhalten einfach umgedreht hat. Es ist nichts Abnormes an ihm; er ist einfach anti-normal.«

Die Kunstgeschichte bietet auch andere Beispiele von Malern, die man verrückt nennen könnte – insbesondere jene romantischen Künstler des neunzehnten Jahrhunderts, die in einem verwirrten Geist einen besonderen Reiz sahen. Der Unterschied ist nur, daß diese Romantiker die Verrücktheit als ein exotisches Phänomen – undurchdringlich und geheim – betrachteten, während Dali sie für einen idealen Geisteszustand zu halten scheint, als »die gemeinsame Basis der menschlichen Seele«. Anscheinend fürchtet er sich nicht, sich selber mit ihr zu identifizieren; ebensowenig verspürt er ein besonderes Bedürfnis, ausschließlich mit Geisteskranken oder mit Wissenschaftlern zu sprechen.

Doch nicht nur unter den Malern, sondern auch unter den Schriftstellern finden sich Beispiele für Dalis Form der »Verrücktheit«. Rimbaud praktizierte sie; viele andere Romantiker, die sich dem Schritt ihrer Zeit nicht anzupassen vermochten, hielten sie für ihre einzige Rettung. Die Schriften des Marquis de Sade, von den meisten als pervertiert verrückt betrachtet, wurden von den Surrealisten verehrt. Dali begann zu schreiben, als er den Eindruck hatte, aus den dunkleren Perioden seines Lebens aufgetaucht zu sein. In der *Sichtbaren Frau* konnte er erklären, daß seine Verrücktheit eine Form der systematischen Zerrüttung seiner Sinne sei – die er selber hervorrief und stets unter Kontrolle behielt. Die echte Leidenschaft seiner aufgezeichneten Lebensgeschichte ist sogar noch überzeugender. Sie ist alles andere als ein enttäuschender *tour de force* aus seiner verblüffend freimütigen Feder. Das Motiv ist die Selbstentblößung.

Wenn einem auch der Blick oft durch das erschreckende Bild getrübt wird, das Dali in seinem Werk von sich selber geschaffen hat, so sind seine Gedanken doch keineswegs umwölkt. Anscheinend verspürt er niemals den Wunsch, seine Vergangenheit zu verleugnen. Er hätschelt sie vielmehr, klammert sich an sie, bedarf ihrer. Aus den Freudschen Schlupfwinkeln seiner Kindheit, aus dem egozentrisch Bösen seiner Jugend und der quälenden Hölle seiner beginnenden

Reife fand er schließlich einen Weg, auf dem er sich zu einer Form der Genesung schleppte. Er kehrt sich von der Selbstversenkung ab und richtet den Blick auf die Welt um sich her. Schließlich wurde er aus dem »Beobachteten« zum »Beobachter«.

Jener andere berühmte Paranoiker dieses Jahrhunderts – Hitler – lernte in dem Versuch, sich von der Geisteskrankheit zu befreien, den Trick, die Zerrüttung seines Geistes aus sich herauszuschreiben. Das Ergebnis bei Dali kann gar nicht oft genug wiederholt werden: mit dem meistpublizierten und entsetzlichsten Unterbewußtsein dieses Jahrhunderts geschlagen, baggerte er all seine Visionen herauf und hielt sie in Bildern und Büchern fest. Der sich dabei ergebende Hokuspokus – mit höchster Sorgfalt gemalt oder geschrieben – brachte ihm unendliche Befriedigung ein. Er machte der Welt sein persönliches Chaos zum Geschenk, um sich davor zu retten, selber darin zu ertrinken.

Seine Träume

»Denn der Traum ist nichts anderes als eine andere Form des Denkens.« SIGMUND FREUD, *Traumdeutung*.

Träume beschäftigen sich niemals mit Lappalien; deshalb ist es für keinen Menschen leicht, seine eigenen zu interpretieren. Doch Salvador Dali glaubt es zu können; und indem er es tut, übersetzt er alle unbewußten Elemente seines psychischen Lebens in Worte oder Bilder. Für ihn sind Träume die reale, nicht die irreale Welt.

Niemals erscheinen sie getrübt oder verschwommen; er erinnert sich eines jeden in lebhaften Einzelheiten; sie stehen so sichtbar vor seinem geistigen Auge, daß es ihm keinerlei Mühe macht, sie in dreidimensionaler Gestalt zu malen oder niederzuschreiben. Ihre Übersetzung erhält so viele genaue Details, daß sie jedem sofort vertraut sind, der zufällig die gleichen Inbilder hat (manche erschrecken sogar beim Anblick ihrer eigenen, halb zum Leben erweckten Gespenster, die normalerweise während der Stunden des Wachseins tief verstaut sind). Dali trägt sie dauernd mit sich herum; er bemüht sich nicht, sie zu verbergen, statt dessen malt er sie. Dadurch werden sie greif- und kontrollierbar und ängstigen ihn nicht mehr.

Das Magazin *Coronet* nannte ihn in der Einführung zu einem von ihm verfaßten Artikel[1] über Träume sehr treffend »einen Botschafter aus dem fremden Land unserer verblaßten Träume«. Dali

[1] Oktober 1950.

erläuterte und illustrierte acht seiner regelmäßig wiederkehrenden Träume. Ein jeder für sich liefert weiteres Forschungsmaterial für die Untersuchung Dalis:

1. *Wunscherfüllung.* Diese sah er als einen Mann auf leerer Bühne. Die Augen des Publikums, die üblicherweise einen Aufführenden betrachten würden, waren durch ein fünfäugiges Ungeheuer im Frack symbolisiert. Obwohl diese fünf Augen grotesk und anonym sind, schmeicheln sie doch (sie gehören einflußreichen Leuten). In einem solchen Traum, behauptet Dali, erhalten wir die Liebe, den Schutz und den Beifall, dessen wir bedürfen.

2. *Angst und Furcht.* Auf dieser Zeichnung zeigt er, daß Träume ebensogut erschrecken wie schmeicheln können; wir versuchen vor Nachteilen, Drohungen und Verfolgung zu fliehen, doch wir werden gesichtslos und versinken im Treibsand. Tief in der Kehle bildet sich ein Klumpen; wir winden uns vor Entsetzen, wenn sich ein gehörntes Ungeheuer vor uns materialisiert – die Bedrohung, der die Menschheit vom Anfang der Zeiten an gegenüberstand. Wir schreien auf vor Schauder – und *erwachen!*

3. *Schöpfung.* Der seltenste und befriedigendste Traum weckt unsere schöpferische Kraft[1]. Dalis »Schöpfung« ist ein passives Gemälde, mit geheimnisvollen Symbolen, schönen Farben und symmetrischen Objekten gefüllt (vielleicht das am wenigsten »reale« all seiner gemalten Erinnerungen).

4. *Auflösung.* Jedem Menschen flößt seine Sterblichkeit Angst ein – doch der Tag seiner Auflösung ist in seinem Geist mit unsichtbarer Tinte auf einem unauffindbaren Kalender angekreuzt. Dali beruhigt den Leser, indem er das Sterben als das einfache Auseinanderfallen einer Statue darstellt (ein Traum, der den Menschen in seinem Konflikt mit dem unvermeidlichen Tod versöhnt).

5. *Vereitelung.* Für jeden gibt es etwas, was er nie erreichen kann (»für den Dichter ein hinreißender Ausdruck; für den Geizhals eine Million, die er mühelos erhält; für den Schlemmer ein Meisterwerk der kulinarischen Kunst«). Ein kleiner Junge ersehnt sich so heftig eine Wassermelone, daß er nicht nur eine Angelrute benutzt, sondern seinen Kopf zu einem Werkzeug verwandeln läßt, mit dem er die Frucht erreichen kann. Die Pointe auf Dalis Zeichnung ist die: während der vereitelte Wunsch diesen Jungen nur körperlich verändert hat, tut er das bei vielen andern geistig.

[1] Coleridge träumte »Kubla Khan«, als ein Hausierer an seine Tür klopfte und ihn weckte – deshalb wurde das Gedicht nie beendet.

6. *Kaleidoskop.* Dieser Traum birst in einem phantasmagorischen Chaos des Unbedeutenden und Trivialen, des Kostbaren, Bizarren und Sinnlosen, das sich in unsern schlafenden Geist ergießt. Nur Konfusion und Chaos besitzen Dauer.

7. *Entkommen.* Dali zeigt einen Mann, der mit größter Leichtigkeit über eine ungemein schöne Landschaft schwebt – Herr seines Schicksals, hat er die Fesseln abgestreift, um uns daran zu erinnern, daß wir über das Meer fahren, mit Meerjungfrauen flirten, in Korallenschlössern wohnen, Heldentaten des Mutes, der Zauberei und der Stärke vollbringen, bedrängte Jungfrauen befreien, die Massen mit unserer Beredsamkeit hinreißen können – jedoch nur für wenige kurze und herrliche Stunden, bis wir aufwachen!

8. *Liebe.* Dieser Traum sagt viel über Dali aus; er sieht die Liebe als ein riesiges Lebensrad, das sich unerbittlich dreht (und sehr selten anhält), bis es den allerletzten Halt erreicht. Es wird gestützt von »den Krücken der menschlichen Impotenz. Der erste Halt ist die Geburt, beim zweiten Halt wird die Zeit durch das Wunder der Liebe zu vorübergehender Ruhe verzaubert.« Wenn die Liebenden die magische Stunde erreichen, beginnt das Rotieren wieder – und »diesmal ist es ein schwaches, unheilverkündendes knarrendes Geräusch«.

Man wendet sich zurück zu Freud, um den maßgeblichen Kommentar über Träume zu erhalten; er erklärt, es gebe drei Eigentümlichkeiten bei der Erinnerung der Träume:

1. Sie bevorzugen deutlich die Eindrücke der letztvorangegangenen Tage (so auch Robert Strümpell, Hildebrand und Weed-Hallam).
2. Sie rufen nicht das Wichtige und Wesentliche zurück, sondern das Untergeordnete und die unbeachteten Dinge (anders als im Prinzip unser waches Gedächtnis).
3. Sie haben die frühesten Kindheitseindrücke zur Verfügung – und bringen sie ans Licht. (Sie erscheinen trivial und werden im Wachen für längst vergessen gehalten.)

Nach allem, was man über Dali weiß, könnte die dritte Eigentümlichkeit am ehesten zutreffen. Der Traum ist häufig die Erfüllung eines Wunsches; Dalis Kindheit war voller traumatischer Erlebnisse, die auszulöschen er gewiß viel Mühe hat.

Außerdem hat er anscheinend eine Stenographie für die Umsetzung dieser Träume erlernt. Psychoanalytiker erklären, daß die Traumgedanken zwar verständlich seien, der Trauminhalt jedoch häufig hieroglyphenhaft wirke und zur Entzifferung des Fachmanns be-

dürfe. »Der niedergeschriebene Traum«, sagt Freud, »ist kondensiert – eine halbe Seite; die Analyse (die die Traumgedanken enthält) ist acht-, zehn- bis zwölfmal so lang.«
Bei Dali nicht! Er kann seine Träume auf kleinem Raum und mit wenigen Worten erklären.

DER FETISCH UND DALI

Das *Oxford English Dictionary* sagt, ein Fetisch sei »jedes Objekt blinder Verehrung«. Freud betrachtet ihn als Ersatz für ein normales Sexualobjekt. Es gibt auch noch andere Definitionen: Nach Julien Levy ist Fetischismus eine »Doktrin von Geistern, die in gewissen materiellen Objekten verkörpert sind, ihnen anhaften oder durch sie Einfluß ausüben«. Dali selbst nennt den Fetisch: »eine greifbare, gegenständliche und symbolische Wunschrealisierung durch Sublimierung, einen Wunsch oder ein Gebet«.
Wenn es ihm hier auch gelang, seine Ansicht in diesen dreizehn Wörtern auszudrücken, ist er sonst meist viel wortreicher. Bei der Erörterung seiner fetischistischen Tagträumereien als einundzwanzigjähriger Student in Madrid erklärt er in seinem Buch, wie begierig er den erotischen Szenen entgegensah, die wie Blitze vor ihm aufleuchteten, sobald er ein bestimmtes Phantasiebild konstruierte. Ein Lieblingsbild war das eines kleinen Modells, das er später allein für sich mieten wollte; in diesem Wachtraum sah er sich und das Mädchen stets nackt – beide mit völlig gleichen königlichen Hermelincapes[1] bedeckt, die er hoffte ausleihen zu können, sobald er Geld für ein eigenes Atelier beschafft hatte.
Diese Träumereien waren wie Filmvorschauen, die ihm das Wasser im Munde zusammenlaufen ließen. Er verspürte ein starkes Bedürfnis nach diesen fetischistischen Bildern und beschäftigte sich ernsthaft damit, eine sichere Methode zu finden, um sie heraufzubeschwören.
Doch es gab auch Zeiten, da er fast zum Gefangenen der ihn ängstigenden Bilder wurde. Er vollbrachte seine Befreiung in zwei Schritten: erstens, indem er Gala heiratete, und zweitens, indem er vor-

[1] Nach Freud bedeutet das Erscheinen eines Königs oder einer Königin im Traum meist die Eltern des Träumenden; der Träumende selbst ist der Prinz oder die Prinzessin. Dalis immer wiederholtes Kindheitsspiel, sich als König zu verkleiden (in Wirklichkeit oder in der Phantasie), ist deshalb ein Zeichen für das stets über ihm schwebende Vater-Bild.

sätzlich der Maler der Psychoanalyse wurde und alle psychischen Inhalte seines Geistes und Körpers auf die Leinwand brachte und ihnen leicht erkennbare Gestalt verlieh. Er hielt an all den alten Fetisch-Freunden fest, die so überreichlich im Zwielicht seiner Phantasie hausten; jahrelang waren seine Gemälde Spiegel des schrecklichen Aufruhrs in seiner Seele. Dieses traumatische Erlebnis scheint hinter ihm zu liegen, seit er gelernt hat, das Unterbewußtsein einzuschirren und als Herr zu lenken.

Der französische Psychologe J. Frois-Wittman lehnt Dalis paranoische Kunst entschieden ab. In dem Bemühen, den Wert des Unbewußten in der Kunst abzuschätzen, sagte er: »Die Bedenken, die ich gegen Dali wie gegen Brueghel und Bosch habe, gründen sich nicht darauf, daß sie ihre ziemlich schäbigen Gedanken und Geistesvorgänge zur Schau stellen, sondern daß sie sie in solchen Einzelheiten wiedergeben, daß dem Betrachter kaum noch eine Möglichkeit zu andern Assoziationen als diesen bleibt. Sie sind die Meissoniers des Unbewußten.« Nach Frois-Wittmans Ansicht berauben Dalis Werke die Betrachter einfach des Reichtums an Ideen, die üblicherweise bei der Betrachtung großer Kunstwerke in ihnen auftauchen. Bertram D. Wolfe, der mehr auf Dalis Seite steht, nennt ihn »einen Anthropologen, der die schreckliche Schönheit und zwingende Macht des Fetischs entdeckt hat«.

Es würde eines weiteren Wissenschaftlers bedürfen, um die Symbole zu analysieren, die den Psychologen Frois-Wittman so sehr stören, doch selbst ein Laie wie ich kann zu gewissen persönlichen Schlüssen gelangen, wenn er studiert, was Dali gesagt, getan, geschrieben – und gemalt hat. Ein wenig verzagt habe ich mich also bemüht, die unerschütterlichsten und am häufigsten wiederkehrenden Fetische Dalis zu katalogisieren; dabei habe ich versucht, ihre Bedeutung in meine unwissenschaftliche Ausdrucksweise zu übersetzen.

Sie werden nicht in der Reihenfolge ihrer Bedeutung aufgeführt, sondern so, wie sie mir einfallen:

UHREN – *das Zeitmotiv*

Dieses Symbol benutzt Dali so häufig, daß es berühmt geworden ist. Er verwendet die Zeit als das Grundthema unserer Zivilisation, doch er hebt es in metaphysische Regionen – und das ist ihm gelungen. Er macht die Uhren schlaff, weich und biegsam, hängt sie über Äste, läßt sie sich über Tisch-, Regal- und Buchränder biegen, um damit seine Theorie von der äußersten Dehnbarkeit der Zeit zu beweisen (und vielleicht auch um sich selbst zu beschwichtigen, indem er seinem Ego erklärt, er vermöge die Zeit zu *beherrschen*?).

Oft malt er diese schlaffen, aufgeweichten, zeitbestimmenden Gegenstände in eine ungeheure, aber felsbegrenzte Landschaft (immer Port Lligat), um die Ewigkeit und die ungeheure Tiefe des Raumes auszudrücken – und zwar durch die Zeitlosigkeit der Gebirgsklippen. Er stellt reale Dinge wie Uhren in eine unwirkliche Umgebung; durch diese Umgebung und ihre Begleiter macht er sie unwirklich. Auf einem Gemälde, »Agnostisches Symbol«, nicht so berühmt wie das Bild »Beharrlichkeit der Erinnerung«, malt er einen ungeheuren Löffel, der mit seinem endlos langen Stiel in die Unendlichkeit hinausragt. In der Höhlung des Löffels befindet sich eine winzige Uhr; anscheinend gibt er uns den Rat, die Zeit zu nutzen, aus welch endlosem Raum sie auch kommen möge.

Dalis Bericht über die Entstehung der »Beharrlichkeit der Erinnerung« ist faszinierend: Er und Gala lebten in Paris; sie hatten ihr gemeinsames Mahl mit einem sehr reifen Camembert-Käse beendet; darauf war Gala mit Bekannten ins Kino gegangen. Dali hatte Kopfschmerzen und entschloß sich, früh zu Bett zu gehen. Als Gala mit ihren Bekannten fort war, meditierte Dali über die philosophischen Probleme des »Überweichen«, die der Käse in seinem Geist wachgerufen hatte. Er stand auf und ging in sein Atelier, schaltete das Licht ein und studierte das Bild, an dem er malte (die übliche einsame Landschaft bei Port Lligat, von einem transparenten und melancholischen Zwielicht erhellt). Im Vordergrund stand ein blattloser Ölbaum mit beschnittenen Ästen – eine Landschaft, die nach seinen eigenen Worten auf eine Idee, auf irgendein überraschendes Bild wartete; er hatte nicht die mindeste Ahnung, was das für ein Bild sein könne. Er wollte gerade das Licht wieder ausknipsen, als er die Lösung »sah«: »zwei aufgeweichte Uhren, von denen eine kläglich über dem Ast des Ölbaums hing«.

Sein Kopfweh war stärker geworden (was ihn glücklich machte), und er begann mit der Arbeit; als Gala zwei Stunden später zurückkam, fand sie ihn vor einem vollendeten Gemälde, das klassisch werden sollte. »Niemand kann es vergessen, der es einmal gesehen hat«, sagte Gala (»die in der Beurteilung der Authentizität eines Rätsels niemals irrt«, erinnert uns Dali).

Eine andere Verbindung zu Dalis Zeit-Fetisch-Symbol ist sein häufig geäußerter Wunsch, alt zu sein, den er immer wieder ausspricht und

niederschreibt. Auch hiermit möchte er anscheinend die Zeit überwinden, die ihm immer näher rückt, während der Raum sich entfernt. Das Alter bringt ihm den Raum näher (er entfernt sich von den Jungen). Dieser Gedanke gibt ihm Trost.
Man erkennt die Theorie in seinem Gemälde »Alter, Jugend und Kindheit«, in dem er die Kindheit als einen kleinen Jungen und eine Pflegerin darstellt (er selbst und seine Kinderfrau?), die uns sitzend den Rücken kehren und in eine ferne verschwommene Landschaft schauen (die Ewigkeit). Unserm Auge am nächsten befindet sich der Kopf eines Greises (fast als *trompe l'oeil* gemalt); neben ihm sieht man einen kleinen Ausschnitt aus einer genau gezeichneten Landschaft; alles ist erkennbar und nah.
Schon den kleinen Jungen von vier oder fünf Jahren, der in Barcelona in den Güell-Park geführt wurde, erfüllten die leeren Räume zwischen den Bäumen im Park mit unvergeßlichem Entsetzen. Sein Gemälde »Schlaf« drückt diese schreckliche Angst vor dem *Raum* aus.

SCHUHE – *das Sünden-Symbol*

Eines der Bilder von Dali, die mit peinlichster Genauigkeit gemalt sind, »Erbsünde« (das er in zwei langen Monaten von einem Entwurf kopierte und an dem er »mit der gleichen Liebe und der gleichen Objektivität« arbeitete »wie Raffael, wenn er eine Madonna malte«), ist im wesentlichen eine bemerkenswerte Interpretation des menschlichen Sturzes. (Der Fuß ist laut Freud ein sehr primitives sexuelles Symbol, das sich bereits in den Mythen findet.) Auf diesem Gemälde ragt der schöne Unterschenkel eines Frauenbeines, um dessen Knöchel sich eine Schlange windet wie ein goldener Knöchelring, von links ins Bild. Zur Rechten befinden sich zwei formlose weggeworfene Männerschuhe. Sonst nichts – wie jämmerlich erscheint ihm die menschliche Natur!
In seinem glänzenden Essay »Salvador Dalis Suche nach dem Himmel«[1] nennt Stephen S. Kayser dieses Gemälde ein Beispiel für Dalis Phantasie, die wiederhole, was der religiöse Symbolismus in vergangenen Jahrhunderten hervorgebracht habe! »Es ist höchst unwahrscheinlich, daß Dali die in der talmudischen Tradition ausgedrückte Ansicht kennt, daß der Fuß den Anfang aller Sünde bezeichnet, wie es sich in Adams Vergehen zeigt; ebensowenig wird Dali mit der kabbalistischen Erklärung von Exodus III, 5, vertraut sein

[1] *Pacific Art Review*, 1942/43.

(›zieh deine Schuhe aus von deinen Füßen‹), die ›Schuh‹ als ›Mann‹ und ›Fuß‹ als ›Frau‹ interpretiert[1]. Aber diese Bezüge bieten buchstäblich den Begleittext zu Dalis Bild und zeigen, daß die Atmosphäre verwandter Ideen bisweilen verwandte Darstellungen schafft.«

Dali hat eine eigene Erklärung für den Schuh-Fetisch in seinem Leben. Es begann damit, als er in der Schule einem Mitschüler einen entsetzlichen Tritt ins Gesäß versetzte, mit beiden Füßen auf die Geige des andern sprang und sie zu einem Haufen kleiner Stücke zertrampelte. Dem Professor, der ihn fragte, wie er so etwas tun könne, erwiderte er: »Mit meinem Schuh.« Auf den Vorwurf des Professors, daß das doch unsinnig sei, erwiderte Dali: »Meine Schuhe haben eine völlig andere Ansicht von dieser Angelegenheit!«

Heute prahlt er: »Es ist deshalb überaus lehrreich, zu beobachten, wie ich in einer improvisierten Lüge, unter hyper-anekdotischen Umständen ausgesprochen, die Bildung einer dauerhaften und integrierten philosophischen Plattform vorwegnahm, die erst mit der Zeit fest und solide werden sollte.«

Tatsächlich übte der Fetisch des Schuhs bereits viel früher seinen Reiz auf Dali aus. Als kleiner Schüler pflegte er seinem Lehrer einen Pantoffel zu stehlen, mit dem er in unbedingter Verborgenheit – *allein* – spielte, indem er ihn als Hut benutzte. Jahre später konstruierte er aus einem alten Schuh von Gala und einem Glas warmer Milch ein surrealistisches Objekt. Dreißig Jahre nachdem er seinem Lehrer den Pantoffel gestohlen hatte, um ihn als Hut aufzusetzen, kreierte Schiaparelli Dalis aufsehenerregenden »Slipper-Hut«, mit dem Gala fotografiert wurde (dazu zog sie ein Kostüm an, dessen Taschen die Form von Lippen hatten). Mrs. Daisy Fellowes trug diesen »Slipper-Hut« in dem Sommer, in dem er kreiert worden war, in Venedig.

Auf Dalis »Sphinx, im Sand eingegraben« erscheinen der gleiche Schuh und das gleiche Glas Milch wieder, diesmal im Innern des Körpers unter der transparenten Haut einer Frau, die bis zu den Hüften im Sand vergraben ist. Dali erklärt, daß der Schuh und die warme Milch zu den aktivsten Fetischen seines Lebens gehören.

[1] Vergl. Jakob Nacht, »Der Fuß. Eine folkloristische Studie«, *Jahrbuch für jüdische Volkskunde* (1923), pp. 155, 172. Und A. Cronbach, »The Psychoanalytic Study of Judaism«, *Hebrew Union College Annual*, Bd. VIII/IX, Cincinnati, 1931/32, p. 626

Eine von Dalis neueren Zeichnungen seines Lieblingsfetischs, der Krücke.

KRÜCKEN – *das sich gabelnde Motiv*

Von all den Symbolen, die beharrlich auf Dalis Bildern erscheinen, ist eines vorherrschend – die Krücke[1]. Es ist sein anschaulichster und am meisten aussagender Einfall (er hat sogar ein Selbstporträt als verzerrt lächelnden Mann gezeichnet, dessen Züge von Krücken gestützt werden). Auf einem andern Gemälde benutzt ein schreckliches Geschöpf mit körperlosem Kopf, der in einem schlaff niederhängenden Stück Stoff endet (»Schlaf« betitelt), Krücken, um nicht nur den schwebenden Kopf, sondern auch jedes Sinnesorgan zu

[1] Krücke siehe Glossar.

stützen – Lippen, Nasenflügel, Augen, Ohren[1]. Auf vielen andern Bildern werden Krücken verwendet, um verschiedene phantastische Formen aufrechtzuerhalten, von denen manche erotischer, oft monströs phallischer Natur sind[2].

Wieder kommt Dali dem fachlich nicht Gebildeten mit seiner Interpretation der Bedeutung dieser Krücken zu Hilfe, wenn der Betrachter auch dazu neigen wird, stärkere homosexuelle Neigungen und Ansichten in ihnen zu sehen als er. Im Grunde hat für Dali die Krücke zwei verschiedene Seiten: einmal eine soziologische als Notwendigkeit für die reiche, aber aufgeweichte Gesellschaft, von der er sagt, sie stehe nur auf einem einzigen Bein und bedürfe seiner Krücken als Stütze für ihre zerfallende Aristokratie; zum andern sieht er in der sich gabelnden Form der Krücke die Konzeption von Leben und Tod. Die ständige malerische Bezugnahme darauf zeigt, wie stark ihn der Tod beschäftigt hat. Beim Lesen seiner Autobiographie kann man die Möglichkeit nicht übersehen, daß er die Furcht vor der Kastration und das Bedürfnis, sich als Mann zu fühlen (ganz offensichtlich hat er dieses Gefühl lange Zeit vermißt), durch die paranoische Betonung irgendeiner Stütze, auf die er sich verlassen durfte, zu überwinden bzw. zu stillen versuchte. In seinem Buch scheint die Krücke eine überwältigende Bedeutung zu haben. Aber ob er sich selber befreit hat, indem er in ihr ein Ventil für seine fixe Idee fand und sie auf seine Bilder brachte?

Nach seinen Angaben begann er mit dem Krückenfetisch als Neunjähriger, als er Señor Pitchot in der Muli de la Torre besuchte. Dort fand er eine Eidechse mit zwei Schwänzen und fragte sich nach der Bedeutung dieses Phänomens. Er fand, dieses gegabelte Objekt wäre nützlich für Leben und Tod: etwas, womit man schieben, worauf man sich stützen, was man als Waffe und Schutz, als Umarmung und Liebkosung benutzen könne.

Kurz darauf entdeckte er am gleichen Ort seine erste Krücke; sie lag in dem ungeheuren, dunklen Turm (in dem sich noch viele andere seltsame Gegenstände fanden, mit denen er zu seiner geheimen Lust spielte und sich bekleidete).

[1] Vergl. Abbildung gegenüber Seite 273.

[2] Einige dieser Gemälde: »Das Spektrum des Sex Appeal«, »Durchschnittlich atmosphärozephalischer Bürokrat beim Melken einer Schädelharfe«, »Der Geist des Vermeer van Delft«, »Die Entwöhnung von der Möbel-Ernährung«, »Frauengruppe, die Gesten eines Schoners imitierend« usw., dazu unzählige Zeichnungen.

Er beschäftigte sich mit der Krücke und konnte sich nicht von ihr trennen. Auch später gelang es ihm niemals, sich von einer Krücke zu trennen, so heftig hatte ihn der fetischistische Fanatismus gepackt. »Dieser Gegenstand verlieh mir eine Sicherheit, ja Arroganz, deren ich vorher nie fähig gewesen war.«

Dali beschreibt einen erotischen Akt nach dem andern, den er mit Hilfe oder nach Anregung durch diese Krücke beging – außerdem einen ekelhaften Vorfall mit einem toten Igel, in dem sich unzählige Würmer wanden. Als er einmal hysterisch zu diesem verwesenden Klumpen gezogen wurde und schon fast bereit war, sich darüberzuwerfen, rettete er sich, indem er seine Krücke holte und den Kadaver damit vor sich herschob.

Am nächsten Tag sah er eine Frau, die Lindenblüten pflückte, und träumte in seiner Phantasie davon, mit der Gabel seiner Krücke die Brüste dieser üppigen Frau zu berühren. Um diesen Traum zu verwirklichen, entwickelte er einen Plan mit genauen Einzelheiten: Es war ein Hirngespinst lüsterner Träume, bei der die gleiche, sauber gewaschene Krücke eine Rolle spielte. Er selber wollte dabei nackt sein, nur mit einem alten Hermelincape bedeckt, das er ebenfalls in dem Turm gefunden hatte. Doch dieser ganze irre Plan endete ergebnislos; denn genau in dem Augenblick, als die Brüste der Frau in seine Reichweite kamen (er selber hatte sich so aufgestellt, daß er nicht gesehen werden konnte) und er die Krücke hob, um sie zu berühren, war der Drang plötzlich erloschen.

Für die »Gesellschaft« erfand der erwachsene Dali zahllose Verwendungsmöglichkeiten für Krücken – unter anderm eine winzige Gesichtskrücke aus Gold und Rubinen für müde snobistische Damen (der Gabelteil war biegsam und paßte dadurch zu jeder Nasenspitze, die gestützt werden sollte). Das war das unnütze Ding, das, wie er fand, die »kriminell elegante Frau« tragen sollte – damit sie das Gefühl hätte, daß »der geheiligte Zug ihres Exhibitionismus im Fleisch ihres eigenen Gesichts inkrustiert ist«.

Da sich die Mitglieder der Gesellschaft mit Leuten umgäben, auf die sie sich stützten (»üblicherweise päderastische und rauschgiftsüchtige Künstler«, wie er es darstellte), entschloß er sich, mit Krücken beladen zur Gesellschaft zu stoßen! Mit dem Stolz ihres einen Beines und den Krücken seiner Intelligenz würden, so meinte er, die Mitglieder der Gesellschaft stärker sein als die Revolution, die von den Intellektuellen geplant wurde.

Jede Meinungsverschiedenheit über seinen Lieblingsfetisch beendet

Dali auf folgende Weise: »Die Entwicklung meines Geistes und Charakters läßt sich immer in wenigen wesentlichen Mythen zusammenfassen, die mir eigentümlich sind. Sobald mir im Leben etwas zustößt... mit einer Krücke kann man sich darauf verlassen, daß es noch nicht zu Ende ist. Zwischenfälle, immer neue, mehr oder weniger grausam, platt oder erhaben, werden auftreten... bis ich sterbe.«

WILHELM TELL – *Symbol väterlicher Rache*

Wilhelm Tell symbolisiert Dalis Schwierigkeiten mit dem eigenen Vater, der Dalis Anwesenheit in seinem Haus als eine solche Schande für die Familie betrachtete, daß er ihn am liebsten auch daran gehindert hätte, in Port Lligat zu wohnen. »Seit der Zeit«, gesteht Dali, »balancierte ich Wilhelm Tells Apfel auf dem Kopf.«[1]

Der Apfel symbolisiert für ihn eine leidenschaftlich kannibalistische Ambivalenz. Früher oder später führt diese Ambivalenz zu einer atavistischen und rituellen Wut, zum »Spannen« des Bogens der väterlichen Rache, der den letzten Pfeil auf das Sühneopfer abschießt – das ewige Thema von dem Vater, der den Sohn opfert: Saturn verschlingt seine Söhne mit dem eigenen Maul; Gott Vater opfert Jesus Christus; Abraham will Isaak schlachten; Guzman el Bueno leiht seinem Sohn den eigenen Dolch; und Wilhelm Tell zielt mit der Armbrust nach dem Apfel auf dem Haupt des Sohnes.

Als Dali das berühmte Porträt von Gala mit zwei rohen Hammelkoteletten auf den Schultern gemalt hatte, erklärte er das als einen rationalen Akt: Statt sie zu essen, entschloß er sich, ein Paar rohe Hammelkotelette zu verspeisen. Die Kotelette waren offenbar die Opfergaben einer mißlungenen Opferhandlung – wie Wilhelm Tells Apfel und Abrahams Widder[2]. Tatsächlich ist Dali schon früher von dem Symbol des rohen Koteletts heimgesucht worden. Er behauptet, daß er mit acht Jahren ein Selbstporträt mit einem rohen Kotelett auf dem Kopf gemalt habe. Das sei der Versuch gewesen, den Vater zu veranlassen, das Kotelett und nicht ihn zu essen.

Als Dali den Brief seines Vaters erhalten hatte, in dem er aufgefordert wurde, das Haus zu verlassen, fuhr er sofort nach Paris. Während er

[1] In seinem surrealistischen Film *L'âge d'or* betonte Dali das nachdrücklich.

[2] Freud weist auf ein Opfer von totemistischem Charakter in der Wüste hin, bei dem der ganze Stamm innerhalb weniger Stunden ein Kamel roh verzehrt, so daß bei Sonnenaufgang nur noch die Knochen vorhanden sind.

auf die Taxe wartete, die ihn zum Bahnhof bringen sollte, sah er den Schatten seines Profils auf einer weißgekalkten Wand. Er hob einen Seeigel auf, legte ihn sich auf den Kopf und stand in Habt-Acht-Stellung vor seinem Schatten – das war »Wilhelm Tell«.

DALIS ZÄHNE – *ein Sexualsymbol*

Selbst Dalis Schwester erwähnt seine Zähne. Sie weist auf die merkwürdige Tatsache hin, daß ihre Mutter wie auch Dali und sie selber im Oberkiefer nur je zwei Molaren statt der üblichen vier gehabt habe. Man mußte es wissen, um es zu bemerken, da die Schneidezähne so standen, daß sie das Fehlen völlig verbargen. Dali wies noch eine weitere Anomalie auf: er hat alle Milchzähne verloren bis auf zwei, und zwar die beiden mittelsten unteren Schneidezähne, die wie zwei Reiskörner sind und seine Unterlippe leicht zurücktreten lassen. Die Familie liebte diese Zähne als eine schöne Erinnerung an das Kleinkind. Der junge Salvador pflegte zu sagen, daß sie transparent seien, so daß man im Innern des einen, wenn man nur genau hinschaue, die heilige Jungfrau von Lourdes sehen könne.
Dalis Interesse an Molaren ist überschwenglich[1]; er meditiert über die eigenen:
»Keinem Zahnarzt ist es je gelungen, das Geheimnis meiner Gebißstruktur zu enträtseln, die alle Zahnärzte immer wieder veranlaßt, in Erstaunen auszubrechen – ich weiß nicht, ob vor Entsetzen oder vor schöpferischer Phantasie.« Am Schluß, so prahlt er, gratulierten ihm die Zahnärzte stets zu seiner einzigartigen Gebißbildung. »Nicht ein einziger Zahn war dort, wo er hingehörte.« Andererseits schreibt er die starke Unterentwicklung seines Kinns »dem Chaos meiner Zähne« zu.

EXKREMENTE – *das »terrorisierende« Element*

Als Dalis Gemälde *Le jeu lugubre* beendet war, rief es bei seinen Freunden erhebliche Besorgnis hervor. Eine von hinten gesehene

[1] Seine Fußnote aus dem Buch: »Die Entsprechung – mindestens eine symbolische – zwischen Zähnen und Geschlechtsorganen ist erwiesen. Im Traum bedeutet der Verlust von Zähnen, der volkstümlicherweise als Todes-Omen interpretiert wird, vermutlich eine sehr deutliche Anspielung auf Onanie. Bei gewissen afrikanischen Stämmen wird auch die Zeremonie der Beschneidung durch die des Ausziehens eines Zahnes ersetzt.«

Gestalt, aus deren Körper mit Kot beschmutzte Schubladen herausragten, war mit so peinlichem Realismus gemalt, daß sich die surrealistische Gruppe die besorgte Frage stellte: »Ist er koprophil oder nicht?«[1] Die Möglichkeit, daß Dali an dieser ekelhaften Verirrung leiden könne, rief schreckliches Unbehagen in ihrem Kreis hervor.

Gala entschloß sich, diesen Zweifeln der Surrealisten ein Ende zu machen. Über jene Frage hatten die beiden sogar ihr erstes wirkliches Gespräch. Dali schwor, nicht koprophil zu sein, obwohl er zugeben mußte, daß er die Skatologie für eins der ihn terrorisierenden Elemente halte – »genau wie beim Blut oder wie meine Phobie vor Grashüpfern«.

Kot bildete eine der ungeheuerlichsten Kindheitserinnerungen Dalis. In »Le jeu lugubre« schwelgte er nicht nur darin, diese entsetzliche Besessenheit zu malen, sondern gleichzeitig auch die meisten seiner ständigen Inbilder. Er arbeitete an dem Bild, als er von seiner ersten Reise nach Paris zurückgekehrt war; bei der Arbeit hatte er das Gefühl, daß die letzten Jahre in den Hintergrund träten – bis sie endlich verschwanden. Danach beherrschten ihn die schrecklichen Phantasien und Mythen seiner Kindheit.

Ein furchteinflößendes, immer wiederkehrendes Bild war eine kleine Eule, die auf dem Kopf von Menschen saß, die er kannte; die Eule wiederum trug Kot auf ihrem Kopf. Und all das stellte er sich bis in die winzigsten Einzelheiten vor.

Für George Orwell lassen Dalis Gemälde mit ihrer ins einzelne gehenden Darstellung seiner krankhaften Abnormitäten zwei Dinge klar hervortreten: seine sexuelle Perversität und seine Nekrophilie[2].

»Das Entscheidende ist«, sagt Orwell[3], »daß man hier einem direkten, unverkennbaren Angriff auf Anstand und geistige Gesundheit begegnet, ja sogar einem Angriff – da einige von Dalis Bildern darauf abzielen, die Phantasie wie eine pornographische Postkarte zu vergiften – auf das Leben selbst. Darüber, was Dali getan hat und was er sich dabei vorstellte, läßt sich streiten, aber in seinem Buch, in seinem Charakter fehlt selbst der mindeste menschliche Anstand... Eine ehrliche Diskussion über Obszönität ist sehr schwierig... man

[1] Im *Secret Life* widmet Dali fast eine halbe Seite der Beschreibung von spanischen Fischern, die sich unverfroren (bisweilen in ganzen Gruppen) am Strand in der Sonne entleerten.

[2] Nekrophilie: Liebe zu Toten.

[3] In *Critical Essays*, Martin Secker & Warburg, London.

müßte gleichzeitig die beiden Tatsachen vor Augen haben können, daß Dali ein guter Zeichner und ein ekelhafter Mensch ist. Das eine macht das andere nicht ungültig, es beeinflußt in gewisser Hinsicht nicht einmal...«

Im Gegensatz zu jenen, die wie Orwell eine solche Geistesverfassung empörend, pathologisch, schmutzwühlerisch usw. finden, hat David Gascoyne eine völlig andere Ansicht. Er ist heute vielleicht der beste Interpret der surrealistischen Welt, ihrer Lebensweise, ihrer Bewohner und ihres Geistes; in seinem Buch über den Surrealismus[1] antwortet er den Kritikern:

»Wir können nicht sagen, ob die drei großartigen Bilder – Kot, Blut und Fäulnis – nicht gerade die ersehnten ›Schatzinseln‹ verbergen. Als Kenner von Inbildern haben wir längst gelernt, das Inbild des Ersehnten in Abbildern des Entsetzens, ja sogar die Wiedererweckung ›goldener Zeitalter‹ in schändlich skatologischen Abbildern zu erkennen.«

Er fährt fort: »Wie jeder Psychologe weiß, liebt das Kind seinen eigenen Kot, bis es *gelernt* hat, daß er schmutzig ist. Nur wenn wir die willkürlichen Konventionen, Dogmen und Gesetze, aus denen sich unsere Zivilisation zusammensetzt, genau kennen, dürfen wir hoffen, es besser zu machen, wenn die Gesellschaft der Zukunft gebildet werden soll. Jene, die immer so schnell bereit sind, Schande zu rufen, offenbaren damit selten etwas anderes als ihre eigenen Neigungen.«

Dalis Interesse an dem scheußlichen Thema ist noch nicht erloschen. Bei seiner Ankunft aus Amerika in Frankreich im Mai 1957 verkündete er mit der üblichen Feierlichkeit, daß er eine Erklärung über seine neue Schrift abzugeben habe – die auf die anhaltende Beschäftigung mit Exkrementen hinwies. Wie im Pariser *Artaban* berichtet wird, beschrieb er seine letzten Visionen. Während der beiden ersten Tage der Schiffsreise schlief er ohne Unterbrechung und hatte dabei zahlreiche Visionen. An jedem der folgenden drei Tage schrieb er eine Geschichte, in denen er diese Vision übersetzte. Er schilderte sie auf folgende Weise:

»Es sind drei Geschichten von Verrückten. Drei Formen der Verrücktheit, die ich selbst vor zwanzig Jahren in Spanien bemerkt und beobachtet habe, in einem Gebiet, wo es viele Verrückte gleich mir gibt – Menschen, die verrückt nach Genauigkeit sind. Natürlich aus eigenem Willen. Man wird von der Genauigkeit meiner psychopatho-

[1] Cobden-Sanderson, 1935.

logischen Darstellungen überrascht sein. Und zwar sind zwei Männer verrückt nach Keuschheit und eine Frau nach Sauberkeit.
Dies Buch wird die erste Abhandlung[1] auf der Welt über menschliche Exkremente darstellen. Exkremente haben mich immer fasziniert. Sie werden machtvoll von der Struktur der Seele verändert (daher der Geruch der Heiligkeit etc.). Ich habe sehr eindrucksvolle Menschen unter Verrückten kennengelernt, vor allem nach epileptischen Anfällen.
Mein Buch wird durch die Typographie erläutert werden: gewisse Anordnungen und Verweisungen werden Informationen über Menge, Gestalt und Ort der Exkremente bieten. Außerdem wird das Buch Reproduktionen von abstrakten Malern und von Velasquez enthalten.«
Eine weitere fixe Idee, mit diesem Interesse am Kot verwandt, ist seine Nekrophilie – von der er jetzt geheilt zu sein behauptet. Totengesichter, verwesende Tierkadaver, Schädel, Ameisen, die Fledermäuse fressen, das alles kehrte dauernd in seinen Werken wieder. Die unretuschierte Fotografie (eine surrealistische Konstruktion) eines in einer Taxe verwesenden Mannequins, die er in sein Buch aufgenommen hat, zeigt das grausig aufgedunsene Gesicht und die Brust eines scheinbar toten Mädchens. Dali betont dabei, daß die riesigen Schnecken, die auf ihr herumkriechen, zu der »eßbaren Art« gehören.
Vielleicht vermag nur ein Arzt in die paranoische Welt von Dalis Geist hineinzublicken und die Gründe zu nennen. George Orwells Essay über Dali war ursprünglich verboten worden, weil er Dalis Verirrungen so ausführlich beschrieb; seiner Ansicht nach war Dalis Obszönität ein erschütterndes Symptom für die Krankheit der Welt; Bilder wie »Mannequin, in einer Taxe verwesend« seien krankhaft und widerlich – »jede Untersuchung muß mit dieser Tatsache beginnen«.

GRASHÜPFER – *das Vater-Inbild*

Andere sind von Grashüpfern und fliegenden Insekten erschreckt worden, ohne ein dauerndes Trauma davonzutragen, doch für Dali ist dieses Insektentier tatsächlich eine weitere Substitution für den Vater, der so viele seiner kindlichen Begierden durchkreuzte. Für Dali

[1] Ein umfassendes Buch *Scatological Rites of all Nations* von John G. Bourks, Washington, 1891, existiert bereits (neben zahlreichen andern).

ist der Grashüpfer Symbol der Furcht (vor der Zucht und vor dem Vater); die ständige Wiederkehr dieses Insekts auf seinen Bildern hat deutlich psychotische Anklänge.

Als er noch sehr klein war, entzückten ihn Grashüpfer; erst als er in das Gesicht eines kleinen schlüpfrigen Fisches blickte – das Tier »geiferte« –, stellte er mit Entsetzen fest, daß der Fisch das gleiche Gesicht wie ein Grashüpfer habe. Plötzlich wurden alle Grashüpfer zum Gegenstand des Schreckens für ihn; seine Kameraden fanden es heraus und hatten ihren Spaß daran, lebendige Grashüpfer nach ihm zu werfen. Hysterisch und heftig erregt, rannte er in wahnsinniger Geschwindigkeit vor seinen Spielgefährten davon.

Er ging gern hinaus in die Felder, lag in der Sonne und träumte, bis die Grashüpfer begannen, über ihn hinwegzuspringen; er haßte und fürchtete sie, weil sie ihm dieses Vergnügen zerstörten. »Mein Vater störte mich ebenfalls in vielen meiner Wünsche. Er war Notar und hatte strenge, altmodische Vorstellungen; er wollte nicht, daß sein Sohn Künstler würde. Ich wuchs heran und haßte ihn; in meinem Geist ersetzte ich sein Bild durch einen Grashüpfer.«

Noch als er erwachsen war, hielt das Entsetzen an. Während er die folgenden Zeilen schrieb, lief ihm ein Schauer über den Rücken: »Wenn ich am wenigsten daran denke, springt der Grashüpfer! Entsetzen aller Entsetzen! Entsetzen, Nachtmahr, Folterknecht und halluzinatorische Narrheit in Salvador Dalis Leben... Wenn ich heute am Rande eines Steilhanges stände und mich ein großer Grashüpfer anspränge, um sich auf meinem Gesicht festzusetzen, würde ich mich lieber in den Abgrund stürzen, als dieses schreckliche ›Ding‹ zu ertragen.«

Da Grashüpfer einen Teil der Literatur von Dalis Bildern ausmachen (und man weiß, welche Entsetzensschauder die bloße Erwähnung dieser kleinen springenden und fliegenden Tiere in Dali hervorruft), fragt man sich, wie Dali die masochistischen Anfälle jedesmal erträgt, wenn er sie so peinlich genau malt – und es immer wieder tut.

FLIEGEN – *Symbol der Beweglichkeit*

Über Dalis Philosophie von den Fliegen gibt es unzählige Zitate von ihm. Während einer Periode amüsierte er seine Freunde bei Tisch gern damit, daß er auf seine leere Stirn zeigte und herzlich von seinem »ständigen Freund«, seiner »Lieblingsfliege« sprach, die an seiner linken Schläfe sitze.

Im Gegensatz zu den wimmelnden Ameisen, die auf den meisten seiner Gemälde als eine Art von gräßlichem Warenzeichen erscheinen, sind die Fliegen ein mehr theoretischer Ideen-Fetisch. Er *spricht* von ihnen. Seiner Ansicht nach gehören Fliegen ausschließlich zum Besitz der Intellektuellen; wenn in einer beliebigen Küstenstadt ein »großer Geist« lebt, dann hat dieser Mann laut Dali »ziemlich sicher seinen eigenen Fliegenschwarm«. (Dieser Umstand muß für jeden Mann schmeichelhaft sein, da schon die Griechen – und insbesondere Sokrates – gern einen eigenen Fliegenschwarm hatten.)

Immer wenn Dali nach Port Lligat zurückkehrt, ist er besonders glücklich, wenn er von »seinen Fliegen« begrüßt wird; und wenn sie um ihn herumsummen und ihn reizen, ist er noch glücklicher; ärgert er sich jedoch darüber, dann ist das ein sicheres Zeichen dafür, daß seine Phantasie nicht funktioniert.

»Der beste Augenblick ist der, wenn viele Fliegen um mich herumschwirren«, erklärt er ernsthaft, »dann arbeite ich gut. Die Fliegen in Port Lligat sind sehr saubere Fliegen; sie leben auf der silbernen Seite der Olivenblätter an den Ölbäumen – anders als die schmutzigen Stadtfliegen mit ihren gelben Bäuchen.«

Als er einmal am Schwimmbecken eines Hotels in Beverly Hills in Kalifornien saß, kam eine seiner kleinen Lieblingsfreundinnen zu ihm herübergesummt. Jemand nahm eine Flitspritze und tötete sie. Dali war untröstlich. Für ihn bedeutete es kein geringes Verbrechen, ein Geschöpf zu töten, das *Beweglichkeit*, *Leben* und das *Unerwartete* symbolisiert.

Als ich ihn einmal fragte: »Dali, was ist das Geheimnis Ihres Erfolges?«, erwiderte er: »Dafür zu sorgen, daß die richtige Fliege den richtigen Honig am richtigen Ort und zur richtigen Zeit bekommt.«

JASMIN – *der Dandy-Zug*

Dalis Lieblingsblüte erscheint immer wieder auf seinen Gemälden; jahrelang hat er sich nie fotografieren und ebensowenig von Besuchern in Port Lligat sehen lassen, ohne daß er eine Blüte sorgsam hinter das Ohr gesteckt hatte. Dies befriedigt seine narzißtische Ader. Außerdem gefällt es ihm, daß ihre Struktur genau der des Seeigels entspricht.

SPAZIERSTOCK – *Symbol des Glücks*

Der Spazierstock aus Rhinozeroshorn, den Dali schwingt, daß es nur so eine Art hat – er ist niemals ohne ihn[1] –, enthält in seinem schlanken Schaft »all mein Glück«. Und für die Rhinozerosse, von denen er stammt, hat er eine Leidenschaft – »sie sind die Symbole des Bösen«. Doch wie jeder weiß, bilden die gemahlenen Hörner des Rhinozeros ein prächtiges Aphrodisiacum, das im Fernen Osten allgemein benutzt wird. Und der Stock ist auch als phallisches Symbol dargestellt worden – genau wie Ruten, Baumstämme, Schirme etc.

SEEIGEL – *Bild des Universums*

Dali bezeichnete dieses auf seiner Speisekarte, seinem Schmuck und seinen Bildern immer wiederkehrende Seetier einmal als »vollendeten Fanatiker, den einen, vollkommensten Mikrokosmos«. Und was den Nährwert betrifft: »Seeigel sind gut geeignet, um systematisch Delirium hervorzurufen.«
Alle Schalentiere entzücken Dali; es würde ihm sehr schmeicheln, wenn er wüßte, daß sein früheres Idol diese Begeisterung teilt – doch aus ganz andern Gründen. Sigmund Freud, der *Neurologe*, ist vielleicht allzusehr hinter Freuds Ruhm auf andern Gebieten zurückgetreten; doch in den Jahren 1878 bis 1881 brachte Freud viel Zeit mit der Erforschung des Nervengewebes des Krebses zu – das Studium dieser Nervenzellen trug zweifellos zu Freuds späterer Einstellung zur Genetik bei. Vielleicht hat Dali ein surrealistisches Wissen von der Bedeutung der Schalentiere; doch sein Interesse ist ausschließlich fetischistischer Natur.

GÄNSEHAUT – *der »Gipfel des menschlichen Glaubensbekenntnisses«*

Präparierte Seeigel haben eine »Gänsehaut«, erklärte Dali mir eines Tages beim Abendessen in Port Lligat. Seeigel – herrlich getrocknet und leicht transparent – lagen in schöner Regelmäßigkeit auf dem Absatz der weißgestrichenen Wand hinter uns. »Ich bekomme eine Gänsehaut, wenn ich mit einer Gabel über Marmor kratze... und wenn ich es tue, ist das ganze Universum gegenwärtig, die Spitzenklöpplerin und das Rhinozeros, alles.«

[1] Vielleicht denkt Dali an Gauguin, der wegen seines Spazierstocks – mit exotischen Figuren darauf – in Paris berühmt war.

Freud zählt alles Haar zu den fetischistischen Sexualobjekten. Doch abgesehen von den phallischen Anklängen des spitz ausgezogenen Schnurrbarts (der nach Freud das männliche Glied vertritt) zu beiden Seiten von Dalis Nase ist dieses haarige Schaustück ebenso Produkt der Eitelkeit wie Fetisch. Auf alle Fälle ist der Schnurrbart Dalis die am wenigsten schockierende Manie – sie verursacht mindestens ebensoviel Belustigung wie Entsetzen.

Der Schnurrbart an sich ist ein harmloses Objekt der Männlichkeit. Er verlor seine allgemeine Verbreitung, als er im zwanzigsten Jahrhundert zum Phänomen und zum wohlbekannten Etikett von Männern wie Kaiser Wilhelm, Hitler und Stalin wurde. Vor ihnen erfuhr schon Delilah die Macht des Haars, der auch die Bibel große Bedeutung beimaß. Plato und Leonardo da Vinci konnten für sich in Anspruch nehmen, die dichtesten Augenbrauen der Welt zu besitzen (die von Leonardo nahmen ihm beinahe die Sicht).

Schließlich verdrängte die Zeit das Haar auf der Oberlippe. Die Geschichte-Macher, die Hitler und Stalin ersetzten, rasieren sich die Lippen; sogar Charlie Chaplin unterwarf sich dem Rasiermesser. Dali jedoch entschloß sich, die Krone zu erben.

Als Philippe Halsman Dalis Schnurrbart sah, »erkannte er, daß dieser große Maler zum großen Schnurrbart unserer Zeit geworden« sei – eine Entdeckung, die zu stundenlangen Experimenten führte, aus denen ein winziges Foto-Buch, *Dalis Moustache*, entstand. In diesem Buch konnte Halsman einen seiner Lieblingsträume verwirklichen – »ein Werk von überlegener Absurdität zu schaffen«.

Als Halsman das Buch einer befreundeten Schauspielerin zeigte, rief sie verwirrt und beunruhigt aus: »Aber nein! Ein Schnurrbart mit Tendenz! Ist so etwas Absurdes denn möglich?«

»Ist das dein Ernst?« fragte Halsman glücklich. »Oder willst du uns nur schmeicheln?«

Ein Buch von solch absichtlicher Lächerlichkeit schadete Dalis Ansehen als Maler und erfüllte seine Hauptsammler vermutlich mit Entsetzen. Im Nachwort zu dem Buch erklärt Halsman, Dali habe gewußt, daß das der Fall sein würde, habe es jedoch nicht ändern können. »Er schuldete das Buch seinem Schnurrbart. Wissen Sie, die beiden hängen sehr aneinander.«

Dali nennt das Haar auf seiner Oberlippe niemals einen Schnurrbart; es sind Fühler. Er gibt auch zu, daß diese Bezeichnung nicht originell sei. Im siebzehnten Jahrhundert erklärte Laporte, Erfinder der »Natürlichen Magie«, daß Augenbrauen wie Schnurrbart haarige Fühler mit der Fähigkeit seien, schöpferische Inspiration einzufangen. (Dali hält die Fühler der Insekten sogar für noch großartiger – »ihr instruktives Leben ist verfeinerter«.)

Über die seinen gibt er genau Auskunft – die *Länge*: »über drei Zoll«; die *Persönlichkeit*: »Tagsüber ist er immer fröhlich, doch nachts ist er betrübt. Am Abend ist er melancholisch«; die *Bedeutung*: »Mein Schnurrbart ist mein Radar. Er zieht Ideen aus dem Raum«; der *Wert*: »Große Maler bedürfen eines üppigen Schnurrbarts wie des meinen. Die Spitzen müssen bis dicht unter die Augen reichen, damit man die rechte Perspektive erzielt.« Außerdem ist er ein Staubfänger, »der den Staub davon abhält, auf der Leinwand oder in meiner Nase oder im Mund zu landen«. Lichtveränderungen hinter seinem Rücken zeichnen sich auf den Schnurrbartenden ab; sogar Sonnenuntergänge werden, wie Dali behauptet, durch das Aufleuchten von zwei winzigen Kirschen an den Spitzen angekündigt. Der Schnurrbart ist außerdem eine Gelegenheit zur Entspannung für Dalis nervöse Finger – vielleicht sein Substitut für das Rauchen.

Als er den Auftrag erhielt, Sir Laurence Oliviers Porträt zu malen (man sagt für zweitausenddreihundert Pfund Sterling), schnitt er sich den Schnurrbart ab und verkündete: »Ich brauche die Vibration der Fühler nicht, wenn ich sachlich male.«

Freunde, die die Wichtigkeit dieser Angelegenheit erkennen, geben Tagesberichte aus: am Morgen nach einer riesigen Party, die der Neffe des Marqués de Cuevas in Paris für Dali gegeben hatte, erklärte ein Freund, der mit Dali draußen gewesen war und frische Luft geschöpft hatte, einem Reporter: »Ich habe mitzuteilen, daß seine rechte Schnurrbarthälfte, obwohl wie üblich stark gewachst, schlecht gebogen war.«

HOLZ – *der »reine Dalinische Fetisch«*

Dali behauptet, mit einem kleinen Stück Holz alle Manien, Tricks und neurotischen Riten beseitigt zu haben, die ihn früher bedrückt hätten. Er fand ein besonderes Stück Holz, als er mit Gala zwischen den Felsen am Kap Creus dahinwanderte – »unter außergewöhnlichen Umständen«. Seit dem Tage ist er nie ohne diesen gehüteten Fetisch gewesen – den er mehrmals verloren und wiedergefunden hat: einmal verlor er ihn im Covent Garden in London (er wurde am

nächsten Tag wiedergefunden); einmal im Hotel St. Moritz in New York, wo er mit der Bettwäsche hinausgetragen wurde. Die Wäscherei mußte am nächsten Tag alles genauestens durchsuchen, bis das Stück Holz, dessen Vorhandensein für ihn zur Zwangsvorstellung geworden war, endlich gefunden wurde.
Sobald er es berührt, läßt selbst die quälendste Angst nach. »Seit 1931, als ich mein Stück Holz gefunden habe, bin ich von allen Manien und Riten befreit. Ich kann alles tun, was ich will, vorausgesetzt, daß mein Holzfetisch bei mir ist...«

TREPPEN – *ein weiteres sexuelles Symbol*

In dem Kapitel über den jungen Salvador wurden Dalis Jugend-Besessenheiten eingehend besprochen. Seine bemerkenswerteste Manie war der unstillbare Drang, sich von Mauern, Brüstungen und hohen Plätzen herunterzustürzen – was er oft tat, wenn er die Selbstbeherrschung verlor. Wenn Dali auch keine Träume erwähnt, in denen er Treppen hinunterfällt, behauptet Freud, daß Traumgedanken und ihre Übersetzungen leicht zu vergleichen und miteinander in Beziehung zu bringen seien. So sagt er in *Traumdeutung:* »Steile Hänge, Leitern und Treppen, das Hinauf- und Herabsteigen darauf, sind symbolische Repräsentationen des Geschlechtsakts...«
Freud berichtet, daß ein Psychologe, der mit der Psychoanalyse nicht vertraut war, die verborgene sexuelle Bedeutung, die den Träumen von Psychoanalytikern zugeschrieben wird, für übertrieben hielt; dabei habe er seinen eigenen häufigsten Traum – das Ersteigen von Treppen – erwähnt und erklärt, daß sich ganz gewiß nichts Sexuelles dahinter verberge. Auf diesen Einwand hin habe Freud seine Aufmerksamkeit besonders auf das Erscheinen von Treppen, Leitern und Stufen im Traum gerichtet und festgestellt, daß Treppen und alles Ähnliche unbezweifelbar ein Symbol des Geschlechtsakts darstellten. Man brauche dabei nur an die entsprechenden Ausdrücke der Umgangssprache zu denken.

DAS RHINOZEROS, DAS HORN UND DER BLUMENKOHL – *die »Delirium«-Zeichen*

Im Mai 1955 lud Dali die Pariser Presse zur Vorstellung eines Trios ein: das Rhinozeros, das Horn und die Spitzenklöpplerin (jenes schönste Gemälde des von ihm verehrten Vermeer). Daß sie alle zusammengehörten, war eine ziemlich surrealistische Behauptung. Er hatte sich zu einer surrealistischen Behandlung entschlossen (von der Presse stark beachtet). Dazu wählte er den Pariser Zoo in Vincennes; dort in der steinernen Szenerie des Rhinozeroshauses »erklärte« er, wie seine drei Komplexe begannen:

Er sei neun Jahre alt gewesen und habe im Arbeitszimmer seines Vaters in Figueras gesessen, wo eine große Reproduktion von Vermeers berühmtem Gemälde »Die Spitzenklöpplerin« hing. Er erinnere sich noch lebhaft, daß er »plötzlich einen peinigenden Schmerz« im Ellbogen verspürt habe; das sei, wie er erklärte, von den Brotkrumen gekommen, auf denen sein Arm lag. Blitzartig ließ der Schmerz ein Bild vor ihm aufzucken: die *Nadel!* Ja, es war die Nadel in der Hand der Spitzenklöpplerin.

Für Dali kann eine Nadel das gleiche sein wie ein Rhinozeroshorn; daß Nadel und Horn die gleichen Sexualsymbole sind, wird allgemein anerkannt; doch in seiner Erklärung wird es ignoriert. Für Dali – wenn auch wohl für sonst niemand – ist eine das ganze Leben anhaltende Verbindung zwischen einem Schmerz im Ellbogen, der Nadel in der Hand einer Spitzen klöppelnden Dame auf dem Gemälde, das er in jenem Augenblick im Zimmer seines Vaters sah, und dem Horn eines Rhinozeros durchaus logisch!

Schon als kleiner Junge, berichtete er weiter, sei er in den Besitz eines Spazierstocks aus Rhinozeroshorn gelangt. Und dieser Stock habe ganz natürlich dazu geführt, daß er Rhinozeroshörner malte (»in logarithmischen Rhythmen«), sobald er an die »Spitzenklöpplerin« dachte.

Diese gekrümmten Gegenstände auf seinen Bildern hätten ihn ganz natürlich – und automatisch – zum Blumenkohl geführt, den er jetzt sofort sieht, sobald er Vermeers Gemälde betrachtet[1]. Für ihn ist der Sprung von der kleinen Spitzenklöpplerin zu einem Rhinozeroshorn ebenso leicht wie die Verwandlung dieses Horns in eine Sonnenblume und schließlich in das Muster der Röschen in einem Blumenkohlkopf.

Dali malte in Gegenwart der Presseleute im Pariser Zoo eines seiner damals häufigen logarithmischen Bilder von Rhinozeroshörnern, die nach allen Richtungen in den Raum stürzten – um ihnen zu zeigen, wie sein Geist diese Hörner mit der Nadel in der Hand der Spitzen-

[1] Diese logarithmischen Rhythmen scheint Dali zweckmäßigerweise vergessen zu haben, als er das Bild wenige Jahre später gegen ein Honorar von zehntausend Dollar für Mr. Lehman kopierte.

klöpplerin in Verbindung bringt. Eine ungeheure Reproduktion der »Spitzenklöpplerin« hing wie ein Schild zwischen ihm und dem Rhinozeros (auf hohen Steinen, um ihn vor dem Tier zu schützen). Um seine »Kur« vor dem Publikum zu beenden, pinselte er das Bild in rasendem Tempo herunter und streckte einen ungeheuren spitzen Stock in die Luft, der wie ein Narwal-Zahn aussah. Dann verkündete er den Journalisten erleichtert, daß er nun endlich von seinem Komplex geheilt sei – dank einem Heilmittel, das er ausschließlich selber erfunden habe: der »paranoisch-kritischen« Methode.

Ein halbes Jahr später wählte Dali den Chemie-Hörsaal der Sorbonne zu Paris, um vor einem andern Publikum zu beweisen, daß alles mit einem Rhinozeroshorn beginnt und in einem Blumenkohl endet. Diesmal sprach er hauptsächlich vor erregten Studenten. Mit schimmernd schwarzem Haar, der Schnurrbart wie zwei Blitzableiter in die Atmosphäre hinaufstrebend, war Dali in ausgezeichneter Form.

Diese Vorführung wurde am 17. Dezember 1955 im *Figaro* unter der Schlagzeile »Salvador Dali (ohne zu zwinkern)« beschrieben:

»Begrüßt von einer lärmenden Menge, die ihn mit Papiergeschossen und lauten Schreien wie von wilden Tieren attackierte, zeigte sich Salvador Dali gestern abend in der Sorbonne – vorauf schritten Serge Lifar und zwanzig Zentimeter von Dalis Schnurrbart.

Der genialste Mann unserer Welt und vermutlich auch der größte auf dem Mond stieg aus einem mit Blumenkohlköpfen gefüllten Rolls-Royce[1] und richtete eine seiner ›delirantesten Mitteilungen‹ an das französische Volk: ›die intelligenteste Rasse der Welt hat ein gutes Schmelzstadium erreicht, das in hypergelatinösen Ungewißheiten besteht – wirklich sehr rational‹... Er und Picasso sind die einzigen absoluten Genies von monarcho-kosmogonischer Art, die die Franzosen beeindrucken können.

›Alle Emotionen dringen durch den Ellbogen in mich ein. Ich bin ein Paradisiker – ein Paranoiker; man kann mich nur mit dem Antiproton vergleichen. Dies ist eine bacchische Promiskuität, die mich vernünftigerweise dazu führt, eine Morphologie zu besitzen, die der der Sonnenblume und des Blumenkohls vergleichbar ist, eine Morphologie, die mit Vermeer begann und durch das Rhinozeroshorn schritt.‹

[1] Ein offener weißer Wagen, den ihm Georges Mathieu geliehen hatte.

Die Versammelten begrüßten ihn mit Entzücken, mit Schreien und Pfiffen und Fußetrampeln und beruhigten sich erst, als Dali mit seiner berühmten Stimme verkündete:
›Alles beginnt mit dem Horn des Rhinozeros! Alles! Jeder Teil der Spitzenklöpplerin von Vermeer! Alles endet im Blumenkohl!‹
Darauf erklärte er, daß Raffael neuplatonische Hörner im Herzen von Sonnenblumen gemalt habe – und auf dem Rücken des Rhinozeros könne man diese nun sehen. Mit Lichtbildern bewies er, daß es wirklich neomystische Sonnenblumen gebe. Alles schwankte, und das Antlitz von Jean Cocteau wurde weiß.
›Die Blumenkohlköpfe sind in dieser Jahreszeit zu klein. Im Frühling jedoch, wenn ich erst einen ungeheuer großen gefunden habe, wird, dafür gebe ich Ihnen mein Ehrenwort als Spanier, alle Welt die Spitzenklöpplerin in seinen Röschen sehen.‹
Auf dieses wichtige Ereignis wird man mit Begeisterung warten. Vierhundert Personen, die keinen Platz im Hörsaal der Sorbonne fanden, hoffen enthusiastisch auf ein glücklicheres nächstes Mal. Dali sagte, er wolle seine Vorlesung unverzüglich noch einmal halten.
Er lächelte nicht einmal. Salvador, du bist ein großer *Valsador*[1].

RANDAL LEMOINE.«

»Um diesen Übergang zu finden, muß man wirklich was im Schädel haben«, schloß eine andere Zeitung, *Le Monde*, »das war bestimmt die Ansicht des Publikums, das die Ausgabe für die Eintrittskarten offensichtlich nicht bereute. Als man den Hörsaal verließ, war man überrascht, daß Straßenlaternen immer noch Straßenlaternen und Omnibusse Omnibusse waren.«
Dem Journalisten Art Buchwald blieb es vorbehalten, in seinem »PS. Aus Paris«[2] noch einen weiteren Gesichtspunkt beizubringen. Ich zitiere aus seinem Artikel die Bemerkungen über »Der Blumenkohl, das Rhinozeros und Salvador Dali«:
»Salvador Dali ist für eine Woche in Paris, ehe er nach den Vereinigten Staaten weiterreist, um sein Gemälde im Riesenformat ›Das Letzte Abendmahl‹ auszustellen. Als wir ihn im Ritz sprachen, war er sehr erregt, weil er eine Entdeckung von ›ungeheuren Ausmaßen‹ gemacht habe. Mr. Dali erzählte uns: ›Die drei größten Ereignisse des Jahres sind meiner Ansicht nach die Verkündigung von der Vision

[1] Ein Wortspiel mit den Buchstaben von Dalis Vornamen; es bedeutet im Spanischen flinkfüßig oder Walzertänzer.

[2] In der *New York Herald Tribune* vom 17. Dezember 1955.

des Papstes, die Entdeckung des Antiprotons und meine wissenschaftliche Entdeckung über die Beziehung zwischen Vermeers Gemälde »Die Spitzenklöpplerin« und einem Rhinozeroshorn.‹

›Was für eine Beziehung ist das?‹

›Viele Jahre lang haben die Leute das Gemälde von Vermeer betrachtet und geglaubt, es sei eine friedliche ruhige Szene von einer Frau, die Spitzen klöppelt. Doch ich habe mir das Gemälde angesehen und gefühlt, daß es eine gewaltige Aussage zu machen hat. Ich konnte nicht feststellen, warum das erst in diesem Jahr geschah. Dann entdeckte ich, daß »Die Spitzenklöpplerin« die gleiche Kraft besitzt wie ein Rhinozeros. Vorigen Sommer nahm ich eine Kopie des Gemäldes mit in den Bois de Vincennes und hielt sie einem Rhinozeros hin. Ich bewies, daß meine Theorie richtig war.‹

›Wie haben Sie das bewiesen?‹

›Ich stellte fest, daß »Die Spitzenklöpplerin« aus logarithmischen Spiralen bestand; und ein Rhinozeros ist eine vollkommene logarithmische Spirale. Niemand hatte das entdeckt. Ich war der erste, der es herausfand.‹

›Aber was hat das mit Ihnen zu tun?‹

›Ich entdeckte plötzlich, daß ich auf meinen Gemälden ebenfalls Rhinozeroshörner verwendet habe – aber unbewußt. Auf jedem einzelnen meiner Bilder werden Sie ein Rhinozeroshorn finden.‹

›Aber wird Sie das nicht bei der Arbeit stören, da Sie es jetzt wissen?‹

›Im Gegenteil‹, sagte er. ›Nun, da ich es weiß, kann ich Gebrauch von dieser Form machen. Sie wird zur Basis meiner Ästhetik werden.‹

›Sind Sie von Ihrer Theorie überzeugt?‹ fragten wir ihn.

›Ich würde gern noch ein weiteres Experiment machen. Ich möchte einen Blumenkohl über die »Spitzenklöpplerin« legen. Wenn der paßt, werde ich wissen, daß ich recht habe.‹

›Und warum tun Sie's nicht?‹

›Ich kann keinen Blumenkohl finden, der groß genug ist. Es gibt keinen Blumenkohl, mit dem ich das Experiment machen kann.‹

›Wie erklären Sie die Rhinozeroshörner, die Sie auf Ihren Gemälden fanden?‹

›Die Gründe sind unbekannt. Ein Psychiater hat ein Jahr daran gearbeitet, um es ausfindig zu machen. Heute abend halte ich einen Vortrag in der Sorbonne, und nach meiner Ansprache wird er die psychiatrischen Gründe für mein Werk erklären. Viele Menschen halten mein Werk für phallisch, aber ich glaube, daß phallische Symbole gerade das Gegenteil von dem darstellen, was sie zu sein scheinen. Für mich ist die Tatsache, daß ich Rhinozeroshörner verwende, ein Zeichen, daß mein Werk voll Keuschheit und Jungfräulichkeit ist. Das Einhorn ist das Symbol der Keuschheit. Ich glaube, mein Werk ist ebensosehr vom Einhorn wie vom Rhinozeros inspiriert.‹

Mr. Dali verbindet seine Rhinozerostheorie mit seiner Delirientheorie. ›Das Delirium ist in meinem Leben immer sehr wichtig gewesen. Für mich ist das Delirium der einzige Weg, die Wahrheit zu erfassen. Jeder besitzt die Kräfte des Deliriums, doch die meisten Menschen ersticken ihre deliranten Gedanken zugunsten einer logischen und rationalen Denkweise. Ich betrachte das Delirium als heilig. Meiner Ansicht nach gründet sich meine ganze Persönlichkeit auf meine deliranten Gedanken, die ich für schöpferische Leistungen nutze.‹

Wir erklärten Mr. Dali, wir wollten hoffen, daß er seinen Blumenkohl fände, und er erwiderte: ›Es ist nicht wichtig; ich habe jetzt genügend wissenschaftliche Beweise.‹«

DALI KONTRA MILLETS »L'ANGÉLUS«

Eine der beunruhigendsten fixen Ideen Dalis beschäftigt sich mit dem »*Angélus*«, jenem frommen Bild von Jean François Millet, das der Louvre von einem französischen Sammler geerbt hat; der Sammler bezahlte im Jahr 1885 fünfundachtzigtausend Pfund Sterling dafür.

Die Welt hat »*L'Angélus*« immer als das fromme Bild zweier Gestalten betrachtet, die sich in demütigem Dankgebet neigen. Für Dali enthält das Bild nicht das mindeste an Frömmigkeit; er interpretiert die Legende drastisch als ein ungeheuerliches Beispiel getarnter sexueller Verdrängung. Er sieht einen Mann und eine Frau, die ihre erotische Leidenschaft hinter einer durchtriebenen malerischen Tarnung vor den Blicken verbergen – ein Bild, das genau das Gegenteil von dem scheinbar Religiösen meint, was es zeigt.

Mindestens seit den frühen dreißiger Jahren hat Dali dieses Gemälde nicht betrachten können, ohne darauf (gleichsam hellseherisch) die unterbewußte Macht zu sehen, die, wie *er* behauptet, das absolut Paranoische bei Millet sei. Er kam zu diesem Ergebnis, indem er seine eigenen paranoisch-kritischen Maßstäbe der Interpretierung anlegte.

Er findet die Aufdeckung der sexuellen Verdrängung im »*Angélus*« nicht deprimierend, da er wie alle Surrealisten die Sublimierung nicht für einen guten Weg hält. Er hat die Leidenschaft immer der Zurückhaltung vorgezogen. Nach Dalis Ansicht sind die erotischen Instinkte, die in Millets andern Werken[1] unmaskiert bleiben, im »*Angélus*« nur getarnt. Jahrelang hat Dali Bilder gemalt, die seine fixe Idee hinsichtlich des »*Angélus*« beweisen. Das bekannteste Beispiel ist sein »Porträt Galas« im Museum of Modern Arts in New York, auf dem seine verzerrte Vorstellung vom »*Angélus*« hinter Gala als Bild an der Wand hängt. Wenn Dali Millet nachahmt, stützt er sich, wenn irgend möglich, auf Freud, um sich selbst zu rechtfertigen (genauso übrigens auch bei seiner fixen Idee hinsichtlich Leonardo da Vincis »Mona Lisa«). Sigmund Freuds Enthüllungen über das, was er die offene oder versteckte homosexuelle Neurose bei Leonardos »Jungfrau auf dem Schoß der heiligen Anna« nennt, hat Dali entlehnt und wendet sie an, um seine eigenen Entdeckungen beim »*Angélus*« und bei der »Mona Lisa« zu stützen[2].

Einmal sagte er zu einem Reporter: »Die Mona Lisa ist das vollendete Beispiel der Anziehungskraft des Widerwärtigen. Leonardo besaß einen sehr ausgesprochenen Ödipuskomplex, und diese Frau – eine Mutter –, das Lächeln dieser Frau ist nichts anderes als eine lüsterne Einladung.«

Diese fixe Idee begann bereits in seiner Kindheit, als er glaubte, die beiden Gestalten des *Angélus* in einem Doppelbild zwischen den Zypressen vor dem Fenster des Klassenzimmers im Zwielicht zu sehen. Das Bild verschwand, wie er behauptet, völlig, bis er 1929 wieder eine Reproduktion des *Angélus* sah, die ihn mit dem gleichen Unbehagen und der gleichen emotionalen Unruhe erfüllte.

Er entschloß sich, das Phänomen zu »analysieren«; nachdem er seine Theorien über »*L'Angélus*« in Beispielen, Bildern und Gedichten entwickelt hatte, schrieb er schließlich einen endlos langen Essay, um

[1] Das ist vermutlich begründet, wenn man an Millets brutal laszive Zeichnungen denkt, die man in »*Die großen Meister der Erotik*« von Albert Fuchs, Verlag Albert Langen, München, findet; vgl. James Thrall Soby in *After Picasso*.

[2] Nicht nur die heilige Jungfrau, sondern auch alle andern Bilder Leonardos quälen Dali. In einem Vorwort, das er für den Katalog einer Ausstellung seiner Werke in der Galerie Julien Levy geschrieben hat, erklärte er, Leonardo selbst sei ein authenthischer Erneuerer paranoischer Malerei, da er seinen Schülern empfohlen habe, der Inspiration wegen sollten sie »in einer bestimmten Geistesverfassung die unendlichen Formen der feuchten Flecke und Risse in der Wand betrachten, damit sie sähen, wie sich aus dem Verworrenen und Amorphen die klaren Konturen des eingeweidehaften Tumults einer imaginären Reiterschlacht in den Blick höben«.

es ein für allemal zu erledigen. Es sind Hunderte von Seiten vorhanden, auf denen Dali seine Vorstellungen über »den tragischen Mythus von Millets ›*Angélus*‹« niedergelegt hat. Ein Aufsatz in fast unverständlich paranoischem Idiom wurde 1933/34 in *Minotaure* veröffentlicht. Ein weiterer, der in die *Documents Surréalistes*[1] von Maurice Nadeau – die Bibel der surrealistischen Gruppe – aufgenommen wurde, ist ein vollendetes Beispiel für Dalis paranoische Fähigkeiten. Er beginnt mit folgender erstaunlichen Feststellung:
»Schön wie eine Zufallsbegegnung einer Nähmaschine und eines Regenschirms auf dem Seziertisch.«[2]
Stephen S. Kayser wies 1942 darauf hin: »Es besteht ein beträchtlicher Unterschied zwischen Freuds Methode und Dalis Reaktion auf Millets Gemälde. Dalis ›*Angélus*‹-Besprechung ist keineswegs eine Analyse im strengen Sinn, sondern spiegelt Dalis eigene Zwangsvorstellungen; und statt analytisch zu sein, bietet sie selber interessantes Material für eine Analyse.«
Die endgültige Widerlegung findet sich in einem Brief, den Millet selber an seinen Freund Siméon Luce geschrieben hat:
»Der Angelus ist ein Gemälde, das ich mit dem Gedanken daran gemacht habe, wie meine Großmutter, wenn sie auf dem Feld arbeitete, niemals versäumte, uns zu veranlassen, sobald sie die Glocke hörte, unsere Arbeit einzustellen und den Angelus für die armen Seelen zu sprechen, fromm den Hut in der Hand.« (Zitiert nach »Salvador Dalis Suche nach dem Himmel«.)

[1] »Paranoia – kritische Erklärung von Millets Angélus« von Salvador Dali. Editions du Seuil, 1948.

[2] Dieser Satz ist ein wörtliches Zitat aus den *Chants de Maldoror* des Comte de Lautréamont.

ZUM ABSCHLUSS

Zusammenfassung

Um die Probleme über Dalis Existenz zusammenzufassen und den Fall abzuschließen, habe ich mit Hilfe eines Psychoanalytikers nach einem Schlüssel gesucht, der es einem wenigstens erlaubte, die Tür aufzuschließen und einen Spalt zu öffnen, die zu Dalis Konflikten führt. Ist sie erst so weit geöffnet, kann man versuchen, das, was man durch die Öffnung sieht und hört, zu verstehen.

Da dieses Buch keinerlei wissenschaftliche Ambitionen besitzt, kam eine streng wissenschaftliche Formel nicht in Frage. Trotzdem kann man die gleichen Fragen stellen, die die meisten von Dalis Freunden – auch die Nicht-Mediziner – so häufig gestellt haben. Womit kompensiert Dali seine fehlende Anpassung an die Welt? Welches ist seine Einstellung zu einer Gesellschaft, die weiter von ihm erwartet, daß er seine Probleme löst, um in ihr funktionieren zu können?

In sozialer Hinsicht besteht kein Zweifel, daß Dali sich mit Spürsinn und Brillanz anzupassen vermag. Er und Gala werden von den Reichen der Welt gesucht und verwöhnt. Sie genießen des Luxus des Lebens mit selbstbewußter Fassung, und die Beiläufigkeit, mit der sie solche Dinge als selbstverständlich nehmen, hat sie zu einem deutlich umrissenen Teil in jener Gruppe gemacht, die sie zu erobern suchten: in dem »Internationalen Kreis«. Sie führen das angenehme, wohlversorgte Leben der sehr Reichen – zu denen sie mittlerweile gehören. Die Erinnerungen des Hungers sind längst verschwunden[1].

Wenn Dali aus der spanischen Zurückgezogenheit wieder in der internationalen Gesellschaft erscheint, ist er leutselig, galant, witzig, höflich – ein Mann, dem man den Titel »Verrückter« nun ebensooft aus herzlicher Zuneigung wie zum Spott gibt. Seine Freunde nennen ihn häufig einen vorzüglichen katalanischen Herrn – wieviel gäbe er darum, wenn sein Vater diesen Ausdruck vor seinem Tode hätte hören können! Mindestens in seinen eigenen Augen ist er ein spanischer Grande geworden, ein Marqués, der des Titels nicht bedarf, ein König auf dem eigenen, schön konstruierten Thron.

Erst wenn man unter den Anstrich blickt, wenn man die Tünche des höflichen gesellschaftlichen Verhaltens wegkratzt, sieht man die

[1] Nachdem André Breton Dali »Avida Dollars« getauft hatte, sei dieses Anagramm, wie Dali 1958 sagte, zu einem Talisman geworden; er ließ »den Regen der Dollars fließen, sanft und monoton.« *Dali on Modern Art*, Dial Press, 1958.

wahren Zeichen – das ernsthafte Innere des Fünfundfünfzigjährigen. Das Aufschlußreichste versucht er zu verbergen; doch unbewußt verkündet er es um so klarer: sein Bedürfnis nach Einsamkeit.

Der Drang – mehr noch, die Notwendigkeit –, sich in das einsame Leben nach Port Lligat zurückzuziehen, hat berechtigte Gründe und Wurzeln. Wenn er die Gesellschaft der Welt wieder einmal gekostet und die Pressenotizen, die ihm und seinem Werk überallhin folgen, mit Behagen gelesen hat, sehnt er sich zurück nach seiner göttlichen Einsamkeit. Er bedarf ihrer. Er liebt sie.

Die Schwierigkeiten begannen bereits mit den traumatischen Schocks des Kindes. Jedes Erlebnis führte ihn dazu, sich zu verstecken; jedesmal, nachdem er sich versteckt hatte, wurde er furchtsamer. Eine innere Schüchternheit, ein Sich-Abwenden von der Wirklichkeit machten ihn zum Einsiedler.

Ein Einsiedler ist er immer noch, trotz der mit kalendermäßiger Regelmäßigkeit wiederkehrenden Einfälle in den Wirbel von New York und Paris (vor allem auf der Suche nach neuen Aufträgen, die er mit in die Einsamkeit von Port Lligat nimmt und dort ausführt). Wenn es sich einrichten ließe, daß die Arbeit zu ihm käme, oder wenn er die Fäden der Publizität, die er liebt und die doch an ihm zerren, abschneiden könnte und trotzdem von den Zeitungszentren der Welt nicht vergessen würde – wer weiß, ob er dann seine Heimat überhaupt noch verlassen würde, jetzt, da er der Welt »sein Genie bewiesen hat«.

Wenn Dali schließlich doch aus seinem unheimlichen Reich hervorschießt, dessen dunkle Nächte, schattenwerfende Felsen und unendliche Landschaften er liebt, dann tut er es mit kurzlebiger Begeisterung. Er geht hinaus, um die Inventur seiner Erfolge aufzunehmen, doch dauernd hat er Port Lligat im Kopf. Fremd und ohne Besucher, schweigend, unendlich schön und immer geheimnisvoll, ist es sein wahres Milieu, sein Hafen.

Noch im unverschämtesten Exhibitionismus vor den Journalisten – mit all den ungeheuerlichen Dreistigkeiten, die mittlerweile Legion geworden sind – beweist er seine Schüchternheit. Seinen Exhibitionismus muß man als den Versuch auffassen, seine echte Furchtsamkeit zu verbergen; daß man diese Ängstlichkeit nicht durchschaut, ist seinem Geschick und der Stärke seiner Neurosen zuzuschreiben.

Wenn sein Hang nach Einsamkeit eine wirkliche Schüchternheit verbirgt, was hat er dann getan, um sein Unvermögen, sich zu beugen und der Welt anzupassen, zu kompensieren? Er hat mit einer an

Gewalttätigkeit grenzenden Entschlossenheit versucht, die Welt, die ihm nicht paßt, zu zerstören, sich vor ihr zu verstecken – und schließlich: sie zu beherrschen.

Seine einzigartige Autobiographie ist mit Beweisen dafür gefüllt. Die Aggressivität, mit der er schon als kleiner Junge »zu zerstören« versuchte, wenn er etwas gesehen hatte, was einen starken Schock in ihm hervorrief, wird seitenweise geschildert.

Seine Behauptungen sind nicht immer übertrieben; sie werden von einer Vielzahl von Tatsachen bestätigt. Offenbar hat er seine Schwester als Säugling wirklich attackiert – ebenso seine Schulkameraden; offenbar hat er wirklich versucht, einen Jungen zu töten, indem er ihn von einer Brücke warf. Und er richtete seine Aggressivität tatsächlich gegen sich selbst, als er in der Schule begann, von einer Steintreppe und von Mauern ins Leere hinauszuspringen.

In seinem Bedürfnis, die Welt zu »zerstören«, bewunderte er sogar Hitler – das zeigt sein Bericht im Jahr 1934; heute leugnet er diese Tatsache heftig. Hugnet nennt Dalis Ablehnung von Hitlers kriminellen Taten »in die Kategorie der surrealistischen Phänomene gehörig.«[1] Als der erzürnte Breton nämlich drohte, Dali auszuschließen, lehnte Dali sich zwar auf, gab dann jedoch nach.

In seiner *Kunst* tendiert Dali dazu, die Realität mit breiten Besenstrichen zu zerstören, so mikroskopisch und miniaturistisch seine Maltechnik auch sein mag. Diese Zerstörung der Realität ist für viele seiner Kritiker das eigentlichste Wesen von Dalis ästhetischer Methode. Schon als kleiner Junge von noch nicht neun Jahren hat er sich stets vor allem Wirklichen verschlossen. Wenn er sich in die Einsamkeit zurückzog, um in der abgeschlossenen Waschküche auf dem Boden in seiner Wanne zu sitzen und zu malen, oder wenn er den Sommer in Muli de la Torre verbrachte, machten ihn Phantasmen, Besessenheiten, Nachtmahrbilder und sinnliche Träumereien glücklich und erhielten ihn gesund – abgeschieden von der Realität, die er bereits von sich gestoßen hatte.

Als junger Maler, als *maestro extraordinaire* der späten surrealistischen Bewegung, war die Erfindung der paranoisch-kritischen Methode nichts anderes als eine weitere Trotzhaltung. Dalis Methode bestand

[1] »Der Surrealismus selbst teilt diesen Geist der unlogischen Verneinung, einen Vandalismus, der politisch im Nazismus Ausdruck gefunden hat, Wenn das Hitlerprogramm eine Revolution des Nihilismus ist, dann ist der Surrealismus die Revolution des Nihilismus in der Kunst«, sagt Klaus Mann in »Surrealist Circus«, *American Mercury*, Februar 1943.

darin, daß er jeder beliebigen Zusammenstellung von Nachtmahrbildern, die im Gehirn aufblitzen, den Wert der Wirklichkeit verlieh. »Um die Verwirrung systematisch zu fördern und damit dazu beizutragen, daß die Welt der Realität vollkommen unglaubwürdig wird«, so beschreibt der Erfinder sie.

Wenn Dali ein Porträt von Gala mit rohen Hammelkoteletten auf den Schultern malt, dann geschieht das nicht nur – wie er der Presse bei seinem ersten Besuch in den Vereinigten Staaten erklärte –, weil er seine Frau und ebenso Hammelkoteletten liebt, sondern weil er sich einfach weigert, irgendeine Assoziation von Bildern zurückzuweisen – und ganz besonders das Symbol des Wilhelm Tell –, die die ihn beherrschende Phantasie ihm aufzwingt.

Je sinnwidriger das Universum ist, das seine Imagination schafft, desto zufriedener scheint er darüber zu sein; es würde ihm gefallen, die Welt »zerstört« zu sehen, damit sie nach seinem Bilde neu geschaffen und von seiner Kraft verwandelt würde.

Da er die Welt nicht zerstören konnte, tat er das Zweitbeste: er verbarg sich vor ihr. Damit hält er sein »wahres Ich« von ihr fern. In dieser Rolle fälscht er häufig seine Beziehungen zu andern Menschen; er trägt eine Maske, erfindet eine extravagante (keineswegs uninteressante) Persönlichkeit – die er dann *wird*. Häufig spielt er den fröhlichen Komödianten. In dieser Rolle ist er ausgezeichnet.

Im Lauf der Jahre hat dieses Verhalten zur Schaffung eines echten Exzentrikers geführt, der dem Publikum auf silberner Platte als Salvador Dali dargeboten wird. Aber ist das wirklich Dali? Oder gibt es unter der Maske dieses gefälschten Mannes einen Menschen, der verborgen, für sich, unberührt von einer Welt, die er nicht zu ändern vermag, bleiben möchte? Und kommt es heute noch darauf an? Sind die beiden nicht untrennbar? Kann Dali heutzutage überhaupt etwas anderes sein als der Exzentriker?

Selbst in seiner Kunst scheint er das Bedürfnis verspürt zu haben, sein Verhältnis zur Außenwelt zu fälschen; seine zornigsten Kritiker sind der Ansicht, daß er mit dieser Fälschung sein Werk im tiefsten beeinflußt hat. Das Ergebnis ist ein ironisches; häufig hat man den Eindruck, er male nicht ernsthaft (»Er muß ein Spiel treiben – ich werde mich nicht davon fangen lassen«, sagen die Leute). Ein großer Teil seines Publikums glaubt, er mache nur faulen Zauber – wolle sie auf den Arm nehmen (besonders wenn sie sich bemühen, etwas Gemeinsames zwischen einem Gemälde von Dali und seinem Titel zu suchen). Manche Kritiker haben den Eindruck, daß er immer

29 *Dali, die »Spitzenklöpplerin« von Vermeer und das Nashorn im Zoo von Vincennes, 1955*

30 *»Das Rhinozeros«, Zeichnung 1951*

31 Konkurrenz der Bärte: im Vordergrund der avantgardistische Maler Georges Mathieu

32 Paris 1958: Dalis Symbol seiner neuen Weltauffassung: das menschliche Ohr als Inbegriff der kosmischen Konzeption der Welt

33/34 Dali bei der Arbeit an seinem impressionistischen Gemälde »Chaos und Schöpfung« 1956 in New York. Er arbeitete mit einem Mannequin, zwei Schweinen und einem auf vollen Touren laufenden Motorrad, die er alle einzeln in abgeteilte Becken stellte und mit Schokoladensirup,

Popcorn, Schlagsahne, Fischen und Würmern übergoß. Nachdem sich die ganze Mischung von allein gut durchgerührt hatte, ließ Dali ein großes Tuch über das Ganze breiten, dessen Rückseite mit langen Besen bearbeitet wurde.

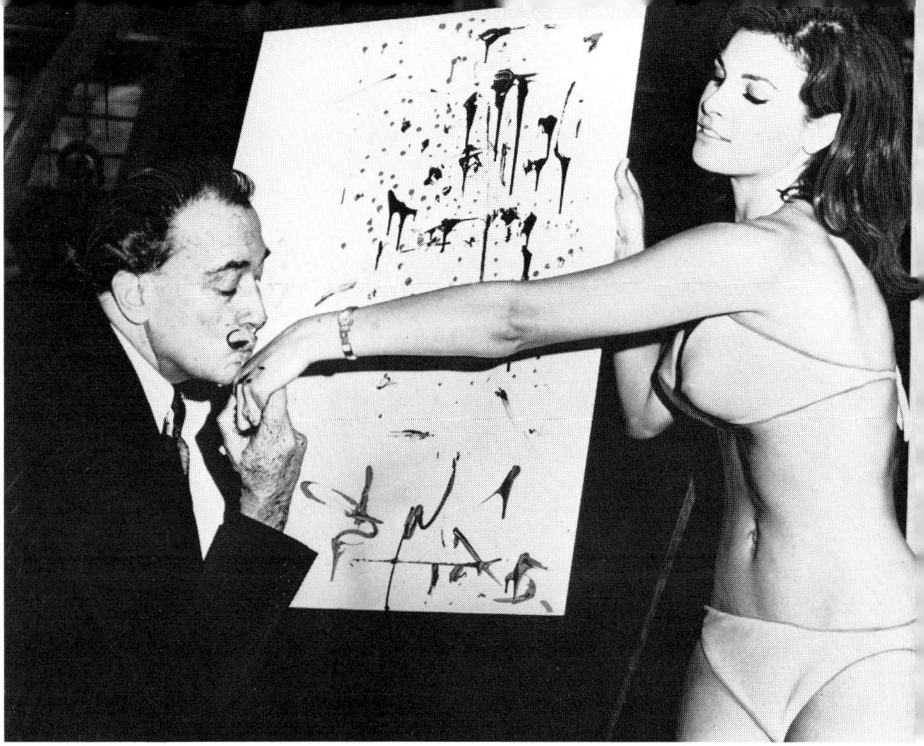

35 Dali und Raquel Welch: im Schaufenster eines New Yorker Geschäfts stand ihm die amerikanische Filmschauspielerin Modell zu einem Bild (1966).

36 Dali mit dem von ihm entworfenen Äsculap-Stab. Der Kommentar des Künstlers: »Das sind nur zwei Schlangen, die einen Spazierstock hinauftwisten.« (1964)

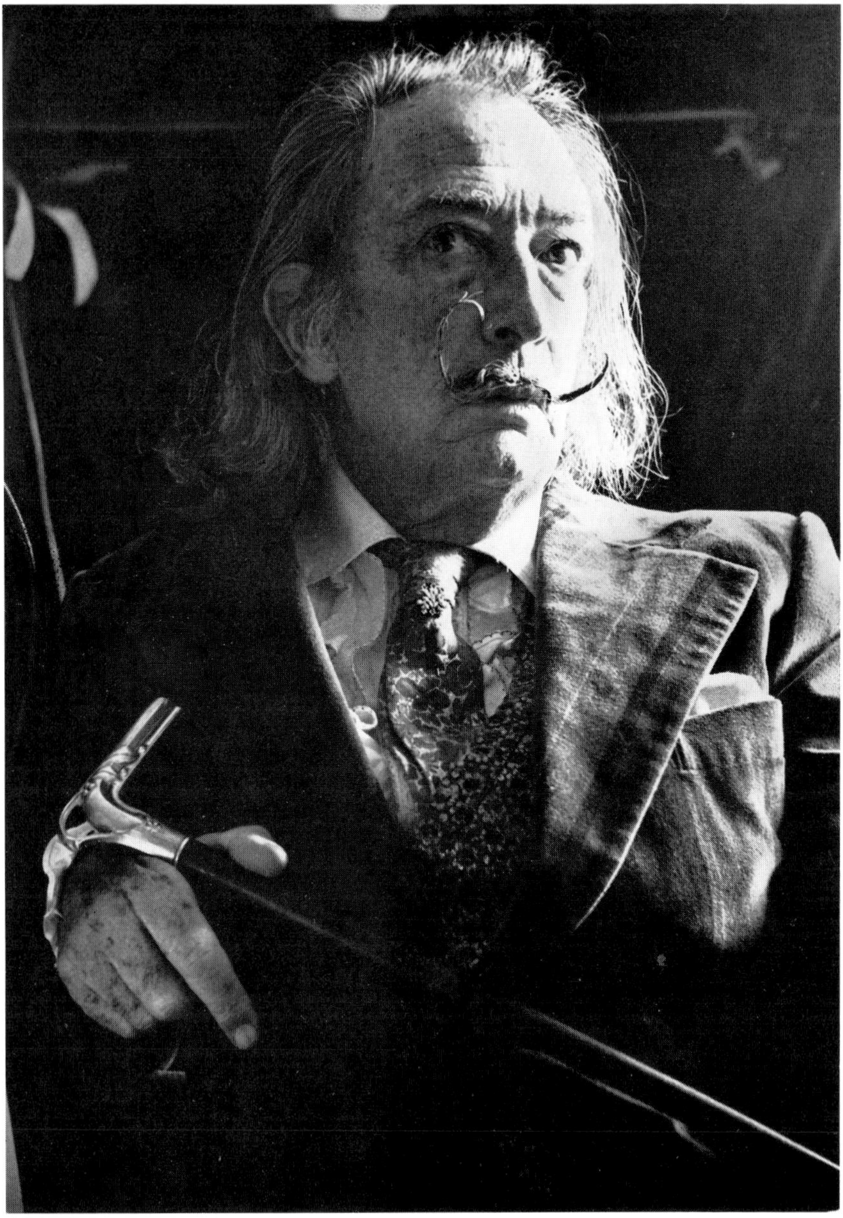

37 Porträtstudie Dalis von Cecil Beaton aus jüngster Zeit

wieder Elemente einführe, die ihrer Ansicht nach außerästhetisch sind, die »nichts mit Kunst zu tun haben«. Wie weit und wie oft dienen diese Entschlüsse Dalis dazu, seinen Wunsch, das Publikum irrezuführen, sich nicht »finden« zu lassen, zu befriedigen?

Häufig spricht er davon, die Massen »dumm zu machen«. Da ein Kunstwerk eine Art zu sprechen, eine Verbindung mit der Außenwelt ist, kümmert sich Dali offenbar keineswegs darum, ob seine gemalten Mitteilungen nach Schwindel schmecken oder nicht – obwohl sie immer dann, wenn seine besessenen Themen echte Inspirationen sind, dazu beitragen, ein meisterhaftes Werk hervorzubringen.

Nehmen wir eines dieser Themen, die Höhle, als Beispiel: Die meisten Menschen fanden, daß dieses Thema in der »Familie von Marsupialier-Zentauren«[1] hervorragend genutzt worden sei. Andererseits waren die Leute von der Darstellung des gleichen Themas bei der »Madonna« verwirrt. Sie glaubten, das Loch in der Madonna sei nur deshalb gemalt, um die Welt zu überraschen; es handle sich dabei um eine absichtliche Mystifizierung. In solchen Fällen wird Dalis Besessenheit zu einer Quelle der Schwäche statt der Kraft. Es hilft ihm nicht dabei, sich zu »verbergen«, sondern macht seine Fälschergewohnheiten sichtbar.

Den dritten Weg der Kompensation lernte Dali als sehr kleiner Junge, um der Welt zu beweisen, daß er allem überlegen sei und alle beherrsche. Aus dieser Zwangsvorstellung ergibt sich das dauernde, sein ganzes Leben anhaltende Bedürfnis, anders zu sein, sich von der Menge abzusondern (ist er vielleicht deshalb Royalist?), sich in die mondänen Kreise zu begeben, alles auf seine Weise zu tun – sich sogar seines Größenwahnsinns zu rühmen. Dauernd verkündet er, er sei ein Genie – und damit überzeugt er sich selbst, wirklich eins zu sein. Er ist vollkommen aufrichtig, weil er es jetzt glaubt.

Dieses Bedürfnis, überlegen zu sein, treibt ihn unaufhaltsam in seiner Arbeit weiter. Er malt, er entwirft, er schreibt unaufhörlich. Er war entschlossen, es frühzeitig in seinem Leben zu »schaffen«, seinen Erfolg zu »sehen«, sehr reich zu werden. Alle drei Punkte sind ihm gelungen. Doch noch immer drückt sein Werk das Bedürfnis aus, das ihm wichtiger ist als Essen und Trinken (darin hat er sich trotz des ungeheuren Erfolgs nicht geändert), die Welt zu übertreffen und in Erstaunen zu setzen.

[1] Kinder, die in die Leiber ihrer Mütter ein- oder aus ihnen herausschlüpfen. Sammlung Alfonso Gonzalez.

Er fand keine Schwierigkeiten, seine Kunst zu kommerzialisieren; er tat es und tut es noch, ohne zu zögern. »Es macht mir Spaß«, erklärt er – aber es bringt ihm auch das Geld ein, das er braucht, um überlegen zu sein.

Es hat ihn nie gestört, sich durch ungewöhnliche Tricks, die selbst Publicity-Fachleute in den Schatten stellen, allgemein bekannt zu machen – durch kunstvolle handgreifliche Scherze, durch das Aufpeitschen der Neugier, durch Skandale, durch das Malen nie dagewesener Inhalte, durch die Erfindung neuer Malmethoden (der »Bulletismus« ist das jüngste Beispiel), sogar durch eine eigene Zeitung, *The Dali News*, mit der er in Amerika Reklame für sich machte.

Kein Presseagent hätte mehr für ihn tun können als er für sich selber; wenn es sich darum handelte, sich ins rechte Licht zu setzen, war niemand ihm ebenbürtig. Kein Mensch wäre in der Lage, ihm in Fragen der Reklame, der Sensationsmacherei und der Geschäftstüchtigkeit etwas beizubringen. Das liegt nicht nur daran, daß er schließlich eine überaus wirksame Gestalt für die Schlagzeilen geformt und modelliert hat, sondern auch daran, daß er sich jetzt *instinktiv* so verhält, wie er sich bekannt gemacht hat. Er übertrifft selbst den Dali noch, der ihn gemacht hat. Er bringt es einfach nicht mehr fertig, anders zu handeln, als er es tut.

Wenn man diese Theorien unter die Lupe nimmt, zeigen sie unter dem Vergrößerungsglas eine dramatische Persönlichkeit, einen Mann, der allein durch eigene Schuld so oft mißverstanden wird. Er ist einer der wenigen Menschen der Öffentlichkeit, die aus freien Stücken in die offene Arena gestiegen sind, um dort ihre Kämpfe auszufechten – in seinem Fall rechtfertigt der Kampf sein Delirium.

Wenn Dali dadurch vielleicht auch nicht geheilt wurde, so brachte es ihm doch Erfolg, eine besondere Lebensweise und seinen Ruf ein, Dinge, die für sein geistiges Universum so wichtig sind. Gleichzeitig mit dem Ruhm fand er einen Weg, sein Delirium durchzusetzen – so widersprüchlich und so wenig vorhersehbar er sich auch verhalten mag.

Durch ungewöhnlichen Willen und einzigartiges Talent vermochte er einen Einfluß auf die Wirklichkeit auszuüben, die er schließlich, wenn vielleicht auch nicht verwandeln, so doch modifizieren konnte.

Man darf noch hinzufügen, daß der wesentliche Unterschied zwischen einem Verrückten und einem großen Künstler der ist, daß es dem Verrückten nie gelingt, andern seine Sicht von der Welt aufzudrängen, während der Künstler das vermag.

DIE ANSICHT DES SAMMLERS

Die Eroberung Chester Dales

Einen seiner wesentlichen künstlerischen Siege erfocht Dali gegen Chester Dale, dessen Freundschaft und Förderung er im Jahr 1955 gewann, als die Kunstkritiker ihm seiner religiösen Bilder wegen heftig zusetzten. Es kam fast einem Wunder gleich, von dem hervorragendsten Patron der impressionistischen und modernen französischen Malerei in Amerika gekauft und gesammelt zu werden; die ausgezeichnete Sammlung Chester Dales ist Millionen von Museenbesuchern seit langem bekannt und verlieh dem so viel diskutierten und überstrapazierten Ausdruck »Kultur in Amerika« Würde und Gewicht.

Als bekannt wurde, daß dieser Purist des Impressionismus sich mit seinem Prestige und seinem Namen für Dali einsetzte, indem er »Die Kreuzigung« kaufte, zogen die Kritiker erstaunt die Augenbrauen hoch. Als er gar so weit ging, das Gemälde der angesehenen Sammlung des Metropolitan Museum of Art in New York zu schenken, faßte das Magazin *Time*[1] die schockierende Wirkung zusammen, ohne ein Blatt vor den Mund zu nehmen: »Tatsächlich besitzt das Bild all das, was zu einer guten Schaufensterdekoration gehört.«

Chester Dale stimmt nicht mit dieser Ansicht überein – genausowenig wie mit allen andern Ausbrüchen gegen Dali. Er war aufrichtig von »Der Kreuzigung« fasziniert und nahm tiefes und väterliches Interesse an den Fortschritten des nächsten Bildes, für das er Dali einen Auftrag gab: »Das Sakrament des Letzten Abendmahls«, das riesige, zweieinhalb Meter lange religiöse Gemälde, das jetzt in der National Gallery Washington hängt. Bei der Enthüllung des Bildes war niemand stolzer als Mr. Dale.

Als ich ihn bat, mir seine persönliche Ansicht von Dali als Maler und Mensch mitzuteilen, schrieb Mr. Dale liebenswürdigerweise den folgenden Bericht für dieses Buch:

»Wie Sie zweifellos wissen, enthält meine Sammlung vor allem Franzosen. Der Gedanke, der von meiner ersten Frau, Maud, stammt, war der, eine Sammlung der Schule anzulegen, die wir ›Hundertfünfzig Jahre französischer Malerei mit ihren Vorläufern‹

[1] 24. Januar 1955.

nannten. Maud veranstaltete eine Reihe von Ausstellungen in New York: ›Degas und seine Tradition‹, ›Renoir und seine Tradition‹ und ›Cézanne und seine Tradition‹. Zum Beispiel wurde für Renoir Rubens' ›Kopf eines der drei Heiligen Könige‹ aus meinem Besitz als Vorläufer benutzt, dazu ein Boucher, der offensichtlich in Farbe und Komposition zu der gleichen Tradition gehört. Abgesehen von der amerikanischen Malerei des achtzehnten und neunzehnten Jahrhunderts haben wir uns sehr eng an diese Methode gehalten.

Ich hatte Dali immer als einen großartigen Zeichner und sehr feinen Maler bewundert; aber sein Werk hatte nichts mit meiner Sammlung zu tun. Von diesem Standpunkt aus hattc ich ihn nie betrachtet. Als wir vor etwa zwei Jahren eine Ausstellung seiner Arbeiten in der Carstairs Gallery in New York hatten, sah ich sie mir natürlich an, wie ich es meistens tat. Ich bewunderte viele der Sachen im vorderen Raum, trat dann in den dahinter liegenden und sah ›Die Kreuzigung‹. Ich blieb wie angewurzelt stehen, um es zu betrachten.

Während ich mich auf das Bild konzentrierte, spürte ich plötzlich Dali neben mir. Ich sagte: ›Dali, meiner Ansicht nach ist das das Beste, was Sie bisher gemacht haben. Sehen Sie sich nur den Zurbarán[1] an.‹ Damit meinte ich die Figur seiner Frau Gala am Fuß des Kreuzes. Dali schien sehr an dem, was ich zu sagen hatte, interessiert zu sein, doch ich erfuhr erst später, daß Zurbarán zu den Malern gehörte, von denen er besonders viel hielt. Ich gratulierte ihm zu dem Gemälde und verließ die Ausstellung.

Das war an einem Mittwoch. Dali, seine Frau und George Keller[2], der Eigentümer der Carstairs Gallery, dinierten am folgenden Freitag mit meiner Frau und mir. Während der ganzen Zeit ging mir dieses Bild im Kopf herum. Immer wieder erzählte ich meiner Frau, was für ein sensationelles Gemälde das sei und daß ich es für eins der großartigsten hielte, die ich je gesehen hätte. Darauf sagte sie: ›Du denkst doch nicht etwa daran, es zu kaufen? Was sollten wir mit einem Dali zwischen all den Franzosen in unserer Wohnung?‹ ›Nein‹, erwiderte ich, ›ich denke nicht daran, es zu kaufen, aber es ist ein ganz ausgezeichnetes Bild.‹

Am Freitag saßen wir nach dem Essen in meinem Wohnzimmer, und ich sagte zu Keller: ›George, was will Dali für dieses Bild haben?‹ Er erwiderte: ›Mein Gott! Sie denken doch nicht etwa daran, es zu

[1] Francisco de Zurbarán, spanischer Maler des siebzehnten Jahrhunderts. (A.d.Ü.)

[2] Die seit langem bestehende Freundschaft zwischen Chester Dale und Dalis Händler George Keller erwies sich als nützlich beim Kauf der »Kreuzigung«.

kaufen? Was wollten Sie damit anfangen? Sie können es doch nicht hierherhängen.‹

Ich sagte: ›Ich finde das Bild großartig. Dali teilte mir mit, daß er es für das beste halte, das er je gemalt habe; ich hätte wirklich Lust, es zu kaufen und es wegzustellen, bis ich mich entschließen kann, was damit geschehen soll.‹ Keller fragte Dali, kam zurück, nannte mir den Betrag, und ich gab ihm den Scheck dafür[1]. Das alles rief eine kleine Aufregung hervor.

Dann erinnerte ich mich, daß ich als Kurator des Metropolitan Museum of Art am folgenden Montag an einer Sitzung teilzunehmen hatte. Ich sagte den Dalis und meiner Frau, ich wolle es dem Metropolitan Museum anbieten. Zu der Zeit konnte ich natürlich noch nicht wissen, ob es dort angenommen werden würde. Bei dieser Sitzung bot ich es dem Museum an, und es wurde dankbar angenommen. Am folgenden Freitag wurde es in der großen Haupthalle schön aufgehängt.

Das Metropolitan Museum zeigt, wenn ich nicht irre, wichtige Neuerwerbungen üblicherweise zehn bis vierzehn Tage lang in der großen Eingangshalle. Doch die Zahl der Besucher, die der ›Kreuzigung‹ wegen kamen, war so groß, daß das Bild, wie ich mich erinnere, ein Vierteljahr dort hing, ehe es seinen ständigen Platz in einer der Galerien zwischen andern Gemälden des zwanzigsten Jahrhunderts erhielt. Das war im Januar 1955. Das Bild rief eine Sensation hervor.

Die Dalis und Keller kamen noch einmal zum Essen, kurz bevor ich in den Süden fuhr; als wir nachher wieder in meinem Wohnzimmer saßen, wandte ich mich an Dali und sagte: ›Salvador, ich habe eine Mitteilung für Sie; Sie müssen ein weiteres großes religiöses Bild malen.‹ Er schien überrascht und fragte mich, ob ich irgendwelche Vorschläge hätte. Ich erwiderte: ›Ja, Sie müssen unbedingt »Das Letzte Abendmahl« malen. Meiner Ansicht nach sind Sie der einzige Lebende, der dazu fähig ist.‹ Ich setzte hinzu: ›Wer hat das während der letzten zweihundert Jahre getan?‹ Diese Frage hat er mir bis jetzt noch nicht beantwortet. Nun, das rief ziemliche Aufregung hervor.

Er sagte, er wolle es machen, und er brauchte fast ein Jahr[2]. Als er im nächsten Winter nach New York zurückkam, brachte er es mit und gab mir nach Palm Beach Nachricht, daß er es bei sich habe. Da ich dieses Gemälde inspiriert hätte, wolle er es keinem andern zeigen, ehe

[1] Das Magazin *Time* vom 24. Januar 1955 gibt den Betrag mit fünfzehntausend Dollar an.

[2] Dali selbst hält »Das Letzte Abendmahl« für sein »größtes Meisterwerk« in der religiösen Kunst.

ich es gesehen hätte. Ich sagte, ich würde in den nächsten Tagen hinauffliegen. Ich tat es, sah es mir genau an und sagte: ›Dali, das gehört mir.‹

Ich berichtete der National Gallery of Art in Washington davon, deren Präsident ich bin, auch damals schon war, daß ich es gern sähe, wenn es zwischen meine Gemälde aus dem zwanzigsten Jahrhundert gehängt werde, und das geschah. Das Gemälde rief eine ebenso große, wenn nicht gar größere Sensation[1] hervor als ›Die Kreuzigung‹, und wie Sie vielleicht wissen, sind es beides sehr umstrittene Bilder. Ich nehme an, es interessiert Sie, zu hören, daß die Reproduktionen und Postkarten von diesen zwei Bildern mehr einbringen als alle andern Gemälde, die in den beiden Museen hängen.

Nun zu Dali, dem Menschen. Seit ich ihn persönlich kennenlernte, habe ich ihn recht häufig gesehen, sowohl in New York als auch in seinem Haus in Spanien, in Port Lligat, wo ich ihn besuchte. Mir erscheint er als eine sehr erstaunliche Persönlichkeit, er gehört zu den aktivsten und ungewöhnlichsten Geistern, die ich kenne, und besitzt sowohl wunderbare, vielseitige Kenntnisse als auch einen ausgeprägten Sinn für Humor. Ich empfinde für ihn als Menschen und großen Künstler nichts als Bewunderung.

Ich unterhalte mich gern über die verschiedensten Themen mit ihm; er ist gut unterrichtet und hat immer einen eigenen Standpunkt. Dali malt gerade ein Porträt von mir, und bei einer der Sitzungen lachte ich und sagte: ›Dali, viele Leute behaupten, Sie seien verrückt, und wahrscheinlich halten sie mich für ebenso verrückt.‹ Wie der Blitz konterte er: ›Ja, Chester, aber von guter Qualität.‹«

Der Dali-Katalog

Ganz abgesehen von allen Bemühungen A. Reynolds Morses besteht bereits ein offizieller Dali-Katalog – und er stammt von ganz unerwarteter Seite: Albert Field arbeitet seit siebzehn Jahren daran.

Mit einer kühnen, handgeschriebenen Einführung bewaffnet – von Dali signiert (um ihm Türen zu öffnen, Vorstellungen zu erleichtern und Informationen aus den Ungesprächigen herauszulocken) –, hat

[1] »›Das Sakrament des Letzten Abendmahls‹ ist, von wenigen Ausnahmen abgesehen, von den Besuchern der Galerie sehr gut aufgenommen worden. Wir haben eine Anzahl von Briefen über das Gemälde bekommen, die sehr ergreifend sind.« Aus einem Brief von John Walker, Direktor der National Gallery of Art, Washington.

dieser Pfadfinderführer und Lehrer aus Manhattan, USA, den Katalog zu seiner allesverzehrenden Passion gemacht. Seine Detektivarbeit geschieht vollkommen uneigennützig; jedes Jahr, in dem er es irgend einrichten kann, führt seine Sucharbeit ihn und sein leuchtend rotes Motorrad über Europas Landstraßen – immer nach Port Lligat. Dalis Freundschaft hat er als Zugabe erhalten.

Er ist kein Kunstsammler, obwohl er zwei winzige, wenn auch bedeutende Stücke von Dali besitzt – einschließlich des ersten Bildes, das Dali überhaupt gemalt hat. Er ist an Kunst im allgemeinen nicht interessiert. Er beschäftigt sich ausschließlich mit Dali. Seine Geschichte läßt sich am besten in seinen eigenen Worten wiedergeben:

»Die Arbeit am Salvador-Dali-Katalog begann, weil ich die moderne Kunst verabscheue.

Als Student in Harvard kam mir im Jahr 1941 der Gedanke, ich müsse ›kultiviert‹ werden; deshalb trat ich in den Verein des Museum of Modern Art in New York ein. Das erwies sich als Fehlschlag, weil die meisten Werke, die ich dort sah, in mir den Eindruck erweckten, daß die Maler ganz und gar unfähig seien zu zeichnen. Menschen, die sich für Künstler hielten, behaupteten, daß, was in Wirklichkeit das Ergebnis der Unfähigkeit war, Produkt ihrer Absichten sei; und das arme Publikum wurde systematisch betrogen.

Nur einer bildete eine leuchtende Ausnahme: Dali konnte offensichtlich alles zeichnen, was er wollte. Alles, was er tat, bewies seine Fähigkeiten. Deshalb lenkte ich mein Interesse für die moderne Kunst auf alles, was mir von ihm begegnete.

Nachdem ich die Ausstellung in Venedig im Jahr 1954 gesehen hatte, fragte ich die Leitung des Museums, wie viele Gemälde er gemacht habe und wo ich sie sehen könne. Es gab keinerlei Verzeichnis. Dali ist zu sehr Künstler, als daß er es selber täte, und ein anderer hatte sich nicht darum bemüht[1]. Hier bedurfte es eines wissenschaftlichen Arbeiters.

Zuerst arbeitete ich allein und begann meine Sucharbeit in den Bibliotheken. Als ich genug zusammengetragen hatte, um die Ernsthaftigkeit meines Vorhabens zu beweisen, zeigte ich Dali, was ich bisher zustande gebracht hatte. Er begriff sofort, was ich vorhatte, und rief: ›Ausgezeichnet! Ausgezeichnet!‹

[1] A. Reynolds Morse besitzt zahlreiche Notizen, eine umfangreiche Sammlung von Zeitungsausschnitten, eine große Bibliographie und Bibliothek von Büchern über Dali und von Bänden, die Dali illustriert hat, sowie einen vierbändigen Farbenkatalog seiner Werke.

Ein Brief von ihm, daß es sich dabei um seinen ›offiziellen‹ Katalog handle, öffnete mir überall die Türen. In Europa und Amerika suchte ich jeden einzelnen auf, der ein Bild von Dali besaß, und alle Leute, die ihn kannten; dabei stellte ich fest, daß fast alle bereit waren zu helfen.

Ich hatte mit einer sorgfältigen Bibliographie und Ikonographie begonnen, die sich auf den ausgezeichneten Anhang zum Ausstellungskatalog von 1941 von Bernard Karpal, Bibliothekar des Museum of Modern Art, stützten.

Die Kataloge und Bücher bildeten eine lange Liste von Titeln, die keineswegs vollständig war und sehr wenig nützte. Bezeichnete jeder Titel ein anderes Bild? Die Antwort darauf lautete bestimmt nein – aus zwei Gründen.

Übersetzungsprobleme schufen einige Verwirrung, weil Dalis frühe Ausstellungskataloge katalanisch, die späteren spanisch, französisch, deutsch, italienisch und in andern Sprachen gedruckt sind. Einige Bilder tragen sogar lateinische Titel! Die ›offiziellen‹ Titel werden englisch sein – mit Ausnahme der lateinischen.

Doch Wortspiele lassen sich nicht übersetzen, und eines von Dalis Wortspielen erfordert die Beibehaltung des französischen Titels – *Oeuf sur le plat sans le plat*.

Aber selbst wenn alle Titel in der gleichen Sprache angegeben werden, sind die Probleme noch nicht gelöst. Wie viele Bilder gibt es? In mehreren Fällen ist der gleiche Titel für zwei verschiedene Gemälde benutzt worden. *A couple with their heads full of clouds* ist deshalb ungewöhnlich, weil die Rahmen Kopf-und-Schulter-Silhouetten eines Mannes und einer Frau bilden. Aber das ist nicht einmalig – denn es gibt *zwei* solcher Gemäldepaare; die Bilder sind verschieden, aber die Rahmen ähnlich.

›Unsichtbarer Löwe, Pferd, schlafende Frau‹ und ›Unsichtbare schlafende Frau, Pferd, Löwe‹ und ›Schlafende Frau, Pferd, Löwe‹ sind drei verschiedene Arbeiten. Als das erste Bild bei einem Tumult anläßlich der Vorführung des surrealistischen Films *L'âge d'or* zerstört worden war, wiederholte Dali es nicht ein-, sondern zweimal.

Dagegen bezeichnen ›Automatischer Anfang eines Porträts von Gala‹ und ›Unvollendetes Porträt von Gala‹ und ›Kopf Galas, einen Ölbaumzweig gebärend‹ alle dasselbe Bild (nicht jedoch das gleiche wie ›Geodätisches Porträt von Gala‹) usw.

Und ›Surrealistisches Objekt, Augenblickserinnerung andeutend‹ ist auch als ›Landschaft‹ (immer ein ärgerlicher Titel), als ›Surrealistische Objekte‹, ›Unverständliches Objekt‹ und ›Gegend von Port Lligat‹ bezeichnet.

Der einzige Weg, um genau festzustellen, wie viele Bilder es wirklich gibt, ist der, von jedem eine Fotografie zu beschaffen und es in einem Gespräch mit Dali selbst auf seinen ›richtigen‹ Titel festzulegen. Doch wenn Dali sich anscheinend auch an jedes Bild erinnern kann, das er gemalt hat, weiß er oft den Titel nicht mehr, selbst wenn er eine Fotografie davon sieht, und sehr häufig vermag er sich eines Bildes nur nach dem Titel nicht zu erinnern.

Auch zu Ziffern hat Dali kein rechtes Verhältnis. Eins seiner Gemälde aus dem Jahr 1924 ist ›19124‹ datiert, und ein Aquarell von 1943 ist deutlich ›1934‹ bezeichnet. Das Autogramm, das er mir am Eröffnungsabend seiner Ausstellung 1941 gab, trägt die Jahreszahl 1942, dagegen zeigt das Buch, in das er mir im Frühling 1957 ein Autogramm schrieb, die Zahl 1956. Vermutlich werden wir nie erfahren, welche anderen Bilder außerdem noch falsch datiert sind.

Eine weitere Schwierigkeit ergab sich, als ich entdeckte, daß nicht jeder Eigentumswechsel rechtsgültig vor sich gegangen war! Deshalb führt die Liste der frühen Bilder häufig in Sackgassen. Ein Gemälde verschwindet nicht nur, wenn es gestohlen wird, sondern es trägt oft einen neuen Titel, wenn es schließlich wieder in rechtschaffene Hände gerät. Und heute lassen sich mehrere Bilder nicht mehr bis zu dem letzten ehrlichen Menschen zurückverfolgen, dem sie gehörten. (Als das Basler Kunstmuseum feststellte, daß es ein gestohlenes Gemälde besaß, zahlte es dem rechtmäßigen Eigentümer die gleiche Summe, die der Dieb erhalten hatte; doch das bedeutete, daß mehrere rechtschaffene Leute Geld verloren.)

Wie viele Ölbilder Dali gemalt hat, ist unbekannt; ich nehme an, daß viele von frühen Ausstellungen, die bisher noch nicht mit einem vorhandenen Gemälde in Verbindung gebracht werden konnten, erst aufgespürt werden müssen. Es ist zu hoffen, daß jeder, der ein Bild kennt, das im Katalog fehlt, Auskunft geben wird.

Und nun will Dali einen Katalog seiner Zeichnungen haben!«

Dalis bedeutendster Sammler

Der größte Betrag, den ein einzelner an Dali entrichtet hat, mag der von A. Reynolds Morse sein. Mr. Morse besitzt über fünfzig Ölbilder von Dali und ist der Autor von *Dali, a Study of his Life and Works*, das im November 1958 von der Grafischen Gesellschaft New York veröffentlicht wurde. Die Monographie nennt sich Führer eines Laien zu Dalis Kunst und vermeidet alle Kontroversen, die so oft um Dalis Gemälde entstehen und die den Künstler selbst in Entzücken versetzen.

Mr. Morse ficht einen einsamen Kampf um die ernsthafte Einschätzung Dalis aus, des Malers von Meisterwerken – der ein völlig anderer sei, als man nach den zirkushaften Seiten seiner Persönlichkeit annehmen müßte. Doch bei Morse selber sind die Zuneigung für Dali als Menschen und die Bewunderung für ihn als Genie nicht voneinander zu trennen.

Das Ehepaar Morse begegnete Dalis Werk auf der großen Ausstellung, die das Museum of Modern Art im Jahr 1940 veranstaltete. Sie entdeckten, daß trotz der sensationellen Pressemeldungen nicht alle Bilder aus der Gallery Julien Levy verkauft worden waren. Ein Freund von ihnen, Charles Roseman, brachte zwei inzwischen weltberühmte Dalis mit nach Cleveland: »Das Grashüpfer-Kind« und »Paranoia«. Ehe Roseman bei einem Autounfall ums Leben kam, hatte er sieben weitere Dalis erworben.

Er gab den Morses einen Tip wegen eines Gemäldes von Dali, das er bewunderte, »Daddy Long-legs of the Evening, Hope!«, und das in George Kellers Bignou-Galerie gezeigt wurde; die Morses kauften es telefonisch. Als es ankam, wirkte es stumpf und bräunlich in der Farbgebung und enttäuschte sie damals sogar, doch es erwies sich als ein typischer Dali und brachte sie dazu, Bilder von Dali zu sammeln.

Als die Morses 1943 geschäftlich in New York waren, riefen sie Dali im St. Regis Hotel an und tranken in der King Cole Bar den ersten Cocktail zusammen. Eines Themas, über das sie sich unterhielten, entsinnen sie sich noch lebhaft: warum die Dalis keine Kinder hätten. Dali sagte, er fürchte sich ein wenig davor, wie sich das Kind eines Genies wie er entwickeln werde.

Bei Dalis nächster Ausstellung begannen die Morses mit ihrem inzwischen traditionellen Brauch, beim Hängen der neuen Bilder am Abend vor der Ausstellungseröffnung zu helfen; worauf ein Essen im kleinen Kreis folgte. »Ist notwendig, daß alles immer genau gleich ist«, sagt Dali heute. Die wachsende Freundschaft führte dazu, daß das Ehepaar Morse die Dalis auf einem Teil der Vortragstournee durch Amerika begleitete, Rom, Barcelona und Madrid mit ihnen besuchte und regelmäßig für längere Zeit nach Port Lligat kam, wo sie jeden Felsen und Winkel kennen.

Während sie ihre Rolle als die führenden Dali-Sammler ernst nehmen,

warnt man sie immer wieder vor dem »Dali-Kater« – wenn die Sammler nämlich aufwachen und sich fragen, wie sie sich von Dalis Schaustellertum und Magnetismus nur so verblenden lassen konnten! Neben Gemälden haben sie viele Zeichnungen, Aquarelle, Krawatten, Schals, Stoffe und Porzellan- und Glasgeschirr von Dali, dazu zahlreiche kleinere Schmuckstücke gesammelt. Sie haben auch eine Stiftung gegründet, die neben anderen Projekten die Errichtung eines ständigen Salvador-Dali-Gedächtnis-Museums plant. Sie haben bereits einen fabelhaften Katalog ihrer Sammlung angefertigt, der aus handkolorierten Farbtafeln und Titelseiten aus Pergament besteht.
Die folgenden Abschnitte sind von A. Reynolds Morse geschrieben und beschäftigen sich insbesondere mit dem Problem des Sammelns von Dalis Bildern.

Einige Aspekte einer Dalisammlung

I

Gemälde eines lebenden Künstlers zu sammeln, erscheint stets gewagt. Bei verstorbenen Malern ist es eher möglich, eine gewisse Perspektive zu erhalten. Im Fall Salvador Dali ist es sogar noch schwieriger als bei andern, weniger auffallenden Zeitgenossen, weil deren Persönlichkeit selten so kompliziert und so eng mit ihrer Kunst verwoben ist.
Es ist schwer, sich vorzustellen, wie das heutige kunstinteressierte Publikum auf Persönlichkeiten wie Cézanne oder van Gogh reagiert hätte, wenn die Nachrichtenmittel damals so wirksam gewesen wären wie heute. Die Ideen und Leistungen solcher Männer blieben auf eine vertraute kleine Gruppe in Paris beschränkt, während heute jede Bewegung Dalis über die internationalen Drähte hinausgemeldet wird. Dennoch steht seine Kunst in einem provozierenden Widerspruch zu den traurigen Ablegern des Picassoismus, die heute die modernen Galerien füllen.
Wegen Dalis zahlreicher Nebentätigkeiten ist eine endgültige Analyse seines Werkes nicht nur schwer anzustellen, sondern sie wäre zweifellos auch verfrüht. Jeder Kritiker, Wissenschaftler oder Sammler, der Dalis Standort und Format als ernsthafter Künstler zu klären wünscht, sieht sich einer sehr geringen Zahl kritischer Analysen gegenüber. Dieses Fehlen wissenschaftlicher Unterlagen und grundlegenden erläuternden Materials, das ausschließlich Dalis Kunst betrifft, veranlaßt manche dazu, seine Fähigkeiten als Maler nach dem zu beurteilen, was sie in den Sonntagsbeilagen der Zeitungen lesen.

Doch sowohl die Presse wie auch das Publikum sind so vollständig von den oberflächlichen und amüsanten Aspekten von Dalis Persönlichkeit und seinen Nebenbeschäftigungen in Anspruch genommen, daß die meisten Leute sich Salvador Dali in erster Linie als einen weltberühmten Exzentriker mit überlangem Schnurrbart vorstellen. Nur gelegentlich sieht ihn der eine oder andere als großen Maler. Doch selbst dann noch neigen die meisten leider dazu, ihn als Maler verrückter Sachen zu betrachten. In seiner phantastischen Fähigkeit, uns die quälende Schönheit seines heimischen Port Lligat zu übersetzen, scheint wenig Interessantes zu liegen!

Der Sammler muß sich mit der Tatsache abfinden, daß Salvador Dali der persönlichen Reklame niemals ablehnend gegenübergestanden hat. Er liebt sie geradezu und amüsiert sich über die lächerlichen Interpretationen der Presse. Dennoch hat seine persönliche Publizität – fast ist man versucht zu sagen: sein Berüchtigtsein – zwei Auswirkungen auf seine Stellung als Maler gehabt. Sie hat viele ernsthafte Sammler von ihm abgeschreckt. Und sie hat dazu geführt, daß seine Werke in den Häusern jener reichen Gruppe der Gesellschaft, die man ›Publiciety‹[1] nennt, verstreut sind.

Viele von diesen Leuten wünschen sich einen Dali eher als Anlaß zur Unterhaltung über Dalis neueste Exzentrizitäten denn als großes Kunstwerk.

II

Dalis Produktion von Ölgemälden ist nie sehr groß gewesen. Ich möchte annehmen, daß es zwei- bis dreihundert bedeutende Ölbilder von ihm gibt. Viele der besten Sachen des Malers befinden sich in der Privatsammlung von Mrs. Dali. Bei diesem Künstler bildet es deshalb immer ein großes Problem, ein Beispiel seiner Kunst zu finden. Das bedeutet, daß eines Tages ein einziger wertvoller Dali die Wirkung und den Einfluß von hundert grob hingepinselten Picassos auf die Nachwelt haben könnte.

Die meisten Sammler moderner Gemälde brauchen heutzutage nur eines, um zu beginnen: Geld. Der Dali-Sammler braucht es in ziem-

[1] »Publiciety« – zusammengezogen aus *society* und *publicity* – ist ein Wort, das Cleveland Amory in seinem Essay »Die Gesellschaft schaltet auf Publicity um« in einer Novemberausgabe 1955 des Magazins *Life* geprägt hat. Sein Bericht beschäftigt sich mit einer neuen Schicht in unserer amerikanischen Gesellschaft, die in der Presse »Publicity« sucht, um dadurch in die »Gesellschaft« zu gelangen – im Gegensatz zu den Menschen, die dieser »Gesellschaft« bereits angehören und dieser persönlichen Publicity gewöhnlich ausweichen. (F.C.)

lichem Ausmaß und außerdem noch einiges andere. Er muß Vertrauen zu dem Maler haben, das andere Sammler nicht teilen. Er muß genug Mut besitzen, um gegen den Strom zu schwimmen, der heute zur abstrakten Kunst führt. Und er muß die besondere und persönliche Natur des Dali-Markts verstehen.

Dali ist ein Kaufmann ›par excellence‹. Er verlangt phantastische Preise – und erhält sie. Doch nur sehr wenige Dalis sind auf dem konventionellen Kunstmarkt verkauft worden. Einige Spekulanten haben versucht, sich finanziell an Dalis Ruhm zu beteiligen, doch sie haben feststellen müssen, daß ohne den Vorteil von Dalis großer persönlicher Geschäftstüchtigkeit viele Faktoren ihnen das Spiel durchkreuzen. Die erfahreneren Händler sind nicht in der Lage, Dalis persönliche Publizität finanziell auszuwerten. Sie haben seines glatten Stils und seiner blanken Oberflächenbehandlung wegen Bedenken. Und da Dali niemals einen ›Paul Rosenberg‹ gehabt hat, der seinen Markt hochtreibt, verdächtigen die Händler genau wie die meisten Museumsdirektoren ihn des Schwindels aller Art – mit den Farben, mit dem Firnis, mit den Themen und mit den Preisen! Doch das liegt einfach daran, daß Salvador Dali immer sein bester Verkäufer gewesen ist.

Fast alle reden das Klischee nach, daß Dalis Zeichenkunst prachtvoll sei. Doch keiner scheint bisher davon überzeugt zu sein, daß die Ideen hinter Dalis Gemälden von weit größerer Bedeutung und höherem Wert als sein Stil sind. Infolgedessen hat man die meisten Dalis, die zum Verkauf gekommen sind, nicht für große Kunstwerke gehalten, die den gleichen Wert besitzen wie Arbeiten von Matisse, Renoir, Utrillo, Dufy usw., sondern nur für schöne Beispiele technischer Übungen im Zeichnen. Deswegen umgehen die heutigen Bewertungen von Dalis Kunst völlig die noch nicht geklärte Kontroverse hinsichtlich seiner Farben, seines Firnis und seiner Themen.

Deshalb müssen auch diejenigen unter uns, die an Dali glauben, Spieler sein. Es ist wirklich ein Glücksspiel, auf einem Gebiet wie der Kunst, die heute so heftig kommerzialisiert wird, gegen den Strom zu schwimmen. Es ist ein Glücksspiel, an die Zukunft eines Malers zu glauben, der seine anscheinend irrationale Welt mit fotografischer Treue darstellt. Während alle andern neue Bedeutungen aus abstrakten Formen herauszerren und -quälen, wendet Dali sich der allegorischen und religiösen Kunst zu. Es ist deshalb ein Risiko, Kapital in ein Gemälde zu investieren, das in den klassischen Mittelmeerfarben mit einem hohen Grad von technischer Vollendung gemalt ist, wenn jede Galerie sich grob behandelter Farbkleckse rühmt, die direkt aus der Tube aufgedrückt sind. Heute wird man als rückständig betrachtet, wenn man Geschmack an klassischen oder literarischen Bezügen, hellseherischen Bildern und polemischen Gedanken in der Malerei findet. Während Dalis superbe Technik und unendlich variable Palette sich wie ein funkelndes Juwel in dem Abfallhaufen der heutigen hingehauenen Gemälde abheben, finde ich seine Ideen und seine unheimliche Kosmogonie doch noch weit anregender als seine Malweise.

III

Ich glaube, daß Salvador Dali der Prophet jener Gegenbewegung ist, die schließlich das erstickende System stürzen wird, durch das innere Gehalt und tüchtige Technik als die entscheidenden Komponenten der guten Malerei eliminiert wurden. Im Augenblick wird die Kunst noch von einer Art Endzeit-Picassoismus beherrscht, die Wahrheiten und klassischeren Traditionen dagegen schändlich vernachlässigt. Heute ist es fast eine Ketzerei, sich für einen Mann einzusetzen, der so gebildet in seinen künstlerischen Aussagen ist wie Dali. Er hat sich so manches von der strengen Zucht der alten Meister auferlegt. Und damit unterscheidet sich sein Werk von dem raschen Aufblitzen der Inspiration, die die heutige konfuse Kunst kennzeichnet.

Der Mangel an ›offizieller‹ Anerkennung zeigt deutlich die geringe Wertschätzung, in der Dali bei den beruflich mit dem Kunstwesen beschäftigten Leuten steht. Wir haben häufig mit ihm über den vergeblichen Versuch gesprochen, gegen die hochorganisierte und wohlfinanzierte Kampagne zu fechten, die darauf gerichtet ist, die abstrakte und nicht-gegenständliche Kunst zu verewigen, deren entscheidende revolutionäre Ziele schon vor langer Zeit erreicht waren. Dali hat mit den illusionsfreudigen Exponenten der picassoiden Kunst tatsächlich weit mehr Geduld als wir. Ihm scheint es zu genügen, daß die drei seiner sieben bedeutendsten Meisterwerke, die inzwischen in öffentlichen Museen hängen, jedes andere Bild an Anziehungskraft auf das Publikum übertreffen[1]. Es ist keine Überraschung, daß die Reproduktionen dieser Arbeiten häufiger verlangt werden als die von allen andern. Die Direktionen der Museen sind glücklich über den Verdienst, den sie auf diese Weise haben, trotzdem

[1] »Das Letzte Abendmahl« in der National Gallery of Art, Washington; »Corpus hypercubus« im Metropolitan Museum, New York; »Christus von St. Johannes vom Kreuz« in Art Gallery and Museum, Glasgow.

können sie es noch nicht über sich bringen, Dali als den großen Maler anzuerkennen, der er so offensichtlich ist.
Vom Standpunkt des Sammlers aus gesehen, hat es oft Widerstreit zwischen Dalis rein kommerziellen Vorhaben und seiner Kunst gegeben. Ich habe den Maler einmal ernstlich zur Rede gestellt, weil er den ihm eigenen Symbolismus so dualistisch anwendet[1]. Ich hatte damals – wie übrigens noch jetzt – den Eindruck, daß es weit besser sei, wenn jemand wie ich, der hundertprozentig auf Dalis Seite steht, diese heiklen Probleme aufgreift und sie als Gleichgestimmter bespricht, als zu warten, bis irgendein feindlicher Kritiker sie zum Ziel seiner Angriffe macht. Dali war schon ärgerlich genug auf mich, weil ich geschrieben hatte, seine Rechte wisse nicht, was die Linke tue. Doch das kann die Tatsache nicht aus der Welt schaffen, daß manche die Werke seiner ernsthaften Kunst deshalb für verdächtig halten, weil er sich nicht scheut, bei der Ausführung von rein kommerziellen Arbeiten (Schlipse, Schaufensterdekorationen etc.) auf die gleichen Bilder und Inhalte zurückzugreifen.

IV

Wir wollen einen Augenblick Dalis pikanten Humor und seine fabelhafte Persönlichkeit betrachten. In Port Lligat hatte sich der Künstler einmal das Bein aufgeschlagen und war ans Zimmer gefesselt. Meine Frau und ich besuchten ihn oft. Während wir neben dem Stuhl des Meisters saßen und die orangefarbene Dämmerung über die Bucht und die Terrassen der Hügelkette kroch, spürten wir, daß er ein Mann war, dessen Fähigkeit und Vision die ruhige Szene weit übertraf, die er von seinem hohen weißen Fenster aus skizzierte. Wir schwatzten und lachten, während die Schatten auf der Playa San Morera länger wurden. Dann pflegte Dalis Gestalt zu wachsen wie die Schatten, bis er in unsern Augen ein Riese wurde. Ich erinnere mich nicht eines einzigen Gesprächs in den vergangenen sechzehn Jahren, bei dem ich nicht von neuem über sein ungemeines Wissen über Malerei, Geistes- und Naturwissenschaften in Erstaunen geraten wäre. Als ein Beispiel seines ständigen Suchens nach neuen Ideen erwähne ich Dalis galaktische Konzeptionen.
Zahllose Künstler haben die ausgezackten zwei Dimensionen imitiert, die Braque und Picasso vor einigen fünfzig Jahren im Kubismus erschlossen. Doch allein Dali konnte eine neue Konzeption wie die

[1] »The Dream World of Salvador Dali«, *Art in America*, Juli 1945.

Nuklearmystik schaffen. Um diese neuen Gedanken zu symbolisieren, hat er die glatten runden Linien der schneckenförmigen Spirale gewählt. In der Verwendung des Rhinozeroshorns erschafft Dali das uralte Symbol des mythischen Einhorns neu, das lange Zeit mit der Keuschheit identifiziert wurde, weil das Tier im Mittelalter auf so vielen Bildern der heiligen Jungfrau erschien. Genau wie die Astronomen galaktische Formen im Weltraum finden, erkennt Dali sie in den Windungen des Blumenkohls und in seiner persönlichen Rekonstruktion von Vermeers ›Spitzenklöpplerin‹. Hier beobachten wir auch ein Echo aus seinen früheren Knochendeformationen während der surrealistischen Jahre und aus den Muschelschalensegmenten, die sich auf seinem jüngsten Gemälde, ›Santiago‹ oder St. Jakob, dem Schutzheiligen Spaniens, finden.

Dalis frühes Gemälde ›Der Geist des Vermeer van Delft, der auch als Tisch benutzt werden kann‹ (Öl auf Holz, 18 cm hoch x 15 cm breit) gibt das letzte Strahlen der Nachmittagssonne wieder, die eine Ecke der kleinen alten Kapelle des heiligen Baldiri in der Nähe von Dalis Haus beleuchtet. Die Erinnerung an Vermeer in dieser unwahrscheinlichen, staubigen Gasse hoher Mauern ist ein vollendetes Beispiel dafür, wie Dalis strotzender Geist in die Welt hinausgreift und ihren historischen Symbolismus einfängt. Fast alle diese Nachschöpfungen Dalis werden vor den Hintergrund seiner malerischen heimatlichen Landschaft gestellt. Der beharrliche Dali-Sammler sieht sich schließlich belohnt mit zahllosen solcher tieferen, persönlicheren und gewiß einfacheren Erklärungen für Dalis scheinbare Verrücktheit.

Von meinem selbstsüchtigen Standpunkt aus betrachtet, kommt es wenig oder gar nicht darauf an, ob die Kontroverse, die Dalis Kunst dauernd umgibt, jemals gelöst wird. Das grenzenlose Vergnügen, das wir jeden Tag an seinen Gemälden haben, gleicht die Kritik, die wir über ihn als Mensch und Maler hören, überreichlich aus. Wir haben den Rauchschleier seiner häufig irreführenden Publizität durchschritten. Deshalb können wir ihn sowohl als den Meistermaler dieses Jahrhunderts wie auch als lieben Freund sehen – was die Welt sonst auch von ihm und seiner Kunst halten mag.

1. November 1958 A. REYNOLDS MORSE

GLOSSAR

Spezialwörterbuch der Dalischen Ausdrücke und Begriffe. (Einschließlich Dalis Geheimvokabular seines bewußten und unterbewußten Geistes.)

AKADEMISMUS CONTRA EKSTASE: *Akademismus:* die vergängliche Gußform. *Ekstase:* in der Natur ist jede ursprüngliche Gestalt in einer unvergänglichen Form gegossen worden.
AMERIKANISCHE SPEISEN: natürliche – keine künstliche Nahrung.
ANKYLOSE: Krümmung des Rückens.
AUSDRUCK, EIN DUMMER: »Eine elegante Frau mit einem dummen Ausdruck ist unvorstellbar; andererseits ist für eine vollendete Schönheit nichts angemessener als ein dummer Ausdruck. Dafür ist die ›Venus von Milo‹ das augenfälligste Beispiel.«
BULLETISMUS: in Farbe getauchte Schrotkugeln, von Dali auf eine lithographische Steinplatte abgeschossen, bilden die Grundlage für automatische Graphik (mehrere Beispiele finden sich in der Foret-Ausgabe des *Don Quixote*).
DALI: Der Name bedeutet im Katalanischen »Begierde«.
DALIS PHILOSOPHIE DES MALENS: plötzliche Materialisierung des plötzlichen Inbildes; die allmähliche fetischistische Körperlichkeit eigentlicher Phantome, die dadurch mit allen Attributen der Realität ausgestattet werden, die greifbaren Gegenständen zustehen.
DÄMONOLOGIE: die Kunst der körperlichen Liebe durch physische Telepathie und schwarze Magie.
DECORTATIO, DEKORTIERUNG: Sieg des Gaumens über die Speisen.
DRUCKBILD, PHOSPHENE: eine aufleuchtende Sensation, verursacht durch Druck auf den Augapfel bei geschlossenen Lidern.
ELEGANTE FRAU: eine Frau, die einen verachtet und keine Haare unter den Armen hat.
ELEGANZ CONTRA SCHÖNHEIT: Die beiden schließen einander von vornherein aus. Der einstudierte Kompromiß der eleganten Frau wird zwischen ihrer mäßigen Häßlichkeit und ihrer Schönheit geschlossen, die nur augenfällig und niemals mehr ist. Sie muß Hände, Arme, Füße und Unterarme von übertriebener und möglichst exhibitionistischer Schönheit haben.
Augen: Der Ausdruck ist sehr, sehr wichtig – sie müssen sehr intelligent sein – oder wenigstens so aussehen.

»Aussehen«: Sie muß von ihrer Eleganz tyrannisiert werden; ihre Kleider und Juwelen (ihr Hauptdaseinszweck) müssen den Hauptgrund für ihre Erschöpfung bilden.
Brüste: ohne jede Bedeutung für die elegante Frau. Sie zählen nicht.
Gefühle: In ihren Gefühlsleidenschaften ist sie hart, in ihren Liebesbeziehungen nur schwach erregt... ihr Gesicht muß den Ausdruck des geschlechtlichen Zynismus annehmen.
Haar: das einzige, was bei der eleganten Frau gesund sein muß.
Hüftknochen: müssen unbedingt stark hervortreten – spitz, damit man weiß, sie sind vorhanden, unter jedem Kleid: vorhanden und aggressiv.
Manieren: eisig.
Nase: Elegante Frauen haben keine Nase. (Die besitzen nur schöne Frauen.)
EROTIK: muß immer häßlich sein. ÄSTHETIK: muß immer göttlich sein.
EXZENTRIKER: automatisch jede große Persönlichkeit, die alles genau entgegengesetzt wie ihre unmittelbaren Vorgänger macht.
FALSCHE ERINNERUNGEN: Der Unterschied zwischen falschen und echten Erinnerungen ist der gleiche wie bei Juwelen: die falschen sehen immer am echtesten, am brillantesten aus.
FATAGAMA: Abkürzung für: Fabrikation garantiert gasometrischer Malereien.
FETISCH: eine greifbare, gegenständliche und symbolische Materialisation der Begierde – durch Sublimierung ein Wunsch, ein »Gebet«.
FLIEGEN: »Der augenfälligste Ausdruck des Sexualinstinkts.«
FLIESSENDE DAMEN: Mädchen im Wasser.
FRANKREICH: »Das intelligenteste, das rationalste Land der Welt.«
FREIHEIT: ist etwas für Herrscher; jede Rose wächst hinter Gittern.
GAUDI: Der Name bedeutet im Katalanischen »genießen«.
GESELLSCHAFT: einbeiniger Mann, der eines zweiten Beins bedarf (des von Dali).
IMAGO-KONZERT: ein Ballett von Dali.
INBILD, AUFBLITZENDES: ein Druckbild (durch Druck auf den Augapfel erzeugt).
KOSMOGONIE: »...die Eroberung von allem, die systematische Interpretation jeder Metaphysik, jeder Philosophie und aller Naturwissenschaften gemäß der Fülle der katholischen Tradition, die allein

die Strenge der kritisch-paranoischen Methode zu überprüfen vermöchte...«
KOSMOGONIE (eine zweite Definition von Dali): »Die Erzeugung des bestehenden Universums: eine Theorie, ein System oder eine Darstellung der Erzeugung des Universums.«
KRIEG: »Wenn der Krieg ausbricht, ist es möglich, fast unmittelbar vorherzusehen, welche Seite gewinnen, welche verlieren wird... der eine mit eiserner Gesundheit... die andern kränker. Der eine kann alles essen... hat eine prächtige Verdauung. Die andern werden taub, beulenbedeckt, bekommen Elefantiasis. Eine streng kontrollierte statistische Untersuchung in dieser Richtung müßte von höchstem wissenschaftlichem Interesse sein.«
KRÜCKEN: hölzerne Stützen, aus der cartesianischen Philosophie abgeleitet. Allgemein verwendet als Stütze für weiches, unstabiles Gefüge.
LIEBE: ähnelt gewissen gastrischen Empfindungen beim Beginn der Seekrankheit, die Unbehagen und so zarte Schauer erzeugen, daß man nicht recht weiß, ob man verliebt ist oder sich erbrechen möchte.
MORPHOLOGIE: Die Essenz der »Form«. (Dali schreibt die Erfindung des Ausdrucks Goethe zu.)[1]
MYTHOMANIE: falsche Erinnerungen.
NAPOLEON: »Es wird sonnenklar, weshalb so kleine Kognakgläser, mit lauwarmer Milch gefüllt und an einen Schaukelstuhl gehängt, für meinen Geist genau das gleiche sind wie die fetten Schenkel Napoleons.«
NEMESIS: eine Ähnlichkeit, die gewisse Lebewesen – je nach ihrer Umwelt – entweder mit besser geschützten Arten oder mit jenen Arten annehmen, auf deren Kosten sie leben.
ODIOSEA: unfreiwillige Neubildung, zusammengesetzt aus den Wörtern *odio* (Haß) und *Odisea* (Odyssee).
PANTHEISMUS: wahnsinniges Panorama der Landschaft.
PARADIESISCHER ZUSTAND: das pränatale Leben.
PARALOGISMUS: alogische Gedankenfolge, besonders die unbewußte; auch »Sophismus« (Trugschluß, Spitzfindigkeit); auch Irrtum.
PARANOIA: nicht »Verfolgungswahn« (welche Bedeutung das Wort heute allgemein hat), sondern in Dalis Gebrauch eine vereinzelte Form der Paranoia, ein geistiger Zustand, der dem Subjekt

[1] Laut Duden: Gestaltlehre; sprachwissenschaftlich: Formenlehre. (Die Autorin benutzt die ähnlichen Definitionen des *Oxford English Dictionary*.)

erlaubt, mit übermenschlicher Geistesschnelligkeit, die sich der Analyse entzieht, aus der objektiven Welt einen greifbaren Beweis oder eine Illustration seiner fixen Ideen oder gar seiner flüchtigen Vorstellungen abzuziehen und zu zeichnen.

PARANOISCH-KRITISCHE METHODE: die Verwandlung der Wirklichkeit durch systematische Irreführung der Interpretation.

SEX: *Sadismus:* Lust, erzeugt durch den dem Objekt zugefügten Schmerz. *Masochismus:* Lust, erzeugt durch den einem vom Objekt zugefügten Schmerz. *Cledalismus:* Lust und Schmerz, in einer alles überwindenden Identifizierung mit dem Objekt sublimiert.

SPANIEN: »Das irrationalste, mystischste Land der Welt.«

SURREALISMUS: ein geträumtes Reisehandbuch paranoider Phänomene.

TOD: muß immer schön sein.

VERFOLGUNGS-MANIE: systematische Zerrüttung durch Verwirrung (wie im wirklichen Verfolgungswahn).

VERZEICHNIS DER ILLUSTRATIONEN IM TEXT

REGISTER

Im Text erwähnte Bilder von Dali: